법학총서
02

실명 입법론

【제4판】

홍완식 저

pnc
publishing and culture
피앤씨 미디어

헌법을 존중하고
국민을 위해 봉사하며
국가의 발전을 위해 헌신하는
미래의 국회의원들에게 이 책을 헌정함

제4판 머리말

2000년에 3판을 발행 이후에도 실명입법에 해당하는 뉴스를 듣거나 기사를 읽으면 스마트폰에 메모를 해 놓고는 했는데, 새로 수집된 실명입법이 9건이 되었다. 새로 수집된 실명입법이 그리 많은 수는 아니지만 개정을 할 만큼의 분량은 되었고, 사회적으로 중요한 의미와 내용을 지니고 있는 것들이 있어서 개정판을 내고 싶은 마음이 생겼다. 또한 3판 발행 후 4년이 지났기 때문에, 개정판을 써야겠다는 마음의 부담도 생겨서 4차 개정판을 추진하게 되었다.

초판에서 다룬 실명입법은 33건이었고, 2판에서는 19건을 추가하여 총 52건의 실명입법을 다루었으며, 3판에서는 11건을 추가하여 총 63건의 실명입법을 다루었다. 이번 4판에 추가된 실명입법은 9건이어서, 이 책에 실린 실명입법은 이제 총 72건이다. 초판에서 다룬 실명입법이 33건이었고 4판에서 다룬 실명입법은 72건으로 2배가 넘었으니, 우리나라에서 일종의 '실명입법 현상'은 꾸준히 이어져 가고 있다고 말할 수 있다. 이번에 추가된 것들 중에서는 구하라법, 도현이법, 정인이법 등이 국민들의 많은 주목을 받는 것들이고, 최숙현법, 전태일 3법, 원영이법, 황필상법, 윤미향 방지법, 정순신 방지법 등은 지금도 인터넷에서 검색되고 있는 것들이다.

기존의 실명입법 항목에서도 약간의 보완과 수정을 하는 작업이 필요했다. 약간의 판례를 보완하고 몇 개의 법령이 개정된 것을 반영하였으며 다소의 선행연구와 신문기사를 새로이 추가하였다. 특기할 만한 것은 해인이법으로 알려진 어린이안전관리에 관한 법률(약칭 '어린이안전법')은 3판이 발행된 때에는 통과가 되지 않았었는데, 3판이 발행된 시점인 2020년 3월 1일 이후인 2020년 5월 26일에 해인이법은 공포되었다. 따라서 해인이법은 3판에서는 부결된 법률로 표시를 하였었는데, 4판에서는 가결된 법률로 표시를 하였다.

실명입법은 대중의 관심과 지지를 받기가 수월해서 입법에의 성공확률이 상대적으로 높은데, 다급하고 무리하게 입법이 되는 경우에는 결국 헌법재판소에 의하여 위헌 혹은 헌법불합치 결정이 내려지기도 한다. 그리하여 기존의 실명입법 항목에서는 이렇게 위헌법률심판이나 헌법소원심판 등이 제기되었던 사례를 소개하여, 국회 입법과 법원 판결의 상호 작용과정을 알 수 있도록 서술하였다.

이 책에 서술된 실명입법을 관찰하게 되면 국민 여론과 입법의 관계는 물론이고 입법과 정치의 역동적인 관계를 보다 잘 알 수 있으며, 입법과정이 어떻게 작동하고 입법원칙이 어떻게 적용되는지에 관해서도 보다 구체적이고 보다 실제적으로 살펴볼 수 있다. 헌법과 입법의 양 분야를 연구하고 헌법과 입법의 상호관계에 주목한 한 연구자의 새로운 아이디어와 나름의 노력이 반영된 이 책이, 헌법 정신의 올바른 구현과 우리나라의 입법 발전에 조금이나마 기여를 했으면 한다.

실명입법론 4판의 출판에 있어서도 많은 수고를 해 주신, 피앤씨미디어의 박노일 대표와 이상민 출판이사께 감사한다.

2024년 7월 26일

독일 베를린에서

제3판 머리말

작년에 2판을 발행한 이후에도 다수의 주목할 만한 실명입법이 등장을 해서 3판을 발간할 필요가 생겼다. 3판에 추가된 실명입법은 권대희법, 김성수법, 민식이법, 설리법, 임세원법, 태호유찬이법, 하준이법, 한예슬법, 한음이법, 해인이법, 조국 방지법이다. 초판에서 다룬 실명입법은 33건이었고, 2판에서는 19건을 추가하여 총 52건의 실명입법을 다루었으며, 3판에서는 11건을 추가하여 총 63건의 실명입법을 다루게 되었다. 이번에 추가된 것들 중에는 임세원법이나 김성수법, 민식이법 등이 일반 국민들에게 널리 알려진 실명입법이다. 이처럼 널리 알려진 실명입법은 비교적 신속히 국회를 통과하여 법률로 공포되었다. 실명입법은 입법의 필요성과 설득력이 특히 크다는 것이 어김없이 입증된 것이다.

3판에서는 책의 구성을 2판과는 다르게 하였다. 2판에서는 실명입법을 가나다 순으로 배치하였는데, 3판에서는 주제별로 묶어서 배치를 하였다. 주제별로 편제를 하니 유사한 입법사안에 대해 보다 집중적으로 검토를 할 수 있는 장점이 생겼고, 어떠한 분야의 실명입법에 국민들이 관심을 갖고 주목을 하는지도 알 수 있는 망외의 소득도 생겼다. 이 책으로 입법관련 과목을 강의하는 경우에는 분야별로 관련 입법을 고찰할 수 있는 장점이 있고, 책을 읽는 일반 독자들에게는 보다 체계적으로 입법을 관찰할 수 있는 장점이 있으리라 생각한다. 예를 들어, 교통안전 관련 법안이나 법률은 실명입법만 해도 10건이 있기에, 이들의 차이를 비교하고 어떠한 법안은 왜 법률로 만들어지고 어떠한 법안은 왜 법률로 만들어지기 어려웠는지를 관찰해 볼 수 있다. 이러한 관찰을 통하여 입법과정을 보다 자세히 이해하고 관련된 입법원칙에 대한 이해도 높일 수 있을 것으로 생각한다.

3판을 작업함에 있어서는 2019년 2학기에 '입법학'을 수강한 문민아, 노재현, 황현정, 김홍석, 윤형준, 운박, 조현실, 김효봉, 채앤디, 이혼항 원생들과의 의견 교환과 토론이 큰 힘이 되었다. 대학원생들은 새로운 실명입법을 찾아내어 알려주기도 하고, 관련 자료를 정리해서 보내주기도 하였다. 시사성 있는 소재를 중심으로 하여 입법과정과 입법원칙에 관련된 유익한 시간을 가졌으며, 강의시간에 보여준 대학원생들의 참여와 열정에 감사한다. 1년 만에 새로운 개정판을 발간하겠다는 저자의 욕심을 수용하여 이번에도 신속하고 성실하게 편집과 출판을 맡아준 피앤씨미디어의 박노일 사장과 심성보 이사께 감사한다.

2020년 3월 1일

홍 완 식

제2판 머리말

2015년에 초판을 발행한 이후에 다수의 실명입법이 등장을 해서 책을 개정할 필요가 생겼다. 개정판에 추가된 실명입법은 김관홍 잠수사법, 김광석법, 김용균법, 김지영법, 박용진 3법, 박찬주법, 사랑이법, 양진호 방지법, 우병우 방지법, 윤창호법, 이인제 방지법, 장자연법, 전재용 방지법, 정유라 방지법, 조현천법, 최고은법, 최순실법, 하재헌법, 홍종학법이다. 초판에서 다룬 실명입법은 33건이었는데, 개정판에는 19건을 추가하여 총 52건의 실명입법을 다루었다. 김용균법이나 윤창호법과 같이 일반 국민들에게 매우 유명해진 실명입법도 등장하였는데, 이렇게 유명해진 실명입법은 법률로 통과될 가능성이 상대적으로 높은 현상을 보이고 있다. 제19대 국회는 물론이고 제20대 국회의 법안가결률은 원안과 수정안 통과를 기준으로 하면 10%에서 20% 사이로 매우 저조한데, 실명입법의 법안가결률은 50%를 넘는다. 실명입법 중에는 법률로 만들어져서 시행되고 있는 것도 있고 법률로 만들어지지 않은 것도 있지만, 실명법안은 일반법안에 비해서 국회를 통과하는 비율이 2배가 넘는다. 즉, 발의하는 법안에 사건·사고의 피해자나 유명인의 이름을 붙이면 국민들의 주목과 관심을 얻게 되고, 이러한 여론의 지지를 받는 법안은 국회에서 통과될 가능성이 상대적으로 높아지는 것이다. 위헌성이 있다거나 과잉입법인지 여부에 관한 논란이 있는 경우에는 입법되지 않기도 하지만, 입법이 되지 못하는 경우에도 사회적 의제를 공론의 장으로 이끌어내는 데 효과적이기 때문에, 실명입법은 점차 그 수가 늘어나고 있는 현상을 보이고 있다.

언론이나 인터넷에서 많이 듣는 실명입법이라고 하더라고 그 구체적인 내용이나 처리결과를 알기가 어려운 경우가 있다. 이와 관련하여 인터넷에는 정확하지 않은 정보나 오래된 자료가 남아 있어서 혼란을 가져오는 경우도 발견하게 되어 실명입법을 한 번 정리해 보자는 생각으로 이 책을 쓰게 되었고, 실명입법이 하나둘 늘어가는 것을 보고 있자니 개정판을 쓰는 것에는 일종의 의무감과 사명감이 작동하였다. 그리고 법학전문대학원과 일반대학원에서 입법의 원칙이나 입법의 과정과 관련된 과목을 개설하는 경우가 있는데, 주교재나 부교재로 이 책을 사용해보니 입법원칙과 입법과정을 보다 생동감있고 현실감있게 살펴볼 수 있는 장점을 발견하게 되었다. 개정판을 작업함에 있어서는 2017년 2학기에 개설된 '입법과 헌법'을 수강한 김대의, 김병상, 김유명, 배경민, 송경재, 신동만, 이주희, 정금재, 조경애, 최홍준 원생의 아이디어와 도움이 큰 힘이 되었다. 자료를 정리하고 교정을 보아준 대학원생 송혜림의 도움도 큰 힘이 되었다. 실명입법에 관한 유익한 토론을 나누고 개정판 작업을 도와준 대학원생들에게 감사한다. 그리고 신속하고 성실하게 편집과 출판을 맡아준 피언씨미디어 박노일 사장과 심성보 이사께 감사한다.

2019년 3월 1일
홍 완 식

머리말

언론에서 사람 이름이 붙은 법안들을 이야기하는 일이 잦아졌다. 특히 법안명에 유명인의 이름이 들어가는 경우에는 정치나 입법에 관심이 없던 대중의 관심을 끌 수 있기 때문에, 법안명에 사람 이름을 붙이는 실명입법은 성공적인 '입법전략'이 될 수 있기 때문일 것이다. 설령 입법에 성공하지 못하더라도 실명입법의 발의를 통해서 대중의 관심과 공감을 얻을 수 있기 때문에, 밋밋하게 공식적인 법안명칭을 내세우는 것보다는 언론과 대중의 반향이 큰 법안명칭을 내세우는 것이 보다 큰 수확을 거둘 수도 있다. 즉, 법안에 이름 붙이기를 통하여 '입법성공'과 '대중적 관심'이라고 하는 둘 다를 얻게 되거나, 최소한 둘 중의 하나를 얻을 수 있는 것이다. 이러한 입법과정과 사회현상을 관찰하면서 사람 이름이 들어간 법안에 대해서 관심을 가지게 되었고, 이에 관한 논문이나 책을 쓰고자 하는 생각을 갖게 되었다. 우선 사람 이름이 들어간 법안명을 스마트폰에 저장하여 생각이 날 때마다 업데이트를 하여 30여 개의 실명법안 목록과 메모를 작성하였고, 여름방학이 되면서 본격적으로 글 쓰는 작업을 하게 되었다. 글 쓰는 일에는 많은 시간과 체력과 인내가 필요하지만, 이번 책을 쓰는 과정에서는 약간의 재미가 더해졌기 때문에 즐거운 작업이었다. 또한 이러한 책이 이전에는 없었기 때문에 이러한 책을 기획하고 집필하는 보람과 만족감이 무더운 여름에 보너스로 주어졌다.

책을 구상하면서 전공서로 쓸 것이냐 대중서로 쓸 것이냐를 결정해야 했다. 전공서와 대중서는 책의 제목은 물론이고 단어의 선택과 표현의 방식 및 가독 난이도의 조절과 주석의 방식에서도 차이가 날 것이기 때문이다. 크로스 오버는 음악에만 있어야 하는 것이 아니다. 클래식 음악과 대중음악의 조화로운 융합이 듣기에 좋다면, 어렵게 느껴지는 법에 관한 이야기를 친근한 소재와 표현으로 서술한다면 읽기에 좋을 수 있다는 생각이 들었다. 대중문화적 시각이미지를 미술의 영역에 적극 도입한 팝아트도 비슷한 것이 아닌가 하는 생각이다. 그래서 유익하기도 하고 흥미도 있도록, 전공서와 대중서의 장점을 살리고자 나름대로의 시도를 했다. 물론 저자의 의도와 독자의 의도가 일치하지는 않으며, 저자의 생각은 자기만의 것일 수 있을 것이다. 그러나 나름대로의 구상과 노력으로 유익하고 즐겁게 썼으니, 독자들도 이 책을 즐겁게 읽고 유익하게 활용하기를 바랄 뿐이다.

실명입법에 등장하는 인물들은 잘 알려진 정치인·연예인·피해자·가해자 등이기 때문에, 인물들에 대한 소개는 최소한에 그쳤다. 실명입법의 작명은 저자가 한 것이 아니기 때문에 이러한 명칭을 사용한 언론 등을 인용하였지만, 누가 이러한 법률명을 맨 처음 사용했는지는 확인할 수 없는 경우가 대부분이기 때문에, 인용은 체계적이기보다는 편의적인 것으로 보면 된다. 자기의 이름을 법률명에 붙이는 것에 대한 거부감이 있을 수도 있지만, 이러한 실명입법은 공식적이거나 금지할 수 있는 것은 아니기 때문에, 의도적이건 의도적이 아니건 공적 인물이 됨으로써 치루어야 하는 불편함이라고 볼 수 있을 것이다. 실명을 사용하지 않은 세모녀법이나 영문 첫 자를 사용한 JYJ법은 다른 실명법과 비교할 때 전형적인 실명법이 아니지만 함께 서술하였다. 이 책을 읽음을 통해서 법률이 어떠한 과정을 통해서 어떻게 만들어지는가 하는 과정을 독자들이 재미있게 파악할 수 있고, 법률의 '해석'보다는 법률의 '입법'이 더욱 영향력이 크고 중요하다는 저자의 메시지가 독자에게 전달된다면 더욱 보람될 것이다.

2015년 8월 1일
홍 완 식

차 례

〈교통안전 관련〉

〈의료 분야〉

〈수사·기소·재판 등 관련〉

총 론 실명입법 일반론*

1. 실명입법의 개념

실명입법(實名立法) 또는 실명법(實名法)은 법률안이나 법률에 사람의 이름을 붙인 것을 말한다. 근래에는 이렇게 사람 이름을 붙인 실명입법의 수가 많이 늘어나고 있다. 사람 이름을 붙인 실명입법은 "법안을 발의한 사람이나 피해자 또는 가해자 등의 이름을 붙여 부르기 쉽고 알기 쉽게 하려는 취지"[1]를 지니고 있다. 그러나 실명이란 것이 반드시 '실제 이름'을 의미하는 것은 아니다. 가끔 소설·영화·드라마에서 나온 가상 인물의 이름을 붙인 법률(장발장법, 장그래법, 김지영법 등)이 있기 때문에, 실명입법의 이름이 모두 실제로 사용되는 실명인 것은 아니다. 이러한 현상을 보다 정확히 표현하자면 인명입법(人名立法) 또는 인명법(人名法)이라고 할 수 있다. 그러나 인명법(人名法)이라고 하면, 우리의 문화권에서는 사람의 이름을 짓는 작명법(作名法)을 의미하는 경우가 대부분이다. 따라서 성명학자들의 영역이라 할 수 있는 인명법(人名法)과의 차별을 두기 위해서, 사람의 이름을 붙인 법안을 실명법안(實名法案) 혹은 실명입법(實名立法)이라 부르기로 한다.

---

* 실명입법 일반론 부분은 홍완식, 실명법안에 관한 연구, 토지공법연구, 제73권 제2호, 2016을 수정·보완한 것임.

1 윤창호법, 국민일보, 2018. 12. 28.

모든 법률에는 공식적인 명칭이 있기 때문에, 사람 이름을 붙이는 것은 일종의 별명(別名)이라고 할 수 있다. 법률의 공식적인 명칭은 대개 길고 어렵기 때문에, 짧고 쉬운 실명법이 선호되는 것으로 볼 수 있다. 예를 들어, 「부정청탁 및 금품 등 수수의 금지에 관한 법률」이라는 길고 어려운 공식적인 법률명칭보다는 짧고 쉬운 '김영란법'이 선호되고 있는 것과 같다. 이처럼 「성매매알선 등 행위의 처벌에 관한 법률」보다는 '김강자법', 「공무원범죄에 관한 몰수 특례법」보다는 '전두환법', 「명예기부자 등 예우 및 지원에 관한 법률안」보다는 '김장훈법', 「의료사고 피해구제 및 의료분쟁 조정 등에 관한 법률안」보다는 '신해철법', 「민주헌정 침해 행위자의 부정축적 재산 환수에 관한 특별법안」보다는 '최순실법'으로 불려지고 있다.

실명법이나 실명법안은 법률이나 법안의 공식적인 약칭(略稱)과는 다르다. 예를 들어, 「119구조·구급에 관한 법률」은 '119법'이라 부르고, 「성매매알선 등 행위의 처벌에 관한 법률」은 '성매매처벌법', 「가맹사업거래의 공정화에 관한 법률」은 '가맹사업법', 「학교폭력예방 및 대책에 관한 법률」은 '학교폭력예방법', 「제주특별자치도 설치 및 국제자유도시 조성을 위한 특별법」은 '제주특별법', 「정보통신망 이용촉진 및 정보보호 등에 관한 법률」은 '정보통신망법', 「생명윤리 및 안전에 관한 법률」은 '생명윤리법', 「범죄수익 은닉의 규제 및 처벌 등에 관한 법률」은 '범죄수익은닉규제법', 「아동학대의 처벌에 관한 특례법」은 '아동학대처벌법', 「기부금품의 모집 및 사용에 관한 법률」은 '기부금품법', 「보조금 관리에 관한 법률」은 '보조금법', 「노동조합 및 노동관계조정법」은 '노동조합법', 「중소기업 진흥에 관한 법률」은 '중소기업진흥법'이라는 약칭으로 불리고 있다. 법제처의 국가법령정보센터 홈페이지(http://www.law.go.kr/main.html)에는 법률의 전체 명칭 옆에 괄호를 두어 공식적으로 이러한 법률의 약칭을 표시하고 있다. 이러한 법률의 약칭과 달리 실명법은 법률명의 별명으로서, 사람 이름이 들어간 '비공식적'인 법률명이다.

'법률안'[2]과 '법률'의 차이는 대통령의 공포 여부이다. 법률안은 국회에 제출되어 심의되어야 하고, 국회 본회의에서 의결을 하여 정부에 이송하면 대통령이 이를 공포하거나 또는 거부권을 행사하여 국회에 재의를 요구하기도 한다. 국회 본회의에서 의결되고 정부로 이송되어 대통령이 공포하기 전에는 '법률안'이고, 대통령이 이를 공포한 시점 이후에는 '법률'이다. 실명법은 대개 법률안 단계에서 이름이 붙여지는데, 이러한 실명법안은 입법에 성공하는 경우도 있고 실패하는 경우도 있다. 그러나 단 하나의 예외도 없이, 모든 실명법은 '법안'이라고 부르지 않고 '법'이라고 부른다. 예를 들어, '김지영법안'이나 '혜인이법안'이라고 부르지 않고 '김지영법' '혜인이법'이라고 부른다.

2. 실명입법의 유형

최초의 실명입법인지 여부는 확신할 수 없지만, 필자의 조사에 따르면 2004년의 '오세훈법'을 첫 번째의 실명입법으로 꼽을 수 있다. '김강자법'(2004년), '최진실법'(2009년)이 그 뒤를 따랐고, 2010년 이후에는 사람 이름이 들어간 대중적인 법안 명칭이 하나의 유행처럼 되었다. '윤창호법'(2018)과 '김용균법'(2019), '민식이법'(2019)은 모르는 사람이 없을 정도로, 우리는 실명입법에 익숙해졌고 실명입법의 영향력도 날로 커져가고 있다.

실명법안의 유형은 가해자형, 피해자형, 발의자형, 유명인형 등의 크게 네 가지로 나누어 볼 수 있다. 즉, ① 발의자형: 법을 주도적으로 추진한 사람의 이름을 붙인 경우(오세훈법, 김영란법, 홍준표법, 심재철법), ② 가해자형: 사건의 가해자 혹은 법의 적용대상이 되는 사람의 이름을 붙인 경우(조두순법, 김성수법, 유병언법, 양진호 방지법), ③ 피해자형: 사건이나 사고의 피해자 이름을 붙인 경우(정인이법, 민식이법, 윤창호법, 신해철법, 임세원법), ④ 유명인형: 법률추진의 계기가 된 유명인사의 이름을 붙인 경우(김연아법, 김장훈법, 한예슬법, 최진실법) 등이 있다.

---

2 '법률안'과 '법안'은 의미의 차이가 없이 동일하다. '법안'은 '법률안'의 줄임말이다.

발의자형 실명법안은 '오세훈법' '심재철법' '홍준표법'과 같이 법안을 발의한 국회의원의 이름이 붙은 경우도 있고, 김영란 국민권익위원회 위원장이 입법예고한 '김영란법'처럼 법안을 실질적으로 추진한 사람의 이름이 붙은 경우이다. 가해자형 실명법안은 '조두순법' '양진호 방지법' '김성수법'과 같이 사건의 가해자의 이름이 붙은 경우와 '유병언법'과 같이 많은 사람에게 피해를 입힌 사람의 이름이 붙은 경우이다. 피해자형 실명법안은 '정인이법'과 같이 아동학대로 사망한 어린 피해자, '윤창호법'과 같이 음주운전 교통사고의 피해자나 '민식이법'과 같이 어린이보호구역 교통사고의 피해자, '신해철법'과 같이 의료사고의 피해자, '김용균법'과 같이 산업재해 피해자, '임세원법'과 같이 진료중 피해를 입은 의사의 이름이 붙은 경우이다. 유명인형 실명법안은 '김연아법' '최진실법' '김부선법' '김장훈법' 'JYJ법' '한예슬법' '나경원법' '황필상법'과 같이 입법 추진의 계기가 된 스포츠스타·배우·가수·정치인·기업인 등 유명인사의 이름이 붙은 경우이다. 이러한 실명입법의 유형이 절대적인 기준에 의한 것이라고 볼 수는 없지만, 실명입법의 특성을 분류함에 있어서는 일면 유용하다고 볼 수 있다.

피해자형 실명입법과 관련하여 미국에서는 메건법 사례에서 볼 수 있는 바와 같이 향후 성범죄를 방지하고자 한다는 취지로 유족이 적극적으로 이러한 용례를 받아들이는 경우가 있다. 예를 들어 '민식이법'의 통과를 위해 유족인 민식이의 부모가 '민식이법'이라 불리는 것을 받아들인 경우가 있다. 그러나 이와 다른 경우도 있었다. 예를 들어, 혜진예슬법 사례에서 볼 수 있는 바와 같이 피해자의 유족이 이렇게 불리는 것을 원치 않는 경우가 있었다. 그리고 처음에는 피해자의 가명을 붙여 부르다가 가해자 이름을 붙여 부른 경우(나영이법 → 조두순법)도 있었고, 일반인의 이름을 붙여 부르다가 연예인의 이름을 붙여 부른 경우(예강이법 → 신해철법)도 있었다.

3. 법안실명제

법안실명제는 의원입법의 발의 시 발의의원과 찬성의원을 구분하여 표시하고 법률안 제명의 부제로 발의의원의 성명을 기재하도록 하는 내용의 제도이다. 법안실명제는 의원의 입법활동을 활성화하고 책임성을 제고시키기 위한 취지를 지니고 있으며, 의원들의 의정활동에 대한 객관적인 평가자료가 된다는 점이 장점으로 지적되기도 한다.[3] 국민들의 입장에서 보면 법안실명제는 국회의원의 입법활동에 대한 객관적인 평가자료로 활용할 수 있다.[4] 법안실명제는 "의원이 발의한 법률안중 국회에서 의결된 제정법률안 또는 전문개정법률안을 공표 또는 홍보하는 경우에는 당해 법률안의 부제를 함께 표기할 수 있다"고 하여 현행 「국회법」 제79조 제4항에 규정되어 있다.

이러한 법안실명제가 「국회법」에 신설된 것은 2000년 2월 16일의 「국회법」 개정을 통해서이다. 국회의 제도와 운영을 혁신하기 위해서 1998년 10월에 국회제도운영개혁위원회를 설치하였고, 이 위원회에서는 행정입법 통제제도, 전원위원회제도, 국회상시개원과 함께 법안실명제를 제안하였으며, 이러한 제안이 2000년 「국회법」 개정을 통하여 결실을 보게 된 것이다. 이후 2005년 7월 28일의 「국회법」 개정으로 그 내용이 일부 수정되어 오늘에 이르렀다. 그러나 이처럼 법안실명제의 도입 취지는 법안을 발의하는 의원들에게 법안의 사회적 효력에 대하여 책임을 지도록 하기 위한 것이었지만, 책임정치 및 법안의 질적 향상의 측면에서는 미흡하다고 평가되었다.[5] 제도 도입을 했을 당시의 요란했던 구호와는 달리, 법안실명제의 실효성은 별로 없다는 것이 일반적인 평가이다.

미국에서는 대중적인 법률명을 'popular name'이라고 하는데, '2002 겨울올림픽 기념주화법'(2002 Winter Olympic Commemorative Coin Act), '태프트-하틀리법'(Taft-Hartley Act), '애국법'(USA Patriot Act) 등이 공식적인 법률명과 달리 쓰이는 대중적인 법률명이다. 법률의 'popular name'은 발의한 의원의 이름, 범죄

3 국회제도운영개혁위원회, 국회제도 및 운영에 관한 개혁안 건의, 1998. 11, 103쪽.
4 정호영, 국회법론, 법문사, 2012, 433쪽.
5 최정원, 법안발의 제도와 국회 입법과정의 정치역학, 한국의회정치와 제도개혁, 한울, 2004, 201쪽.

의 피해자, 주요 내용 등 법률의 대중적 명칭을 모두 포함하는 것이라고 할 수 있다. 특히 미국에서는 법률안에 의원의 이름을 붙이거나 범죄 피해자의 이름을 붙이는 경우가 많으며, 전자는 법안에 대한 책임과 법안의 성공 여부를 분명히 하는 의미가 있으며, 후자는 사건을 잊지 않도록 하여 유사 사건의 재발을 방지하려는 의미가 있다. 미국 남부의 일부 주에서 1876년부터 1965년까지 시행되던 흑인차별법 Jim Crow[6] Law, 1930년대 미국 수입관세를 올려 유럽의 보복관세를 촉발함으로써 대공황을 확산시킨 Smooth－Hawley Tariff Act, 반독점과 공정경쟁법의 대명사라고 할 수 있는 Sherman Act, 오바마 대통령의 건강보험 개혁법률을 지칭하는 Obama Care 혹은 Obama Health Care Law 등이 유명하고, 성범죄피해아동인 메건의 이름을 붙인 Megan's Law가 미국의 대표적인 실명법률이라고 할 수 있다. 미국 실명법률의 고전적인 예를 들자면 미국의 금주법이다. 세계적으로 유명한 미국의 금주법(The National Prohibition Act)은 앤드류 볼스테드 의원이 발의했기 때문에 미국에서는 Volstead Act라고 불린다. 또한 근래의 예로는, 북한 제재 법률에, 북한에 억류되었다가 풀려나 사망한 미국 대학생 웜비어의 이름을 붙여 웜비어법(Otto Warmbier Banking Restrictions Involving North Korea Act of 2017)이라고 명명한 것은 웜비어를 잊지 않도록 하자는 의미를 지니고 있다. 이처럼 미국에서는 실명입법이 활발하게 사용되고 있다.

4. 실명입법과 법안실명제와의 차이

실명입법과 법안실명제는 직접적인 관련이 없다. 그러나 법안실명제의 도입을 통해 발의의원의 이름을 법률명의 부제로 부르면서, 실명법안의 작명이 시작되었음을 알 수 있다. 즉, 2000년에 도입된 법안실명제를 통해 대표발의자를 법률명의 부제로 사용하게 되었는데, 이러한 법안실명제는 국민들의 관심을

---

6 Jim Crow는 1830년대 미국 코메디뮤지컬에 등장하는 바보 흑인 캐릭터의 이름이며, 흑인을 경멸하는 의미로 사용되었다. 공공장소에서 흑인과 백인을 차별하던 Jim Crow Law에 대해서 1896년 미국 연방대법원은 분리되었으나 평등하다(separate but equal)며 합헌 판결을 해서 더욱 유명해졌다.

끌지 못하다가 2004년에 입법된 정치개혁법인 '오세훈법'[7]이 주목을 받게 되었다. 또한 같은 해에 입법된 성매매처벌법인 '김강자법'[8]이 주목을 받았다. 김강자 당시 종암경찰서장은 「성매매알선 등 행위의 처벌에 관한 법률안」을 발의한 국회의원은 아니었지만, 당시 미아리의 집창촌에 대한 대대적인 단속을 벌이면서 성매매 근절의 대표적인 인물로 떠올랐으며, 이로 인하여 「성매매알선 등 행위의 처벌에 관한 법률안」이라는 길고 어려운 법률명 대신 짧고 강렬한 '김강자법'이라고 부르게 되었다. 이후 2009년에는 '최진실법'이 주목을 받았고, 2010년 이후에는 사람 이름이 들어간 법안 명칭이 많이 등장하였다.

이렇듯 법률안 제명의 부제로 발의의원의 성명을 기재하도록 하는 법안실명제는 실명법안에 발의한 국회의원의 이름을 붙인 경우에는 관련이 있다고 할 수 있지만, 실명법안에는 발의의원의 이름 이외에도 전술한 바와 같이 가해자·피해자·연예인 등의 이름이 붙은 경우가 많다. 즉, 대부분의 실명법안에는 법안 발의자의 이름이 붙는 것이 아니라 법안발의의 계기가 된 범죄나 사고의 가해자나 피해자 혹은 법안발의의 계기가 된 연예인이나 스포츠스타 등의 이름이 붙은 것이기 때문에, 이러한 경우에는 실명법안과 법안실명제의 직접적인 관계가 없다. 박영선법이나 심재철법, 홍준표법 등은 실명법안은 발의자형 실명법안이자 대표발의자의 이름을 법안에 부제로 붙이는 법안실명제에 해당하는 것이기 때문에, 이러한 유형의 실명법안은 법안실명제의 취지와 동일하다. 이러한 점에서 일부 실명법안의 명명 동기와 법안실명제도의 도입 동기는 맥락을 같이 한다고 할 수 있지만, 법안실명제와 실명법안과는 직접적인 관련이 없다. 다만, 법안실명제의 도입이 법안에 사람 이름을 붙이는 실명법안의 결정적인 계기가 되었다고 할 수 있다.

---

7 '오세훈법'은 2004년 3월 12일에 공포·시행된 「공직선거 및 선거부정방지법」, 「정당법」, 「정치자금에 관한 법률」의 각 개정법률을 말한다.

8 '김강자법'은 2004년 3월 22일에 제정·공포되고 2004년 9월 23일부터 시행된 「성매매알선 등 행위의 처벌에 관한 법률」을 말한다.

5. 실명입법의 효과

사람이름이 들어간 법안 중에서 법률로 제정되거나 개정된 것도 있고 그렇지 않은 것도 있다. 김영란법, 오세훈법, 유병언법, 전두환법, 조두순법, 최진실법, 신해철법, 윤창호법, 김용균법, 민식이법 등이 성공사례로 꼽힌다. 김광석법, 나경원법, 정봉주법, 김장훈법, 김연아법, 박찬주법, 김지영법 등은 입법이 되지 못했다. 위헌성 혹은 과잉입법 여부에 관한 논란이 있는 경우에 입법되지 못하는 경우가 종종 있으며, 입법이 된 이후에도 위헌심판이 제기되는 경우가 종종 있다. 그러나 처음부터 입법이 되는 것을 목표로 한다기보다는 사회적 의제를 법안제출이라는 방식을 통해 공론의 장(場)으로 이끌어 내고자 하는 목표를 지니고 있는 경우도 있다. 실명입법은 긍정적인 측면과 부정적인 측면을 지니고 있다.

우선 실명입법에는 긍정적인 효과가 있다. 법안에 대한 대중의 관심을 끌어서 관련 논의가 활성화되는 긍정적인 효과가 있는 것이다. 유명한 사람의 이름을 붙이거나 충격적인 사건·사고의 가해자·피해자 등의 이름을 붙인 법안은 많은 국민들의 관심을 끌어서 입법의 필요성에 대한 설득력을 강화한다. 또한 법안의 명칭이 길고 이해하기 어려운 경우가 많은데, 유명인의 이름을 사용하게 되면 관심도는 물론이고 이해도와 공감대를 높이는 효과가 있다. 즉, 실명법안의 입법을 추진하는 국회의원은 실명법안의 발의를 통해서 유권자들의 주목을 받을 수 있어서 의정활동 홍보에 유리하다.[9] 또한 제목이 길고 이해하기 어려운 법안을 쉽게 이해할 수 있고 법안명칭을 간단히 부를 수 있도록 해서 찬성 여론을 이끌어내기 쉽다.

---

9 김영란법·최진실법·장그래법 … 그 법에는 왜 사람 이름이 있을까?, 조선일보, 2016. 8. 5. "이처럼 '사람 이름을 딴 법안'이 많아지는 이유는 뭘까? 바로 홍보 효과 때문이다. 이슈가 되는 인물을 활용해 관심을 불러일으키고 여론을 형성해 법안 통과를 수월하게 하려는 목적이 크다고 볼 수 있다."

따라서 실명법안에 유명인의 이름을 사용하게 되면 관심도는 물론이고 법안통과의 성공률을 높이는 효과가 있다. 입법에 성공한 실명법안 중에는 김영란법이나 김강자법, 최진실법, 유병언법, 전두환법, 신해철법 등은 강력한 여론의 지지를 받았다. 물론 김장훈법이나 김연아법, JYJ법 등 유명인의 이름을 붙인 실명법안은 입법에 성공하지는 못했지만, 국민들의 관심을 끄는데는 성공한 실명법안들이다. 즉, 실명법안은 입법의 성공과 대중적 관심을 둘 다 얻거나 아니면 최소한 대중적 관심을 얻게 된다는 점에서, 국회의원들에게는 대단히 매력적인 입법전략이라고 할 수 있다. 처음부터 입법의 성공 보다는 사회적 의제를 법안으로 만들어 발의함으로써, 사회적 의제의 공론화를 꾀하는 경우가 있다. 생활이 어려워진 고액기부자의 생활을 보장하려는 내용의 '김장훈법'을 통해 기부문화의 활성화를 도모하고, 운동선수·연예인·24세미만자의 TV광고를 금지하는 내용의 '김연아법'을 통해 음주문화를 개선하려는 것 등이 그 예라고 할 수 있다.

그러나 실명입법의 부정적인 측면이 지적되기도 한다. 실명입법은 법안의 내용보다는 법안의 제목을 통해 국민들의 감성에 호소하는 것으로서 무책임한 '국민정서법'으로 폄하되기도 한다. 국민들의 감성에 호소하여 무리한 입법을 했기 때문에, 과잉입법인 경우도 있고 위헌의 소지가 있는 경우도 있다. 그러나 과잉입법이나 위헌의 소지가 있더라도, 대중의 의견에 영합하여 입법을 밀어붙이기도 한다. 따라서 실명입법들은 흐지부지되는 경우(김부선법·김장훈법·장그래법·JYJ법 등)도 있고, 입법에 성공한 경우(전두환법·김영란법·김강자법 등)에도 곧장 위헌심판대에 오르기도 하는 것이다.

유권자의 표를 의식할 수밖에 없는 국회의원들은 유난히 국민정서에 민감하며, 대형 사건이나 사고가 나면 국회는 정제되지 않은 여론을 반영해서 '국민정서법'을 만든다는 분석이 있다.[10] 이러한 실명입법은 또한 입법을 희화화하거

10 중앙일보, 2015. 4. 7.

나 일시적인 관심끌기용으로 활용되는 경우도 있다. 또한 여론에 밀려서 실효성이 없는 입법을 하는 경우도 있는데, 예를 들어 사망한 유병언에 대해서 유죄판결을 구하는 것이 불가능함에도 유병언의 유죄판결을 요건으로 가족과 측근에게서 범죄수익을 추징할 수 있도록 하는 '유병언법'을 입법한 것은 실효성이 없었다. 그리고 국민들의 정서에 힘입은 입법을 했기 때문에, 과잉입법이거나 위헌법률이라고 하더라도 입법을 추진하는 경우가 있다. 불필요하거나 헌법에 위반될 가능성이 있다고 하더라도 일단 여론에 영합하는 입법을 추진한다는 것이다. 따라서 실명법안 중에는 JYJ법이나 김우중법처럼 입법에 성공하지 못하는 경우가 있으며, 김강자법이나 김영란법처럼 입법에 성공한다고 하더라도 위헌법률심판이나 헌법소원심판이 제기되는 경우가 있는 것이다.

6. 실명입법의 현황과 입법성공 여부

국회에 제출되는 전체 법안의 가결율은 매우 저조하다. 제15대 국회에서부터 제21대 국회까지의 법안 통계를 보면, 제출되는 법안의 수는 지속적으로 증가하고 있는 가운데, 의원발의 법안의 가결율은 12%까지 하락하고 정부제출 법안의 가결율은 26%까지 하락하고 있음을 볼 수 있다. 법안 전체의 가결율을 보면 15대 국회 57%, 16대 국회 38%, 17대 국회 26%, 18대 국회 17%, 19대 국회 16%, 20대 국회 12%, 21대 국회 12%로 점차 낮아지고 있다.

〈표 1〉 제15대~제21대 국회의 의원발의 법률안과 정부제출 법률안 비교[11]

시기 구분 (연도)	전체 법률안	의원발의 법률안			정부제출 법률안		
		제출 건수	가결 건수	가결률	제출 건수	가결건수	가결률
제15대(96~00)	1,951	1,144	461	40%	807	659	82%
제16대(00~04)	2,507	1,912	514	27%	595	431	72%
제17대(04~08)	7,489	6,387	1,352	21%	1,102	563	51%
제18대(08~12)	13,913	12,220	1,663	14%	1,693	690	41%
제19대(12~16)	17,822	16,729	2,414	14%	1,093	379	35%
제20대(16~20)	24,141	23.047	2,890	13%	1,094	305	28%
제21대(20－24)	25,858	25,070	2,959	12%	831	212	26%

〈표 2〉 제15대~제21대 국회의 법안 가결률 비교 (단위: %)

	제15대	제16대	제17대	제18대	제19대	제20대	제21대
의원발의 법안 가결율	40	27	21	14	14	13	12
정부제출 법안 가결율	82	72	51	41	35	28	26
전체 법안 가결율	**57**	**38**	**26**	**17**	**16**	**12**	**12**

이에 비하여 실명법안은 72건 중에서 41건이 가결되었으니 57%의 가결율을 보이고 있다. 제18대 국회 이후에는 일반 법안의 가결율이 10%대에 그치고 있는데 비하여 실명법안의 가결율은 50%를 상회하고 있으니, 실명법안의 가결율은 일반 법안의 가결율의 약 5배 정도에 해당한다.

11 국회 의안정보시스템 의안통계 http://likms.assembly.go.kr/bill, 2020. 3. 2 방문. 기존 국회의 의안통계방식에서 대안반영은 가결건수에 포함되지 않았기 때문에, 통계의 일관성을 기하기 위하여 제19대와 제20대 국회의 가결건수에 대안으로 반영된 법안을 포함하지 않음.

실명법안은 국민들의 관심과 주목을 끄는 측면에서 성공적이어서 유사 사고의 재발을 막는다는 점에서 효과가 있지만, 전체 법안의 가결율이 매우 낮은 상황에서 50% 이상의 가결율을 보인다는 것은 실명입법을 활용하는 것이 매우 성공적인 입법전략임을 의미한다.

물론 법안을 발의하는 의원이 의도적으로 사람 이름을 붙여 언론에 배포하는 등의 방법으로 실명법안을 활용하는 경우에, 국민들의 여론이 호응하지 않는 경우도 종종 있다. 그러나 의도적이건 자연스럽건 실명법안이 국민들의 호응을 받는다면, 실명법안 두 건 중에서 한 건은 입법에 성공한다는 것이다. 그러나 만일 실명법안이 입법에 성공하지 못하더라도, 해당 법안이나 관련 사안에 대한 국민들의 관심과 주목을 받게 된다는 이점을 갖게 된다.

〈표 3〉 실명법안의 가결 여부

(가나다 순)

	실명법안	공식적인 법률 명칭	가결 여부
1	구하라법	민법	△
2	권대희법	의료법	○
3	김강자법	성매매알선 등 행위의 처벌에 관한 법률	○
4	김관홍 잠수사법	4·16 세월호참사 피해구제 및 지원 등을 위한 특별법	×
5	김광석법	형사소송법	×
6	김부선법	주택법	○
7	김성수법	형법	○
8	김연아법	국민건강증진법 (주류광고금지법)	×
9	김영란법	부정청탁 및 금품 등 수수의 금지에 관한 법률	○
10	김용균법	산업안전보건법	○
11	김우중법	범죄수익은닉의 규제 및 처벌에 관한 법률	×
12	김장훈법	명예기부자 등 예우 및 지원에 관한 법률안 (명예기부자법)	×
13	김지영법	아이돌봄지원법	×
14	나경원법	공직선거법 (허위사실유포 처벌 강화법)	×
15	도현이법	제조물책임법	×
16	링컨법	공공재정 부정청구 금지 및 부정이익 환수 등에 관한 법률 (부정청구 금지법)	○
17	민식이법	도로교통법 특정범죄 가중처벌 등에 관한 법률	○
18	박근혜법	국회법	×
19	박영선법	외국인투자촉진법	×

	실명법안	공식적인 법률 명칭	가결 여부
20	박용진 3법	유아교육법 사립학교법 학교급식법	○
21	박원순법	서울특별시 공무원 행동강령	○
22	박찬주법	군형법	×
23	사랑이법	가족관계등록법	○
24	설리법	정보통신망 이용촉진 및 정보보호 등에 관한 법률	×
25	세림이법	도로교통법	○
26	세모녀법	국민기초생활보장법 긴급복지지원법 사회보장급여의 이용·제공 및 수급권 발굴에 관한 법률	○
27	신해철법	의료사고 피해구제 및 의료분쟁 조정 등에 관한 법률	○
28	심재철법	범죄단체의 해산 등에 관한 법률안 (이적단체 해산법)	×
29	심종두 부활법	중소기업진흥에 관한 법률	○
30	안대희법	공직자윤리법	×
31	양진호 방지법	근로기준법 산업재해보상보험법	○
32	오세훈법	공직선거 및 선거부정방지법 (공직선거법) 정치자금에 관한 법률 정당법	○
33	우병우 방지법	국회에서의 증언·감정 등에 관한 법률	○
34	원영이법	형법	×
35	유병언법	범죄수익은닉의 규제 및 처벌 등에 관한 법률	○
36	윤미향 방지법	기부금품의 모집 및 사용에 관한 법률 보조금 관리에 관한 법률 사회복지공동모금회법 비영리민간단체 지원법	×

	실명법안	공식적인 법률 명칭	가결 여부
37	윤창호법	특정범죄 가중처벌법 도로교통법	○
38	이석기법	국회법 국회의원 수당 등에 관한 법률	×
39	이인제 방지법	공직선거법	○
40	이학수법	특정재산범죄수익 등의 환수 및 피해구제에 관한 법률안 (불법이익 환수법)	×
41	임세원법	의료법	○
42	장그래법	기간제 및 단시간근로자 보호 등에 관한 법률 등 (비정규직 종합대책법)	×
43	장발장법	특정범죄 가중처벌 등에 관한 법률 형법	○
44	장자연법	대중문화예술산업발전법	○
45	전두환법	공무원범죄에 대한 몰수 특례법	○
46	전재용 방지법	형법	×
47	전태일 3법	근로기준법 노동조합 및 노동관계조정법 중대재해처벌법	△
48	정인이법	아동학대범죄의 처벌에 관한 특례법	○
49	정봉주법	공직선거법	×
50	정순신 방지법	학교폭력예방 및 대책에 관한 법률	○
51	정유라 방지법	형사소송법 고등교육법	×
52	조국 방지법	사립학교법 교육공무원법	×
53	조두순법	성폭력 범죄의 처벌 등에 관한 특례법	○

	실명법안	공식적인 법률 명칭	가결 여부
54	조현천법	군인연금법	×
55	종현이법	환자안전법	○
56	최고은법	예술인복지법	○
57	최숙현법	국민체육진흥법	○
58	최순실법	대통령 등의 특정 중대범죄 처벌에 관한 특별법 민주헌정침해행위자의 부정축적 재산 환수에 관한 특별법안	×
59	최진실법	민법 (친권 자동부활 금지법)	○
60	태완이법	형사소송법	○
61	태호유찬이법	도로교통법 체육시설의 설치·이용에 관한 법률	×
62	하재헌법	군인연금법	○
63	하준이법	주차장법	○
64	한예슬법	의료사고 피해구제 및 의료분쟁 조정 등에 관한 법률	×
65	한음이법	도로교통법	×
66	해인이법	어린이안전관리에 관한 법률	○
67	혜진예슬법	성폭력범죄의 처벌 및 피해자보호 등에 관한 법률	○
68	홍종학법	관세법	○
69	홍준표법	국적법	○
70	황교안법	변호사법	○
71	황필상법	상속세 및 증여세법	○
72	JYJ법	방송법	×

(분야별 순)

	실명법안	공식적인 법률 명칭	가결 여부
		성범죄 관련	
1	김강자법	성매매알선 등 행위의 처벌에 관한 법률	○
2	혜진예슬법	성폭력범죄의 처벌 및 피해자보호 등에 관한 법률	○
3	조두순법	성폭력 범죄의 처벌 등에 관한 특례법	○
		교통안전 관련	
1	윤창호법	특정범죄 가중처벌 등에 관한 법률 도로교통법	○
2	세림이법	도로교통법	○
3	민식이법	도로교통법 특정범죄 가중처벌 등에 관한 법률	○
4	하준이법	주차장법	○
5	태호유찬이법	도로교통법 체육시설의 설치·이용에 관한 법률	×
6	한음이법	도로교통법	×
7	해인이법	어린이안전관리에 관한 법률	○
8	도현이법	제조물책임법	×
		의료 분야	
1	종현이법	환자안전법	○
2	신해철법	의료사고 피해구제 및 의료분쟁 조정 등에 관한 법률	○
3	임세원법	의료법	○
4	권대희법	의료법	○
5	하재헌법	군인연금법	○
6	한예슬법	의료사고 피해구제 및 의료분쟁 조정 등에 관한 법률	×

	실명법안	공식적인 법률 명칭	가결 여부
		수사·기소·재판 등 관련	
1	김광석법	형사소송법	×
2	박찬주법	군형법	×
3	김성수법	형법	○
4	장발장법	특정범죄 가중처벌 등에 관한 법률 형법	○
5	전재용 방지법	형법	×
6	정유라 방지법	형사소송법 고등교육법	×
7	태완이법	형사소송법	○
8	우병우 방지법	국회에서의 증언·감정 등에 관한 법률	○
		선거 관련	
1	오세훈법	공직선거법 정치자금에 관한 법률 정당법	○
2	이인제 방지법	공직선거법	○
3	나경원법	공직선거법 (허위사실 공표죄 처벌 강화법)	×
4	정봉주법	공직선거법 (허위사실 공표죄 처벌 완화법)	×
		경제 분야	
1	박영선법	외국인투자촉진법	×
2	홍종학법	관세법	○
3	황필상법	상속세 및 증여세법	○
		노동 분야	
1	김용균법	산업안전보건법	○

	실명법안	공식적인 법률 명칭	가결 여부
2	양진호 방지법	근로기준법 산업재해보상보험법	○
3	장그래법	기간제 및 단시간근로자 보호 등에 관한 법률 등 (비정규직 종합대책법)	×
4	심종두 부활법	중소기업진흥에 관한 법률	○
5	전태일 3법	근로기준법 노동조합 및 노동관계조정법 중대재해처벌법	△
		육아·교육·가정 분야	
1	김지영법	아이돌봄지원법	×
2	사랑이법	가족관계의 등록 등에 관한 법률	○
3	최진실법	민법 (친권 자동부활 금지법)	○
4	박용진 3법	유아교육법 사립학교법 학교급식법	○
5	정인이법	아동학대범죄의 처벌에 관한 특례법	○
6	구하라법	민법	△
7	원영이법	형법	×
8	정순신 방지법	학교폭력예방 및 대책에 관한 법률	○
		문화 분야	
1	김연아법	국민건강증진법 (주류광고 금지법)	×
2	JYJ법	방송법	×
3	장자연법	대중문화예술산업발전법	○
4	최고은법	예술인복지법	○
5	김장훈법	명예기부자 등 예우 및 지원에 관한 법률안 (명예기부자법)	×

	실명법안	공식적인 법률 명칭	가결 여부
6	설리법	정보통신망 이용촉진 및 정보보호 등에 관한 법률	×
		반부패 관련	
1	김영란법	부정청탁 및 금품 등 수수의 금지에 관한 법률	○
2	박원순법	서울특별시 공무원 행동강령	○
3	링컨법	공공재정 부정청구 금지 및 부정이익 환수 등에 관한 법률 (부정청구 금지법)	○
4	윤미향 방지법	기부금품의 모집 및 사용에 관한 법률 보조금 관리에 관한 법률 사회복지공동모금회법 비영리민간단체 지원법	×
		재산환수·추징 관련	
1	전두환법	공무원범죄에 대한 몰수 특례법	○
2	유병언법	범죄수익은닉의 규제 및 처벌 등에 관한 법률	○
3	김우중법	범죄수익은닉의 규제 및 처벌 등에 관한 법률	×
4	이학수법	특정재산범죄수익 등의 환수 및 피해구제에 관한 법률안 (불법이익 환수법)	×
5	최순실법	대통령 등의 특정 중대범죄 처벌에 관한 특별법 민주헌정침해행위자의 부정축적 재산 환수에 관한 특별법안	×
		전관예우 관련	
1	안대희법	공직자윤리법	×
2	황교안법	변호사법	○
		기타	
1	김관홍 잠수사법	4·16 세월호참사 피해구제 및 지원 등을 위한 특별법	×
2	김부선법	주택법	○
3	박근혜법	국회법	×

	실명법안	공식적인 법률 명칭	가결 여부
4	세모녀법	국민기초생활보장법 긴급복지지원법 사회보장급여의 이용·제공 및 수급권 발굴에 관한 법률	○
5	심재철법	범죄단체의 해산 등에 관한 법률안 (이적단체 해산법)	×
6	이석기법	국회법 국회의원 수당 등에 관한 법률	×
7	조국 방지법	사립학교법 교육공무원법	×
8	조현천법	군인연금법	×
9	홍준표법	국적법	○
10	최숙현법	국민체육진흥법	○

각 론

실명입법 사례

實名立法論

성범죄 관련

CHAPTER

01 김강자법

1. 김강자와 김강자법

김강자는 최초의 여성 총경이었다. 김강자는 종암경찰서장이던 2000년에 '성매매와의 전쟁'을 선포하고 일명 '미아리 텍사스'라고 불린 집창촌에 대한 대대적인 단속을 벌이면서 '미아리의 포청천'이라는 별명을 얻었다.[1] 김강자법[2]은 성매매 관련자에 대한 엄한 처벌을 규정한 「성매매알선 등 행위의 처벌에 관한 법률」을 지칭한다.

2. 김강자법의 배경

1948년 미군정이 일제의 공창을 폐지한 이래 우리나라는 성매매를 금지해 왔고, 1961년에는 「윤락행위방지법」이 제정되었다. 「윤락행위방지법」은 성매매를 윤락행위로 규정하고 성매수자인 남성을 처벌하기는 했지만, '윤락여성'의 처벌이 법률의 주요 내용이었다.

군산의 집창촌 화재에서 발생한 화재로 2000년에 5명, 2002년에 14명이 자물쇠로 잠긴 집창촌 건물에서 성매매 여성이 사망하였다. 집창촌에서의 잇단 화재

1 위키피디아, 2015. 8. 1 방문.
2 주간현대, 2016. 3. 24.

로 인하여 집창촌 및 성매매에 대한 문제가 본격적으로 사회적 이슈가 되었다. 사회적 논의를 통하여 국회는 2004년에 「윤락행위방지법」을 폐지하고 「성매매알선 등 행위의 처벌에 관한 법률」과 「성매매방지 및 피해자보호 등에 관한 법률」을 제정하였다.

「성매매방지 및 피해자보호 등에 관한 법률」의 제정이유는 다음과 같다.

> 성매매된 자 및 성을 파는 행위를 한 자의 사회복귀를 돕기 위하여 지원시설 및 상담소의 설치 및 운영을 활성화하고, 이용자의 의사에 따라 지원시설 및 상담소에서 제공하는 의료지원·취업교육 및 법률지원 등을 자유롭게 이용할 수 있도록 하여 원활한 사회복귀와 성매매행위의 재발을 방지하도록 하려는 것임.

또한 「성매매알선 등 행위의 처벌에 관한 법률」의 제정이유는 다음과 같다.

> 성매매 공급자와 중간매개체를 차단하기 위하여 성매매 목적의 인신매매를 처벌하고, 성매매알선등행위로부터 취득한 금품 그 밖의 재산상 이익은 몰수·추징하도록 하는 등 성매매알선 등 행위와 성매매의 근절을 위한 제도적 장치를 마련하려는 것임.

두 건의 성매매특별법은 2004년 3월 22일에 동시에 제정되어 6개월의 경과규정을 거친 후에, 2004년 9월 23일부터 시행되고 있다. 「성매매알선 등 행위의 처벌에 관한 법률」은 '성매매 처벌법'이라는 약칭을 지니고 있고, 「성매매방지 및 피해자보호 등에 관한 법률」은 '성매매 피해자보호법'이라는 약칭을 지니고 있다.[3] 언론에서 사용되는 '성매매특별법'은 이 두 건의 법률을 의미하지만, 위헌론이 대두되는 성매매특별법은 특히 '성매매처벌법'이라는 약칭을 가지고 있는 「성매매알선 등 행위의 처벌에 관한 법률」을 의미하는 것이다. 이후 두 건의 법률은 수차례 개정되어 오늘에 이르고 있다.

---

3 법제처 국가법령정보센터 홈페이지에는, 개별법의 공식적인 법률명칭 옆에 이러한 약칭이 표시되어 있다.

3. 김강자법의 내용

「성매매방지 및 피해자보호 등에 관한 법률」은 "성매매피해자 및 성을 파는 행위를 한 자의 보호와 자립의 지원을 목적"으로 하는 '지원법'(支援法)의 성격을 지니기 때문에 위헌의 소지가 없거나 적다.[4] 그러나 성매매·성매매알선 등 행위 및 성매매 목적의 인신매매를 근절하기 위한 목적을 지니는 「성매매알선 등 행위의 처벌에 관한 법률」은 기본권을 제한하는 '처벌법'(處罰法)의 성격을 지니기 때문에 위헌의 소지가 있는 것이다.

김강자법이라고 불린 '성매매처벌법', 즉 「성매매알선 등 행위의 처벌에 관한 법률」이 제정될 당시의 법률의 주요내용은 다음과 같다.

가. 누구든지 성매매, 성매매알선 등 행위, 성매매 목적의 인신매매, 성을 파는 행위를 하게 할 목적으로 타인을 고용·모집하거나 성매매가 행하여진다는 사실을 알고 직업을 소개·알선하는 행위를 할 수 없도록 함(법 제4조).
나. 위계·위력 그 밖에 이에 준하는 방법으로 성매매를 강요당한 자 등 성매매피해자의 성매매는 이를 처벌하지 아니하도록 하고, 이 법에 의한 범죄를 신고한 자 또는 성매매피해자를 조사하거나 증인으로 심문하는 경우 특정범죄신고자등보호법의 규정을 준용하여 신고자 및 피해자를 보호하도록 함(법 제6조).
다. 신고자 등을 법원에서 증인으로 신문하거나 수사기관이 조사하는 때에는 신뢰관계에 있는 자를 동석하게 할 수 있도록 하고, 청소년이나 의사능력이 없는 자 등의 경우 신청이 있는 때에는 특별한 사유가 없는 한 동석을 허용하도록 함(법 제8조).
라. 법원은 신고자 등의 사생활 보호 또는 신변보호 등을 위하여 결정으로 심리를 공개하지 아니할 수 있도록 함(법 제9조).
마. 성매매알선 등 행위를 한 자가 성을 파는 행위를 하였거나 할 자에게 가지는 채권은 계약의 형식이나 명목에 관계없이 무효로 하고, 그 채권을 양도하거나 그 채무를 인수한 경우에도 이를 무효로 하며, 검사 또는 사법경찰관은 성을 파는 자의 채무불이행사건을 수사할 때 당해 채권이 불법원인채권이지

4 성매매예방교육, 성매매피해자 지원시설, 성매매피해 상담소, 의료비지원 등에 관한 사항이 주요 내용이다.

여부를 확인하여 수사에 참작하도록 함(법 제10조).

바. 외국인 여성이 이 법에 규정된 범죄를 신고하거나 외국인 여성을 성매매피해자로 수사하는 때에는 당해 사건을 불기소처분하거나 공소를 제기할 때까지 출입국법상의 강제퇴거명령이나 보호의 집행을 유예하도록 함(법 제11조).

사. 판사는 성매매를 한 자에 대하여 사회봉사·수강명령, 특정장소나 지역에의 출입금지, 보호관찰, 감호위탁 등의 처분을 할 수 있도록 하되, 사회봉사·수강명령은 100시간을, 다른 보호처분의 기간은 6월을 초과하지 못하도록 함(법 제14조 및 제15조).

아. 성매매강요 또는 성매매알선 등 행위를 할 목적으로 단체 또는 집단을 구성하거나 단체 또는 집단에 가입한 자는 「폭력행위 등 처벌에 관한 법률」의 예에 의하여 처벌하도록 함(법 제22조).

성매매처벌법 제4조에서는 성매매, 성매매알선행위, 성매매목적의 인신매매, 성매매를 소개·알선하는 행위, 성매매 행위·업소에 대한 광고행위 등을 금지하면서, 제18조에서 제27조에 이르는 광범위한 벌칙규정을 두고 있다. 기업형 성매매나 인신매매 및 성착취 등에 대한 벌칙에 대해서는 논란의 여지가 없으나, 제21조 제1항에 "성매매를 한 사람은 1년 이하의 징역이나 300만원 이하의 벌금, 구류 또는 과료에 처한다"고 규정하고 있는 것이 특히 문제된다. 성매매처벌법 제21조는 성판매자와 성구매자 모두를 처벌하는 규정이다.

4. 김강자법을 둘러싼 논란

김강자법은 입법 이후부터 계속 위헌론 혹은 실효성에 대한 논란에 휩싸였다. 성매매는 전업형(전통형)·겸업형(산업형)·비업소형(독립형) 등으로 다양한데도 성판매 여성들을 모두 하나의 범주에 묶어 성매매 관련 행위를 모두 불법화하여 처벌하는 정책은 현실세계와는 상당한 괴리[5]가 있기 때문에, 실효성과 타당성은 물론이고 위헌성에 대한 문제가 제기되었다.

5 박찬걸, 성매매죄의 합리화 방안에 관한 연구, 한양대학교 박사학위 청구논문, 2010. 2, 438쪽.

성매매여성을 보호하겠다는 목적으로 제정된 성매매특별법에 의한 성매매 집창촌에 대한 단속이 이뤄지자, 성매매 여성들은 성매매특별법에 반대하며 정부청사 앞에서 '생존권을 보장하라'는 취지의 집회를 열기도 하였다. 성매매특별법에 대하여 한쪽에서는 성매매를 근절하기 위해 필요하다는 주장을 하였고 다른 한쪽에서는 성매매를 형사처벌하는 것은 실효성도 없는 과잉입법이라는 주장을 하였다.

이러한 찬반의견은 헌법재판소에서 합헌론과 위헌론으로 대립하였다. 즉, 성매매특별법 시행 8년여 만인 2012년 말에 성매매를 한 혐의로 재판을 받던 여성이 성매매특별법에 대한 위헌법률심판을 제기하여, 헌법재판소는 성매매특별법에 대한 위헌심사를 진행하였다. 이 과정에서 집창촌에 대한 대대적인 단속을 벌였던 김강자는 성매매특별법이 위헌이라고 주장하였다. 성매매 여성은 대부분 빈곤이나 낮은 교육 수준 등으로 인해 다른 직업을 선택하기 어려운 사회적 취약 계층으로, 성매매 특별법 시행 이후에도 성매매는 근절되지 않고 여성들의 처우만 악화됐다고 한다. 따라서 생계형 성매매를 처벌하는 것만이 능사가 아니라는 점을 강조하였다. 김강자는 2015년 4월 9일에 헌법재판소에서 열린 「성매매알선 등 행위의 처벌에 관한 법률(성매매 특별법)」 위헌법률심판의 공개변론에 참고인으로 출석하여, 동 법률은 위헌이라는 취지의 의견을 진술하였다.

성매매에 대한 입법정책은 국가별로 차이가 있는데 ① 성매매와 알선을 모두 처벌하는 경우, ② 성매매 알선만을 처벌하는 경우, ③ 성매매를 제한적으로 허용하는 경우, ④ 성매매와 알선을 모두 처벌하지 않는 경우 등으로 구분될 수 있다.[6] 프랑스·체코 등에서는 성매매가 자유로운 관용주의를 채택하고 있고, 네덜란드·독일 등에서는 인신매매와 강제성매매를 제외하고는 성매매를 처벌하지 않는 규제주의를 채택하고 있으며, 대한민국·스웨덴 등에서는 금지주의를

6 http://worldwideprostitution.com

채택하고 있다. 우리의 경우에는 전술한 것처럼 김강자법으로 상징되는 성매매 금지주의에 대하여 찬반론이 있다. 자발적인 성매매는 피해자가 없기 때문에 자발적 성매매는 행위자 쌍방에 대하여 처벌하지 않는 비범죄화하는 결단을 내리자는 주장이 있다.[7] 그러나 전업형 성매매는 자발적 성매매가 불가능하다는 주장도 있다. 성매매산업에 있어서도 이윤의 극대화라고 하는 자본의 논리가 그대로 적용되기 때문에, 성매매가 자발적 결정에 따른 것이라고 하더라도 성매매 여성의 인간의 존엄을 해치는 반사회성을 부인할 수 없는 것이다.[8]

성매매특별법이 입법된 것은 당연히 이 법이 합헌이라는 전제를 한 것이다. 성매매는 사적(私的) 영역이라고 볼 수 없고, 성매매로 인하여 성폭력·인신매매 등의 범죄가 증가하고 성매매 시장이 확대되는 것을 막기 위해서는 성매매특별법이 필요불가결하다는 것이다. 개인의 성행위와 같은 사생활의 내밀한 영역에 속하는 부분에는 국가가 간섭과 규제를 가능하면 자제해 개인의 자기결정권에 맡겨야 하고, 국가의 형벌권 행사는 중대한 법익에 대한 위험이 명백한 때에만 최후 수단으로 그쳐야 한다는 반론이 있다.

성매매를 한 자를 형사처벌하도록 규정한 「성매매알선 등 행위의 처벌에 관한 법률」 제21조 제1항 위헌제청[9] 사건에서 헌법재판소의 다수의견은 이 규정을 합헌으로 보았다.

1. 성매매를 형사처벌함으로써 사회 전반의 건전한 성풍속 및 성도덕을 확립하려는 심판대상조항의 입법목적은 정당하고 수단의 적절성도 인정된다.
   한편, 성매매에 대한 수요는 성매매 시장을 형성, 유지, 확대하는 주요한 원인인바, 우리 사회는 잘못된 접대문화 등으로 인하여 성매매에 대한 관대한

---

7 이덕인, 성풍속 처벌의 형사법적 한계, 형사정책연구, 제22권 제3호, 2011, 67쪽.
8 신옥주, 성매매 규율유형을 중심으로 살펴본 자발적 성매매 합법화 논의에 관한 비교법적 고찰, 63쪽.
9 헌재 2016. 3. 31. 2013헌가2.

인식이 팽배해 있으며, 성매매 집결지를 중심으로 한 전통적인 유형의 성매매뿐만 아니라 산업형(겸업형) 성매매, 신·변종 성매매 등 다양한 유형의 성매매 시장이 활성화되어 있고, 불법 체류자나 이주 노동자들의 성매매, 청소년·노인의 성매매 등 성매매의 양상도 점차 복잡해지고 있다. 이러한 상황에서 성매매에 대한 지속적인 수요를 억제하지 않는다면, 성인뿐만 아니라 청소년이나 저개발국의 여성들까지 성매매 시장에 유입되어 그 규모가 비약적으로 확대될 우려가 있고, 재범방지 교육이나 성매매 예방교육 등이 형사처벌과 유사하거나 더 높은 효과를 갖는다고 볼 수 없으므로 성구매자에 대한 형사처벌이 과도하다고 볼 수 없다.

성매매 공급이 확대되거나 쉽게 접근할 수 있는 길을 열어줄 위험과 불법적인 조건으로 성매매를 유도할 가능성이 있는 점 등을 고려할 때 성판매자도 형사처벌의 대상에 포함시킬 필요성이 인정된다. 사회구조적 요인이 성매매 종사에 영향을 미칠 수는 있으나 이는 성매매에만 국한된 특유한 문제라고 볼 수 없고, 만약 이들에게 책임을 묻기 어려운 사정이 있는 경우에는 성매매피해자로 인정되어 형사처벌의 대상에서 제외될 수 있는 가능성도 존재하는 점, 형사처벌 외에 보호사건으로 처리될 수도 있는 점, 성매매피해자 등의 보호, 피해 회복 및 자립·자활을 지원하기 위하여 법적, 제도적 장치가 마련되어 있는 점 등에 비추어 성판매자에 대한 형사처벌도 과도하다고 볼 수 없다. 또한 나라별로 다양하게 시행되는 성매매에 대하여 정책의 효율성을 판단하는 것도 쉽지 않으므로, 전면적 금지정책에 기초하여 성매매 당사자 모두를 형사처벌하도록 한 입법을 침해최소성에 어긋난다고 볼 수 없다.

자신의 성 뿐만 아니라 타인의 성을 고귀한 것으로 여기고 이를 수단화하지 않는 것은 모든 인간의 존엄과 평등이 전제된 공동체의 발전을 위한 기본전제가 되는 가치관이므로, 사회 전반의 건전한 성풍속과 성도덕이라는 공익적 가치는 개인의 성적 자기결정권 등 기본권 제한의 정도에 비해 결코 작다고 볼 수 없어 법익균형성원칙에도 위배되지 아니한다. 따라서 심판대상조항은 개인의 성적 자기결정권, 사생활의 비밀과 자유, 직업선택의 자유를 침해하지 아니한다.

2. 불특정인을 상대로 한 성매매와 특정인을 상대로 한 성매매는, 건전한 성풍속 및 성도덕에 미치는 영향, 제3자의 착취 문제 등에 있어 다르다고 할 것이므로, 불특정인에 대한 성매매만을 금지대상으로 규정하고 있는 것이 평등권을 침해한다고 볼 수도 없다.

사회에서의 찬반논쟁을 반영하듯이, 헌법재판소 3인의 소수의견은 이 법률 규정을 위헌으로 보았다. "성판매자에 대한 형사처벌은 여성의 성이 억압되고 착취되는 상황을 악화시키고, 성매매 시장을 음성화하여 오히려 성매매 근절에 장해가 되므로 수단의 적합성이 인정되지 않는다. 성판매자로 하여금 성매매 이탈을 촉진하고 유입을 억제하려면 형사처벌 대신, 다른 경제활동을 할 수 있는 지원과 보호를 하는 것이 바람직하며, 성매매 예방교육, 성매매로 인하여 수익을 얻는 제3자에 대한 제재와 몰수, 추징 등의 방법으로 성산업 자체를 억제하는 방법이나 보호나 선도 조치 등과 같이 기본권을 보다 덜 제한하는 방법도 있으므로 성판매자에 대한 형사처벌은 침해최소성에도 반한다"는 것이다.

또한 "성매매처벌법이 시행된 지 10여 년이 지났음에도 심판대상조항은 성매매 근절에 전혀 기여하고 있지 못하므로 수단의 적합성도 인정되지 않는다. 성매매에 대한 최선의 해결책은 사회보장·사회복지정책의 확충을 통하여 성매매여성이 성매매로부터 벗어날 수 있도록 지원하는 것"이라 한다. 아울러 "특정인을 상대로 하든 불특정인을 상대로 하든 본질적으로 동일한 성매매임에도 불구하고, 불특정인을 상대로 한 경우에만 처벌하는 것은 합리적인 이유가 없으므로 심판대상조항은 평등원칙에도 위배된다"고 하였다. 그러나 이러한 위헌론은 헌법재판소의 소수의견이다.

국제사면위원회(앰네스티)는 2015년 8월 11일 아일랜드 더블린에서 열린 대의원총회에서 성매매의 '전면 비범죄화(full decriminalization)'를 가결하였다. 즉, 현실사회에서의 경험을 통해 성매매범죄화가 성매매종사자를 덜 안전하게 하기 때문에, 성인 간의 동의에 의한 성교를 비범죄화하는 정책을 지지한다는 것이다.[10] 국제사면위원회의 결의가 개별 국가에 대한 법적 구속력은 없지만 개별

---

10 "We have chosen to advocate for the decriminalization of all aspects of consensual adult sex – sex work that does not involve coercion, exploitation or abuse. This is based on evidence and the real–life experience of sex workers themselves that criminalization makes them less safe." Sex Workers' Rights are Human Rights, by Catherine Murphy, Policy Advisor at Amnesty International, 14 August 2015, 2015년 8월 15일 방문.

국가의 인권정책을 판단할 때 평가자료로 활용될 수 있다. 전술한 바와 같이 성매매에 대한 입법정책은 국가마다 차이가 있다. 성매매에 대하여 방관주의, 관용주의, 규제주의, 금지주의 등으로 크게 나누어 볼 수 있지만, 한 국가 내에서도 시기에 따라서 차이가 있고 법집행에 있어서도 차이가 있다.

헌법재판소의 합헌결정에도 불구하고 사회적인 논쟁은 계속되고 있다. 향후에 이 법규정에 대하여 위헌 결정이 나올 수도 있고, 국회에서 법이 개정될 수도 있다. 지금의 법령과 정책기조를 그대로 유지해야 한다는 입장도 있고, 생계형 성매매를 처벌해서는 안된다[11]거나 해당 여성들의 생존권을 침해해서는 안된다[12]는 입장도 있다.

---

11 "생계형 성매매 허용해야" 성매매종사자 단체 집회, 연합뉴스, 2015. 9. 23.
12 "생존권 보장" 외친 완월동 업주·여성, 부산일보, 2019. 10.1.

CHAPTER 02 혜진예슬법

1. 혜진예슬이와 혜진예슬법

초등학생 이혜진과 우예슬은 2007년에 정성현에게 납치되어 살해되었다. 혜진예슬법은 13세 미만의 아동을 대상으로 한 성폭행 및 살인에 대한 처벌을 사형 또는 무기징역으로 하는 개정 법률이다. 이러한 내용의 법안이 제출되던 시기에 이 법안은 '혜진예슬법'이라는 이름으로 불렸는데, 피해자 어머니는 '혜진예슬법'이라는 명칭을 사용하지 말아달라는 요청을 하여 법무부는 이러한 명칭을 사용하지 않기로 하였다. 그러나 인터넷과 신문 등에는 이러한 명칭의 흔적이 여전히 남아 있어서[1] 실명입법의 하나로 다루고자 한다.

2. 혜진예슬법의 배경

혜진·예슬이 사건이 발생하자 법무부는 아동대상 납치 살해 사건의 재발을 막기 위한 방법의 하나로 혜진예슬법을 추진하였다. 형량을 높인 「성폭력범죄의 처벌 및 피해자 보호 등에 관한 법률」 개정안은 법무부에 의하여 만들어지고 정부안으로 2008년 5월 8일에 국회에 제출되었다. 「성폭력범죄의 처벌 및 피해자보호 등에 관한 법률」 개정안의 제안이유는 다음과 같다.

---

1 동아일보, 2008. 4. 4; 노컷뉴스, 2008. 4. 1; 연합뉴스, 2008. 4. 15.

최근 성폭력범죄가 지속적으로 증가하는 가운데 13세 미만의 여자 아동을 납치 또는 유인하여 성폭행한 후 살해하는 사건이 잇달아 발생하고 있으므로, 13세 미만의 미성년자를 상대로 한 성폭력범죄의 법정형을 상향 조정하고, 항문에 손가락 등을 넣는 행위를 유사강간행위로 규정하여 처벌하는 등 아동을 상대로 하는 성폭력범죄자를 엄단하려는 것임.

13세 미만의 아동을 상대로 한 성범죄에 대하여 강력한 처벌을 하려는 법안은 정부만이 아니라 최인기 의원의 대표발의와 이종걸 의원의 대표발의로도 추진되었다. 그래서 3건의 「성폭력범죄의 처벌 및 피해자보호 등에 관한 법률」 개정안을 통합하여 법제사법위원장이 대안을 만들어 제출하였다. 이러한 「성폭력범죄의 처벌 및 피해자보호 등에 관한 법률」 개정대안은 2008년 5월 22일에 국회 본회의에서 의결되고 2008년 6월 13일에 공포·시행되었다.

3. 혜진예슬법의 내용

법제사법위원장이 대안으로 제출한 「성폭력범죄의 처벌 및 피해자 보호 등에 관한 법률」 개정법률은 13세 미만 아동을 상대로 강간, 유사성교행위, 강제추행 등 성폭력범죄를 범한 뒤 살해한 경우에는 법정형을 '사형 또는 무기징역'으로 상향 조정하는 것이 주요내용이다. 구체적으로 개정법률의 주요내용은 다음과 같다.

① 13세 미만의 여자에 대하여 「형법」상 강간죄를 범한 자에 대한 법정형을 5년 이상의 유기징역에서 7년 이상의 유기징역으로 상향 조정함(제8조의2 제1항).
② 13세 미만의 사람에 대하여 폭행 또는 협박으로 유사강간행위를 한 자에 대한 법정형을 3년 이상의 유기징역에서 5년 이상의 유기징역으로 상향 조정하고, 항문에 손가락 등 신체(성기는 제외한다)의 일부나 도구를 삽입하는 행위를 유사강간행위에 추가함(제8조의2 제2항).
③ 13세 미만의 사람에 대하여 「형법」상 강제추행죄를 범한 자에 대한 법정형을

1년 이상의 유기징역 또는 500만원 이상 3천만원 이하의 벌금에서 3년 이상의 유기징역 또는 1천만원 이상 3천만원 이하의 벌금으로 상향 조정함(제8조의2 제3항).

④ 13세 미만자를 상대로 성폭력범죄를 범하고 상해를 가하거나 상해에 이르게 한 자에 대한 법정형을 무기징역 또는 7년 이상의 징역으로 가중처벌함(제9조 제1항).

⑤ 13세 미만자를 상대로 성폭력범죄를 범하고 살해한 자에 대한 법정형을 사형 또는 무기징역으로 함을 명확히 하고, 사망에 이르게 한 자에 대한 법정형을 사형, 무기징역 또는 10년 이상의 징역으로 가중처벌함(제10조).

4. 혜진예슬법을 둘러싼 논란

'혜진예슬법'이 '전시효과' 혹은 '분노형법'이라는 비판이 있었다. 이미 아동성폭행 후 살해와 관련한 대부분의 유사범죄는 사형이 가능하고 최소 무기형 정도를 선고하고 있기 때문에, 혜진예슬법은 유사범죄에 대한 실효성 있는 조치 없이 법정형을 올리기만 하는 한건주의라는 것이다.[2] 한국여성민우회 성폭력상담소는 법정형 상향 등을 주 내용으로 하는 법안이 만들어지는 것은 실효성이 없다고 지적한 바 있다.[3] 아래 표를 보면 특별한 다른 내용의 변경 없이 법정형만을 전반적으로 인상하고자 하는 개정안의 의도가 나타나 있다.

구 법	신 법
제8조의2(13세 미만의 미성년자에 대한 강간, 강제추행등) ① 13세 미만의 여자에 대하여 형법 제297조(강간)의 죄를 범한 자는 5년 이상의 유기징역에 처한다. ② 13세 미만의 사람에 대하여 폭행	**제8조의2(13세 미만의 미성년자에 대한 강간, 강제추행 등)** ① 13세 미만의 여자에 대하여 「형법」 제297조(강간)의 죄를 범한 자는 <u>7년 이상</u>의 유기징역에 처한다. ② 13세 미만의 사람에 대하여 폭행이

2 동아일보, 2009. 9. 25.
3 여성신문, 2009. 10. 16.

또는 협박으로 다음 각 호의 어느 하나에 해당하는 행위를 한 자는 3년 이상의 유기징역에 처한다. 1. 구강·항문 등 신체(성기를 제외한다)의 내부에 성기를 삽입하는 행위 2. 성기에 손가락 등 신체(성기를 제외한다)의 일부나 도구를 삽입하는 행위	나 협박으로 다음 각 호의 어느 하나에 해당하는 행위를 한 자는 5년 이상의 유기징역에 처한다. 1. 구강·항문 등 신체(성기는 제외한다)의 내부에 성기를 넣는 행위 2. 성기·항문에 손가락 등 신체(성기는 제외한다)의 일부나 도구를 넣는 행위
③ 13세 미만의 사람에 대하여 형법 제298조(강제추행)의 죄를 범한 자는 1년 이상의 유기징역 또는 500만원 이상 3천만원 이하의 벌금에 처한다.	③ 13세 미만의 사람에 대하여 「형법」 제298조(강제추행)의 죄를 범한 자는 3년 이상의 유기징역 또는 1천만원 이상 3천만원 이하의 벌금에 처한다.
④ 13세 미만의 사람에 대하여 형법 제299조(준강간, 준강제추행)의 죄를 범한 자는 제1항 또는 제3항의 예에 의한다.	④ 13세 미만의 사람에 대하여 「형법」 제299조(준강간, 준강제추행)의 죄를 범한 자는 제1항부터 제3항까지의 규정의 예에 따라 처벌한다.
⑤ 위계 또는 위력으로써 13세 미만의 여자를 간음하거나 13세 미만의 사람에 대하여 추행을 한 자는 제1항 또는 제3항의 예에 의한다.	⑤ 위계 또는 위력으로써 13세 미만의 여자를 간음하거나 13세 미만의 사람에 대하여 추행을 한 자는 제1항부터 제3항까지의 규정의 예에 따라 처벌한다.
제9조(강간 등 상해·치상) ① 제5조 제1항, 제6조 또는 제12조(제5조 제1항 또는 제6조의 미수범에 한한다)의 죄를 범한 자가 사람을 상해하거나 상해에 이르게 한 때에는 무기 또는 7년 이상의 징역에 처한다.	**제9조(강간 등 상해·치상)** ① 제5조 제1항, 제6조, 제8조의2 또는 제12조(제5조 제1항, 제6조 또는 제8조의2의 미수범만 해당한다)의 죄를 범한 자가 사람을 상해하거나 상해에 이르게 한 때에는 무기징역 또는 7년 이상의 징역에 처한다.
② (생 략)	② (현행과 같음)
제10조(강간 등 살인·치사) ① 제5조 내지 제8조, 제12조(제5조 내지 제8조의 미수범에 한한다)의 죄 또는 형법 제297조(강간) 내지 제300조(미수범)의 죄를 범한 자가 사람을 살해한 때에는 사형 또는 무기징역에 처한다.	**제10조(강간 등 살인·치사)** ① 제5조부터 제8조까지, 제8조의2, 제12조(제5조부터 제8조까지 및 제8조의2의 미수범만 해당한다)의 죄 또는 「형법」 제297조(강간)부터 제300조(미수범)까지의 죄를 범한 자가 사람을 살해한 때에는

	사형 또는 무기징역에 처한다.
② 제6조 내지 제8조, 제12조(제6조 내지 제8조의 미수범에 한한다)의 죄를 범한 자가 사람을 사망에 이르게 한 때에는 무기 또는 10년 이상의 징역에 처한다.	② 제6조부터 제8조까지 또는 제12조(제6조부터 제8조까지의 미수범만 해당한다)의 죄를 범한 자가 사람을 사망에 이르게 한 때에는 무기징역 또는 10년 이상의 징역에 처한다.
	③ 제8조의2 또는 제12조(제8조의2의 미수범만 해당한다)의 죄를 범한 자가 사람을 사망에 이르게 한 때에는 사형, 무기징역 또는 10년 이상의 징역에 처한다.

이러한 개정법률에 대하여, 다른 범죄와의 형평성을 고려할 때 이러한 법률들이 지나치게 과중한 형을 규정한 것이 아닌가 하는 의견이 있고,[4] 새로운 입법을 마련하기보다는 기존의 제도 안에서 놓치거나 소홀히 다룬 예방대책이나 재범방지대책 등이 없는지에 대한 세밀한 점검과 보완작업을 행할 필요가 있다는 의견이 있다.[5]

13세 미만의 미성년자에 대한 성폭행범에 대한 법정형을 높인 혜진예슬법이 2008년 6월 13일에 공포·시행된 이후 얼마 지나지 않아서, 2008년 12월 11일에 조두순이 8세 나영이(가명)를 잔혹하게 성폭행한 사건이 발생하였다.[6] 성범죄자에 대한 법정형의 인상이 범죄억지효과를 전혀 거두지 못하고 있다는 반증이라고 볼 수 있다. 조두순의 잔혹한 범행이 발생하자, 성폭행범을 엄벌하자는 조두순법이 또 만들어졌다. 성폭행범이 사회적 이슈로 부각될 때마다 국가가 하는 유일한 일은 법정형을 높이고 공소시효를 연장하는 법률을 만드는 일뿐이라는 비판이 있다.

4 매일신문, 2008. 4. 25.
5 여성신문, 2009. 11. 27.
6 조두순법 참조.

CHAPTER

03 조두순법

1. 조두순과 조두순법

조두순은 2008년 12월 11일 오전 8시에 등교 중이던 8세 나영이(가명)를 성폭행하여 심각한 육체적 정신적 피해를 입혔다. 이 사건을 계기로 하여 성범죄자들의 감형을 제한하자는 법률이 만들어졌다. 이 법안이 발의되었을 때는 피해자의 가명을 따서 '나영이법'으로 불렸었는데, 이후에는 가해자의 실명을 담아서 '조두순법'으로 부르게 되었다. 가명이라고 하더라도 희생자의 이름이 거론될 때마다 이중삼중으로 고통당하는 유가족의 심정을 헤아려 이름을 바꾸자는 의견, 가해자의 이름을 통해 이 사건을 기억함으로써 끔찍한 사건의 재발을 막아보자는 의견이 설득력을 얻은 것이다. 즉, 법안 발의 초반에는 '나영이법'으로 불리다가 이후 '조두순법'으로 바꿔 부르게 된 「성폭력범죄의 처벌 등에 관한 특례법」을 조두순법이라고 한다.

특히 입법과정에서 변웅전 국회 보건복지가족위원장은 가해자는 조 아무개로 익명처리되며 보호받는 반면에, 비록 가명이라고 해도 사건 이름이 피해자의 이름으로 불리는 것은 적절치 않다는 점을 지적하면서 '나영이 사건'을 '조두순 사건'으로 부르자는 제안을 하였다.[1]

1 연합뉴스, 2009. 10. 5.

2. 조두순법의 배경

조두순법은 조두순과 같은 성범죄자가 감형을 받는 것을 방지하기 위한 동기로 만들어졌다. 2008년 12월 11일에 학교에 가던 8세 여아를 성폭행하고 신체에 잔혹한 상처를 입힌 조두순이 전문가의 공식적인 감정절차도 없이 주취감경[2]을 이유로 하여 형을 감경받았던 것이 국민들의 공분을 얻어 조두순법이 입법되는 계기가 되었다.

2008년 초등학생인 나영이(가명)를 신체 일부가 훼손될 정도로 참혹하게 성폭행한 조두순에 대해서, 법원은 "범행 당시 술에 취하여 온전한 정신상태가 아니었다"는 이유로 형량을 징역 12년으로 낮췄다. 조두순 사건에 주취감경조항이 적용된 사실이 알려진 이후, 거센 비판여론과 함께 조두순과 같은 성범죄자가 나오지 않도록 조두순법을 만들자는 사회적 압력이 거세졌다. 이에 정부는 「성폭력범죄의 처벌 및 피해자보호 등에 관한 법률」 개정안을 2010년 2월 18일에 발의하였는데, 개정안의 제안이유는 다음과 같다.

> 성폭력범죄 피해아동이 사리판단능력 부족과 공포심 등으로 인하여 피해사실을 제대로 주장하지 못하다가 공소시효 기간이 경과되는 경우가 많고, 디엔에이(DNA) 분석 등 과학수사기법의 발달로 범죄발생 후 상당한 기간이 지나더라도 범죄규명이 가능하게 되었음에도 불구하고 공소시효의 완성으로 처벌이 어려운 경우가 발생하고 있으므로, 이에 대한 공소시효의 특례를 정하고, 아울러 성폭력범죄자가 주취 등으로 인한 심신미약을 주장하는 경우 법원이 전문가에게 필수적으로 감정을 명하도록 개선함으로써, 성폭력 범죄자를 엄벌하고 성폭력 범죄의 피해자를 보호하려는 것임.

2 '주취(酒醉) 감경(減輕)'이란 술에 취한 상태에서 범죄를 저질렀을 경우 형을 줄여 준다는 의미이다. 형법 제10조 제2항에는 심신미약자(心神微弱者)의 경우 형을 감경하도록 규정하고 있는데, 술에 취한 경우도 심신미약으로 인정되는 것이다. 형법에 '주취'라는 감경사유가 명시되어 있지는 않은데, 재판실무에서는 '주취'를 심신미약의 하나로 지나치게 넓게 인정한다는 비판이 있다.

조두순 사건의 충격이 워낙 컸기 때문에, 위 개정안 외에도 많은 수의 법안이 발의되었다. 따라서 위에서 설명한 정부가 제출한 법안 이외의 16건의 법안을 통합하여 2010년 3월 31일에 법제사법위원장의 이름으로 대안이 만들어졌고, 대안인 「성폭력범죄의 처벌 등에 관한 특례법」[3] 제정안의 제안이유는 다음과 같다.

> 최근 성폭력범죄는 해마다 지속적으로 증가하고 있고 날로 흉포화되고 있는 실정임. 또한 성폭력범죄는 다른 범죄에 비해 재범가능성이 높고 은밀하게 행해지므로 이를 근본적으로 예방하기 위해서는 성범죄자에 대한 처벌을 강화함과 아울러 재범방지와 피해자 보호를 위한 제도적 보완이 필요함.
>
> **처벌강화 방안**으로 첫째, 음주나 약물상태에서는 성폭력범죄를 저지른 경우 「형법」상 감경 규정을 적용하지 아니할 수 있도록 하고, 둘째, 친족관계에 의한 강간·강제추행과 13세 미만 미성년자에 대한 성폭력범죄의 경우 처벌을 강화하며, 셋째 미성년자에 대한 성폭력범죄의 공소시효는 해당 성폭력범죄로 피해를 당한 미성년자가 성년에 달한 날부터 진행하도록 하고 특히 디엔에이(DNA)증거 등 입증 증거가 확실한 성폭력범죄의 경우 공소시효를 10년 연장하도록 함.
>
> **재범방지 방안**으로 첫째, 성폭력범죄 피의자가 죄를 범하였다고 믿을 만한 충분한 증거가 있고 오로지 공공의 이익을 위하여 필요할 때에는 얼굴 등 피의자의 신상정보를 공개할 수 있도록 하고, 둘째, 성인 대상 성범죄자의 신상정보를 인터넷에 등록·공개하고 성범죄자 정보를 19세 미만의 자녀가 있는 인근 주민들에게 고지하도록 함.
>
> **피해자보호 방안**으로 첫째, 성폭력전담재판부 지정을 의무화하고, 둘째, 수사과정에서 전문가 의견조회를 의무화하도록 함.

정부와 의원들이 발의한 17건의 법안이 통합된 대안인 「성폭력범죄의 처벌 등에 관한 특례법」 제정안은 2010년 3월 31일에 국회 본회의를 통과하여 2010년 4월 15일에 공포되었다.

---

3 법률의 제목이 변경되었다. 법률명 변경의 이유는 "「성폭력범죄의 처벌 및 피해자보호 등에 관한 법률」은 소관부처가 다른 성폭력범죄의 처벌 등에 관한 특례와 성폭력범죄의 피해자 보호 등에 관한 사항을 함께 규정하고 있어 성폭력범죄가 발생한 경우 각 사항에 대하여 소관부처가 능동적으로 대처하는 데 한계가 있으므로 각 사항을 별도의 법률로 규정하기 위하여 제명을 「성폭력범죄의 처벌 등에 관한 특례법」으로 변경"하였다. 정부 제출 「성폭력범죄의 처벌 및 피해자보호 등에 관한 법률」 전부개정법률안 제안이유, 2009. 9. 15.

「성폭력범죄의 처벌 등에 관한 특례법」의 제정이유는 다음과 같다.

> 현행 「성폭력범죄의 처벌 및 피해자보호 등에 관한 법률」은 성폭력범죄의 처벌 등에 관한 특례와 성폭력범죄의 피해자 보호 등에 관한 사항을 함께 규정하고 있어 각 사항에 대한 효율적 대처에 한계가 있으므로 성폭력범죄의 처벌에 관한 사항을 분리하여 이 법을 제정함. 최근 성폭력범죄는 해마다 지속적으로 증가하고 있고 날로 흉포화되고 있으며, 다른 범죄에 비해 재범가능성이 높고 은밀하게 행해지므로 이를 근본적으로 예방하기 위해서는 성범죄자에 대한 처벌 강화와 재범방지 등을 위한 제도의 보완이 필요하므로, 13세 미만의 미성년자에 대한 성폭력범죄의 처벌을 강화하고, 음주 또는 약물로 인한 심신장애 상태에서의 성폭력범죄에 대해서는 「형법」상 형의 감경 규정을 적용하지 않을 수 있도록 하며, 미성년자에 대한 성폭력범죄의 공소시효는 해당 성폭력범죄로 피해를 당한 미성년자가 성년에 달한 날부터 진행하도록 하고, 성인 대상 성범죄자의 신상정보를 인터넷에 등록·공개하도록 하는 등 성범죄자의 처벌 강화와 재범방지 등을 위한 제도를 보완하려는 것임.

3. 조두순법의 내용

원래의 '조두순법'은 성폭력범죄의 공소시효를 연장하고, 주취로 인한 심신장애 감경 조항을 엄격하게 적용하며, 성폭력 피해자가 미성년자일 경우 피해자가 성년이 될 때까지 공소시효 진행이 정지되는 것을 골자로 하였다.

이후 2010년 4월 15일에 공포된 조두순법, 즉 17건의 법안이 통합되어 제정된 「성폭력범죄의 처벌 등에 관한 특례법」의 주요내용은 다음과 같다.

> 가. 친족관계에 의한 강간, 강제추행 등 범죄에 관하여 처벌을 강화하고 처벌대상이 되는 친족의 범위를 4촌 이내의 인척까지 확대함(제5조 제1항, 제2항 및 제4항).
> 나. 13세 미만의 미성년자에 대한 성폭력범죄의 처벌을 강화함(제7조).
> 다. 음주 또는 약물로 인한 심신장애 상태에서 강간, 강제추행 등 성폭력범죄를 범한 자에 대해서는 형을 감경하는 「형법」 구정을 적용하지 아니할 수 있도록 함(제19조).

라. 미성년자에 대한 성폭력범죄의 공소시효는 해당 성폭력범죄로 피해를 당한 미성년자가 성년에 달한 날부터 진행하도록 함(제20조 제1항).

마. 최근 새로운 수사기법의 발달로 범죄 발생 후 상당한 기간이 지나더라도 범죄규명이 가능한 경우가 많으므로 디엔에이(DNA)증거 등 입증 증거가 확실한 성폭력범죄의 경우 공소시효를 10년 연장함(제20조 제2항).

바. 검사와 사법경찰관은 성폭력범죄 피의자가 죄를 범하였다고 믿을 만한 충분한 증거가 있고 오로지 공공의 이익을 위하여 필요할 때에는 얼굴 등 피의자의 신상정보를 공개할 수 있도록 함(제23조, 이후 제25조로 이동).

사. 지방법원장 또는 고등법원장은 특별한 사정이 없으면 성폭력범죄 전담재판부를 지정하여 성폭력범죄에 대하여 재판하도록 함(제25조).

아. 성폭력범죄의 피해자가 13세 미만이거나 신체장애 또는 정신장애로 사물을 변별하거나 의사를 결정할 능력이 미약한 경우 수사과정에서 관련 전문가의 의견 조회를 의무화함(제28조 제3항, 제4항 및 제5항).

자. 현재 운영되고 있는 성범죄자 신상정보의 인터넷 공개제도는 「아동·청소년의 성보호에 관한 법률」에 따라 아동·청소년 대상 성범죄자만을 공개대상으로 하고 있으나, 성인 대상 성범죄자 역시 재범률이 높을 뿐만 아니라 아동을 대상으로 한 성범죄도 저지르고 있으므로 성인 대상 성범죄자의 신상정보를 인터넷에 등록·공개하고 성범죄자 정보를 19세 미만의 자녀가 있는 인근 주민들에게 고지하도록 함(제32조부터 제42조까지).

17건의 법안의 내용을 통합하여 제정된 조두순법은 초기의 조두순법(공소시효 연장, 주취감경 제한만을 내용으로 한 법안) 내용보다 훨씬 강력하고 종합적인 내용을 포함하게 되었다. 특히, 성범죄에 대한 주취감경 제한은 「성폭력범죄의 처벌 등에 관한 특례법」 제20조(「형법」상 감경규정에 관한 특례)에 신설되었다. 즉, "음주 또는 약물로 인한 심신장애 상태에서 성폭력범죄(제2조 제1항 제1호의 죄는 제외한다)를 범한 때에는 「형법」 제10조 제1항·제2항 및 제11조를 적용하지 아니할 수 있다"고 규정되었다.[4]

4 "적용하지 아니할 수 있다"는 것은 주취감경을 적용할 수도 있다는 것이기 때문에, 주취상태에서의 성범죄에 대한 강력한 처벌을 위해서는 '적용하지 아니한다'가 되어야 한다.

4. 조두순법을 둘러싼 논란

조두순법의 입법과정 중에 국회 본회의에서는 조두순법에 대한 토론이 있었다. 우선 본회의에 제출된 대안보다도 강력한 방안이 필요하다는 주장이 있었다. 즉 지금까지의 재판에서는 음주 외에도 초범·합의·반성 등의 사유로 성범죄 형량을 감경하였고, 재범을 저지르는 중독성이 성범죄의 특징인데 초범 등에 대해 형을 감경하는 것은 성범죄를 부추기는 결과를 초래하였다는 것이다. 또한 미성년자 대상 성범죄자는 피해자와 가까운 관계이거나 약자인 경우가 많아서 합의가 쉽게 이루어지는데, 합의를 통해 감경을 받은 가해자는 재범을 저지른 경우가 상당수 있었다는 것이다. 따라서 성범죄자는 초범부터 엄격하게 다루어야 한다는 주장이 있었다.

또한 아동성범죄 피해자가 성인이 된 19세부터 10년 안에 조차 고소를 제기할 수 없는 경우가 많기 때문에 성범죄에 대해서는 공소시효를 폐지하자는 주장이 큰 호응을 얻었다. 즉, 성범죄의 처벌에 있어서는 모든 감경요인을 배제할 뿐만 아니라 공소시효를 폐지하여 더욱 강력하고 실효성 있는 개정안이 필요하다는 주장이다.

그러나 심신의 상실·미약으로 인한 형의 감경이나 면제에 관한 원칙은 형법 제정 이후 변함이 없었는데, 성폭력 사건의 경우에 이를 무조건 배제할 것이 아니라 재판에서 엄격하게 심사를 해서 적용해야 한다는 주장도 있었다. 또한 아동성범죄 피해자가 성인이 된 19세부터 10년 안에 고소를 제기할 수 있도록 하는 이 법안도 큰 진전이기 때문에 당초의 법안에 찬성한다는 의견이 있었다.[5]

이러한 내용의 법안에 대한 반대의견도 있었다. 성범죄자의 얼굴공개는 무죄추정원칙에 반하고 상세주소공개 및 지역주민 고지제도는 과잉금지원칙에 반하기 때문에 반대한다는 것이다.[6] 그럼에도 불구하고, 국회에서의 찬반논의를

5 국회 본회의 회의록, 2010. 3. 31, 8~9쪽.

거쳐 조두순법은 입법되었다.

'혜진예슬법'을 통해서 13세 미만의 미성년자에 대한 성폭행을 강력하게 처벌할 수 있는 법률을 입법했음에도 불구하고, 술에 취해 기억이 나지 않는다고 주장한 조두순은 주취감경을 받아 1심에서 징역 12년을 선고 받았고, 무기징역을 구형했던 검찰은 항소하지 않았다. 조두순은 선고된 형량이 무겁다며 항소했지만, 2심과 3심에서 징역 12년형이 확정되었으며, 조두순은 징역 12년형을 마치고 2020년에 출소하였다. 조두순법은 입법이 되었지만, 조두순의 범행은 법이 만들어지기 이전에 행해졌기 때문에, 정작 조두순은 조두순법의 적용을 받지 않았다.[7]

조두순법에서는 성범죄에 한해 주취감경을 적용하지 않을 수 있도록 하였는데, 술에 취해 범죄를 저지른 모든 경우에 형을 감경할 수 없도록 법을 개정하여야 한다는 주장이 있다. 즉, 술에 취해 범죄를 저지르면 형을 감해 주는 주취감경으로 인하여 술을 먹고 행패를 부리는 주폭(酒暴)이 근절되지 않고 있다는 것이다. 대법원의 양형기준 "범죄를 저지르기 위해 혹은 범죄를 예견하고 술을 마신 경우는 가중해 처벌해야 한다"는 항목은 권고사항일 뿐이니, 형법 제10조 제2항에 단서를 추가하여 "음주로 인한 경우 형량 감경을 적용하지 않을 수 있다"고 하자는 주장은 이와 같은 맥락을 지니고 있다.[8] 이렇게 되면 "술에 취해 기억이 나지 않는다"는 변명은 법정에서 통하지 않게 될 것으로 보인다.

더 나아가, 술에 취해 범죄를 저지르면 형을 가중하자는 의견도 있다. 주폭(酒暴)과 음주후 범죄를 엄히 다루고 궁극적으로 근절하기 위해서는 관련 법령과 판결이 변해야 한다는 주장이다.

---

6 국회 본회의 회의록, 2010. 3. 31, 10쪽.

7 이는 범죄의 성립과 처벌은 행위시의 법률에 의한다는 형벌불소급의 원칙 때문이다. 죄형법정주의 원칙의 하나인 형벌불소급의 원칙이란 사후입법으로 법이 만들어지기 이전의 행위를 처벌하지 못한다는 형법의 기본적인 원칙이다.

8 "술 때문에 … "가 통하는 사회, 조선일보, 2017. 12. 5.

교통안전 관련

CHAPTER

04 윤창호법

1. 윤창호와 윤창호법

故 윤창호는 대학을 휴학하고 군복무를 하다가 2018년 9월 휴가기간에 음주 운전 사고로 사망한 청년이다. 윤창호법[1]은 음주운전으로 인명피해를 내는 경우에 형사처벌을 강화하는 「특정범죄 가중처벌 등에 관한 법률」 개정법률과 음주운전의 기준을 강화하는 「도로교통법」 개정법률을 말한다.

2. 윤창호법의 배경

사고 당시 22세였던 故 윤창호는 2018년 9월 25일에 부산 해운대구에서 음주 운전자가 몰던 차량에 치여 뇌사상태에 빠졌다가 병원에서 사망하였다. 윤창호의 친구들은 청와대 국민청원 게시판에 음주운전에 대한 엄한 처벌과 재발 방지 등을 요구하는 청원글을 올렸고, 이 청원은 많은 국민들의 공감을 얻었다. 음주운전자에 대한 낮은 처벌 수위가 음주운전 증가의 원인으로 지적되고 있었으며, 음주운전자에 대한 처벌을 강화하는 법안이 국회의원들에 의하여 5건이나 발의되었다. 윤창호 사건을 계기로 하여 음주운전에 대한 처벌을 강화하는 내용의 법안 5건은 하나의 대안으로 통합되어 여론의 지지 속에 국회를 통과하였다.

1 국민일보, 2018. 12. 28; 연합뉴스, 2019. 2. 8; 제주신보, 2019. 1. 13.

음주운전으로 상해를 입히거나 사망에 이르게 한 경우에 처벌을 강화하는 내용의 「특정범죄 가중처벌 등에 관한 법률」 개정 법률은 2018년 12월 18일에 공포·시행되었다. 2018년 12월 18일의 「특정범죄 가중처벌 등에 관한 법률」 개정이유는 다음과 같다.

> 음주 또는 약물의 영향으로 정상적인 운전이 곤란한 상태에서 자동차를 운전하여 사람을 상해 또는 사망에 이르게 한 사람의 법정형을 치상의 경우 현행 "10년 이하의 징역 또는 500만원 이상 3천만원 이하의 벌금"을 "1년 이상 15년 이하의 징역 또는 1천만원 이상 3천만원 이하의 벌금"으로, 치사의 경우 현행 "1년 이상의 유기징역"을 "무기 또는 3년 이상의 징역"으로 상향조정함으로써 실효성을 제고하고, 아울러 음주운전에 대한 경각심을 높이며, 국민의 법감정에 부합하는 제도를 마련하려는 것임.

또한 음주운전 예방차원에서 음주운전의 기준을 강화하는 「도로교통법」 개정안은 2018년 12월 24일에 공포되었고 준비와 계도를 위하여 6개월의 경과기간을 거쳐 2019년 6월 25일부터 시행된다. 2018년 12월 24일의 「도로교통법」 개정이유는 다음과 같다.

> 음주운전으로 인한 사회적 피해가 증가하고 있는 상황임에도 불구하고 현행법상 처벌은 위반행위의 중대성에 비해 가볍다는 지적이 있으며, 최근 부산에서 발생한 음주운전 사건을 계기로 음주운전자에 대한 강력한 처벌을 요구하는 목소리가 커지고 있음. 이에 음주상태의 혈중알코올농도 기준, 법정형 수준, 운전면허 취소 등 행정처분 수준을 강화하고 운전면허 취소 시 재취득이 제한되는 기간을 연장하려는 것임. 음주운전으로 인한 사회적 피해가 증가하고 있는 상황임에도 불구하고 현행법상 처벌은 위반행위의 중대성에 비해 가볍다는 지적이 있으며, 최근 부산에서 발생한 음주운전 사건을 계기로 음주운전자에 대한 강력한 처벌을 요구하는 목소리가 커지고 있음. 이에 음주상태의 혈중알코올농도 기준, 법정형 수준, 운전면허 취소 등 행정처분 수준을 강화하고 운전면허 취소 시 재취득이 제한되는 기간을 연장하려는 것임.

3. 윤창호법의 내용

1) 특정범죄 가중처벌 등에 관한 법률

윤창호법은 「특정범죄 가중처벌 등에 관한 법률」 개정법률과 「도로교통법」 개정법률이다. 우선 「특정범죄 가중처벌 등에 관한 법률」 제5조의11(위험운전치사상)을 "음주 또는 약물의 영향으로 정상적인 운전이 곤란한 상태에서 자동차를 운전"하여 사람을 상해에 이르게 한 자의 법정형을 "10년 이하의 징역 또는 500만원 이상 3천만원 이하의 벌금"에서 "1년 이상 15년 이하의 징역 또는 1천만원 이상 3천만원 이하의 벌금"으로 개정하였다.

또한 음주 또는 약물의 영향으로 정상적인 운전이 곤란한 상태에서 자동차를 운전하여 사람을 사망에 이르게 한 자의 법정형을 "1년 이상의 유기징역"에서 "무기 또는 3년 이상의 징역"으로 개정하였다.

구 법	신 법
제5조의11(위험운전 치사상) 음주 또는 약물의 영향으로 정상적인 운전이 곤란한 상태에서 자동차(원동기장치자전거를 포함한다)를 운전하여 사람을 상해에 이르게 한 사람은 10년 이하의 징역 또는 500만원 이상 3천만원 이하의 벌금에 처하고, 사망에 이르게 한 사람은 1년 이상의 유기징역에 처한다.	**제5조의11(위험운전 치사상)** 음주 또는 약물의 영향으로 정상적인 운전이 곤란한 상태에서 자동차(원동기장치자전거를 포함한다)를 운전하여 사람을 상해에 이르게 한 사람은 1년 이상 15년 이하의 징역 또는 1천만원 이상 3천만원 이하의 벌금에 처하고, 사망에 이르게 한 사람은 무기 또는 3년 이상의 징역에 처한다.

2) 도로교통법

또한 「도로교통법」을 개정하여, 음주운전의 기준을 혈중알코올농도 0.05%에서 0.03%로 강화하고 음주운전으로 인한 운전면허 취소 기간 등을 강화하며, 음주운전 자체에 대한 처벌을 다음과 같이 강화하였다. 2018년 12월 24일에 개정된 「도로교통법」의 주요내용은 다음과 같다.

① 운전이 금지되는 술에 취한 상태의 혈중알코올농도의 기준을 현행 0.05%에서 0.03%로 강화함(제44조 제4항).

② 음주운전과 관련된 운전면허의 결격기간 연장(제82조 제2항)
음주운전으로 사람을 사망에 이르게 하여 운전면허가 취소된 경우의 운전면허 결격기간을 5년으로 하고, 현행 3회 이상 음주운전 교통사고를 일으켜 운전면허가 취소된 경우의 결격기간을 3년으로 하던 것을 2회 이상 음주운전 교통사고를 일으킨 경우로 강화함.

③ 현행 3회 음주운전을 한 경우 운전면허를 취소하던 것을 2회 음주운전을 한 경우 운전면허를 취소하도록 함(제93조 제1항 제2호).

④ 음주운전의 벌칙 수준 상향(제148조의2)
 1) 현행 3회 이상 음주운전을 한 경우 1년 이상 3년 이하의 징역이나 500만원 이상 1천만원 이하의 벌금에 처하던 것을 2회 이상 음주운전을 한 경우 2년 이상 5년 이하의 징역 또는 1천만원 이상 2천만원 이하의 벌금에 처함.
 2) 술에 취한 상태에 있다고 인정할 만한 상당한 이유가 있음에도 경찰공무원의 측정에 불응하는 사람에 대해서는 현행 1년 이상 3년 이하의 징역이나 500만원 이상 1천만원 이하의 벌금에 처하던 것을 1년 이상 5년 이하의 징역이나 500만원 이상 2천만원 이하의 벌금에 처함.
 3) 음주운전을 한 사람의 혈중알코올농도가 0.2% 이상인 경우에는 2년 이상 5년 이하의 징역이나 1천만원 이상 2천만원 이하의 벌금, 혈중알코올농도가 0.08% 이상 0.2% 미만인 경우에는 1년 이상 2년 이하의 징역이나 500만원 이상 1천만원 이하의 벌금, 혈중알코올농도가 0.03% 이상 0.08% 미만인 경우에는 1년 이하의 징역이나 500만원 이하의 벌금에 처함.

4. 윤창호법을 둘러싼 논란

윤창호법에 대한 여론의 지지가 처음부터 끝까지 확고하였기 때문에, 입법 추진 당시에 윤창호법에 대한 반대가 있었다거나 혹은 윤창호법을 둘러싼 논란은 찾아볼 수 없었다. 다만, 「특정범죄 가중처벌 등에 관한 법률」 개정안 초안은 음주 운전으로 말미암은 사망사고 형량이 '무기 또는 5년 이상의 징역'이었지만, 법안심사 소위원회에서 '무기 또는 3년 이상의 징역'으로 법정형이 완화되었다. '5년 이상의 징역'의 경우에는 집행유예가 어렵지만, 음주운전으로 사망사고를 낸 자에 대한 형량이 3년으로 정해지면서 집행유예를 선고할 수 있는 가능성이 생긴 것이다. 만일 법정형을 징역 3년이 아닌 5년으로 규정하였으면, 집행유예가 아닌 실형을 선고받을 가능성이 커지는 것이고, 이러한 법정형은 음주운전자에 대한 엄한 처벌을 의미한다고 볼 수 있다. 징역 5년 이상인 경우에는 집행유예를 선고할 수 없기 때문이다.

윤창호법은 입법된 이후에 3번이나 헌법재판소의 위헌 판결을 받았다. 헌재는 2021년 11월에는 음주운전 전력자가 또 음주운전을 했을 때 가중처벌하는 조항이 위헌이라고 결정(헌재 2021. 11. 25. 2019헌바446등)하였고, 2022년 5월에는 음주운전 전력자가 음주측정을 거부했을 경우, 또는 음주운전이나 음주측정 거부를 했던 사람이 음주운전을 했을 경우 가중처벌하는 조항을 위헌이라고 결정(헌재 2022. 5. 26. 2021헌가30등)하였으며, 2022년 8월에는 과거 음주측정을 거부했던 사람이 또 음주측정을 거부하거나 음주운전을 했을 때 2년 이상 징역이나 천만 원 이상 벌금형에 처할 수 있도록 규정하고 있는 조항이 위헌이라고 결정(헌재 2022. 8. 31. 2022헌가14)하였다. 헌재는 음주운전에 대한 엄한 처벌이 국민의 법감정에 부합한다고는 할 수 있지만, 과거 위반 행위와 현재 음주측정 거부 또는 음주운전 사이에 아무런 시간적 제한을 두지 않고 엄한 처벌을 하는 것은 문제라고 보았다. 즉, 과거의 위반행위 이후 상당히 오랜 시간이 지나 '반규범적 행위'나 '반복적인 행위' 등이라고 평가하기 어려운 음주운전 금지규정 위반행위를 한 사람에 대해서는 책임에 비해 과도한 형벌을 규정하고 있으므로 위헌이라는 취지이다.

2020년 9월 6일 오후에 조기축구회 모임 후 낮술을 마시고 음주운전을 하여 6세 아동을 숨지게 한 운전자에게, 1심법원인 서울서부지법의 한 판사는 2021년 1월 12일에 징역 8년을 선고하였다. 운전자가 2005년에도 음주운전으로 벌금을 받은 바 있음에도 또 다시 음주운전으로 사망사고를 일으킨 것이다. 항소심에서도 징역 8년이 선고되었고 상고를 포기하여 형이 확정되었다.

윤창호법이 시행되었다고 해서 음주운전 사고가 그치는 것은 당연히 아니다. 윤창호법이 시행된 이후에도 음주운전 사고는 그치지 않고 있다. 음주운전 사고에 대한 법정형 인상도 필요하지만, 음주운전 근절을 위한 개정법률인 윤창호법의 입법취지에 상응하는 엄한 판결이 더욱 중요함은 물론이다.

그리고 일정한 경우에는 음주운전 방지장치를 의무적으로 장착하도록 하는 기술적 조치도 음주운전 근절을 위한 유용한 방법이다. 이러한 의견을 반영하여 김기현 의원 등 82인은 음주운전 전력자에게는 음주운전 방지장치 부착을 조건으로 운전면허를 발급받을 수 있도록 하는 「도로교통법」 개정안을 발의하였다. 2023년 5월 1일에 발의된 「도로교통법」 개정안의 제안이유 및 주요내용은 다음과 같다.

최근 5년 음주운전 적발 건수는 2018년 16만 3,060건에서 2021년 11만 5,882건으로 점차적인 감소 추세에 있으나, 음주운전 재범률은 2018년 44.7%에서 2021년 44.5%로 여전히 매우 높은 실정임. 또한, 2020. 12. 17. 국민권익위에서 조사한 음주운전 예방 대책 마련을 위한 국민 의견수렴 결과에 의하면 응답자의 94.3%가 "상습 음주 운전자에게 차량 시동잠금장치를 설치하게 해야 한다"고 답변해 국민들은 음주운전 습관을 효과적으로 제어할 장치라면 어느 정도 비용을 수반하더라도 도입할 필요가 있는 것으로 보고 있음. 음주운전은 습관적으로 반복되는 경향이 있어, 단순한 처벌강화나 음주단속만으로는 음주운전을 예방하고 재범률을 낮추는 데에 한계가 있으므로, 음주운전을 예방할 수 있는 사전적 조치가 필요함.

최근 운전자가 술에 취한 상태로 운전하려는 경우 이를 감지하여 시동이 걸리지 않게 하는 음주운전방지장치가 개발되었고 미국, 캐나다, 호주 등의 국가에서 이러한 장치가 부착된 자동차등의 운전의무를 부과하는 제도가 도입되었는데 효과적인 음주운전 예방대책의 하나로 평가받고 있음. 이에 음주운전 방지장치 정의규정을 신설하고, 음주운전 금지규정을 위반한 경우 음주운전 방지장치 부착 조건부 운전면허를 발급받아 운전할 수 있도록 함. 음주운전자가 방지장치 미설치 차량을 운전하거나 무단으로 장치를 해체하거나 장비를 대리조작하는 경우 처벌조항을 마련하여 상습 음주운전의 사전적 예방효과를 제고하고자 함(안 제50조의3 신설 등).

이 「도로교통법」 개정안은 행정안전위원회 위원장의 대안으로 통합되어 국회 본회의에서 의결되었고, 2023년 10월 24일에 공포(2024년 10월 25일 시행)되었다. 신설된 규정은 다음과 같다.

제50조의3(음주운전 방지장치 부착 조건부 운전면허를 받은 운전자등의 준수사항) ① 제80조의2에 따라 음주운전 방지장치 부착 조건부 운전면허를 받은 사람이 자동차등을 운전하려는 경우 음주운전 방지장치를 설치하고, 시·도경찰청장에게 등록하여야 한다. 등록한 사항 중 행정안전부령으로 정하는 중요한 사항을 변경할 때에도 또한 같다. 다만, 제2항에 따라 음주운전 방지장치가 설치·등록된 자동차등을 운전하려는 경우에는 그러하지 아니하다.

② 「여객자동차 운수사업법」에 따른 여객자동차 운수사업자의 사업용 자동차, 「화물자동차 운수사업법」에 따른 화물자동차 운수사업자의 사업용 자동차 및 그 밖에 대통령령으로 정하는 자동차등에 음주운전 방지장치를 설치한 자는 시·도경찰청장에게 등록하여야 한다. 등록한 사항 중 행정안전부령으로 정하는 중요한 사항을 변경할 때에도 또한 같다.

③ 제80조의2에 따라 음주운전 방지장치 부착 조건부 운전면허를 받은 사람은 음주운전 방지장치가 설치되지 아니하거나 설치기준에 적합하지 아니한 음주운전 방지장치가 설치된 자동차등을 운전하여서는 아니 된다.

④ 누구든지 다음 각 호의 어느 하나에 해당하는 경우를 제외하고는 자동차등에 설치된 음주운전 방지장치를 해체하거나 조작 또는 그 밖의 방법으로 효용을 해치는 행위를 하여서는 아니 된다.

1. 음주운전 방지장치의 점검 또는 정비를 위한 경우
2. 폐차하는 경우
3. 교육·연구의 목적으로 사용하는 등 대통령령으로 정하는 사유에 해당하는 경우
4. 제82조제2항제10호에 따른 음주운전 방지장치의 부착 기간이 경과한 경우

⑤ 누구든지 음주운전 방지장치 부착 조건부 운전면허를 받은 사람을 대신하여 음주운전 방지장치가 설치된 자동차등을 운전할 수 있도록 해당 장치에 호흡을 불어넣거나 다른 부정한 방법으로 음주운전 방지장치가 설치된 자동차등에 시동을 거는 행위를 하여서는 아니 된다.

⑥ 제1항 및 제2항에 따라 음주운전 방지장치의 설치 사항을 시·도경찰청장에게 등록한 자는 연 2회 이상 음주운전 방지장치 부착 자동차등의 운행기록을 시·도경찰청장에게 제출하여야 하며, 음주운전 방지장치의 정상 작동여부 등을 점검하는 검사를 받아야 한다.

⑦ 제1항 및 제2항에 따른 음주운전 방지장치 설치 기준·방법 및 등록 기준·등록 절차, 제6항에 따른 운행기록 제출 및 검사의 시기·방법, 그 밖에 필요한 사항은 행정안전부령으로 정한다.

음주운전에 대한 엄한 처벌과 함께 일정한 요건하에 음주운전 방지장치를 부착하도록 하는 것은 상습적인 음주운절 예방을 위한 적절한 입법조치라고 본다. 나아가 음주운전의 사후처벌보다는 음주운전을 사전에 예방하기 위한 홍보·계도·교육 등 다양한 정책수단이 동반되는 것도 또한 중요하다.

CHAPTER

05 세림이법

1. 세림이와 세림이법

2013년 3월 청주의 어린이집에 다니던 세림이가 통학버스 운전자의 부주의로 사망하였다. 세림이법은 어린이 통학안전을 위한 2015년의 「도로교통법」 개정법률을 말한다.

2. 세림이법의 배경

세림이의 사고를 계기로 하여 어린이 통학차량에 대한 안전을 강화해야 한다는 사회적 요구가 강하게 제기되었다. 어린이 통학차량 사고를 막기 위한 제도적 장치를 요구하는 국민들의 요구에 무려 26건의 관련 법안이 발의되었다. 「도로교통법」 개정안이 25건이고 「어린이통학차량 안전운행에 관한 법률」을 제정하자는 별도의 제정안[1]도 발의되었다.

---

1 김승남 의원 대표발의로 14인의 의원에 의하여 2013년 5월 21일에 발의되었다. 제안이유는 “요즈음 어린이가 통학차량에 치이거나 차량 문에 옷자락이 끼여 사망하는 등 통학차량과 관련된 어린이 사상사고가 계속하여 발생하고 있음. 어린이통학차량과 관련하여 「도로교통법」에서는 어린이통학버스의 신고와 그 운영자 및 운전자의 어린이 보호를 위한 의무사항 등을 규정하고 있지만, 어린이통학버스 신고가 강제사항이 아니고 운영자 및 운전자의 의무사항 준수여부에 대한 단속 및 처벌이 미흡하여 통학차량을 이용하는 어린이의 안전이 제대로 보호받지 못하고 있는 실정임. 이에 어린이통학차량의 안전운행에 관한 사항

이들 26건의 개정안을 하나의 법안으로 통합하여 위원회 대안으로 「도로교통법」 개정안이 만들어졌는데 이 「도로교통법」 개정안의 제안이유는 다음과 같다.

> 최근 학원이나 보육시설 등에서 운행하는 어린이통학 차량 사고가 잇따라 발생함에 따라 어린이의 교통안전을 확보할 수 있는 대책 마련이 시급한 실정이므로 어린이 통학용 차량에 대한 신고, 동승 보호자 탑승 및 운영자·운전자에 대한 교육을 의무화하는 등 어린이통학 차량 관련 규정을 정비함으로써 어린이를 교통사고의 위험으로부터 안전하게 보호하도록 하는 규정을 마련하고, 어린이보호구역 지정대상에 유치원·초등학교 교과과정을 포함하고 있는 외국인학교나 대안학교·국제학교를 추가하며, 「자전거이용 활성화에 관한 법률」에 따른 자전거 우선도로에서는 차마가 통행할 수 있도록 하는 등 현행법상 미비점을 개선·보완하려는 것임.

국회 안전행정위원장의 대안으로 발의된 「도로교통법」 개정안은 2013년 12월 30일에 제안되어 같은 날에 법제사법위원회에서 의결되고, 다음날인 12월 31일에 본회의에서 의결되었다. 법안은 2014년 1월 17일에 정부로 이성되어 2014년 1월 28일에 공포되었다. 그리고 법률 시행을 위한 1년간의 준비기간을 거쳐서 2015년 1월 29일에 세림이법으로 불린 「도로교통법」 개정법률은 시행되었다.

3. 세림이법의 내용

차량에 탄 어린이의 안전띠 착용을 의무화하고, 보호교사의 탑승 및 운전자와 동승자의 안전교육을 의무화하는 등의 내용을 담고 있다. 어린이보호구역의 대상에 외국인학교·대안학교·국제학교를 추가하였다. 주요 개정내용은 다음과 같다.

을 별도의 법률로 제정함으로써 통학차량을 이용하는 어린이의 교통안전을 확보하려는 것"으로, 동 법률안은 다른 법률안과 통합된 「도로교통법」 개정법률안이 통과되었다.

① 어린이의 통학 등에 이용되는 자동차는 일정한 요건을 갖춰 모두 신고토록 하고, 미신고시 운영자에 대한 처벌 규정을 신설하며, "어린이통학버스"로 용어를 일원화함
② 어린이통학버스에 어린이나 유아가 탑승한 경우 어린이통학버스 운전자는 승차한 어린이나 유아 모두가 좌석 안전띠를 매도록 한 후 출발하도록 하고, 위반 시 운전자에 대한 처벌규정을 신설함
③ 어린이통학버스에 어린이나 유아를 태울 때 보호자를 함께 탑승하고 운행하도록 의무화하고, 동승한 보호자의 안전 확인 의무를 신설함
④ 어린이통학버스 운영자 및 운전자의 안전교육을 신규 안전교육과 2년마다의 정기 안전교육으로 구분하고, 위반시 과태료를 부과함
⑤ 어린이통학버스 운영시설에서 어린이통학버스 의무규정을 위반하거나, 의무규정 위반으로 사상(死傷)사고가 발생한 때에는 경찰서장이 어린이 교육시설 감독 주무기관장에게 그 정보를 제공할 수 있도록 함
⑥ 어린이보호구역 지정대상에 유치원·초등학교 교과과정을 포함하고 있는 외국인학교나 대안학교·국제학교를 추가함

4. 세림이법을 둘러싼 논란

어린이의 안전을 강화하자는 것에 반대나 이견이 있을 수 없었고, 세림이법의 입법에는 종종 발생하는 어린이 차량안전사고를 접한 여론의 강력한 지지를 받았다. 문제는 세림이법의 실효성이다. 이러한 안전을 위한 법적 보완으로 이전보다는 훨씬 안전해 졌다고 할 수 있지만, 법을 잘 지키지 않는 경우가 보고되고 있다. 일부 영세학원에서는 동승자를 고용하느니 적발시 벌금을 납부하겠다는 곳이 있다는 것이다.

2016년 경찰의 단속으로 254건의 세림이법 위반 차량이 적발된 바 있고, 2017년에 16건의 어린이통학차량 사고가 일어나 48명이 다쳤다. "세림이법이 사실상 사문화(死文化)된 것 같다"는 학부모의 평가도 있다.[2] 세림이법이 시행된 이후에도 안전불감증은 여전하며 세림이법은 유명무실하다는 언론의 보도도 있다.[3]

2 조선일보, 2019. 1. 18.
3 아시아경제, 2018. 7. 10.

세림이법이 만들어진 이후에도 차량에 의한 어린이사고는 끊임없이 발생하고 있으며, 2019년 말에는 교통사고로 사망한 어린이의 부모들의 호소와 여론의 지지에 힘입어 '민식이법'(「도로교통법」 개정법률)과 '하림이법'(「주차장법」 개정법률)이 입법되었다.

CHAPTER 06 민식이법

1. 민식이와 민식이법

故 김민식(사고 당시 9세)은 2019년 9월 11일 충남 아산의 어린이 보호구역(스쿨존)에서 교통사고로 사망하였다. 민식이법[1]은 어린이 보호구역에 과속단속카메라 설치를 의무화하는 「도로교통법」 개정법률과 어린이 보호구역에서 사망사고를 낸 가해자를 가중처벌하도록 하는 내용의 「특정범죄 가중처벌 등에 관한 법률」 개정법률을 의미한다.

2. 민식이법의 배경

1) 특정범죄 가중처벌 등에 관한 법률

교통사고로부터 어린이를 보호하기 위하여 지정된 어린이 보호구역(스쿨존)에서 민식이가 사망한 이후, 스쿨존에서의 안전을 강화해야한다는 여론이 큰 힘을 얻었다. 그 후 강훈식 의원을 포함한 16인과 이명수 의원을 포함한 11인은 어린이 보호구역에서 사망사고를 일으킨 운전자에 대해 가중처벌하는 내용을 담은 「특정범죄 가중처벌 등에 관한 법률」 개정안을 각각 발의했다.

1 연합뉴스, 2019. 10. 13; 대전일보, 2019. 10. 13; 서울신문, 2019. 10. 22.

강훈식 의원이 2019년 10월 11일에 대표발의한 「특정범죄 가중처벌 등에 관한 법률」 개정안의 제안이유와 주요내용은 다음과 같다.

최근 충남 아산의 한 어린이 보호구역 안에서 교통사고로 인해 어린이가 사망한 이후, 어린이 보호구역 내 사망 사고 운전자에 대한 강력한 처벌을 요구하는 목소리가 커지고 있음. 또한 최근 5년간 교통사고처리특례법상 '12대 중과실 교통사고'가 36만여건 발생해 8712명이 사망하고 58만여명이 부상당했지만, 법 위반 사범의 구속비율은 0.07%에 불과하고 기소된 비율도 25.3%에 불과한 것으로 드러났음. 현행법은 도주차량 운전이나 음주운전의 경우 가중 처벌을 하고 있지만, 어린이 보호구역 안에서 사망사고를 일으킨 운전자에 대한 별도의 처벌 규정을 두고 있지 않음. 또한 「교통사고처리 특례법」이 가해자를 과도하게 보호하고 있다는 지적이 잇따르고 있음.

이에, 어린이 보호구역 내에서 교통사고를 내 피해자를 사망에 이르게 한 경우 처벌 수위를 강화하고, '12대 중과실 교통사고'에 대한 처벌을 강화하고자 함(안 제5조의3).

이명수 의원이 2019년 10월 15일에 대표발의한 「특정범죄 가중처벌 등에 관한 법률」 개정안의 제안이유와 주요내용은 다음과 같다.

「도로교통법」의 개정을 통해 어린이 보호구역에 교통안전시설 등을 설치하고 속도제한 규정을 실시한 지 10년 가까이 경과하였음에도 불구하고, 여전히 어린이 보호구역에서의 상해·사망사고가 개선되지 않고 있음. 자동차 운전자는 교통안전에 취약한 어린이를 안전하게 보호하기 위하여, 특히 어린이 보호구역 내에서의 운전은 속도를 제한하고 전방을 주시하는 등 신중을 기하여야 함에도 불구하고, 최근 '민식이 사건'에서 운전자가 어린이 안전에 유의하면서 운전하여야 할 의무를 위반함으로써 현행법상 어린이 보호구역 내 어린이 교통사고에 대한 가중처벌 필요성이 제기됨.

이에 어린이 보호구역에서 자동차(원동기장치자전거를 포함한다)의 교통으로 인하여 어린이를 사망 또는 상해에 이르게 한 경우에는 가중처벌하도록 함으로써 어린이 안전보장을 도모하려는 것임(안 제5조의13 신설).

법제사법위원회는 2건의 개정안을 심사한 후, 각 법률안의 내용을 통합 조정하여 대안을 마련하여 2019년 11월 29일에 법제사법위원장이 법안을 제안[2]하여 같은 날 상정 및 의결되었고, 2019년 12월 10일에 국회 본회의에 상정 및 의결되었다. 대안의 제안이유는 다음과 같다.

> 자동차 운전자는 교통안전에 취약한 어린이를 안전하게 보호하기 위하여, 특히 어린이 보호구역 내에서의 운전은 속도를 제한하고 전방을 주시하는 등 신중을 기하여야 함에도 불구하고, 최근 '민식이 사건'에서 운전자가 어린이 안전에 유의하면서 운전하여야 할 의무를 위반함으로써 현행법상 어린이 보호구역 내 어린이 교통사고에 대한 가중처벌 필요성이 제기됨. 또한, 현행법은 도주차량 운전이나 음주운전의 경우 가중 처벌을 하고 있지만, 어린이 보호구역 안에서 사망사고를 일으킨 운전자에 대한 별도의 처벌 규정을 두고 있지 않음. 또한 「교통사고처리 특례법」이 가해자를 과도하게 보호하고 있다는 지적이 잇따르고 있음.
>
> 이에 어린이 보호구역에서 자동차(원동기장치자전거를 포함한다)의 교통으로 인하여 어린이를 사망 또는 상해에 이르게 한 경우에는 가중처벌하도록 함으로써 어린이 안전보장을 도모하려는 것임.

개정된 「특정범죄 가중처벌 등에 관한 법률」은 2019년 12월 24일에 공포되었고, 2020년 3월 25일부터 시행[3]되었다.

2) 도로교통법

그리고 어린이 보호구역(스쿨존)에서의 교통사고 처벌강화와 함께, 스쿨존 내 신호등, 과속단속카메라 설치를 의무화하는 내용의 「도로교통법」 개정안도 제출되었다. 스쿨존에서의 교통사고 처벌강화가 사후대책이라고 하면 스쿨존에서의 과속단속카메라 등 설치의무화는 사전예방대책이라고 할 수 있다.

강훈식 의원 등 17인이 2019년 10월 11일에 발의한 「도로교통법」 개정안의

---

2 위원회의 대안이 만들어지면, 법안 원안은 '대안반영폐기'라는 수순을 거치게 되는데, 이러한 절차에 따라 강훈식 의원 대표발의 법안과 이명수 의원 대표발의 법안은 대안반영으로 인하여 폐기되었다.

3 2019년 12월 24일에 공포된 「도로교통법」 개정법률은 공포된 날부터 시행되지만, 같은 날인 2019년 12월 24일에 공포된 「특정범죄 가중처벌 등에 관한 법률」은 3개월이 경과한 날인 2020년 3월 25일부터 시행되는 것이다.

제안이유는 다음과 같다.

> 최근 5년간 어린이 보호구역 내 교통사고가 2,458건 발생했고, 그 중 사망자가 27명에 달하고 있음. 2018년 어린이 보호구역에서 발생한 교통사고 435건 중, 보행 중 사고가 377건(87%)으로 대부분을 차지함. 어린이 보호구역 내에서 보행중인 어린이 교통사고와 사망이 다량 발생하고 있는 것은 현재 어린이 보호구역 내 교통안전시설이 미비하다는 증거이고, 어린이 피해를 줄일 대책이 마련되어야 함. 현행법은 어린이 보호구역 내 무인 과속 단속 장비와 횡단보도 신호기의 설치를 의무화하지 않고 임의규정으로 두고 있음. 심지어 경찰청 자료에 따르면, 2019년 국내 과속 단속 상위 85곳 중 22곳이 초등학교 인근이나 어린이 보호구역인 것으로 드러나기도 했음. 이에 지방경찰청장이나 경찰서장, 시장등이 어린이 보호구역 내 무인교통단속 장비를 의무적으로 설치하고, 시장등으로 하여금 어린이 보호구역 내 신호기를 설치·관리하게 하여 어린이 보호구역 내 교통사고를 방지하고 어린이 안전을 강화하고자 하는 것임.

이명수 의원 등 11인이 2019년 10월 15일에 발의한 「도로교통법」 개정안의 제안이유는 다음과 같다.

> 정부와 지방자치단체는 어린이를 교통사고 위험으로부터 보호하기 위하여 교통안전시설 등을 설치 또는 설치하고 있음. 그러나 어린이 보호구역에서 발생하는 교통사고가 2014년 523건, 2015년 541건, 2016년 480건, 2017년 479건, 2018년 534건으로 지속적으로 발생하고 있으며, 사망한 어린이도 31명에 달했음. 이처럼 어린이 보호구역내 교통사고가 지속적으로 발생하는 데에는 운전자들의 교통안전 의식의 문제도 있겠지만, 여전히 어린이 교통사고를 예방하는 교통안전시설 등이 부족한 것도 원인이 되고 있음. 실제 정부와 지자체는 교통안전시설 등을 우선설치 대상 또는 권장 설치대상 등으로 구분하여 선정·관리하고 있는데, 이러한 방식은 경찰청 또는 지방자치단체의 의지와 재량에 의해서 교통안전시설 등의 설치 우선순위가 임의로 결정되는 문제점을 안고 있음.
>
> 이에 「도로교통법」에 근거한 교통안전시설과 「도로법」에 근거한 도로부속물중 도로표지, 도로반사경, 과속방지시설, 미끄럼방지시설, 방호울타리 그리고 무인 교통단속장비 설치를 의무화하고 의무 설치에 따른 비용은 국가가 우선적으로 전부 지원하도록 하여 어린이 보호구역내에서 더 이상 교통사고가 발생하지 않도록 하려는 것임(안 제3조, 제12조 및 제138조의2).

2019년 12월 10일에 본회의에서 의결된 「도로교통법」 개정법률은 무려 13건의 「도로교통법」 개정안[4]이 통합되어 행정안전위원회의 대안이 만들어진 것이다. 대안으로 제안된 「도로교통법」 개정안의 제안이유 중에서 어린이안전 강화방안에 관한 내용은 다음과 같다.

> 어린이 보호구역 내 무인 교통단속용 장비, 횡단보도 신호기 등에 대한 설치 임의규정으로 인하여 보행중인 어린이를 교통사고로부터 보호하기 위한 시설·장비가 부족한 실정이고 (중략) 이러한 사항을 보완·개선하여 어린이들의 안전을 강화하고, 도로에서 차량이 원활하게 통행하도록 하며, 우리 운전면허의 국제적인 신뢰도 향상 및 위상 제고와 도로상의 안전을 확보하는 방안을 마련하고자 하는 것임.

어린이안전 강화방안에 관한 내용을 포함하여 차량 정체시 경찰의 신호에 따라 갓길을 통행할 수 있도록 하는 내용과 외국인에 대한 운전면허발급 제한 등을 개정안에 담았다. 이러한 대안으로서의 「도로교통법」 개정안은 2019년 11월 27일에 행정안전위원장이 제안하기로 의결하여 같은 날 행안위에 상정 및 의결되었다. 이후 동 법안은 11월 29일에 법제사법위원회에 상정 및 의결되었고, 국회 본회의에는 2019년 12월 10일에 상정 및 의결되었다. 개정된 「도로교통법」은 2019년 12월 24일에 공포되었고, 같은 날부터 시행되었다.

3. 민식이법의 내용

1) 특정범죄 가중처벌 등에 관한 법률

강훈식 의원이 대표발의한 「특정범죄 가중처벌 등에 관한 법률」개정안은

---

4 어린이 보호구역에 안전표시와 과속방지시설 또는 CCTV 등 교통단속장비 설치를 내용으로 하는 「도로교통법」 개정안은 2016년 10월 27일 **이용주** 의원 등 23인의 개정안, 2016년 7월 21일 **이용득** 의원 등 14인의 개정안, 2016년 12월 13일 **박남춘** 의원 등 12인의 개정안, 2017년 7월 24일 **박명재** 의원 등 24인의 개정안, 2017년 9월 22일 **정재호** 의원등 10인의 개정안, 2019년 10월 15일 **이명수** 의원 등 11인의 개정안, 2019년 10월 11일 **강훈식** 의원 등 17인의 개정안, 2019년 8월 8일 **김수민** 의원 등 10인의 개정안, 2018년 4월 3일 **손금주** 의원 등 10인의 개정안, 2016년 7월 8일 **이언주** 의원 등 10인의 개정안이 있다.

어린이 보호구역에서 교통사고를 일으켜 피해자가 사망할 경우 가해자를 가중처벌하는 내용을 담고 있다. 12대 중과실 중 어린이 보호구역 내 의무를 위반하여 어린이를 사망에 이르게 한다면 '무기 또는 3년 이상의 징역'에 처하도록 하고 있다. 또한 어린이 보호구역에서 신호등과 과속단속 카메라 설치를 의무화하는 내용을 담고 있다.

이명수 의원이 대표발의한 개정안은 어린이 보호구역에서 교통사고를 일으켜 사망 또는 상해가 발생할 경우 가중처벌하는 내용을 담고 있다. 피해자를 사망에 이르게 할 경우는 '3년 이상의 징역', 상해에 이르게 한 경우에는 '1년 이상 15년 이하의 징역 또는 500만원 이상 3천만원 이하의 벌금'에 처하는 내용을 담고 있다.

법제사법위원회의 대안에서는 자동차의 운전자가 어린이 보호구역에서 어린이를 사상에 이르게 한 경우 가중처벌하는 내용을 담고 있다.

현행	강훈식 의원 개정안	이명수 의원 개정안	대안
제5조의3(도주 차량 운전자의 가중처벌) ①·② (생략) <신설>	**제5조의3(사고운전자의 가중처벌)** ①·② (현행과 같음) ③ 사고운전자가 피해자를 사망에 이르게 한 경우에는 다음 각 호의 구분에 따라 가중처벌한다. 1. <교통사고처리 특례법> 제3조 제2항 각 호의 어느 하나에 해당하는 행위로 인하여 사고가 발생한 경우에는 무기 또는 3년 이상의 징역에 처한다. 2. 사고장소가 <도로교통법> 제 12조 1항에 따른 어린이 보호구역인	**제5조의13(어린이 보호구역에서 어린이 치사상의 가중처벌)** 「도로교통법」 제12조 제3항에 따른 어린이 보호구역에서 자동차(원동기장치자전거를 포함한다)의 교통으로 인하여 어린이를 사망 또는 상해에 이르게 한 경우에는 다음 각 호의 구분에 따라 가중처벌한다. 1. 어린이를 사망에 이르게 한 경우: 3년 이상의 징역 2. 어린이를 상해에 이르게 한 경우: 1년 이상 15년 이하의 징역 또는 500만	<u>제5조의13(어린이 보호구역에서 어린이 치사상의 가중처벌) 자동차(원동기장치자전거를 포함한다)의 운전자가 「도로교통법」 제12조 제3항에 따른 어린이 보호구역에서 같은 조 제1항에 따른 조치를 준수하고 어린이의 안전에 유의하면서 운전하여야 할 의무를 위반하여 어린이(13세 미만인 사람을 말한다. 이하 같다)에게 「교통사고처리 특례법」 제3조 제1항의 죄를 범한 경우에는 다음 각 호의 구분에 따라</u>

	경우에는 3년 이상의 징역에 처한다.	원 이상 3천만원 이하의 벌금에 처한다.	가중처벌한다. 1. 어린이를 사망에 이르게 한 경우에는 무기 또는 3년 이상의 징역에 처한다. 2. 어린이를 상해에 이르게 한 경우에는 1년 이상 15년 이하의 징역 또는 500만원 이상 3천만원 이하의 벌금에 처한다.

2) 도로교통법

2019년 12월 10일에 본회의에서 의결된 「도로교통법」 개정법률은 무려 13건의 개정안이 통합되어 대안이 만들어진 것인데, 어린이 안전을 위한 내용은 어린이 보호구역에 CCTV와 신호기 등 어린이 안전을 위한 시설·장비를 우선적으로 설치하도록 의무를 부여하는 내용이다.

> 어린이 보호구역에 지방경찰청장, 경찰서장 또는 시장등에게 무인 교통단속용 장비, 횡단보도 신호기 등 어린이 안전을 위한 시설·장비를 우선적으로 설치하도록 의무를 부여함(안 제12조 제4항 및 제5항 신설).

과거 규정	현행 규정
제12조(어린이 보호구역의 지정 및 관리) ④ <신설>	**제12조(어린이 보호구역의 지정 및 관리)** ④ 지방경찰청장, 경찰서장 또는 시장등은 제3항을 위반하는 행위 등의 단속을 위하여 어린이 보호구역의 도로 중에서 행정안전부령으로 정하는 곳에 우선적으로 제4조의2에 따른 무인 교통단속용 장비를 설치하여야 한다.
⑤ <신설>	⑤ 시장 등은 제1항에 따라 지정된 어린이 보호구역에 어린이의 안전을 위하여 다음 각 호에 따른 시설 또는 장비를 우선적으로 설치하거나 관할 도

로관리청에 해당 시설 또는 장비의 설치를 요청하여야 한다.

1. 어린이 보호구역으로 지정한 시설의 주 출입문과 가장 가까운 거리에 있는 간선도로 상 횡단보도의 신호기
2. 속도 제한 및 횡단보도에 관한 안전표지
3. 「도로법」 제2조 제2호에 따른 도로의 부속물 중 과속방지시설 및 차마의 미끄럼을 방지하기 위한 시설
4. 그 밖에 교육부, 행정안전부 및 국토교통부의 공동부령으로 정하는 시설 또는 장비

4. 민식이법을 둘러싼 논란

어린이 보호구역에 안전표시와 과속방지시설 또는 CCTV 등 교통단속장비 설치를 의무화하는 등으로 어린이 교통사고를 예방하자는 법안에 대해서는 이의나 반대가 없었다. 그러나 어린이 보호구역에서 사고를 낸 운전자의 가중처벌에 대해서는 논란이 있었다. 당시 「특정범죄 가중처벌 등에 관한 법률」에는 음주운전의 경우에는 가중처벌을 규정하고 있었지만, 어린이 보호구역안에서 사망사고를 일으킨 운전자에 대해서는 별도의 가중처벌 규정이 없었다. 그래서 어린이 보호구역 내에서 일어나는 교통사고를 가중처벌하는 내용의 개정안 입법취지에는 공감하는 사람들이 많았고, 대부분의 국민들은 이에 대해 지지를 보내주었다. 그럼에도 불구하고 민식이법에 대해서는 논란이 있었다. 운전자 가중처벌과 관련한 민식이법의 취지에는 공감하지만, 어린이 보호구역에서 운전자가 과실로 사고를 내는 경우도 있는데, 고의성 없는 과실로 인한 교통사고에 대해 일률적으로 가중처벌을 하는 것은 무리가 있다는 의견이 있었다. 그리고 아이들이 스쿨존을 지나는 차량 앞에 갑자기 다가가거나 뛰어든다는 일명 '민식

이법 놀이'[5]는 이러한 논란을 격화시키기도 하였다.

또한 경미한 접촉사고임에도 사고의 경중을 가리지 않고 엄한 처벌을 하게 된다면 문제라는 주장이 있다. 특히 이러한 논란은 「특정범죄 가중처벌 등에 관한 법률」 개정 이후에 심해져서 청와대 국민청원이 제기되고, 「특정범죄 가중처벌 등에 관한 법률」을 재개정하자는 의견도 나왔다. 어린이 보호구역에서의 교통사고에 대해서 재판과정에서 구체적으로 양형을 하겠지만, 그럼에도 불구하고 개정된 「특정범죄 가중처벌 등에 관한 법률」에서 과실이나 경미한 교통사고에 대한 가중처벌 경감 등에 관한 규정이나 단서가 없음을 지적하고 있는 것이다.

민식이법에 대한 헌법소원심판 사건에서 헌법재판소는 민식이법을 합헌으로 판단하였다. 헌재의 결정요지는 다음과 같다.

> 어린이의 통행이 빈번한 초등학교 인근 등 제한된 구역을 중심으로 어린이 보호구역을 설치하고 엄격한 주의의무를 부과하여 위반자를 엄하게 처벌하는 것은 어린이에 대한 교통사고 예방과 보호를 위해 불가피한 조치이다. 심판대상조항에 의할 때 어린이 상해의 경우 죄질이 가벼운 위반행위에 대하여 벌금형을 선택한 경우는 정상참작감경을 통하여, 징역형을 선택한 경우는 정상참작감경을 하지 않고도 집행유예를 선고할 수 있음은 물론, 선고유예를 하는 것도 가능하다. 어린이 사망의 경우 법관이 정상참작감경을 하지 않더라도 징역형의 집행유예를 선고하는 것은 가능하다. 운전자의 주의의무 위반의 내용 및 정도와 어린이가 입은 피해의 정도가 다양하여 불법성 및 비난가능성에 차이가 있다고 하더라도, 이는 법관의 양형으로 충분히 극복될 수 있는 범위 내에 있다.
>
> 운전자가 어린이 보호구역에서 높은 주의를 기울여야 하고 운행의 방식을 제한받는 데 따른 불이익보다, 주의의무를 위반한 운전자를 가중처벌하여 어린이가 교통사고의 위험으로부터 벗어나 안전하고 건강한 생활을 영위하도록 함으로써 얻게 되는 공익이 더 크다. 따라서 심판대상조항은 과잉금지원칙에 위반되어 청구인들의 일반적 행동자유권을 침해한다고 볼 수 없다.[6]

5 일부는 '민식이법 놀이'가 실제한다고 주장하고, 일부는 '민식이법 놀이'는 허구라고 주장한다.

6 헌재 2023. 2. 23. 2020헌마460등 [특정범죄 가중처벌 등에 관한 법률 제5조의13 위헌확인 (어린이 보호구역에서 교통사고로 어린이를 상해나 사망에 이르게 한 경우를 가중처벌

민식이법과 관련해서, '운전자의 과실을 가중처벌'하는 '무리한 법'을 개정하자는 일부 운전자들의 불만이 있었으며, ㅇ에 대하여 '부모가 조금이라도 더 안심하고 살 수 있는 사회를 만들어 보고자 하는 법개정 노력'이라는 반론[7]이 있었다.

하는 특정범죄가중처벌법 조항 사건(이른바'민식이법'사건))]

7 민식이 부모, "민식이법은 아이들 위한 법, 오해하지 마세요", 중앙일보, 2020. 4. 28.

CHAPTER

07 하준이법

1. 하준이와 하준이법

故 최하준(당시 4세)은 2017년 10월에 놀이공원의 경사진 주차장에서, 차량 변속기 기어가 드라이브(D) 상태로 주차된 차가 미끄러지면서, 교통사고를 당해 사망하였다. 하준이법[1]은 하준이의 사망을 계기로 하여 주차장 안전기준을 강화하는 내용을 담은 「주차장법」 개정법률이다.

2. 하준이법의 배경

주차장에 세워둔 차량이 굴러오는 사고로 숨진 하준이의 사고를 계기로 하여 여러 건의 「주차장법」 개정안이 발의되었다. 당시「도로교통법」 제49조 제1항 6호에 의하면 "운전자가 운전석을 떠나는 경우에는 원동기를 끄고 제동장치를 철저하게 작동시키는 등 차의 정지 상태를 안전하게 유지하고 다른 사람이 함부로 운전하지 못하도록 필요한 조치를 할 것"이라고 규정하고 있었다.[2] 그러나 이 규정만으로는 자동차를 비탈진 곳에서 주차할 경우에 어떠한 구체적인 안전조치를 취해야 하는지를 알 수 없었던 것이다.

1 한겨레신문, 2019. 7. 9; 조선일보, 2019. 8. 28; 뉴스1, 2019. 9. 26.
2 이 규정은 2018년 3월 27일에 후술하는 「도로교통법」 제34조의3이 신설되면서 삭제되었다.

그래서 2018년 3월 27일에 개정(시행은 2018년 9월 28일)된 「도로교통법」에서는 "경사진 곳에 정차하거나 주차하려는 자동차의 운전자는 고임목을 설치하거나 핸들을 도로의 가장자리 방향으로 돌려놓는 등 미끄럼 사고의 발생을 방지하기 위한 조치를 취하여야 한다'는 「도로교통법」 제34조3(경사진 곳에서의 정차 또는 주차의 방법)[3]이 신설되었다.

그러나 이를 위반하는 경우의 범칙금은 「도로교통법 시행령」별표8에 따라서 승합자동차 5만원 승용자동차 4만원 수준이었고, 단속도 거의 이루어지지 않았다. 그리하여 이러한 규정으로는 비탈길 자동차 안전사고를 막기 위한 실효성이 없었다. 따라서 경사로 주차의 안전을 위한 관련 법안의 발의가 이어진 것이다.

비탈길 주차 안전사고를 막기 위해 이용호 의원이 2019년 7월 8일에 대표발의한 「주차장법」 개정안과 전재수 의원이 2019년 9월 11일에 대표발의한 「주차장법」 개정안은 내용이 비슷하므로, 하나의 법안으로 통합되어 2019년 11월 29일에 국토교통위원장의 대안으로 발의되었다. 국토교통위원장이 제안한 「주차장법」 개정안의 제안이유는 다음과 같다.

> 최근 주차장 내 경사진 구역에 주차된 차량이 미끄러져 인명피해가 발생하는 등 유사한 안전사고가 반복되고 있으나, 현행법은 경사진 구역 내 설치된 주차장에 대하여 그 관리자에게 별다른 안전설비 설치의무를 부과하지 않고 있으며, 주차장내 속도제한이나 속도방지턱, 반사경, 보도 등 안전기준이 마련되어 있지 않아 안전사고로 인한 중대한 피해를 예방하기 어려운 실정인바, 경사진 곳에 설치된 주차장에 안전설비를 갖추도록 하는 등 대책을 마련하려는 것임.

---

3 「도로교통법」 제34조의3(경사진 곳에서의 정차 또는 주차의 방법) 경사진 곳에 정차하거나 주차(도로 외의 경사진 곳에서 정차하거나 주차하는 경우를 포함한다)하려는 자동차의 운전자는 대통령령으로 정하는 바에 따라 고임목을 설치하거나 조향장치(操向裝置)를 도로의 가장자리 방향으로 돌려놓는 등 미끄럼 사고의 발생을 방지하기 위한 조치를 취하여야 한다. [본조신설 2018. 3. 27.]

국토교통위원장이 제안한 「주차장법」 개정안은 2019년 11월 29일 당일에 법사위에 상정 및 의결되었고, 2019년 12월 10일에 본회의에 상정 및 의결되었다. 그리고 12월 11일에 정부로 이송되어 12월 24일에 공포되었다.

3. 하준이법의 내용

하준이법은 경사진 주차장에 미끄럼 방지를 위한 고임목과 미끄럼 주의 안내표지 등을 설치해 차량 미끄럼 방지 사고를 사전에 방지하는 것을 주요 내용으로 한다. 「주차장법」의 목적에 '안전'이라는 용어를 추가하여 공중의 안전에 대한 목적을 추가하였으며, 고임목 등 주차된 차량이 미끄러지는 것을 방지하는 시설과 미끄럼 주의 안내표지를 갖추도록 의무화하는 규정을 마련했다.

① 시장·군수 또는 구청장이 정기적으로 조사구역 내 설치된 주차장의 경사도 등 이용자의 안전에 위해가 되는 요소를 점검하고 그에 따른 안전 관리 실태를 조사하도록 함(안 제3조 제2항).
② 주차장의 구조·설비 기준 외에 안전기준을 국토교통부령 또는 조례로 정할 수 있도록 함(안 제6조 제1항 및 제2항).
③ 국토교통부령으로 정하는 경사진 곳에 주차장을 설치하려는 자는 국토교통부령으로 정하는 바에 따라 고임목 등 주차된 차량이 미끄러지는 것을 방지하는 시설과 미끄럼 주의 안내표지를 갖추도록 함(안 제6조 제3항).

과거의 규정과 개정된 규정 중에서 중요한 규정을 비교하면 아래의 표와 같다.

과거 규정	개정된 규정
제1조(목적) 이 법은 주차장의 설치·정비 및 관리에 필요한 사항을 규정함으로써 자동차교통을 원활하게 하여 공중(公衆)의 편의를 도모함을 목적으로 한다.	제1조(목적) ------------- ------------------- ------------------- 편의와 안전을------------ ---.

제3조(주차장 수급 실태의 조사) <신 설>	**제3조(주차장 수급 및 안전관리 실태조사)** ② 시장·군수 또는 구청장은 주차장의 안전사고 예방을 위하여 정기적으로 조사구역 내 설치된 주차장의 경사도 등 이용자의 안전에 위해가 되는 요소를 점검하고 그에 따른 안전 관리 실태를 조사(이하 "안전관리실태조사"라 한다)하여야 한다.
제6조(주차장설비기준 등) <신 설>	**제6조(주차장설비기준 등)** ③ 국토교통부령으로 정하는 경사진 곳에 주차장을 설치하려는 자는 국토교통부령으로 정하는 바에 따라 고임목 등 주차된 차량이 미끄러지는 것을 방지하는 시설과 미끄럼 주의 안내표지를 갖추어야 한다.
제24조(영업정지 등) 시장·군수 또는 구청장은 노외주차장관리자 또는 제19조의3에 따른 부설주차장의 관리자가 다음 각 호의 어느 하나에 해당하는 경우에는 6개월 이내의 기간을 정하여 해당 주차장을 일반의 이용에 제공하는 것을 금지하거나 300만원 이하의 과징금을 부과할 수 있다.	**제24조(영업정지 등)** (동일)
<신 설>	2. 제6조 제3항에 따른 미끄럼 방지시설과 미끄럼 주의 안내표지를 갖추지 않은 경우

4. 하준이법을 둘러싼 논란

하준이법에 대해서는 구「도로교통법」 제49조, 그리고 현행 「도로교통법」 제34조의3으로도 비탈길에서의 유사사건에 대하여 처벌할 수 있는 규정이 있으며, 철저한 집행과 홍보를 비탈길에서의 주차안전사고를 막을 수 있다고 하여 법안의 통과에 부정적인 입장이 있었다.[4]

그리고 비탈진 주차장에서 사고를 미리 예방하려는 법안의 취지는 타당해 보이지만, 주차와 관련된 의무를 부과하기 위해서는 어떤 경우에 의무가 부과되는지 명확하게 규정되어야 한다는 의견이 있었다. 당초 법안에서 '경사진 곳에 노상주차장 또는 노외주차장을 설치하는 경우'라는 문구는 명확성의 원칙에 위배될 가능성이 있으므로 이를 보다 구체적으로 규정할 필요가 있다는 비판이 있었다. 따라서 이를 "국토교통부령으로 정하는 경사진 곳에 주차장을 설치하려는 자"라는 문언으로 수정하였다.

이후 국토교통위원장이 발의한 「주차장법」 개정안은 여론에 힘입어 신속하게 국회를 통과하였다. 어린이 교통안전사고가 빈발하고 어린이 교통안전사고를 방지하기 위한 법안에 대한 국민들의 관심이 높아서 큰 이견 없이 통과된 것이다.

참고로 부주의하게 차를 주차하여 사람을 사상에 이르게 한 경우에는 「형법」상의 업무상과실, 중과실치사상죄로 5년 이하의 금고 2천만원 이하의 벌금으로 처벌할 수 있다.

4 서형석, 굴러내린 차에 억울한 죽음없게 '하준이법' 만들어주세요, 동아일보, 2017. 11. 16.

CHAPTER 08 태호유찬이법

1. 태호·유찬이과 태호유찬이법

2019년 5월 15일 송도에서 어린이들이 탑승한 유소년 축구클럽 차량이 교통사고를 내서 어린이 2명이 숨지고 6명이 다치는 교통사고가 발생하였다. 故 김태호와 故 정유찬은 당시 사고로 사망한 초등학생들이다. 태호와 유찬이가 사망하고 나서야 어린이를 위한 교통안전법의 사각지대에 대해 논란이 일어났고, 이를 계기로 하여 이정미 의원이 대표발의한 「도로교통법」 개정안과 「체육시설의 설치·이용에 관한 법률」 개정안을 태호유찬이법[1]이라고 한다.

2. 태호유찬이법의 배경

「도로교통법」 제53조에는 "어린이통학버스를 운영하는 자는 어린이통학버스에 어린이나 영유아를 태울 때에는 다음 각 호의 어느 하나에 해당하는 보호자를 함께 태우고 운행하여야 하며, 동승한 보호자는 어린이나 영유아가 승차 또는 하차하는 때에는 자동차에서 내려서 어린이나 영유아가 안전하게 승하차하는 것을 확인하고 운행 중에는 어린이나 영유아가 좌석에 앉아 좌석안전띠를 매고 있도록 하는 등 어린이 보호에 필요한 조치를 하여야 한다"라고 명시하고

1 한국일보, 2019. 6. 26; 내일신문, 2019. 6. 27; 동아일보, 2019. 7. 4.

있는데, 축구클럽 차량은 「도로교통법」이 규정하는 '어린이 통학버스'에 해당되지 않아서, 보호자 동승 등의 안전조치가 취해지지 않았다. 그러므로 어린이 통학버스 신고대상을 확대하는 것을 주요 내용으로 한 「도로교통법」 개정안과 「체육시설의 설치·이용에 관한 법률」 개정안을 이정미 의원(대표발의) 등 32인의 국회의원이 발의하게 된 것이다. 이정미 의원이 대표발의한 「도로교통법」 개정안의 제안이유는 다음과 같다.

> 현행법은 어린이를 교육 대상으로 하는 유치원, 초등학교 및 특수학교, 어린이집, 학원, 체육시설에서 어린이의 통학 등에 이용되는 자동차와 「여객자동차 운수사업법」 제4조 제3항에 따른 여객자동차운송사업의 한정면허를 받아 어린이를 여객대상으로 하여 운행되는 운송사업용 자동차에 대하여 어린이통학버스 신고를 하도록 하고, 차량 내 보호자 탑승 및 안전벨트 착용 등 어린이 보호 안전조치를 마련하여 운행하도록 하고 있음. 그러나 현재 이 시설 외의 체육시설 등에서 차량 내 어떠한 안전조치도 취하지 않고 어린이를 탑승시켜 운행하는 자동차로 인하여 어린이 차량 안전사고가 계속되고 있어 이에 대한 규제방안을 마련할 필요하다는 지적이 있음.
>
> 이에 현재 이 법에 따른 어린이통학버스로 신고한 자동차 외에도 어린이를 탑승시켜 운행하는 자동차로서 대통령령으로 정하는 자동차도 어린이통학버스 신고대상에 포함하도록 규정하고, 어린이통학버스 운전자 및 운영자의 의무사항을 위반한 경우 이에 대한 제재를 현행 20만원에서 30만원으로 상향시키며, 어린이통학버스 요건을 갖추지 아니하고 운행하는 경우 과태료 규정을 신설하고, 안전운행기록 제출 및 어린이통학버스 위반 정보 등 제공, 운행기록장치 작동 의무와 위반 시 양벌규정 도입, 어린이통학버스 안전시설 비용 지원 근거 등을 마련하여 어린이 차량안전사고를 미연에 방지하려는 것임

이정미 의원의 「도로교통법」 개정안은 2019년 6월 27일에 발의되었으며, 2019년 6월 28일에 국회 행정안전위원회에 회부되었다. 그러나 2019년 11월 28일에 열린 국회 행정안전위원회 법안심사 소위원회를 통과하지 못하였고, 동 행정안전위원회에 상정되지도 못하였다.

또한 이정미 의원이 대표발의한 「체육시설의 설치·이용에 관한 법률」 개정안의 제안이유와 주요내용은 다음과 같다.

> 현행법은 등록이나 신고를 해야 하는 체육시설업을 명시하고 있고, 이러한 체육시설을 이용하는 사업자는 차량운행 시 「도로교통법」의 적용을 받아 해당 차량을 어린이 통학버스로 신고하고 어린이 보호를 위한 안전 조치를 하도록 규정하고 있음. 하지만, 최근 축구클럽이 운영하는 차량의 교통사고로 탑승했던 어린이가 사망하는 사고가 발생하였는데, 해당 축구클럽은 현행법에 따른 체육시설업에 포함되지 않기 때문에 사고 차량은 「도로교통법」의 어린이 통학버스에 관한 규정도 적용받지 않아 문제가 되고 있음. 이에 현행법의 신고 체육시설업에 체육시설을 소유 또는 임차하여 체육을 교습하는 업, 즉 '체육시설이용교습업'을 신설하여 「도로교통법」에서 규정하고 있는 어린이의 안전한 통학을 위한 의무를 준수하도록 함으로써 체육시설을 이용한 교습업에 대한 관리 사각지대를 해소하고 어린이의 안전을 확보하려는 것임(안 제10조 제1항 제2호).

이정미 의원이 대표발의한 「체육시설의 설치·이용에 관한 법률」 개정안은 2019년 6월 27일에 발의되었으며, 2019년 6월 28일에 국회 문화체육관광위원회에 회부되었고, 2019년 11월 18일에 상정되었다. 그러나 이후 법안 처리에 진전이 없다가, 제20대 국회의 임기만료로 법안은 폐기되었다.

안민석 의원도 「체육시설의 설치·이용에 관한 법률」 개정안을 대표발의하였는데, 제안이유와 주요내용은 다음과 같다.

> 최근 다양한 종목의 체육교습이 증가하고 있으나, 이는 현행법에 따른 체육시설업으로 포함되지 않아 등록 또는 신고를 통한 관리가 어렵고, 현행법 또는 현행법에 따라 적용받는 다른 법률의 안전 관련 규정이 적용되지 않아 체육시설에서 교습받는 자에 대한 안전 관리가 미흡하다는 지적이 제기되고 있음. 더욱이 '유소년 축구클럽' 등 청소년을 대상으로 하는 체육교습이 이 법의 적용을 받지 않아 체육교습을 위하여 운행하는 차량이 「도로교통법」에 따른 어린이통학버스 관련 규제의 적용을 받지 않음으로써 사회적으로 문제가 되어 이에 대한 제도적 개선이 필요하다는 요구가 증가하고 있음.
>
> 이에 체육시설에서 교습하는 업(業)을 현행법에 따른 체육시설업에 포함하면서 이를 시장·군수·구청장 등에게 신고하도록 함으로써 체육교습에 대한 관리를 강화하고자 하는 것임(안 제2조 및 제10조 등).

안민석 의원의 「체육시설의 설치·이용에 관한 법률」 개정안은 2019년 8월 30일에 발의되었고, 2019년 9월 2일에 문화체육관광위원회에 회부되었고, 2019년 11월 18일에 상정되었다. 이후 이 법안의 처리도 진전이 없다가, 제20대 국회의 임기만료로 법안은 폐기되었다.

3. 태호유찬이법의 내용

이정미 의원을 포함하여 32명의 의원이 발의한 「도로교통법」 일부개정법률안의 주요내용은 3가지로 정리할 수 있다. 1) 어린이 통학버스의 범위를 확대시키는 것으로, 어린이를 탑승시켜 운행하는 자동차로서 대통령령으로 정하는 자동차를 어린이 통학버스 신고대상에 포함하도록 한다. 2) 어린이 통학버스 운전자 및 운영자가 의무사항을 위반할 경우에 부과하는 과태료를 인상한다. 3) 어린이 통학버스 요건을 갖추지 못했는데 운행하는 경우의 과태료 규정을 신설한다.

「체육시설의 설치·이용에 관한 법률」개정안은 태호와 유찬이의 사망사고와 같은 일이 재발하지 않도록 법의 사각지대를 없애기 위한 것이다. 구체적으로 현행법의 신고 체육시설업에 체육시설을 소유 또는 임차하여 체육을 교습하는 업, 즉 '체육시설이용교습업'을 신설하여 「도로교통법」에서 규정하고 있는 어린이의 안전한 통학을 위한 의무를 준수하도록 규정하고 있다. 이를 통해 체육시설을 이용한 교습업의 차량에 대한 안전관리 사각지대를 해소하여 어린이의 안전을 확보하고자 하는 것이다.

현 행	개정안
법률 제15767호 체육시설의 설치·이용에 관한 법률 일부개정법률	법률 제15767호 체육시설의 설치·이용에 관한 법률 일부개정법률
제10조(체육시설업의 구분·종류) ① 체육시설업은 다음과 같이 구분한다.	제10조(체육시설업의 구분·종류) ① -- --------------------- ----------------.

1. (생 략)	1. (현행과 같음)
2. 신고 체육시설업 : 요트장업, 조정장업, 카누장업, 빙상장업, 승마장업, 종합 체육시설업, 수영장업, 체육도장업, 골프 연습장업, 체력단련장업, 당구장업, 썰매장업, 무도학원업, 무도장업, 야구장업, 가상체험 체육시설업	2. ---체육시설이용교습업(체육시설을 소유하거나 임차하여 체육을 교습하는 업을 말한다)
② (생 략)	② (현행과 같음)

4. 태호유찬이법을 둘러싼 논란

「도로교통법」과 「체육시설의 설치·이용에 관한 법률」의 개정안 발의를 전후로 하여, 어린이 통학차량의 대상을 확대하고자 하는 태호유찬이법에 대한 논의가 이어졌다.

우선, 개정안은 도로 승·하차 안전에 취약한 어린이스포츠교실, 축구클럽 등을 현행 체육시설 법제에 포함하여 안전을 확보하려는 취지이므로 타당한 개정방향으로 보고 있다. 특히 "2019년 5월 인천 송도에서 축구클럽이 운영하는 차량의 교통사고로 탑승했던 어린이가 사망하는 사고가 발생한 바 있는데, 해당 축구클럽은 현행법에 따른 체육시설업에 포함되지 않기 때문에 사고차량은 「도로교통법」의 어린이 통학버스에 관한 규정도 적용받지 않아 문제가 된 사례가 있음. 개정안은 이러한 입법적 공백을 보완하기 위하여 발의된 것으로서 그 타당성이 있다"[2]는 것이다.

그러나 개정을 하는 경우 법체계와 법기술적 요소를 감안할 필요가 있다는

2 천우정, 체육시설의 설치·이용에 관한 법률 일부개정법률안 검토보고, 국회 문화체육관광위원회, 2019. 11, 7쪽.

지적이 있다. 우선 어린이 통학차량이 확대되는 것에 대해 일괄실시에 어려움이 있다는 의견이 있다. 경찰청에 따르면 자유업종이나 민간사업자를 포함하면 통학버스가 대략 8만대 정도로 추정되는데 어디까지를 통학차량 대상으로 확대해야 할지 현실적인 어려움이 따르는 실정이라고 한다.[3]

그리고 법 논리적으로 개정안이 당초 의도한 「도로교통법」상 어린이통학버스에 체육교습업의 통학차량을 포함시키기 위해서는 「도로교통법」의 어린이통학버스에 관한 규정이 개정될 필요가 있다. 현행 규정은 다음과 같다.

「도로교통법」 제2조(정의) 이 법에서 사용하는 용어의 뜻은 다음과 같다.

23. "어린이통학버스"란 다음 각 목의 시설 가운데 어린이(13세 미만인 사람을 말한다. 이하 같다)를 교육 대상으로 하는 시설에서 어린이의 통학 등에 이용되는 자동차와 「여객자동차 운수사업법」 제4조 제3항에 따른 여객자동차운송사업의 한정면허를 받아 어린이를 여객대상으로 하여 운행되는 운송사업용 자동차를 말한다.
    가. 「유아교육법」에 따른 유치원, 「초·중등교육법」에 따른 초등학교 및 특수학교
    나. 「영유아보육법」에 따른 어린이집
    다. 「학원의 설립·운영 및 과외교습에 관한 법률」에 따라 설립된 학원
    라. 「체육시설의 설치·이용에 관한 법률」에 따라 설립된 체육시설

따라서, 현행 「도로교통법」에 따른 '어린이 통학버스'로 인정받기 위해서는 구체적으로 「체육시설의 설치·이용에 관한 법률」상 "체육시설"에 포함("체육시설업" 아님)되어야 한다. 현행법 체계상으로는 개정안에 따르더라도 "체육교습업"은 "(기존의) 체육시설에서 교습하는 업"(안민석의원안)일 뿐이지, 그 자체로 '체육시설'[4]을 구성하는 것은 아니라는 것이다.[5]

---

3 박지호·장은지·김진, 해인이법, 행안위 소위 통과 … 한음이법, 태호&유찬이법 진통". News1, 2019. 1. 8.

4 현행법 제3조와 같은 법 시행령 제2조 및 별표 1에 따르면, 체육시설은 운동 종목별로 구분하여 해당 운동 종목을 할 수 있는 공간으로 정의되어 있음

5 「체육시설의 설치·이용에 관한 법률」 제3조(체육시설의 종류) 체육시설의 종류는 운동 종

따라서 개정안에 따라 "체육교습업"이 "체육시설업"에 포함되는 것으로 「도로교통법」에 따른 "어린이 통학버스"에 프함될 수 있으려면, 「도로교통법」을 아울러 개정하여 "어린이 통학버스"의 요건으로 "체육시설"이 아닌 "체육시설업"을 원용하도록 수정할 필요가 있다.[6] '어린이 통학버스'에 관한 「도로교통법」과 「체육시설의 설치·이용에 관한 법률」이 둘 다 개정되어야 문제가 해소되는 것이다.

이러한 법률 개정을 통해 새로이 어린이 통학버스 차량에 포함되는 체육교습업이나 체육시설업 운영자의 입장에서는 새로이 발생하는 비용을 부담하여야 하는 운영상의 어려움이 발생할 수 있다. 그러나 실질적으로 어린이들이 많이 이용하는 축구교실 축구클럽을 포함하여, 다양한 체육교습소의 어린이 통학차량에 대해서는 법의 사각지대가 존재하는 것이 사실이다. 따라서, 현실적인 상황과 법의 실효성 및 법체계 등이 고려되어 입법이 진행될 필요가 있다.

목과 시설 형태에 따라 대통령령으로 정한다.
「체육시설의 설치·이용에 관한 법률 시행령」 제2조(체육시설의 종류) 「체육시설의 설치·이용에 관한 법률」(이하 "법"이라 한다) 제3조에 따른 체육시설의 종류는 별표 1과 같다.

[별표 1] 체육시설의 종류(제2조 관련)

구 분	체육시설종류
운동종목	골프장, 골프연습장, 궁도장, 게이트볼장, 농구장, 당구장, 라켓볼장, 럭비풋볼장, 롤러스케이트장, 배구장, 배드민턴장, 벨로드롬, 볼링장, 봅슬레이장, 빙상장, 사격장, 세팍타크로장, 수상스키장, 수영장, 무도학원, 무도장, 스쿼시장, 스키장, 승마장, 썰매장, 씨름장, 아이스하키장, 야구장, 양궁장, 역도장, 에어로빅장, 요트장, 육상장, 자동차경주장, 조정장, 체력단련장, 체육도장, 체조장, 축구장, 카누장, 탁구장, 테니스장, 펜싱장, 하키장 핸드볼장, 그 밖에 국내 또는 국제적으로 치러지는 운동 종목의 시설로서 문화체육관광부장관이 정하는 것
시설형태	운동장, 체육관, 종합 체육시설

6 같은 취지에서 「도로교통법」 제53조 제3항 제4호 역시 "체육시설업의 종사자"로 수정될 필요가 있음.

CHAPTER

09 한음이법

1. 한음이와 한음이법

故 박한음(당시 7세)은 광주지역 특수학교 통학버스 안에서 심정지 상태로 발견되어 68일간 치료를 받다가 세상을 떠났다. 한음이법[1]은 한음이의 사고를 계기로 하여 어린이 통학버스 안에 CCTV설치를 의무화하자는 내용으로 권칠승 의원이 대표발의한 「도로교통법」 개정안을 의미한다.

2. 한음이법의 배경

사고가 발생될 당시 한음이는 기도가 막힌 것이 원인이 되어 숨졌으며, 동행교사가 학생의 장애정도를 파악하지 못하고 그대로 방치하면서 사고가 일어났다. 해당 사건에 대해 어린이통학버스 승하차 시에 어린이들의 안전을 확보하기 위한 움직임이 일어났으며, 2016년 8월 11일에 권칠승 의원을 포함한 11명의 의원이 「도로교통법」 개정안을 발의했다. 법안의 제안이유는 다음과 같다.

> 최근 어린이통학버스와 관련된 사고가 계속적으로 발생하여 어린이 통학안전에 대한 사회적 우려가 커지고 있는 가운데, 어린이통학버스의 안전운행을 확보할

---

1 연합뉴스, 2019. 11. 26; 동아일보, 2020. 1. 10; 프레시안, 2019, 12. 17.

수 있는 법적·제도적 개선방안을 모색하여야 한다는 의견이 높아지고 있음. 현행법은 어린이통학버스의 사고 예방을 위해 여러 가지 제도적 장치 등을 두고 있음. 또한 어린이의 승·하차 시 어린이통학버스의 운전자나 인솔교사로 하여금 어린이의 안전한 승·하차를 확인하도록 하고, 통학버스의 운전자 및 운영자로 하여금 안전교육을 받도록 규정하고 있으나, 이에 대하여 준수되지 못하고 있을 뿐만 아니라 관리·감독도 제대로 이루어지지 않고 있음. 이에 어린이통학버스의 안전운행이 확보될 수 있도록 어린이통학버스에 영상정보처리기기를 의무적으로 장착하도록 하고, 어린이통학버스 안전교육을 받지 아니한 운영자 및 운전자에 대하여 처벌을 강화함으로써 어린이통학버스 운행 관리상 미비점을 개선·보완하려는 것임.

2016년 8월 11일에 발의된 한음이법은 2016년 8월 12일에 국회 행정안전위원회로 회부되어 2016년 11월 7일에 상정되었고, 2019년 11월 21일과 11월 28일에 법안심사 소위원회에서 논의되었다. 한음이법은 '대안반영폐기'라는 형식을 거쳐서 「도로교통법」 대안으로 만들어졌지만, 한음이법의 핵심내용인 CCTV설치는 여러 법안이 통합된 「도로교통법」 대안에 반영되지 못하였다.

3. 한음이법의 내용

한음이법은 어린이 통학버스에서 어린이의 안전을 확보하기 위한 규정을 주요 내용으로 한다. 어린이통학버스에 영상정보처리기기를 장착하여 어린이통학버스의 운전자가 모니터 화면을 통해 자동차의 내부, 후방 및 측면 등의 상황을 확인할 수 있도록 하고, 어린이통학버스 안전교육을 받지 아니한 운영자 및 운전자에 대하여 현행 20만원 이하의 과태료 부과 규정을 삭제하고, 6개월 이하의 징역이나 200만원 이하의 벌금 또는 구류에 처하도록 하자는 내용이다.

① 어린이통학버스를 운영하는 자는 어린이통학버스에 영상정보처리기기를 장착하여 어린이통학버스의 운전자가 모니터 화면을 통해 자동차의 내부, 후방 및

측면 등의 상황을 확인할 수 있도록 함(안 제53조의5 신설).
② 어린이통학버스 안전교육을 받지 아니한 운영자 및 운전자에 대하여 현행 20만원 이하의 과태료 부과 규정을 삭제하고, 6개월 이하의 징역이나 200만원 이하의 벌금 또는 구류에 처하도록 함(안 제153조 제1항 제8호 및 제9호 신설).

4. 한음이법을 둘러싼 논란

먼저 개정안은 어린이 안전사고 예방을 위하여 어린이통학버스 운영자로 하여금 운전자가 차량 내부, 후방 및 측면 등의 상황을 모니터링할 수 있는 시스템을 설치하도록 의무화하고, 그 위반 시 500만원 이하의 과태료를 부과하도록 하는 한편, 설치에 소요되는 비용의 전부 또는 일부를 국가나 자치단체가 지원할 수 있는 근거를 마련하려는 것이다.

개정안의 취지는 좋으나, 현행법령상 자동차의 구조 및 장치에 관하여는 「자동차관리법」에 따라 국토교통부령인 「자동차 및 자동차부품의 성능과 기준에 관한 규칙」에 이미 규정되어 있다. 동 규칙이 어린이통학버스의 광각 실외후사경(제50조 제3항), 후방카메라(제53조의2) 등의 장치들을 이미 규정하고 있기 때문에, 동 규칙의 개정(예를 들어 내부를 비추는 CCTV)을 통해 동 개정안의 입법취지를 반영하는 것이 체계상 바람직해 보인다. 그러나 하나의 CCTV로 모든 좌석을 비출 수는 없고 그렇다고 한 대의 버스에 여러 대의 CCTV를 설치하기도 어렵다는 등의 난점도 있으며, 비용 문제도 난제이다. 운전자 또는 동승자가 육안으로 점검하는 것이 바람직하다.

다음으로, 개정안은 어린이통학버스 안전교육을 받지 않은 운영자 및 운전자에 대한 처벌 수준을 현행 '20만원 이하의 과태료'에서 '6개월 이하의 징역이나 200만원 이하의 벌금 또는 구류'로 강화하려는 것이다. 취지는 어린이통학버스 운영자 등이 안전교육을 반드시 받도록 강제하기 위한 것이다. 그러나,

미수강자에 대한 처벌수준을 현행 행정질서벌인 과태료(8만원)에서 행정형벌인 징역형 등으로 강화하는 것은 지나친 측면이 있는 것으로 보이는바, 처벌수준 강화 필요 시 과태료 부과액수를 상향조정하는 것을 우선적으로 검토해 볼 필요가 있다는 국회 행정안전위원회의 검토의견이 있다.[2]

2 송병철, 도로교통법 개정안 검토의견, 국회 안전행정위원회, 2016. 11, 121쪽.

CHAPTER

10 해인이법

1. 해인이와 해인이법

故 이해인(당시 4세)은 2016년 4월 어린이집 통학차량에서 내려 귀가하던 도중에 제동장치가 풀려 내려온 자동차에 치어 병원으로 옮겨졌지만 끝내 사망했다. 당시 이해인양은 응급처치를 제대로 받지 못했고, 이러한 미흡한 대처가 죽음까지 이르게 했다. 해인이법[1]은 어린이가 위급하거나 위급할 우려가 있는 경우에는 누구나 어린이를 신속하게 응급의료기관으로 옮기도록 하는 내용의 「어린이안전기본법」 제정법률이다. 어린이 생명안전법안의 시작을 해인이법이라 보는 견해[2]도 있다.

2. 해인이법의 배경

2016년 4월 14일 당시 해인이는 어린이집 맞은편 유치원 경사로에 제동장치를 제대로 하지 않은 차량과 통학버스 사이에 충돌하는 사고로 인해 중상을 입었다. 그러나 당시 미흡한 응급처치로 인하여 해인이는 사망에 이르게 된다. 이를 계기로 하여 어린이 안전시설을 이용하는 13세 미만 어린이가 질병, 사고,

1 연합뉴스, 2019. 11. 26; 동아일보, 2020. 1. 10; 프레시안, 2019. 12. 17.
2 서형석, 어린이 안전법안 통과 서둘러야, 동아일보, 2019. 10. 22.

재해로 위급한 상태가 되면 시설관계자가 응급 의료기관 이송 및 필요한 조치를 하도록 규정한 「어린이안전기본법」 제정안이 발의되었다. 해인이법이라고 불린 「어린이안전기본법」 제정안은 2016년 8월 19일에 표창원 의원 등 58인에 의하여 발의되었다가 철회된 후, 2019년 8월 5일에 「어린이안전 관리에 관한 법률」 제정안이라는 이름으로 표창원 의원 등 20인에 의하여 발의되었다. 해인이법이라고 불린 「어린이안전 관리에 관한 법률」 제정안의 제안이유는 다음과 같다.

> 어린이들은 공동체의 기초로서 안전하고 행복하게 생활할 권리가 있으며 스스로 보호할 능력을 갖출 때까지 적절한 보호 아래 있어야 함. 국가는 어린이들이 안전하게 성장할 수 있도록 세심한 관심을 기울여야 하며 어린이안전에 대한 정책을 적극적으로 입안하고 추진하여야 할 의무가 있음. 그러나 어린이안전관리에 관한 규정들이 여러 법률에 산재하고 주관 부처가 일원화되어 있지 않아 어린이안전관리에 관한 체계적이고 종합적인 대책 마련이 어려운 실정임. 매년 행정안전부가 '어린이안전 종합대책'을 수립하고 있으나 그 법률상 근거가 마련되어 있지 않고 부처별로 소수의 정책과제를 선정하는 수준에 그치고 있음.
>
> 또한 어린이가 응급상황에 처하거나 안전사고 위험에 노출된 경우 그 안전을 확보하기 위한 조치가 반드시 필요함에도 응급조치의무에 관한 규정은 「영유아보육법」 등 일부 개별법에 제한적으로 규정되어 있을 뿐 대단히 미흡한 실정임. 이에 어린이안전에 관한 정책을 체계적으로 추진하고 주관부처를 명확히 하고자 이 법안을 제안함.

2019년 8월 5일에 발의된 동 법안은 2020년 3월 6일에 행정안전위원회에서 의결되고, 2020년 4월 29일에 본회의에서 의결되어, 2020년 5월 26일에 공포되었다.

3. 해인이법의 내용

해인이법은 어린이안전과 관련된 현행 법률들이 부처별로 소관사항에 대해 개별적으로 규율하고 있어 어린이 안전에 관한 종합적이고 효율적인 정책이 추진되기 어렵다는 문제점을 해결하고자 하였다. 그러므로 「어린이안전 관리에 관한 법률」 제정안은 어린이 안전사고 발생 시 어린이 안전을 확보하기 위한 법률을 제정하여 어린이 안전 정책을 체계적으로 추진하고자 하는 목적을 가졌다.

「어린이안전 관리에 관한 법률」(약칭 어린이안전법) 제정법률은 18개 조문과 부칙 1개 조문으로 구성되었다. 제정법률의 주요 내용은 다음과 같다. 특히 해인이와 같은 사고가 반복되지 않도록 제13조에서 어린이 이용시설 관리주체 또는 종사자는 해당시설을 이용하는 어린이에게 위급상태가 발생한 경우 즉시 응급의료기관 등에 신고하고 이송조치 및 그 밖에 필요한 조치를 취하도록 하였다. 그리고 제16조에서 어린이 안전업무 종사자에 대해 응급처치 실습 등의 교육실시를 규정하였다.

① 국가 및 지방자치단체는 어린이의 안전을 확보하기 위하여 정책을 수립하고 이를 시행할 책임을 지며, 모든 국민은 어린이의 안전을 확보하여 어린이가 행복하고 건강한 삶을 누릴 수 있도록 노력하여야 함(제4조 및 제5조).
② 행정안전부장관은 5년마다 어린이안전 확보를 위한 기본목표와 추진방향, 필요한 재원의 규모와 조달방안 등을 포함한 어린이안전 종합계획을 수립하여야 함(제7조).
③ 관계 중앙행정기관의 장 및 지방자치단체의 장은 어린이안전 종합계획에 따라 매년 어린이안전 시행계획을 수립·시행하여야 함(제8조).
④ 어린이이용시설 관리주체 또는 종사자는 해당 시설을 이용하는 어린이가 질병·사고 또는 재해 등으로 인하여 응급환자에 해당하게 된 경우 즉시 응급의료기관 등에 신고하고 이송조치 및 그 밖에 필요한 조치를 하도록 함(제13조).
⑤ 어린이이용시설 관리주체는 종사자에게 응급처치 실습 등을 포함한 어린이안전교육을 실시하여야 하고, 관계 중앙행정기관의 장 또는 지방자치단체의 장은 어린이안전교육을 지도·감독하거나 필요한 경우 관련 교육을 직접 시행할 수 있음(제16조).

4. 해인이법을 둘러싼 논란

어린이가 스스로 보호할 능력을 갖출 때까지 국가와 사회는 안전하게 어린이가 성장하도록 관심을 기울일 필요가 있다는 점에는 이의가 있을 수 없다. 이와 같은 맥락에서 해인이법은 2019년 11월 28일 국회 행정안전위원회 법안심사 소위원회를 통과했다. 해인이법에 대하여 여론의 지지는 뜨거웠다. 다만 산재한 어린이안전 관련 법률을 정비하여 통합된 법률로 만드는 작업에는 현실적인 또는 입법기술적인 어려움이 있었다.

어린이안전 관련 부처는 교육부, 보건복지부, 식품의약품안전처, 행정안전부, 산업통산자원부 등으로 나누어져 있고, 어린이안전과 관련한 현행법은 부처별로 소관사항에 대하여 아래와 같이 개별적으로 규율하고 있다.

> 행정안전부 소관의 「재난 및 안전관리 기본법」은 안전관리에 관한 일반적인 사항을 규정하고 있고, 보건복지부 소관의 「아동복지법」은 아동 안전에 대한 지원을 규정하고 있으며, 어린이안전과 관련한 특정영역을 특별법의 형태로 규율하고 있는 것으로는 행정안전부 소관의 「어린이 놀이시설 안전관리법」, 산업통상자원부 소관의 「어린이제품 안전 특별법」, 식품의약품안전처 소관의 「어린이 식생활 안전관리 특별법」, 교육부 소관의 「학교안전사고 예방 및 보상에 관한 법률」 등이 있음.

또한 이 제정법률은 안전사고 발생 시에 어린이안전을 확보하기 위해 필요한 응급조치 및 원인규명조사와 관련한 법적·제도적 장치 등을 마련하려는 것이다.

이러한 「어린이안전 관리에 관한 법률」 제정법률의 입법취지는 타당한 측면이 있다고 평가되었다. 다만, 어린이안전에 관한 현행 법률들이 여러 부처 소관으로 나누어져 있는 상황에서 어린이안전 관련 정책을 규정하는 새로운 법률을 제정하는 경우 중복규제의 문제, 부처별 소관 분장의 문제 및 예산 중복 투입의 문제 등이 생길 수 있으므로 이러한 점을 충분히 감안할 필요가 있다는 점이 지적되었다.[3] 교통사고로부터 어린이를 보호한다는 커다란 입법목적이 이러

---

3 조의섭, 어린이안전 관리에 관한 법률안 검토보고서, 국회 행정안전위원회, 2019. 11, 4~5쪽.

한 부처간의 협의를 이루어낸 결과, 2019년 8월 5일에 발의된 동 법안은 약간의 수정을 거쳐 2020년 5월 26일에 공포되었다.

CHAPTER

11 도현이법

1. 이도현과 도현이법

도현이는 2022년 12월 6일에 강릉에서 발생한 자동차 사고로 사망한 소년(사고 당시 12세)이다. 도현이는 자신의 할머니가 운전하던 자동차에 탑승하고 있던 중에 급발진 추정 사고에 의하여 현장에서 즉사하였다. 도현이법[1]은 자동차 등 제조물의 결함으로 인하여 손해가 발생하였다는 것을 피해자 측에서 입증하는 것이 아니라, 자동차 등 제조물의 결함이 없음을 제조사가 입증하도록 하는 「제조물책임법」 개정안이다.

2. 도현이법의 배경

현행 「제조물책임법」에 따르면 자동차로 인하여 손해가 발생한 경우 자동차의 결함으로 피해자의 손해가 발생하였다는 사실을 피해자가 입증하여야 한다. 즉 현행 「제조물책임법」은 급발진 의심 사고 발생 시에 자동차 비전문가인 운전자나 유가족이 차량의 결함이 있음을 입증하도록 규정하고 있는 것이다. 따라서 자동차와 같은 고도의 기술력을 요하는 제조물의 경우에는 피해자가 제조물의 결함을 증명하는 것은 거의 불가능에 가깝기 때문에, 제조업자가 손해

1 연합뉴스TV, 2023. 3. 11; 조선비즈, 2023. 6. 29; KBS뉴스, 2023. 10. 29.

배상책임을 면하기 위해서는 해당 제조물을 공급할 당시에 제조물에 결함이 없었고 해당 제조물의 결함으로 인하여 손해가 발생한 것이 아니라는 사실을 입증해야 한다는 '입증책임의 전환'을 제도화하여야 한다는 것이다.

우선, 도현이의 아버지는 2023년 2월 22일 국회에 '급발진 의심사고 발생 시 '결함원인 입증책임 전화' 제조물책임법 개정에 관한 청원'을 제출하였다. 이 국민동의청원은 5만명 이상이 동의를 하면 국회에서 심사하여야 한다는 「국회법」에 따라 국회 정무위원회에서 심사를 하였으나, 제21대 국회의 임기만료로 폐기되었다.

국민동의청원의 취지 : 자율주행 시스템이 적용되며 전동화되는 자동차에서 끊임없이 발생되는 급발진 의심 사고 시 소프트웨어 결함은 발생한 후 흔적을 남기지 않기 때문에 그 입증이 사실상 불가능합니다. 그런데 현행 제조물책임법은 급발진 의심 사고 발생 시 차량의 결함이 있음을 비전문가인 운전자나 유가족이 입증하도록 규정하고 있습니다. 따라서 이와 같은 불합리하고 불공정한 제조물책임법 조항을 최소한 급발진 의심 사고시에는 자동차 제조사가 급발진 결함이 없음을 입증하도록 입증책임을 전환시키는 법 개정이 시급히 필요함.

입법과정에서 청원보다 중요하게 다루어지는 것은 법안인데, 위 청원과 유사한 취지의 「제조물책임법」 개정안이 여러 건 발의되었다. 즉, 2023년 3월부터 5월까지 정우택 의원, 박용진 의원, 허영 의원을 대표발의자로 하여 「제조물책임법」 개정안이 발의되었다.

3. 도현이법의 내용

정우택 의원등 11인이 2023년 3월 10일에 발의한 「제조물책임법」 개정안의 제안이유 및 주요내용은 다음과 같다.

현행법은 피해자가 '제조물이 정상적으로 사용되는 상태에서 손해가 발생하였다는 사실' 등을 증명하면 제조물을 공급할 당시에 해당 제조물에 결함이 있었고, 그 결함으로 인하여 손해가 발생한 것으로 추정하도록 하고 있음. 이는 손해의 공평·타당한 부담 원리에 입각하여 피해자의 입증책임을 경감하기 위하여 2017년도에 개정된 것임. 그런데 현행법이 개정된 이후에도 국내에서 '자동차 급발진 의심 사고'로 인해 제기된 손해배상청구소송에서 제조사가 손해배상책임을 진 사례는 단 한 건도 없는 것으로 나타남. 이와 관련하여 자동차와 같이 고도의 기술력을 바탕으로 제조·가공된 제조물의 경우 수입업자에게도 손해배상책임을 지도록 하고, 입증책임을 제조업자가 부담하여야 피해자를 실질적으로 보호할 수 있다는 의견이 있음. 이에 고도의 기술력을 요하는 제조물로서 자동차 등 대통령령으로 정하는 제조물을 제조·가공한 제조업자가 외국인으로서 국외에 있고, 해당 제조물을 국내에 수입한 제조업자가 따로 있는 경우에는 연대하여 손해배상책임을 지도록 함. 그리고 피해자가 해당 제조물의 결함으로 인하여 손해가 발생하였음을 추정할 수 있는 영상자료, 기록물 등을 법원에 제출하는 경우에는 피해자가 손해를 입은 당시에 해당 제조물에 결함이 없었다는 사실을 자동차 제조업자 등이 입증하여야만 손해배상책임을 면(免)하도록 특례규정을 신설함으로써 피해자를 더욱 두텁게 보호하려는 것임(안 제4조의2 신설).

현행	개정안
<신설>	제4조의2(자동차 제조업자등에 대한 특례) ① 고도의 기술력을 요하는 제조물로서 「자동차관리법」의 적용을 받는 자동차 등 대통령령으로 정하는 제조물의 제조업자(이하 "자동차 제조업자등"이라 한다)가 2인 이상인 경우 해당 제조물을 제조·가공한 제조업자가 외국인(외국법인을 포함한다)으로서 국외에 있는 자이고, 국내에 그 제조물을 영리 목적으로 수입한 제조업자는 제3조에 따른 손해의 배상에 있어 연대하여 책임을 진다. ② 제3조의2에도 불구하고 피해자가 제1항에 따른 제조물의 결함으로 인하여 손해가 발생하였다고 추정할 수 있는 영상자료, 기록물 등을 법원에 제출하는 경우 자동차 제조업자등은 피해자가 그 손해를 입은 당시에 해당 제조물의 결함이 없었다는 사실을 입증하여야 이 법에 따른 손해배상책임을 면한다.

박용진 의원등 11인이 2023년 4월 3일에 발의한 「제조물책임법」 개정안의 제안이유 및 주요내용은 다음과 같다.

최근 강릉에서 발생한 자동차 급발진 사고에서 볼 수 있듯 자동차 급발진은 국민의 생명과 안전, 재산을 심각하게 위협하는 사고이지만 소비자 개인이 원인을 규명하기는 불가능한 상황임. 현행법은 2017년 개정을 통해 피해자가 '제조물이 정상적으로 사용되는 상태에서 손해가 발생하였다는 사실' 등을 증명한 경우에는 해당 제조물의 결함으로 인하여 손해가 발생한 것으로 추정할 수 있게 하고 있지만 여전히 자동차와 같은 고도의 기술력을 요하는 제조물의 경우 사실상 피해자가 자동차의 결함을 증명하기란 불가능하며, 제조업자의 입증책임도 미비한 상태임. 이에 내연기관 등 동력발생장치 또는 컴퓨터, 통신, 자동화 등 전자적 장비와 그 주변장치를 활용한 제조물의 경우 제조물의 결함으로 생명·신체 또는 재산에 손해가 발생했을 때 제조업자가 손해배상책임을 면하기 위해서는 해당 제조물을 공급할 당시 결함이 없었고 그 제조물의 결함으로 인하여 손해가 발생한 것이 아니라는 사실을 입증하도록 하여 제조업자의 입증책임을 강화하고 피해자를 더욱 두텁게 보호하고자 함(안 제3조제2항).

현행	개정안
제3조(제조물책임) ①	제3조(제조물 책임) ① (현행과 같음)
<신 설>	② 「자동차관리법」에 따른 자동차, 그 밖에 고도의 기술이 필요한 동력발생장치 또는 전자적 장치를 활용한 제조물로서 대통령령으로 정하는 제조물의 제조업자가 제1항에 따른 손해배상책임을 면하기 위하여는 해당 제조물을 공급할 당시 결함이 없었고 그 제조물의 결함으로 인하여 손해가 발생한 것이 아니라는 사실을 입증하여야 한다.
②· ③ (생 략)	③· ④ (현행 제2항 및 제3항과 같음)

허영 의원등 11인이 2023년 5월 11일에 발의한 「제조물책임법」 개정안의 제안이유 및 주요내용은 다음과 같다.

현행법은 제조물 결함으로 인한 손해의 배상책임을 제조업자에게 부여하면서 '결함 등의 추정'에 관한 규정을 두어, 피해자가 제조물이 정상적으로 사용되는 상태에서 손해가 발생하였다는 사실, 그 손해가 제조업자의 실질적인 지배영역에 속한 원인으로부터 초래되었다는 사실, 해당 제조물의 결함 없이는 통상적으로 그 손해가 발생하지 아니한다는 사실을 모두 증명하면 제조물에 결함이 있었던 것으로 추정하여 피해자의 입증책임을 완화하고 있음. 그런데 이와 같은 입증책임 완화에도 불구하고 자동차 급발진 의심사고와 같이 고도의 기술이 집약된 자동차의 경우 결함 등의 추정 요건조차 비전문가인 피해자가 증명하기는 매우 어려워 피해구제의 실효성이 미미하다는 지적이 제기되고 있음. 이에 이 법에 따른 손해배상청구소송에 법원의 자료제출명령제도를 도입하여 제조업자가 영업비밀이라 하더라도 결함·손해의 증명 또는 손해액 산정에 반드시 필요한 경우 자료제출을 거부할 수 없도록 하고 제출명령 불응 시 자료의 기재로 증명하고자 하는 사실을 진실한 것으로 인정할 수 있게 하며, 제조물이 「자동차관리법」의 적용을 받는 자동차인 경우에는 그 결함 및 손해의 입증책임을 자동차 제조업자가 지도록 하는 특례를 둠으로써 피해자의 입증 부담을 완화하고 피해구제의 실효성을 제고하려는 것임(안 제3조 및 제4조의2 신설).

현행	개정안
제3조(제조물책임)	제3조(손해배상책임) ①~③ (현행과 같음)
<신 설>	④ 법원은 제1항부터 제3항까지에 따른 손해배상청구소송에서 당사자의 신청에 따라 상대방 당사자에게 해당 결함의 증명, 해당 손해의 증명 또는 손해액의 산정에 필요한 자료의 제출을 명할 수 있다. 다만, 그 자료의 소지자가 자료의 제출을 거절할 정당한 이유가 있으면 그러하지 아니하다.
<신 설>	⑤ 법원은 자료의 소지자가 제4항에 따른 자료의 제출을 거부할 정당한 이유가 있다고 주장하는 경우에는 그 주장의 옳고 그름을 판단하기 위하여 자료의 제시를 명할 수 있다. 이 경우 법원은 그 자료를 다른 사람이 보게 하여서는 아니 된다.
<신 설>	⑥ 제4항 본문에 따라 제출되어야 할 자료가 「부정경쟁방지 및 영업비밀보호에 관한 법률」 제2조제2호에 따른 영업비밀에 해당하나 결함·손해의 증명 또는 손해액의 산정에 반드시 필요한 경

	우 제4항 단서에 따른 정당한 이유로 보지 아니한다. 이 경우 법원은 자료제출명령의 목적 내에서 열람할 수 있는 범위 또는 열람할 수 있는 사람을 지정하여야 한다.
<신 설>	⑦ 법원은 당사자가 정당한 이유 없이 자료제출명령에 따르지 아니한 경우 자료 제출을 신청한 당사자의 자료의 기재에 관한 주장을 진실한 것으로 인정할 수 있다.
<신 설>	⑧ 법원은 제7항에 해당하는 경우 자료의 제출을 신청한 당사자가 자료의 기재에 관하여 구체적으로 주장하기에 현저히 곤란한 사정이 있고, 해당 자료로 증명할 사실을 다른 증거로 증명하는 것을 기대하기도 어려운 경우 그 당사자가 자료의 기재에 의하여 증명하려는 사실에 관한 주장을 진실한 것으로 인정할 수 있다.
<신 설>	제4조의2(자동차에 관한 특례) 「자동차관리법」의 적용을 받는 자동차의 경우 제조업자가 이 법에 따른 손해배상책임을 면하기 위하여는 해당 자동차를 공급할 당시 결함이 없었다는 사실 또는 해당 자동차의 결함으로 인하여 손해가 발생한 것이 아니라는 사실을 입증하여야 한다. 이 경우 제조업자는 제4조제1항제2호부터 제4호까지에 따른 면책을 주장할 수 없다.

4. 도현이법을 둘러싼 논란

도현이법 즉, 「제조물책임법」 개정안에 대하여는 많은 국민들이 지지를 나타냈지만 신중론도 있었다. 공정거래위원회는 고도의 기술력을 요하는 제조물의 경우, 피해자의 입증책임을 완화하여 보호하고자 하는 취지에는 공감하나, 현행법에 의하더라도 법 제3조의2(결함 등의 추정) 등에 의하여 제조물의 결함과 손해 발생 사이의 인과관계가 추정되므로, 고도의 기술력을 요하는 제조물에 대한 특례를 추가로 규정할 실익이 있는 것인지에 대한 검토가 필요하다는 의견을 제시하였다. 또한 법무부도 개정안 제4조의2제2항은 결함 및 인과관계를 '추정'할 수 있는 자료가 있을 경우에 결함 및 인과관계를 추정한다는 구조인데, 법 제3조의2 입증책임 완화 규정에 따라 동일 효과가 있어 체계정합성에 대한 검토가 필요하다는 의견을 제시하였다. 즉, 공정거래위원회와 법무부는 「제조물책임법」 개정안에 대하여, 피해자의 주장만으로 요증사실 전반에 대한 입증책임을 전환하는 입법례는 드물며, 산업계에 미치는 부담 또한 고려할 필요가 있다는 의견을 제시하였다.[2] 이러한 공정거래위원회와 법무부의 신중검토 의견은 사실상 반대의견이라며 공정거래위원회가 소비자보다는 제조사편의 입장에서 의견을 제시하는 것에 대한 비판이 있었다.[3] 참고로, 입증책임의 전환을 제도화한 입법례는 다음과 같다.[4]

구 분	조 문 내 용
정보통신망법 제32조	이용자는 정보통신서비스 제공자등이 이 장의 규정을 위반한 행위로 손해를 입으면 그 정보통신서비스 제공자등에게 손해배상을 청구할 수 있다. 이 경우 해당 정보통신서비스 제공자등은 고의 또는 과실이 없음을 입증하지 아니하면 책임을 면할 수 없다.
하도급법 제35조	① 원사업자가 이 법의 규정을 위반함으로써 손해를 입은 자가 있는 경우에는 그 자에게 발생한 손해에 대하여 배상책임을 진다. 다만, 원사업자가 고의 또는 과실이 없음을 입증한 경우에는 그러하지 아니하다.
장애인차별 금지법 제46조	① 누구든지 이 법의 규정을 위반하여 타인에게 손해를 가한 자는 그로 인하여 피해를 입은 사람에 대하여 손해배상책임을 진다. 다만, 차별행위를 한 자가 고의 또는 과실이 없음을 증명한 경우에는 그러하지 아니하다.
기간제법 제9조	④제8조 및 제1항 내지 제3항과 관련한 분쟁에 있어서 입증책임은 사용자가 부담한다. (차별적 처우의 시정 신청)

※ 정보통신망법, 하도급법, 장애인차별금지법 등에서 입증책임을 전환하여 가해자(피고)에게 증명책임을 지우고 있는데, 대체로 피해자(원고)가 기술적·계층적으로 절대적으로 불리한 입장에 있는 경우에 입증책임 전환을 입법화하는 것으로 보이며, 그외에 위치정보법, 개인정보보호법, 신용정보법, 상생협력법, 대리점법, 결혼중개업법, 채권추심법 등에서 "입증책임 전환" 규정을 두고 있음.

2 국회정무위원회, 손해배상에서의 입증책임 전환, 제조물책임법 일부개정법률안 등 검토보고, 2023. 4, 15쪽.

3 조선비즈, 2023. 6. 29.

4 국회정무위원회, 손해배상에서의 입증책임 전환, 제조물책임법 일부개정법률안 등 검토보고, 2023. 4, 21쪽.

의료 분야

CHAPTER 12 종현이법

1. 종현이와 종현이법

정종현은 2007년 4월에 백혈병 진단을 받고 치료를 받다가 2010년 5월에 항암제가 잘못 투여되어 9살의 나이에 사망하였다. 종현이법[1]은 종현이 의료사고가 계기가 되어 제정된 「환자안전법」이다.

2. 종현이법의 배경

환자안전에 관한 법률 제정에 관한 논의는, 2010년 백혈병 항암치료를 받던 종현이가 항암제 '빈크리스틴(Vincristine)'이 청수강 내에 잘못 주사되어 사망하는 사건이 발생하면서, 의약품 사용뿐 아니라 병원감염 등 환자안전을 위협하는 각종 위험으로부터 환자를 보호하기 위하여 시작되었다. 이후 환자단체를 중심으로 "환자안전법 제정 청원운동" 등 입법에 관한 의견수렴이 계속되었다. 종현이와 같은 의료사고를 막기 위해서 서명운동이 진행되었고, 관련 법안도 마련되었다. 즉, '환자안전 및 의료질 향상에 관한 법률안'은 오제세 의원 11인에 의하여 2014년 1월 17일에 발의되었고, '환자안전 및 의료질 향상법안'은 신경림 의원 등 11인에 의하여 2014년 1월 28일에 발의되었다.

1 메디컬투데이, 2018. 4. 6; 데일리팜, 2018. 2. 6; 국민일보, 2018. 6. 10.

이 2개의 법안은 2014년 12월 29일에 보건복지위원장의 대안으로 통합되어 새로이 '환자안전법안'이 발의되었으며, 같은 날에 국회 본회의를 통과하여 2015년 1월 28일에 공포되었다. 종현이법은 시행에 필요한 기간을 고려하여 법률이 공포된 때로부터 1년 6개월이 지난 2016년 7월 29일부터 시행되고 있다. 보건복지위원장이 제안했던 '환자안전법안'의 제안이유는 다음과 같다.

> 우리나라는 환자안전사고 예방 및 재발방지를 위한 종합적인 관리대책이 마련되어 있지 않고, 환자안전 관련 기준 및 체계가 미비하여 환자안전에 대한 인식전환과 함께 제도의 마련이 필요한 실정임. 이에 환자안전에 대한 체계적이고 총괄적인 관리를 위한 법률을 제정하여, 국가와 보건의료기관 등의 환자안전활동에 관한 사항을 규정하고 환자안전사고에 대한 보고체계를 마련하여 보건의료의 질 향상 및 환자안전 증진에 이바지하려는 것임.[2]

종현이법의 제정은 2002년 세계보건기구(WHO)가 세계보건총회에서 환자안전에 관한 결의안을 채택하고 2004년에 세계환자안전연합(World Alliance for Patient Safety)이 구성되는 등 국제적으로 환자안전을 위한 관심을 촉구하는 움직임을 반영한다. 그리고 종현이법은 2003년에 제정된 덴마크의 환자안전법(the Act on Patient Safety)이나 2005년에 제정된 미국의 환자안전 및 의료질 향상법(Patient Safety and Quality Improvement Act of 2005)에 견줄 수 있다.

3. 종현이법의 내용

종현이법으로 불린 「환자안전법」의 주요 내용은 다음과 같다.

> 가. 이 법은 환자안전에 필요한 사항을 규정함으로써 환자의 보호 및 의료 질 향상에 이바지함을 목적으로 함(제1조).
> 나. 보건복지부장관은 환자안전종합계획을 5년마다 수립·시행하도록 하고, 환자

---

2 법제처, 「환자안전법」 제정이유, 2015. 1. 28.

안전에 관한 사항을 심의하기 위하여 국가환자안전위원회를 두도록 함(제7조 및 제8조).

다. 일정 규모 이상의 병원급 의료기관은 환자안전을 위하여 환자안전위원회를 설치·운영하고, 환자안전 전담인력을 두도록 함(제11조 및 제12조).

라. 환자안전사고를 발생시켰거나 발생한 사실을 알게 된 보건의료인 및 환자 등은 그 사실을 자율적으로 보고할 수 있고, 이에 대한 조사·연구 및 공유를 위하여 환자안전사고 보고·학습시스템을 구축·운영하도록 함(제14조, 제16조).

마. 환자안전사고 자율보고의 비밀보장을 위하여 비밀누설금지 및 보고를 이유로 불리한 조치를 할 수 없도록 함(제17조).

병원에서 환자와 관련한 사고가 나면 의료진이나 환자 가족이 정부에 자율보고하도록 하고 환자안전위원회를 설치하며 병원에도 안전관리 인력을 두도록 한 게 종현이법의 핵심 내용이라고 할 수 있다.

4. 종현이법을 둘러싼 논란

이러한 법률이 필요하다는 점에 대해서는 전반적으로 긍정적인 평가였으나 구체적인 내용에 있어서는 논란도 있었다.

대한의사협회에서는 입법취지에 공감하지만, 법률안은 의료기관에 대한 규제만을 규정하고 환자안전 확보를 위한 여건 마련을 위한 지원책은 미흡하므로 제도설계에 대한 재검토가 요청된다는 의견이었다.

대한병원협회는 의료기관 인증제도는 환자안전관리에만 관련된 것이 아니라 의료업무 전반에 걸친 제도이고, 인증평가원과 분쟁조정원은 환자안전사고 관련 정보를 수집하는 기구로는 부적합하며, 전담인력 의무배치는 중소병원의 경우 지나친 부담을 줄 우려가 있다며, 법률 제정보다는 현행 제도를 수정·보완함으로써 의료기관의 자율적 노력을 통한 환자안전 체계를 확립할 필요가 있다는 의견을 나타내었다.

대한노인요양병원협회에서도 병원안전사고는 강제규제보다 자율이 필요하고, 안전사고와 의료사고의 구분이 선행되어야 하며, 현행 의료법 및 의료분쟁조정법을 활용하는 것이 합리적이므로 법률안 제정의 실효성이 없다는 입장을 나타내었다.

그러나 환자단체연합에서는 환자안전을 위한 국가차원의 종합적이고 체계적인 관리, 보고시스템 구축을 통한 환자안전사고의 재발방지, 환자의 참여주체성 인정, 의료기관 인증 활성화제도 마련 등 환자안전에 관한 기본법으로서 입법취지에 공감하며 제정의 필요성이 있다고 하여 입법화에 적극적으로 찬성하였다.[3]

이러한 의견들을 보면 종현이법에 대해서 병원 대 환자의 대립구도가 확연하다. 환자안전에 관한 여러 제도가 병원에는 불편한 규제로 인식되고, 환자에게는 환자권익보호를 위해 필요한 것으로 인식되고 있는 것이다. 의료기관에 환자안전을 위한 위원회와 전담인력을 둔다고 하여 환자안전이 일거에 확보된다고 할 수는 없으며, 법의 실효성이 확보될 수 있을지는 시행과정을 두고 볼 필요가 있다. 그러나 이러한 제도의 신설과 법률의 제정을 통하여 환자안전을 위한 입법적 배려를 한다는 것은 유의미하고 의료기관에 환자안전을 위한 노력을 기울여야 한다는 메시지가 주어지는 것에도 의미가 있을 것이다.

환자안전법을 만든 것으로 당장 환자안전에 확보되는 것은 아니다. 환자의 안전에는 환자, 업무 및 기술, 의료진 개인, 팀, 작업 환경, 조직 및 경영, 제도 등의 요인이 영향을 미치기 때문에, 전반적인 의료시스템의 개선이 필요하다. 실질적인 환자안전 향상을 위해서는 환자안전법의 제정이 고무적이기는 하지만, 의료인과 의료기관의 자발적인 활동을 지원할 수 있는 제도적 지원과 함께 기술과 재정적 지원도 병행되어야 한다[4]는 의견에도 주목할 필요가 있다.

3 보건복지위원회, 환자안전 및 의료질 향상법안 심사-보고서, 2014. 12, 12쪽.
4 이상일, 환자안전법 시행의 의의와 과제, 보건복지포럼, 240권, 2016, 4쪽.

그리고 환자안전법을 제정할 때에 환자안전사고에 관한 정의와 범위를 명확히 하기 위한 입법적 노력이 부족함을 지적하면서, 앞으로 '환자안전사고'의 개념과 범위를 기존 의료법에서 통용되는 의료과실과 어떠한 관계에 있는 것인지를 명확히 하는 작업이 필요하다. 종래 의료계에서 통용되는 용어를 법률용어로 채택하는 것이 타당하다는 주장[5]이 있다. 또한 환자안전법의 제정은 환자안전을 위한 법적 근거 마련이라는 점에서는 의미가 있으나, 실질적으로 환자를 보호하기 위한 제도로서는 부족할 정도로 입법내용이 허술하다는 주장[6]도 있다. 환자안전법은 환자와 의료정보의 수집을 주된 내용으로 하므로 향후에는 환자안전을 보호하기 위한 실질적인 내용으로 개정할 필요가 있다.

---

5 백경희, 환자안전법상 환자안전사고의 범위에 관한 고찰, 인권과 정의, 제465호, 2017, 38쪽.

6 신은주, 환자의 안전과 환자안전법제에 관한 고찰, 한국의료법학회지, 제23권 제2호, 2015, 7쪽.

CHAPTER 13 신해철법

1. 신해철과 신해철법

가수 신해철은 1968년 5월 6일에 태어나서 2014년 10월 27일에 사망했다. 신해철은 2014년 10월 27일 강남 S병원에서 심장 이상으로 수술을 받은 후 사망하였다. 이 사건을 계기로 이전에 국회에 제출된 「의료사고 피해구제 및 의료분쟁 조정 등에 관한 법률」[1]에 관심이 모아졌으며, 신해철 사망을 계기로 하여 이 법률을 '신해철법'이라고 불렀다.

2. 신해철법의 배경

국회 보건복지위원장이었던 오제세 의원은 2014년 3월 28일에 의료분쟁

---

1 「의료사고 피해구제 및 의료분쟁 조정 등에 관한 법률」은 의료사고가 발생한 경우 피해구제를 받을 수 있는 법적 제도가 부족하고, 강제집행력을 지닌 조정기구나 수단이 없어서 의료인과 환자의 대립·갈등으로 발생하는 의료분쟁을 해결하기 위한 법률이며, 2011년 4월 7일에 제정된 법률이다. 「의료사고 피해구제 및 의료분쟁 조정 등에 관한 법률」에 따른 의료분쟁 조정제도는 의료사고로 인한 피해를 신속·공정하게 구제하고 보건의료인의 안정적인 진료환경을 조성함을 목적으로 2012년 4월부터 도입하여 운영하고 있다. 이 법률에 의하여 한국의료분쟁조정중재원이 설립되고, 보건의료인이 업무상과실치상죄를 범한 경우에 조정이 성립하거나 조정절차 중 합의로 조정조서가 작성된 경우에는 피해자의 명시한 의사에 반하여 공소를 제기할 수 없다. 또한, 의료사고로 인한 피해자의 미지급금에 대하여 한국의료분쟁조정중재원이 손해배상금을 대신 지불하고 추후 의료인 등에게 구상할 수 있는 제도를 마련하였다.

시 의료분쟁조정중재원의 조정절차를 자동 개시토록 하는 내용의「의료사고 피해구제 및 의료분쟁 조정 등에 관한 법률」(이하「의료분쟁조정법」) 개정안을 발의했다. 오제세 의원이 발의한「의료분쟁조정법」은 당초 '예강이법'[2]이라고 불렸다. 의료사고로 숨진 9세 전예강의 부모가「의료분쟁조정법」 제27조 제8항(피신청인의 참여의사 미표시 시 조정신청 각하)에 따른 병원의 거부로 조정제도를 활용할 수 없게 되자, 조정제도의 실효성을 높이고자 만들어진 법이 오제세 의원의「의료분쟁조정법」 개정안이다. 이후 의료과실 추정 사고로 숨진 가수 신해철 씨의 부인이「의료분쟁조정법」의 이러한 문제를 제기하여 개정안이 마련되었고, 오세제 의원의 개정안은 '신해철법'으로 불리게 되었다.

신해철법의 제안이유는 다음과 같다.

> 현행법이 2012년 4월 8일 시행된 이래로 한국의료분쟁조정원은 의료분쟁을 해결하기 위한 조정중재업무를 시작하여 2013년 3월말 현재 조정신청된 804건 중 40.2%가 조정개시되었음. 그러나 언론중재위원회, 환경분쟁조정위원회 및 한국소비자원 등의 분쟁조정제도와 달리 현행법상 한국의료분쟁조정중재원의 경우 신청인

2 9세 예강이는 3일간 흘린 코피 때문에 여러 병원을 거쳐 대학병원 응급실에서 시술을 받았으나 2014년 1월 23일 응급실 도착 7시간 만에 사망했다. 유족은 한국의료분쟁조정중재원에 조정신청을 하였으나 병원의 거부로 각하되었다. 예강이 유족의 활동을 지켜본 의료사고 피해자들과 환자단체들은 오제세 의원이 국회에 대표 발의한 '의료사고 피해구제 및 의료분쟁 조정 등에 관한 법률(의료분쟁조정법)' 제27조 개정안을 '예강이법'이라고 불러왔다. 고 신해철 씨 부인의 인터뷰 이후 언론방송에서는 이를 '신해철법'이라고 부르고 있다. 예강이 유족은 '의료분쟁조정법' 제27조 개정안을 "예강이법"이라고 부르든지 "신해철법"으로 부르든지 상관없다며 하루빨리 법률 개정이 이루어지는 것이 중요하다고 말했다. 프레시안, 2014. 12. 31. 이후 예강이 유족이 제기한 4억 5천만원의 손해배상소송 1심에서는 원고가 패소하였다. '예강이법'은 '의료분쟁조정법'과 '진료기록 블랙박스법'을 포함하는데, '진료기록블랙박스법'이란 진료기록부의 원본과 수정본을 함께 보존하도록 의무화하는 의료법 개정안이다. 베이비뉴스, 2018. 3. 14. 예강이의 진료기록부가 사후에 허위기재되었음에도 불구하고, 진료기록 허위기재로 기소된 형사사건 1심에서 간호사에게는 무죄 수련의(인턴)에게는 벌금 100만원이 선고되었다. 예강이 사건에 대한 논란이 계속 이어지며 예강이법은 주목을 받았고, 예강이법은 2018년 2월 28일에 국회를 통과하여 3월에 공포되었다. 의료법은 의료인이나 의료기관 개설자는 진료기록부등에 추가기재·수정된 경우 추가기재·수정된 진료기록부등과 원본을 모두 보존하도록 하고, 환자가 진료기록부등의 열람 또는 사본의 발급 등 내용 확인을 요청하는 경우 해당 기록의 일부 또는 전부를 내어주도록 개정되었다.(의료법 제21조 제1항 및 제22조 제2항 등).

이 조정신청을 하여도 피신청인의 동의여부에 따라서 조정절차의 개시가 좌우되고 있을 뿐만 아니라 신청인이 부당한 목적으로 조정신청을 하여도 이를 종료할 수 있는 법적 근거가 없는 등 의료분쟁을 효율적으로 조정하기가 어려운 실정임. 따라서 피신청인의 동의여부에 상관없이 조정절차의 개시, 피신청인의 조정절차 개시에 대한 이의신청 및 부당한 목적에 의한 조정신청인 경우 조정을 아니하는 결정으로 사건종료 규정을 두어 조정업무의 효율성을 제고하며 감정위원의 자격 요건을 강화하여 의료사고 감정의 전문성과 공정성을 확보하고 손해배상금 대불 청구대상을 국내 법원의 확정판결로 한정하여 재원의 안정적 운영기반을 확보함으로써, 의료사고피해를 신속·공정하게 구제하려는 것임.

조정원에 따르면 지난 2012년 4월부터 2014년 9월 말까지 총 3,335건이 접수된 가운데 조정·중재가 개시된 것은 절반 이하로 1380건 42.4%이고 각하된 것은 1,871건으로 56.1%에 달한다. 나아가 조정절차가 완료된 1,160건 중 중재판정·조정성립이 779건으로 조정성립률이 89%를 기록했다.[3] 다른 자료에서도 중재원의 피신청인 조정참여율은 약 41.4%로 전체 2,278건의 조정신청 중 912건(피신청인 부동의 각하 1,292건[4])에 대해 피신청인이 동의하였다. 조정절차가 개시된 이후의 조정성립률은 88.7%(511건)이다.[5]

〈표 13-1〉 의료분쟁조정 개시 현황

구 분	조정(중재) 신청건수	처리내용			
		조정 개시	불참(각하)	신청 취하	참여 확인중
2012	503(1)	192(1)	305	6	–
2013	1,398(1)	551(1)	833	9	–
2014. 3.	377(1)	169	149	1	58
계	2,278(3)	912(2)	1,292	16	58

※ 의료기관의 신청건수는 38건임.

3 메디컬투데이, 2015. 2. 9.
4 부동의 사유(1,292건): 피신청인측 참여거부(962), 합의(16), 소제기(2), 무과실 주장(312).
5 아래 의료분쟁조정 개시현황표 포함. 보건복지위원회, 「의료사고 피해구제 및 의료분쟁 조정 등에 관한 법률」 일부개정법률안 검토보고서, 2014. 4, 38쪽.

중재원의 의료사고 분쟁처리 실적이 저조한 가장 큰 이유는 현행법 제27조 제8항에 따라 신청인(주로 환자)의 조정신청이 있더라도 피신청인(주로 의료기관)이 조정절차에 응하고자 하는 의사를 통지하여야 조정절차가 개시되기 때문이다.

조정원의 입장에서는 개정안이 통과되면 조정이 많아질 것이기 때문에 신해철법의 입법을 환영하는 입장이었다. 그러나 의료분쟁이 발생했을 때에 의료분쟁조정중재원의 조정절차를 자동 개시토록 하는 내용의 이러한 「의료사고 피해구제 및 의료분쟁 조정 등에 관한 법률」 개정안, 이른바 '신해철법'은 2014년 3월 31일에 복지위에 회부돼 일주일 뒤인 4월 11일 전체회의에 상정됐다.

이후 이 법안은 법안심사소위원회에 회부되었으나 약 2년 동안 논의되지 않다가, 2016년 2월 17일에 김정록 의원 등이 발의한 다른 4건의 동 법률 개정안과 통합한 대안(代案)이 만들어져 국회를 통과하였고, 2016년 5월 29일에 공포되어 2016년 11월 30일부터 시행되고 있다.

3. 신해철법의 내용

신해철법으로 불린 「의료사고 피해구제 및 의료분쟁 조정 등에 관한 법률」 개정의 주요 내용은 다음과 같다.

① 조정중재원의 사무국은 조정중재원의 사무만을 처리하도록 함.
② 조정부 또는 감정부의 자격요건 중 판사 또는 검사의 경우 10년 이상 재직하였던 사람도 추가하고 감정위원 중 의사전문의의 자격을 전문의 자격 취득 후 7년 이상, 면허 취득 후 10년 이상으로 하고 감정위원의 구성을 직역별로 둘 수 있도록 추가함.
③ 감정단은 50명 이상 100명 이내에서 100명 이상 300명 이내로 확대하고, 단장은 의학적 자문 등에 필요한 관계전문가를 자문위원으로 위촉할 수 있도록 함.
④ 신청인이 조정을 신청하면 피신청인의 동의 여부에 상관없이 조정절차를 개시하도록 하되, 조정신청이 접수되기 전에 해당 분쟁조정사항에 대하여 법원에 소가 제기된 경우나 이 법 시행 전에 종료된 의료행위 등으로 인하여 발

생한 의료사고에 해당하는 경우 등에는 조정신청을 각하하며, 조정신청을 개시하는 것에 대하여 부당한 사유가 있는 경우 등에 해당하는 경우 피신청인이 이의신청을 할 수 있도록 함.

⑤ 조사·열람 또는 복사를 하기 위해서 긴급한 경우나 사전 통지시 그 목적을 달성할 수 없다고 인정하는 경우를 제외하고는 7일 전까지 그 사유 및 일시 등을 해당 보건의료기관에 서면으로 통보하도록 함.

⑥ 조정부는 조정신청이 이유없다고 인정되는 경우나 조정신청의 남용에 해당하는 경우 조정을 하지 아니하는 결정으로 사건을 종결할 수 있도록 함.

⑦ 이 법에 따른 조정 절차에서의 당사자 또는 이해관계인의 진술이나 생성된 감정서 또는 상대방이 제출한 자료는 민사소송에서 원용하지 못하도록 함.

⑧ 손해배상금 대불청구의 대상을 국내 법원의 확정판결에 한정하도록 함.

⑨ 조사·열람 또는 복사를 거부·방해 또는 기피한 사람에 대하여 처벌을 완화하여 벌칙 대신에 1천만원 이하의 과태료를 부과하도록 함.

이러한 개정안에 따르면 조정원의 업무에 대해 신청인이 조정을 신청하면 피신청인의 동의 여부에 상관없이 조정절차를 개시하도록 하고 있다. 다만, 조정부는 조정신청이 이유 없다고 인정되는 경우나 조정신청의 남용에 해당하는 경우 조정을 하지 않고 사건을 종결할 수 있도록 하는 규정이 개정안의 핵심내용이다.

전술한 바와 같이 동 개정안은 대안이 만들어져 통과되었다. 통과된 개정법률의 주요내용은 다음과 같다.

① 조정중재원의 사무국은 조정중재원의 사무를 처리하도록 함(제14조).

② 조정위원의 수를 50명 이상 100명 이내에서 100명 이상 300명 이내로 확대함(제20조 제1항).

③ 조정부의 자격요건 중 판사의 경우 10년 이상 재직하였던 사람을 추가함(제23조 제3항).

④ 조정위원의 제척사유 중 조정위원이 해당 보건의료기관 또는 사실상 동일한 법인등에 종사하였던 경우를 조정 신청일로부터 10년 내에 종사하였던 경우로 완화함(제24조 제1항 단서 신설).

⑤ 감정단을 50명 이상 100명 이내에서 100명 이상 300명 이내로 확대하고, 단장

은 의학적 자문 등에 필요한 경우 관계전문가를 자문위원으로 위촉할 수 있도록 함(제25조 제2항 및 제4항).

⑥ 감정위원의 자격요건 중 비영리민간단체 임원의 직에 2년 이상 있거나 있었던 사람을 비영리민간단체에서 추천한 사람 중 소비자권익과 관련된 분야에 5년 이상 종사한 사람으로 변경함(제26조 제2항 제4호).

⑦ 의료분쟁의 당사자가 대리인으로 당사자로부터 서면으로 대리권을 수여받은 자를 선임할 수 있는 경우를 확대함(제27조 제2항).

⑧ 조정신청의 대상인 의료사고가 사망 또는 1개월 이상의 의식불명이나 「장애인복지법」 제2조에 따른 장애등급 제1급 중 대통령령으로 정하는 경우에 해당하는 경우에는 피신청인이 조정신청에 응하지 아니하더라도 지체없이 개시함(제27조 제9항 신설).

⑨ 감정위원 또는 조사관이 의료사고가 발생한 보건의료기관에 출입하여 조사·열람 또는 복사를 하기 위해서는 긴급한 경우나 사전 통지시 그 목적을 달성할 수 없다고 인정하는 경우를 제외하고는 7일 전까지 그 사유 및 일시 등을 해당 보건의료기관에 서면으로 통보하도록 함(제28조 제4항 신설).

⑩ 감정부가 감정서를 작성하여야 하는 기한과 조정부의 조정결정 기한의 시작일을 조정 신청이 있은 날이 아닌 조정 절차가 개시된 날로 변경함(제29조 제1항).

⑪ 조정부는 조정신청된 사건이 사건의 사실관계 및 과실 유무 등에 대하여 신청인과 피신청인 간에 큰 이견이 없는 경우나 과실의 유무가 명백한 경우, 또는 사건의 사실관계 및 쟁점이 간단한 경우에는 의료사고의 감정을 생략하거나 1명의 감정위원이 감정하는 등의 간이조정절차에 따라 간이조정할 것을 결정할 수 있도록 함(제33조의2 신설).

⑫ 당사자 사망으로 인한 상속수계 및 후유장해 진단에 필요한 소요기간 등의 경우에는 조정 처리기한에 산입하지 않도록 함(제42조의2 신설).

⑬ 불가항력에 의한 의료사고 보상의 경우 국민건강보험공단 및 건강보험심사평가원 등 기타 관계기관에 대하여 필요한 자료의 제공을 요청할 수 있음(제46조의2 신설).

⑭ 손해배상금 대불청구의 대상을 국내 법원의 확정판결에 한정하도록 함(제47조 제1항 단서).

⑭ 조사·열람 또는 복사를 거부·방해 또는 기피한 사람에 대하여 처벌을 완화하여 벌칙 대신에 1천만원 이하의 과태료를 부과하도록 함(제53조 제2항 삭제, 제54조 제1항 신설).

오제세 의원이 대표발의한 법안에서는 신청인이 조정을 신청하면 피신청인의 동의 여부에 상관없이 조정절차를 개시하도록 하였지만, 대안이 만들어져 통과된 법률에서는 제한적으로 조정절차가 개시되도록 하였다. 즉, 사망 또는 1개월 이상의 의식불명이나 장애 1등급 중에서 대통령령으로 정하는 경우에 해당하는 경우에만 피신청인의 동의가 없더라도 조정절차가 개시되도록 하였다.

4. 신해철법을 둘러싼 논란

의사 및 병원협회에서는 신해철법이 피신청인의 동의 없이도 조정절차가 개시되는 점을 들어 신해철법에 반대하였다. 제27조 제8항을 삭제하여 '신청인이 조정을 신청하면 피신청인의 동의 여부에 상관없이 조정절차를 개시하도록 한다'는 내용은 강제조정을 도입하는 것이라며 반발하였다. 특히 대한의사협회는 "의료분쟁조정제도의 취지는 자율성에 근거한 분쟁해결로서, 조정절차 진행을 강제하는 것은 피신청인의 권리를 침해하는 것이며, 소송과정 이전에 거치는 단계를 추가하여 사회적 비용을 증가시키며, 당사자들의 소송권을 심각하게 침해할 우려가 있으므로 이에 반대"[6]하였다.

이에 반해 보건복지부는 "피신청인의 조정참여 거부로 인한 저조한 조정참여율 제고 및 조정제도의 실효성 확보가 필요"[7]하다고 찬성하였다.

한국환자단체연합회는 그동안 의료분쟁 조정절차 자동개시 제도 도입을 주장하며 분쟁 조정 참여를 의무화해야 한다고 주장해왔으며 신해철법의 조속한 입법을 요구해왔다.

건강세상네트워크 김준현 대표는 피신청인 동의 규정을 삭제하는 것은 '조정전치주의'를 의미하고 이는 의료사고 피해자의 신속한 재판을 받을 권리나 선택권을 침해할 수 있다는 우려를 나타내었다. 또한 조정절차에서 진술이나

---

6 보건복지위원회, 「의료사고 피해구제 및 의료분쟁 조정 등에 관한 법률」 일부개정법률안 검토보고서, 2014. 4, 39쪽.

7 보건복지위원회, 「의료사고 피해구제 및 의료분쟁 조정 등에 관한 법률」 일부개정법률안 검토보고서, 2014. 4, 39쪽.

감정서 등을 소송에서 원용하지 못하도록 하고, 의료사고 현지 조사권 규정을 삭제하는 등 피해구제 기능을 저해할 수 있는 내용들은 의료계의 요구사항을 반영하는 것이라고 지적했다. 의료소비자연대 강태언 사무총장도 신해철법이 의료사고 피해구제를 위한 법으로 발의됐으나, 정부 주도로 의사들을 위한 법으로 변질됐다고 비판했다.[8]

복지위원회의 검토보고에 따르면, 의료분쟁조정의 활성화 및 실효성 제고를 위하여 분쟁조정 신청 시 피신청인의 분쟁조정 참여를 의무화하려는 신해철법은 타당하다고 하였다. 현행법은 분쟁조정 신청 시 피신청인의 의무적 분쟁조정 참여를 규정하고 있지 않아, 의료분쟁 조정신청 시 조정참여율이 41.4%에 그치는 등 신청인의 권리구제가 어려운 실정인 점을 지적하였다. '의료사고로 인한 피해의 신속·공정한 구제와 보건의료인의 안정적인 진료환경 조성'이라는 의료분쟁조정법의 근본이념과 분쟁조정에 관한 유사 입법례(소비자분쟁조정위원회, 금융분쟁조정위원회 등)를 고려할 때 개정안의 취지는 타당하다고 판단하였다.[9]

의료소비자시민연대는 신해철법이 조정중재원의 조직을 키우고 권한을 확대하려는 의도를 가지고 있는 것이라며, 무리한 법개정을 통해 조직과 권한을 키울 때가 아니라, 의료인과 의료소비자 모두에게 신뢰를 쌓고, 실질적 피해구제를 위한 내실을 기할 때라고 비판했다.[10]

법률 통과 이후, 한국환자단체연합회 대표는 "1개월 이상 의식불명이라면 식물인간 상태여야 하고, 장애 1급 판정을 받으려면 적어도 6개월, 최대 2년까지 걸릴 수 있다"[11]며 중재 요건이 과중하다는 지적을 하였지만, 찬반의 대립이

---

8 데일리메디, 2015. 5. 6.

9 보건복지위원회, 「의료사고 피해구제 및 의료분쟁 조정 등에 관한 법률」 일부개정법률안 검토보고서, 2014. 4, 41쪽.

10 메디파나뉴스, 2015. 1. 19.

11 연합뉴스, 2016. 11. 29.

심하던 법률이 일단은 통과되었다는 점에서 최소한의 의의를 찾을 수가 있으며, 미진한 문제는 점차 개선해 나갈 수 있을 것이다. 의료사고를 통해 억울한 사망한 것이 신해철법의 동기가 되었다면, 신해철법은 명실상부하게 의료소비자 또는 의료사고피해자의 권익을 보호·강화하는 방향으로 운용되어야 할 것이다.

CHAPTER

14 임세원법

1. 임세원과 임세원법

서울 강북삼성병원의 정신건강의학과에서 근무하던 故 임세원 교수는 2018년 12월 31일에 조현병 환자를 진료하던 중에 환자가 휘두른 흉기에 의하여 피살되었다. 임세원법[1]은 의사에게 폭력을 행사하는 환자에 대한 처벌을 강화하는 「의료법」 개정법률이다.

2. 임세원법의 배경

환자의 폭행에 의하여 의사가 상해를 입거나 사망하는 사건이 종종 발생하고 있다. 임세원 교수의 사망 사건[2]을 계기로 하여 폭력에 노출되어 있는 의료인을 보호하기 위하여 「의료법」을 개정하게 되었다. 임세원 교수의 사망사건을 계기로 하여 진료 중의 의사를 보호하기 위한 여러 건의 「의료법」 개정안이 발의되었고 「의료법」 개정안 21건을 통합한 법안이 국회 보건복지위원장의 대안으로 2019년 3월 28일에 제출되었다.

---

1 조선일보, 2019. 12. 31; 연합뉴스, 2019. 4. 5; 아시아경제, 2020. 1. 9.

2 임세원 교수를 살해한 30대 남성은 1심과 항소심에서 징역 25년을 선고받았다.

법안은 제출 당일 보건복지위원회에서 의결된 후 법제사법위원회에 회부되었고, 법제사법위원회에서는 2019년 4월 4일에 상정되어 당일 의결되었다. 다음날인 4월 5일에 법안은 본회의에 상정되어 바로 의결되었고, 4월 12일에 정부로 이송되어 2019년 4월 23일(시행은 2019년 10월 24일)에 공포되었다. 동「의료법」 개정안의 제안이유는 다음과 같다.

> 의료인을 폭행한 죄를 범하여 사람을 상해에 이르게 한 경우에는 7년 이하의 징역 또는 1천만원 이상 7천만원 이하 벌금에 처하고, 중상해에 이르게 한 경우에는 3년 이상 10년 이하 징역에 처하며, 사망에 이르게 한 경우에는 무기 또는 5년 이상의 징역에 처하도록 하여 의료인을 폭행한 죄에 대한 처벌을 강화하고, 의료기관이 보건복지부령으로 정하는 바에 따라 의료인 및 환자 안전을 위한 보안장비를 설치하고 보안인력을 배치하도록 하며, 의료기관의 수술실, 분만실, 중환자실 등 감염관리가 필요한 시설에 대하여 보건복지부령으로 출입 기준을 마련하도록 하는 등 현행 제도의 운영상 나타난 일부 미비점을 개선·보완하려는 것임.

3. 임세원법의 내용

임세원법의 내용은「의료법」을 개정하여 안전한 진료환경과 환자들의 관리 방법을 담고 있는데, 의사와 간호사 및 환자의 안전을 위해 보안 인력을 배치하고 관련 장비를 설치할 것을 규정하고 있으며, 의료인 폭행에 대한 처벌강화를 내용으로 한다.

개정법률의 주요내용은 ① 의료인 폭행형위에 대하여 가중 처벌을 한다. 제87조의2에서 의료인을 폭행하여 상해에 이트게 하면 7년 이하의 징역 또는 1천만 원 이상 7천만원 이하의 벌금에 처하고. 중상해의 경우 3년 이상 10년 이하의 징역으로 가중처벌한다. 또한 의료인을 사망케 하는 경우 무기 또는 5년 이상의 징역에 처한다. ② 술에 취한 상태에서 의료인을 폭행한 경우 심신장애로 인한 형의 감경 즉, 주취감경을 적용하지 않는다. ③ 의료인과 환자의 보호를 위해 의료기관에 보안장비를 설치하고 보안인력을 배치하도록 하는 것이다.

개정법률의 구체적인 내용은 다음과 같다.

① 의료기관의 장은 감염병의 예방을 위하여 해당 의료기관에 소속된 의료인 및 의료기관 종사자에게 정기적으로 교육을 실시하도록 함(제47조 제2항 신설).

② 의료행위가 이루어지는 장소에서 의료행위를 행하는 의료인을 폭행하는 등의 행위로 사람을 상해에 이르게 한 경우에는 7년 이하의 징역 또는 1천만원 이상 7천만원 이하의 벌금에 처하고, 중상해에 이르게 한 경우에는 3년 이상 10년 이하의 징역에 처하며, 사망에 이르게 한 경우에는 무기 또는 5년 이상의 징역에 처하도록 함(제87조 제1항 신설).

③ 음주로 인한 심신장애 상태에서 의료행위가 이루어지는 장소에서 의료행위를 행하는 의료인을 폭행하는 등의 죄를 범한 때에는 심신장애로 인하여 사물을 변별할 능력이 없거나 의사를 결정할 능력이 없는 자의 행위는 벌하지 않는 「형법」 규정을 적용하지 않을 수 있도록 특례를 규정함(제90조의2 신설).

특히 진료중인 의료인에 대한 폭행을 가중처벌하는 「의료법」 제87조[3] 규정은 다음과 같이 개정되었다.

구 법	신 법
제87조(벌칙) ① 다음 각 호의 어느 하나에 해당하는 자는 5년 이하의 징역이나 5천만원 이하의 벌금에 처한다. 1. 제4조 제4항을 위반하여 면허증을 빌려준 사람 2. 제12조 제2항 및 제3항, 제18조 제3항, 제21조의2 제5항·제8항, 제23조 제3항, 제27조 제1항, 제33조 제2항·제8항(제82조 제3항에서 준용하는 경우를 포함한다)·제10항을 위반한 자. 다만, 제12조 제3항의 죄는 피해자의 명시한 의사에 반하여 공소를 제기할 수 없다. ② 삭제 <2016.12.20.>	**제87조(벌칙)** ① 제12조 제3항을 위반한 죄를 범하여 사람을 상해에 이르게 한 경우에는 7년 이하의 징역 또는 1천만원 이상 7천만원 이하의 벌금에 처하고, 중상해에 이르게 한 경우에는 3년 이상 10년 이하의 징역에 처하며, 사망에 이르게 한 경우에는 무기 또는 5년 이상의 징역에 처한다. <신설 2019. 4. 23.> ② 다음 각 호의 어느 하나에 해당하는 자는 5년 이하의 징역이나 5천만원 이하의 벌금에 처한다. 1. 제4조 제4항을 위반하여 면허증을 빌려준 사람 2. 제12조 제2항 및 제3항, 제18조 제3

3 2019년 8월 27일의 「의료법」 개정으로 현재는 제87조의2.

	항, 제21조의2 제5항·제8항, 제23조 제3항, 제27조 제1항, 제33조 제2항·제8항(제82조 제3항에서 준용하는 경우를 포함한다)·제10항을 위반한 자. 다만, 제12조 제3항의 죄는 피해자의 명시한 의사에 반하여 공소를 제기할 수 없다.

4. 임세원법을 둘러싼 논란

대한신경정신의학회는 2019년 3월 12일에 임세원법의 통과를 위한 공식입장을 발표하였다. 신경정신의학회는 "의료환경의 안전을 보장하는 대책, 국민 누구든 정신질환이라는 이유로 차별을 받지 않는 환경, 정신 질환 발생 후 조기에 안전하게 치료 받고 지역사회로 복귀할 수 있는 대책이 시급하다"며 "국회가 가능한 빠른 시기에 관련 법안을 통과할 수 있도록 해주기를 바란다"고 촉구하였다.

그러나 임세원법에 대해 찬성 의견만 있었던 것은 아니다. 2018년 4월 8일에 국회에서 개최된 '임세원법 입법공청회'에서 정신장애와 인권 파도손, 한국정신장애인자립생활센터, 한국조현병환우회 등으로 구성된 '정신건강서비스 정상화 촉구 공동대책위원회(공대위)' 인사들이 대거 참여해 「정신건강증진 및 정신질환자 복지서비스 지원에 관한 법률」 개정안의 철회를 주장하였다. 공대위는 "고인의 죽음은 우리 모두를 슬픔에 빠뜨린 충격적인 사건으로 고인의 정신을 구현하기 위해서는 근본적인 개선책에 관심을 집중해야 한다"면서 "정신질환자들을 잠재적인 범죄자로 취급하고 있다"고 주장하였다.

여러 건의 「의료법」 개정안 중에서 의료행위가 이루어지는 장소에서 의료인 등을 폭행·협박하는 행위를 한 자(법 제12조 제3항 위반)에 대하여 피해자가 처벌을 원하지 않더라도 처벌을 할 수 있도록 반의사불벌죄(反意思不罰罪) 규정을 삭제하려는 내용으로 발의한 이명수 의원 대표발의안과 신상진 의원 대표발의안, 김명연 의원 대표발의안이 있었다. 폭행, 과실치상, 협박 등 피해자의 명시한 의사에 반하여 공소를 제기할 수 없도록 하는 '반의사불벌죄'가 「의료법」 제87조 제1항 제2호 단서[4]에 있으며 이를 삭제하자는 것이다.

이러한 법안에 대하여 보건복지위원회는 "가해자 처벌 대신 당사자 간 합의가 종용되고, 지방 중소병원의 경우 합의 거절 시 지역 내 평판 실추로 경영상 어려움이 초래될 수 있다는 비판이 제기되고 있다는 점에서, 가해자 처벌을 명확히 함으로써 의료인에 대한 폭행·협박 행위를 근절하려는 취지는 타당한 것으로 보인다"[5]는 검토의견을 제시하였다.

국회 보건복지위원회의 검토보고서에는 다음과 같은 상반된 의견이 존재함을 언급하고 있다.

> 반의사불벌죄의 필요성에 대해서는 의견이 대립되고 있음. 반의사불벌죄 폐지를 주장하는 입장[6]에서는 가해자 처벌을 통한 공익 실현 여부가 피해자의 의사에 종속되는 것은 바람직하지 않다는 의견을 제시하는 반면, 반의사불벌죄 유지를 주장하는 입장[7]에서는 피해자에 대한 배상 등을 통한 분쟁 조정을 촉진하려는 법률의 취지를 존중할 필요가 있다는 의견을 제시하고 있음. 따라서, 가해자 처벌을 통한 공익 실현의 필요성과 합의를 통한 원활한 분쟁 조정이라는 당사자 간 사익 실현의 필요성을 비교하여 논의할 필요가 있는 것으로 보임.[8]
>
> 한편, 개정안과 유사한 취지에서 직접적인 당사자뿐만 아니라 운행 중인 타 운전자에게 피해가 미칠 수 있는 자동차 운전자에 대한 폭행에 대해서는 「형법」의 규정에도 불구하고 반의사불벌죄가 적용되지 않고 있음.[9]

---

4 「의료법」 제87조(벌칙) ① 다음 각 호의 어느 하나에 해당하는 자는 5년 이하의 징역이나 5천만원 이하의 벌금에 처한다.
1. 제4조 제4항을 위반하여 면허증을 빌려준 사람
2. 제12조 제2항 및 제3항, 제18조 제3항, 제21조의2 제5항·제8항, 제23조 제3항, 제27조 제1항, 제33조 제2항·제8항(제82조 제3항에서 준용하는 경우를 포함한다)·제10항을 위반한 자. 다만, 제12조 제3항의 죄는 피해자의 명시한 의사에 반하여 공소를 제기할 수 없다.

5 박종희, 의료법 일부개정법률안 검토보고, 국회 보건복지위원회, 2018. 11, 25쪽.

6 **(대한의사협회, 대한치과의사협회, 대한병원협회, 대한간호조무사협회)** 의료인 폭행은 의

결국 여러 건의 「의료법」 개정안에서 추진하였던 의료인 폭행에 대한 반의사불벌죄 규정의 삭제는 이루어지지 않았다.

이렇게 의료인에 대한 폭행 처벌을 강화하는 이른바 임세원법(「의료법」 개정법률)이 시행되고 있지만 의료진에 대한 폭행과 난동은 줄지 않고 있다. 기동민 의원실의 자료에 따르면 2018년 한해 동안 폭언, 욕설, 폭행, 협박, 업무방해, 난동 등 응급의료 방해 사건은 1,102건이었으며 2019년 상반기의 응급의료방해 사건은 총 577건에 달했다. 의료인 폭행에 대한 처벌 강화만으로는 실효성을 거두기 힘들며, 합리적인 판단이 어려운 정신질환자의 경우 다른 차원의 대책이 필요하다는 지적이 있다.

유럽 주요국가의 경우 법조인, 의사, 제3자 추천인 등 3인으로 구성된 심판원 시스템을 통해 정신질환자에 대한 입원치료를 사회가 결정하는 제도를 지니고 있다. 대한의사협회는 의료인 폭행에 대하여 반의사 불벌죄가 유지된 점과 병원사정에 따라 비상벨·비상문과 보안 인력의 배치를 의무화하는 대책이 실

료현장의 정신적 손상, 사기저하를 야기할 뿐 아니라 다른 환자의 건강권까지 침해하는 중대한 범죄로서, 이의 심각성·위험성을 고려하여 강력한 처벌이 필요하다는 입장임. 반의사불벌죄 규정으로 인하여 경찰이 양 당사자 간 합의 종용을 하는 경우가 많아 개선이 필요하다는 입장임.

7 **(법무부)** 구체적 사정에 따른 피해자 의사가 존중될 필요가 있으므로 반의사불벌죄를 유지할 필요가 있다는 입장임. **(한국환자단체연합회)** 반의사불벌죄 삭제 시 가해자–피해자 간 화해 여지가 배제되고, 환자의 의료인 대상 이의제기나 항의가 불가능하게 될 가능성이 있으므로 신중한 검토가 필요하다는 입장임.

8 **(보건복지부)** 반의사불벌죄를 유지하더라도 피해자가 처벌을 원하는 경우에는 가해자 처벌이 가능하며, 폐지 시 가해자–피해자 간 개인적 분쟁 해결 가능성이 원천 차단된다는 점 등을 종합적으로 고려할 필요가 있다는 입장임.

9 「특정범죄 가중처벌 등에 관한 법률」 제5조의10(운행 중인 자동차 운전자에 대한 폭행 등의 가중처벌) ① 운행 중(「여객자동차 운수사업법」 제2조 제3호에 따른 여객자동차운송사업을 위하여 사용되는 자동차를 운행하는 중 운전자가 여객의 승차·하차 등을 위하여 일시 정차한 경우를 포함한다)인 자동차의 운전자를 폭행하거나 협박한 사람은 5년 이하의 징역 또는 2천만원 이하의 벌금에 처한다.
② 제1항의 죄를 범하여 사람을 상해에 이르게 한 경우에는 3년 이상의 유기징역에 처하고, 사망에 이르게 한 경우에는 무기 또는 5년 이상의 징역에 처한다.

효성이 없다는 점을 지적하고 있다.[10]

치료를 중단한 조현병 환자 등 정신질환자에 의한 범죄가 지속적으로 발생하고 있기 때문에, 「의료법」개정과는 별도로 「정신건강증진 및 정신질환자 복지서비스 지원에 관한 법률」도 개정되었다. 자·타해 위험이 있는 정신질환자에 대하여는 본인이나 보호의무자의 동의 없이도 정신의료기관이나 정신요양시설 등의 퇴원 사실을 정신건강복지센터나 관할 보건소로 의무 통보하도록 하고, 정신건강복지센터의 장도 외래치료 명령을 청구하거나 연장할 수 있도록 하고, 외래치료 명령청구 시에는 보호의무자의 동의 절차를 삭제하여 청구를 용이하게 하는 등 정신질환자를 보다 체계적으로 관리·지원하려는 방안이 입법된 것이다.

---

10 헤럴드경제, 2020. 1. 5.

CHAPTER

15 권대희법

1. 권대희와 권대희법

대학생이던 故 권대희는 2016년 9월 서울의 한 성형외과에서 사각턱 절개를 위한 안면윤곽 수술을 받던 도중 출혈과다로 뇌사상태에 빠진 후 49일 만에 사망했다. 권대희의 어머니는 수술실에 설치된 CCTV를 통하여, 은폐될 뻔한 의료사고의 진실과 간호조무사의 무면허 의료행위를 밝혀냈다. 권대희법은 수술실 CCTV 설치를 의무화하는 「의료법」 개정법률을 말한다.

2. 권대희법의 배경

권대희는 2016년 9월 서울의 한 성형외과에서 안면윤곽수술을 받은 후에 의료과실로 사망하였다. 병원 측은 병원의 과실이 없다고 밝혔으나 권대희의 어머니는 해당 수술실 영상을 통해, 집도의가 수술실을 오랜 시간 비운 사실, 집도의가 아닌 간호조무사가 지혈을 한 사실과 수술실에서 휴대폰을 쓰는 등 개인적인 행위를 한 점을 알게 되었다. 이에 권대희의 어머니와 의료사고 피해자 및 환자단체 등은 수술실 CCTV가 없었더라면 억울한 죽음을 밝힐 수 없었을 것이라 주장하며, 환자의 안전과 의료사고 예방을 위해서 수술실 CCTV 설치 의무화를 촉구하였다. 이후 경기도 성남의 병원에서 신생아가 사망하는 사고가 발생한 이후에 수술실 CCTV 설치에 대한 여론이 더욱 거세졌다. 권대희법은 수술실 CCTV 설치를 의무화를 내용으로 하는 「의료법」 개정안이다. 「의료법」 개정안의 제안이유는 다음과 같다.

> 최근 경기도 성남시 한 대형병원에서 의료진 과실로 신생아가 사망했으나, 병원에서 이를 조직적으로 은폐한 것이 수사과정에서 밝혀진 바 있음. 또한 의료분쟁 관련 재판 중 약 30퍼센트가 수술 등 외과적 시술을 수반하는 의료행위에서 기인하며, 의사면허가 없는 자의 불법대리수술 적발사례도 빈번하게 발생하고 있어 국민들의 공분을 사고 있음.
>
> 그러나 이러한 의료사고가 발생하더라도 인과관계를 규명하는 데 필요한 정보를 환자나 보호자들이 수집하는 것이 사실상 불가능한 실정이기에 이를 보완하기 위한 수술실 CCTV 설치가 필요하다는 것이 국민 대다수의 여론임. 일례로 지난해 경기도청에서 ㈜케이스탯리서치에 의뢰해 실시한 "경기도의료원 수술실 CCTV 운영방안" 도정 여론조사에 따르면, 경기도민 10명 중 9명이 경기도가 추진하는 '경기도의료원 수술실 CCTV 운영방안'에 찬성한다고 조사된 바 있음.
>
> 수술실 CCTV 설치는 환자와 보호자의 알권리 확보와 더불어 의료분쟁의 신속·공정한 해결을 위해 필요한 사항인바, 불법 의료행위는 물론 의료사고의 발생 위험이 높은 수술 등의 의료행위인 경우에는 의료인이나 환자 등에게 동의를 받아 해당 의료행위를 영상정보처리기기로 촬영하는 것을 의무화함으로써 의료사고 발생 시 촬영 자료를 이용하여 의료분쟁을 신속·공정하게 해결하려는 것임

수술실에 CCTV를 의무화 하는 권대희법은 의료사고 피해자들의 요구에도 불구하고 법안 발의에 어려움이 많았다. 2019년 5월 14일에 안규백 의원이 법안을 발의하려 하였으나, 공동발의자 10명 중 5명이 하루 만에 공동발의 의사를 철회하기도 하였다. 이후 안규백 의원은 공동발의자를 새로 구하여 의원 15인 공동발의로 2019년 5월 21일에 법안을 발의하였다. 법안은 보건복지위원회에 5월 22일에 회부되어 7월 12일에 상정되었으나, 이후에 진전이 없다가 2020년 5월 29일에 제20대 국회의 임기만료로 법안은 폐기되었다.

수술실 CCTV 설치에 대한 국민 여론과 의사 입장은 상반된다. 국민권익위원회가 지난 2021년 국민 1만3959명을 상대로 CCTV 설치 찬반 여부를 물어본

결과, 약 97.9%에 달하는 1만3667명이 '필요하다'고 답했다. 의사 2345명 가운데 10명 중 9명은 반대 의견을 밝혔다. 대한의사협회 의료정책연구소가 2022년 1월에 발표한 '수술실 내 CCTV 설치·운영 의무화 법안 검토 및 의사 인식조사' 결과다. 해당 조사에 따르면 수술실 내 CCTV 설치 의무화를 반대하는 이유(복수응답가능)는 의료진 근로 감시 등 인권침해(54.3%)가 가장 많았다. △진료 위축 및 소극적 진료 야기(49.2%) △환자의 민감한 개인정보 유출 사고'(48.1%) △불필요한 소송 및 의료분쟁 가능성(47.3%) △의료인에 대한 잠재적 범죄자 인식 발생(45.7%)이 그 뒤를 이었다.

이후 제21대 국회에서 수술실 CCTV 설치를 의무화를 내용으로 하는「의료법」개정안은 안규백 김남국 신현영 의원 등에 의하여 다시 발의되었고, 이들 3개 법안은 계속해서 권대희법으로 불렸다. 이들 법안과 관련해서 CCTV를 수술실 안에 설치하느냐 수술실 입구에 설치하느냐에 대한 논쟁이 있었는데, 안규백 의원과 김남국 의원의「의료법」개정안은 CCTV를 수술실 내부에 설치하는 방안이고, 신현영 의원의「의료법」개정안은 수술실 입구에 설치하는 방안이었다. 결국 이들 3개 법안을 통합한 보건복지위원회 위원장의 대안이 2021년 8월 25일에 제출되어 같은날 법사위를 통과하고 8월 31일에 본회의에서 의결되어 2021년 9월 24일에 공포되었다.

3. 권대희법의 내용

권대희법으로 불린「의료법」개정안은 의료사고의 발생 위험이 높은 수술 등의 의료행위를 환자 등에게 동의를 얻어 영상정보처리기기로 촬영하고 의료분쟁 조정 등 특정 목적에 한하여 해당 촬영 자료를 활용하도록 하려는 것이다. 또한, 환자의 요청이 있는 경우에도 의무적으로 영상정보처리기기로 해당 의료행위 장면을 촬영하도록 하려는 것이다.「의료법」개정안의 주요 내용은 다음과 같다.

① 촬영대상 : (1) 의료행위 장면 (요청이 있는 경우) (2) 의료사고가 발생할 위험이 높은 수술 등의 해당 장면 (동의한 경우)
② 촬영요건 : 환자(보호자)의 동의 또는 요청
③ 사용목적 : 의료분쟁 등 시행규칙(보건복지부령)으로 정하는 목적
④ 목적외 사용 : 위반시 300만원 이하의 벌금

수술실 CCTV 설치를 내용으로 하는「의료법」개정안의 해당 조항은 다음과 같다.

第38조의2(수술실 내 폐쇄회로 텔레비전의 설치·운영) ① 전신마취 등 환자의 의식이 없는 상태에서 수술을 시행하는 의료기관의 개설자는 수술실 내부에「개인정보 보호법」및 관련 법령에 따른 폐쇄회로 텔레비전을 설치하여야 한다. 이 경우 국가 및 지방자치단체는 폐쇄회로 텔레비전의 설치 등에 필요한 비용을 지원할 수 있다.

② 환자 또는 환자의 보호자가 요청하는 경우(의료기관의 장이나 의료인이 요청하여 환자 또는 환자의 보호자가 동의하는 경우를 포함한다) 의료기관의 장이나 의료인은 전신마취 등 환자의 의식이 없는 상태에서 수술을 하는 장면을 제1항에 따라 설치한 폐쇄회로 텔레비전으로 촬영하여야 한다. 이 경우 의료기관의 장이나 의료인은 다음 각 호의 어느 하나에 해당하는 정당한 사유가 없으면 이를 거부할 수 없다.

1. 수술이 지체되면 환자의 생명이 위험하여지거나 심신상의 중대한 장애를 가져오는 응급 수술을 시행하는 경우
2. 환자의 생명을 구하기 위하여 적극적 조치가 필요한 위험도 높은 수술을 시행하는 경우
3.「전공의의 수련환경 개선 및 지위 향상을 위한 법률」제2조제2호에 따른 수련병원등의 전공의 수련 등 그 목적 달성을 현저히 저해할 우려가 있는 경우
4. 그 밖에 제1호부터 제3호까지의 규정에 준하는 경우로서 보건복지부령으로 정하는 사유가 있는 경우

③ 의료기관의 장이나 의료인이 제2항에 따라 수술을 하는 장면을 촬영하는 경우 녹음 기능은 사용할 수 없다. 다만, 환자 및 해당 수술에 참여한 의료인 등 정보주체 모두의 동의를 받은 경우에는 그러하지 아니하다.

④ 제1항에 따라 폐쇄회로 텔레비전이 설치된 의료기관의 장은 제2항에 따라 촬

영한 영상정보가 분실·도난·유출·변조 또는 훼손되지 아니하도록 보건복지부령으로 정하는 바에 따라 내부 관리계획의 수립, 저장장치와 네트워크의 분리, 접속기록 보관 및 관련 시설의 출입자 관리 방안 마련 등 안전성 확보에 필요한 기술적·관리적 및 물리적 조치를 하여야 한다.

⑤ 의료기관의 장은 다음 각 호의 어느 하나에 해당하는 경우를 제외하고는 제2항에 따라 촬영한 영상정보를 열람(의료기관의 장 스스로 열람하는 경우를 포함한다. 이하 이 조에서 같다)하게 하거나 제공(사본의 발급을 포함한다. 이하 이 조에서 같다)하여서는 아니 된다.

1. 범죄의 수사와 공소의 제기 및 유지, 법원의 재판업무 수행을 위하여 관계 기관이 요청하는 경우
2. 「의료사고 피해구제 및 의료분쟁 조정 등에 관한 법률」 제6조에 따른 한국의료분쟁조정중재원이 의료분쟁의 조정 또는 중재 절차 개시 이후 환자 또는 환자 보호자의 동의를 받아 해당 업무의 수행을 위하여 요청하는 경우
3. 환자 및 해당 수술에 참여한 의료인 등 정보주체 모두의 동의를 받은 경우

⑥ 누구든지 이 법의 규정에 따르지 아니하고 제2항에 따라 촬영한 영상정보를 탐지하거나 누출·변조 또는 훼손하여서는 아니 된다.

⑦ 누구든지 제2항에 따라 촬영한 영상정보를 이 법에서 정하는 목적 외의 용도로 사용하여서는 아니 된다.

⑧ 의료기관의 개설자는 보건복지부장관이 정하는 범위에서 제2항에 따라 촬영한 영상정보의 열람 등에 소요되는 비용을 열람 등을 요청한 자에게 청구할 수 있다.

⑨ 의료기관의 장은 제2항에 따라 촬영한 영상정보를 30일 이상 보관하여야 한다.

⑩ 제1항에 따른 폐쇄회로 텔레비전의 설치 기준, 제2항에 따른 촬영의 범위 및 촬영 요청의 절차, 제2항제1호부터 제3호까지의 규정에 따른 사유의 구체적인 기준, 제5항에 따른 열람·제공의 절차, 제9항에 따른 보관기준 및 보관기간의 연장 사유 등에 필요한 사항은 보건복지부령으로 정한다.

⑪ 이 법에서 정한 것 외에 폐쇄회로 텔레비전의 설치·운영 등에 관한 사항은 「개인정보 보호법」에 따른다. [본조신설 2021. 9. 24.]

위 규정을 위반하여 촬영영상을 열람하게 하거나 제공한 자, 누출·변조·훼손한 자, 목적외 용도로 사용한 자 등은 5년 이하의 징역이나 5천만원 이하의 벌금에 처한다. (「의료법」 제87조의2)

4. 권대희법을 둘러싼 논란

우선 「개인정보 보호법」 제25조[1]에서는 범죄의 예방 및 수사, 시설안전 및 화재 예방 등을 위하여 필요한 경우 외에도 법령에서 구체적으로 허용하고 있는 경우 공개된 장소에 영상정보처리기기를 설치·운영할 수 있도록 규정하고 있다. 그리고 CCTV 설치에 관한 근거를 규정한 개별법률은 다음과 같다.

법 률	조 문	목 적	설치장소
영유아보육법	제15조4	영유아의 안전과 어린이집의 보안	어린이집
보행안전 및 편의증진에 관한 법률	제24조	범죄로부터 보행자 보호	보행자길
아동복지법	제32조	유괴범죄의 위험으로부터 아동 보호	도시공원, 어린이집, 초등학교, 특수학교, 유치원의 주변구역
학교폭력 예방 및 대책에 관한 법률	제20조의7	학교폭력 예방	학교 내외
보호소년 등의 처우에 관한 법률	제14조의3	보호소년 등의 자해 등 방지	소년원 및 소년분류심사원
초·중등교육법	제30조의8	외부인의 무단출입이나 학교폭력 및 범죄 예방	학교시설 (학교담장 포함)
출입국관리법	제56조의7	피보호자의 자해 등 방지	지방출입국, 외국인관서

※ 박종희, 의료법 개정안 검토보고, 보건복지위원회, 2019. 7, 56쪽.

---

1 「개인정보 보호법」 제25조(영상정보처리기기의 설치·운영 제한) ① 누구든지 다음 각 호의 경우를 제외하고는 공개된 장소에 영상정보처리기기를 설치·운영하여서는 아니 된다.
1. **법령에서 구체적으로 허용하고 있는 경우**
2. 범죄의 예방 및 수사를 위하여 필요한 경우
3. 시설안전 및 화재 예방을 위하여 필요한 경우
4. 교통단속을 위하여 필요한 경우
5. 교통정보의 수집·분석 및 제공을 위하여 필요한 경우

제20대 국회에서 보건복지위원회 소속이 아닌 안규백 의원이 법안 대표발의를 했을 만큼, 수술실 CCTV 설치는 민감한 문제다. 의료계 단체 대부분이 강력하게 반대하는 입장이어서, 법안을 발의한 의원들은 해당 지역구 의료단체와 불편한 관계가 될 가능성이 적지 않다. 지역구 여론에 민감한 의원들이 법안발의를 주저하는 이유이다.

의사단체들은 의료기관의 장 또는 의료인 입장에서 의료사고의 위험이 높다는 이유로 또는 환자의 요청이 있다는 이유로 촬영 의사와 무관하게 이를 허용하는 것은 사실상 진료계약 관계에 있는 환자로부터의 근로 감시에 해당하여 인격권과 직업수행의 자유를 과도하게 침해될 것이고, CCTV 설치는 결국 의료인을 잠재적인 범죄자로 인식하는 결과가 초래되어 의료인의 사기저하가 우려될 것이라고 주장한다. 그리고 수술 실패 등 의료사고 발생 부담으로 최선의 수술 노력이 저해될 수 있으며, 나아가 수술을 상시 동반하는 과목의 전문의 기피현상 심화로 전반적인 의료서비스의 질이 저하될 수 있다는 우려가 있다고 하였다.

또한 의료행위는 기본적으로 침습(侵襲)이라는 위해성 있는 행위를 전제하고 있음에도 단순히 환자가 희망하는 결과가 나타나지 않거나 당초 예상 가능한 부작용이 발생한 경우에도 의료인의 과실을 입증하려는 의도로 촬영 자료 열람을 요청하는 등 의료분쟁을 확대시킬 소지가 있으며 영상정보처리기기를 수술실 내부에 설치하여 촬영할 경우 환자의 내부장기 또는 신체의 특정부위가 지속적으로 노출되는 등 환자의 동의 또는 요청에도 불구하고 사전에 인식하지 못한 사생활의 피해가 발생할 수 있다고 하여 법안을 반대하고 있다.

구체적으로 대한병원협회는 수술실 내 CCTV 운영의 이익이 일부 인정된다 하더라도, 그 수단·내용이 과도하여 의료인의 인격권 및 직업수행의 자유 등 침해 우려가 있고, 고난이도 영역 발전 저해와 전문의 수급문제 등 의료정책에도 부정적 영향을 초래하므로 개정안에 반대한다는 입장이다.

그리고 대한의사협회는 환자와 의료인 간의 신뢰관계를 붕괴시킬 우려가 있음. 또한 환자에 대한 외과수술 장면 등 환자의 민감한 신체정보가 유출될 경우 환자의 프라이버시 침해가 우려된다는 점에서 개정안에 반대한다는 입장이다.[2]

그러나 한국환자단체연합회는 수술실 안전, 인권, 무자격자 대리수술 근절을 위해 「의료법」개정안에 대하여 적극적으로 찬성한다는 입장이다. 이후 한국환자단체연합회는 2021년 4월 28일에 국회 앞에서 기자회견을 열고 「의료법」 개정안 원안대로 수술실 내부에도 CCTV 설치를 의무화할 것을 주장했다.

경기도의료원의 수술실 CCTV 운영방안에 대한 여론조사에 따르면 CCTV 설치에 찬성하는 사람이 91%에 달하는 것으로 나타났고,[3] 수술실 CCTV 시범사업(2018. 10. 1~2019. 4. 30) 결과[4]를 보면, 수술건수 1,192건 중 촬영에 동의한 건수는 791건(66%)으로, 환자 입장에서의 여론은 대체로 긍정적인 것으로 나타났다.[5]

수술실 CCTV 설치에 관한 찬반 의견[6]을 대비해 보면, 다음과 같다.

찬성 의견	반대 의견
첫째, 의료기관 내에서 발생한 의료사고의 경우 조직적 은폐가 가능하여 환자가 관련 정보에 접근하는 것이 사실상 어려울 뿐만 아니라 해당 의료사고에 참여한 의료인 모두 같은 입장에 놓여 있어 내부자 제보 또한 기대하기 어렵다는 점에	첫째, 의료기관의 장 또는 의료인 입장에서 의료사고의 위험이 높다는 이유로 또는 환자의 요청이 있다는 이유로 촬영 의사와 무관하게 이를 허용하는 것은 사실상 진료계약 관계에 있는 환자로부터의 근로 감시에 해당하여 인격권과 직업

2 박종희, 의료법 개정안 검토보고서, 보건복지위원회, 2019. 7, 63쪽.
3 다만, 이에 대해서는 환자들이 노출되는 민감정보의 범위(노출되는 신체 부위·범위 등)를 충분히 인식하게 된다면 실제 동의 여부는 달라질 수 있다는 한계 제기.
4 경기도 CCTV 설치 시범사업 결과(경기도 제시)
- 시범기간 : 2018. 10. 1~2019. 4. 30.
- 운영인력 : 마취통증의학과 전문의, 집도의, 간호사 8명
- 운영방법 : 수술실 5개 CCTV 설치
- **운영결과 : 총 수술건수 1,192건 중 촬영 동의 791건(66%)**

5 박종희, 의료법 개정안 검토보고서, 보건복지위원회, 2019. 7, 58쪽.
6 박종희, 의료법 개정안 검토보고서, 보건복지위원회, 2019. 7, 60쪽.

서, 의료사고 발생 시 관련 정보를 확보하기 위한 제도적 장치를 마련할 필요가 있음.	수행의 자유를 과도하게 침해하는 측면이 있음.
둘째, 영상정보처리기기가 설치되었다는 사실이 의료인의 집중력을 제고하여 의료사고 발생을 예방하는 효과를 기대할 수 있고, 특히 대리수술과 같이 고의·과실에 기인하는 범죄를 사전에 방지할 수 있을 것으로 예상됨.	둘째, 영상정보처리기기 설치는 결국 의료인을 잠재적인 범죄자로 인식하는 결과가 초래되어 의료인의 사기 저하가 우려되고, 수술 실패 등 의료사고 발생 부담으로 최선의 수술 노력이 저해될 수 있으며, 나아가 수술을 상시 동반하는 과목의 전문의 기피 현상 심화로 전반적인 의료서비스의 질이 저하될 수 있다는 우려가 있음.
셋째, 의료분쟁 시 영상정보처리기기를 통하여 촬영된 의료행위 장면은 환자의 증거 확보 수단뿐만 아니라 해당 의료인의 과실 없음을 입증하기 위한 수단으로도 활용될 수 있다는 점도 고려할 필요가 있음.	셋째, 의료행위는 기본적으로 침습이라는 위해성 있는 행위를 전제하고 있음에도 단순히 환자가 희망하는 결과가 나타나지 않거나 당초 예상 가능한 부작용이 발생한 경우에도 의료인의 과실을 입증하려는 의도로 촬영 자료 열람을 요청하는 등 의료분쟁을 확대시킬 소지가 있음.
	넷째, 영상정보처리기기를 수술실 내부에 설치하여 촬영할 경우 환자의 내부장기 또는 신체의 특정부위가 지속적으로 노출되는 등 환자의 동의 또는 요청에도 불구하고 사전에 인식하지 못한 사생활의 피해가 발생할 수 있음.

보건복지부는 무면허 의료행위 예방 및 환자의 알권리 확보 취지에는 공감하나, 설치 목적, 효과 및 부작용 등에 대한 사회적 논쟁이 첨예한 사안으로 이를 종합적으로 검토할 필요가 있다는 입장이다.[7]

7 박종희, 의료법 개정안 검토보고서, 보건복지위원회, 2019. 7, 63쪽.

「의료법」 개정안에 대한 찬반론과 관련 단체의 의견을 검토한 국회 보건복지위원회의 검토의견은 다음과 같다.

- 헌법 제37조제2항은 국민의 모든 자유과 권리는 국가안전보장·질서유지 또는 공공복리를 위하여 필요한 경우에 한하여 법률로써 제한할 수 있으나, 이 경우에도 본질적인 내용은 침해할 수 없다고 규정하고 있는바, 영상정보처리기기 설치가 의료인의 인격권 및 직업수행의 자유의 본질적인 내용을 침해하는지 여부에 대한 논의가 필요할 것임.
- 이와 관련하여서는 우선적으로 의료분쟁의 공정한 해결을 위한 영상정보처리기기 설치·운영 외 타 정책적 수단에 대한 논의와 함께, 영상정보처리기기 설치를 통하여 확보할 수 있는 공익과 그로 인하여 침해될 수 있는 의료인의 권리를 비교형량하여 결정할 필요가 있음.
- 영상정보처리기기 설치 외 타 정책적 수단으로는 대리수술을 하게 한 의료인 또는 고의·중과실로 의료사고를 야기한 의료인에 대한 면허취소 및 처벌을 강화하거나, 수술실 출입자 명부 작성과 출입 시 지문인식을 의무화하며, 수술실 입구에 CCTV를 설치하는 방안[8] 등을 고려해 볼 수 있음.
- 아울러, 영상정보처리기기 설치를 도입할 경우에도 의료인의 권익 침해가 최소화될 수 있는 방안을 강구할 필요가 있음.

국가인권위원회 전원위원회는 2021년 3월 17일에 환자요구와 동의에 따라 수술실 CCTV활용을 허용해야 한다는 의견표명을 하였다.

인권위, 환자 요구와 동의에 따라 수술실 CCTV 촬영 허용해야
-「의료법 일부개정법률안」에 대해 의견 표명 -

- 국가인권위원회(위원장 최영애)는 「의료법 일부개정법률안」에 대해, "부정의료행위 방지 등 공익의 보호를 위해, 환자 또는 보호자가 요구하여 동의하는 경우에 한해 수술 장면을 영상정보처리기기로 촬영하도록 할 필요가 있다"는 의견을 국회의장에게 표명하기로 결정했다.
- 수술실 내에 영상정보처리기기를 설치하여 촬영하는 것은 환자의 안전 확보 등 공익적 측면이 있으나 한편으로는 의료진의 개인영상정보를 수집하여 사생활

8 대한의사협회의 의견

의 비밀과 자유 및 개인정보자기결정권이 제한될 여지도 있다. 인권위는 수술실의 폐쇄적 특징 및 환자 마취로 인해 주변 상황을 인지할 수 없는 점, 의료행위 제반과정에 대한 정보 입수에 있어 환자 및 보호자가 취약한 지위에 놓이는 점 등을 고려할 때 수술실 영상정보처리기기 설치와 촬영을 법률로 정하는 것은 공익 보호의 측면이 더 크다고 판단했다.

- 「의료법 개정안」은 의료사고가 발생할 위험이 높은 수술과 그렇지 않은 수술을 구분하고 있는데, 그간의 부정의료행위는 의료사고가 발생할 위험성이 높은 중요한 수술 보다는 오히려 성형수술 등에서 발생하는 경우가 적지 않은 것으로 보인다. 이에 인권위는 영상정보처리기기를 통해 촬영하는 수술을 구분하지 말고, 원칙적으로 모든 수술에 대해 촬영하되 환자 또는 보호자가 요구하여 명시적 동의를 받은 경우에 한해 촬영하도록 할 필요가 있다고 판단했다.
- 「의료법 개정안」은 수술을 촬영할 수 있는 영상정보처리기기에 CCTV 및 네트워크카메라를 모두 포함한다. 그런데 CCTV는 외부와 차단된 폐쇄회로를 통해 촬영 영상을 전송·저장하므로 상대적으로 보안성이 높으나, 네트워크카메라는 개방된 인터넷망을 통하므로 보안이 취약하다는 지적이 있고 실제로 네트워크카메라에서 개인영상정보 유출 사례가 다수 있다. 이러한 취지에서 「영유아보육법」도 어린이집에 설치하는 영상정보처리기기를 원칙적으로 CCTV로 한정한다. 이에 인권위는 수술 장면을 촬영하는 영상정보처리기기는 CCTV로만 한정할 필요가 있다고 판단했다.

수술실 CCTV를 의무화해 달라는 청와대 국민청원은 동의자가 1만 명을 넘어설 정도로 수술실 CCTV설치에 대한 여론의 지지는 컸다. CNN방송은 2021년 4월 11일 수술도중 과다출혈로 사망한 권대의 사건을 중심으로 한국에서의 유령의사(Ghost Doctor)의 대리수술 실태를 보도하기도 하였다.

전술한 바와 같이 수술실 CCTV 설치의무를 규정한 의료법 개정안은 수많은 논란을 뒤로 하고 2021년 9월 24일에 공포되어 2년후인 2023년 9월 25일부터 시행되었다. CCTV를 설치해야 하는 의료기관은 전신마취 등 환자 의식이 없는 상태에서 수술을 시행하는 모든 의료기관이다. 의료기관 장과 의료인은 환자 또는 환자 가족이 CCTV 촬영을 요구하면 '거부 정당화 사유'에 해당하는 경우를 제외하고는 촬영에 응해야 한다.

CHAPTER

16 하재헌법

1. 하재헌과 하재헌법

하재헌은 비무장지대(DMZ)에서 군복무 중에 지뢰폭발로 인해 두 다리를 잃은 하사였다. 하재헌 하사는 군복무로 공무수행 중에 상해를 입었음에도 불구하고 민간병원 요양비가 지원되지 않는 문제가 지적되었고, 이를 해결하기 위한 「군인연금법」 일부개정법률을 하재헌법[1]이라 한다.

2. 하재헌법의 배경

2015년 8월 4일 비무장지대에 매설된 지뢰가 폭발하면서 하재헌 하사와 김정원 하사가 중상을 입은 사고가 발생하였다. 이 사건으로 하재헌 하사는 두 다리가 잘렸고, 하 하사를 구해 후송하려던 김정원 하사도 지뢰를 밟아 오른쪽 발목을 잃었다. 두 명의 하사는 중상을 입고 치료를 받은 이후에 민간병원에서의 치료가 필요했다.

그러나 당시 「군인연금법」 규정에는 민간병원 치료비 지급은 30일 이내로 제한되어 있어서 그 후의 치료비는 공무상 상해임에도 불구하고 개인이 부담해

1 뉴시스, 2015. 9. 16; 매일경제신문, 2015. 9. 16.

야 하는 부당함이 있어 사회적 논란이 일었고, 이에 따라 「군인연금법」 규정의 입법적 보완 필요성이 대두되었다. 2015년 9월 25일 서영교 의원을 포함한 41인의 의원이 「군인연금법」 개정안을 발의하였는데, 제안이유는 다음과 같다.

> 현행 군인연금법 제30조의5에 따르면 군인이 전투나 특수직무 및 공무로 인한 부상을 입은 경우 군병원에서 치료받을 수 없어 민간병원에서 치료를 받게 되더라도 이에 따른 공무상 요양비 지급 기간을 최장 30일로 제한하고 있음.
> 따라서 국방의 의무를 다하다가 발생한 부상에도 불구하고 군 병원이 아니라는 이유만으로 일정기간이 경과하면 자비로 치료하게 되는 사례가 빈번하게 발생하였고, 최근 DMZ에서 발생한 지뢰폭발사고로 부상당한 하재헌 하사와 김정원 하사의 경우 평생 장애를 안고 살아가야 함에도 민간병원에서의 치료비 중 30일분에 대해서만 국가가 지원하였고, 앞으로 장애를 보조할 기구조차 자비로 마련해야 하는 실정이었음.
> 이에 국방의 의무를 성실히 이행한 군인들의 부상은 국가가 평생 책임질 수 있도록 전투나 특수직무 수행 등 공무로 인해 부상을 입은 경우에는 그 부상정도에 따라 기간에 상관없이 공무상요양비를 지급받을 수 있도록 하고, 부상 후유증에 따른 치료와 재활기구 및 의족, 의안, 휠체어와 같은 장애보조기구의 경우 제한기간 없이 국가가 지원할 수 있도록 하며, 기존의 공무상 부상으로 민간병원에서 자비로 치료받을 수밖에 없었던 장병의 경우 이 법 시행일부터 1년 동안 특례기간을 두어 치료비 신청을 할 수 있도록 해 국방부의 심의를 거치면 그동안 자비로 부담한 공무상요양비 보상이 가능할 수 있도록 함(안 제30조의5).

이 법안은 2015년 9월 30일에 국회 국방위원회에 회부되어 11월 18일에 상정되고 법률안심사소위원회에 회부되었으며 11월 25일에 국방위원회 전체회의에서 의결되었고 법제사법위원회를 거쳐 2015년 12월 9일에 국회본회의를 통과하고 정부에 이송되어 그 해 12월 29일 공포하고 3개월이 경과한 날부터 시행되었다.

3. 하재헌법의 내용

하재헌법은 북한군이 매설한 목함지뢰 도발사건을 계기로 당시 「군인연금법」상의 문제점을 보완한 것으로, 군인이 의무 복무 중에 공무상 부상이나 질병으로 인해 민간병원에서 요양할 경우 그 진료비 지급을 30일 이내에서 치료 완료시까지로 확대한 것이다.

또한 부상이나 질병 등의 재발로 인해 민간병원에서 재요양 할 경우에도 진료비를 지급도록 하는 것을 내용으로 한다.

그리고, 부칙에서는 개정법의 적용대상을 현재 요양자나 치료는 마쳤으나 요양비 지급신청을 아직 하지 않은 군인도 할 수 있도록 하여 기존 법률에서 군인이나 그 가족에게 부당하게 병원 요양비용 등을 책임지도록 한 점을 개선·보완하였다. 개정 법률의 주요내용은 다음과 같다.

① 군인이 공무상 부상 및 질병으로 민간병원에서 요양하는 경우 그 진료비를 치료가 완료되는 시점까지 국가가 부담하도록 공무상요양비 지급기간을 연장함(제30조의5제2항).
② 치유된 부상 등이 재발하여 민간병원에서의 재요양이 필요한 경우에도 공무상요양비가 지급될 수 있도록 재요양 제도를 도입함(제30조의10 신설).
③ 공무상요양비 지급에 관한 개정규정은 이 법 시행 당시 요양 중이거나 요양이 완료되었으나 공무상요양비를 청구하지 아니한 경우에도 적용함(부칙 제3조).

4. 하재헌법을 둘러싼 논란

당시 「군인연금법 시행령」 제30조[2]에서 공무상요양비 지급 기간을 30일까지로 상한을 둔 것은, 군인은 공무원과 달리 군 병원이라는 무상의료체계를 이용할 수 있으므로, 민간병원에서는 꼭 필요한 치료만 수행하고 가급적 군 병원을 활용하도록 하려는 취지이다.

2 군인연금법 시행령 제60조(공무상 요양기간 등) 법 제30조의5 제2항에서 "대통령령으로 정하는 기간"이란 요양기관에서 동일한 질병 또는 부상으로 요양하는 기간으로서 20일(질병 또는 부상의 정도가 국방부장관이 정하는 기준에 해당하는 경우에는 30일)을 말한다.

그러나 민간병원에서의 치료가 30일을 초과하여 공상자가 민간치료비를 부담하게 되는 사례가 발생함에 따라, 2015년 10월 25일 국방부는 군인연금법 시행령을 개정하여 일반 공무 중 부상자의 요양비 지급기간은 현행과 같이 최대 30일까지로 한정하되, 전상자, 고도의 위험직무 수행에 따른 공상자의 요양비 지급기간은 최초 2년 이하, 필요시 1년 이하의 기간 단위로 연장할 수 있도록 하여 제한 없이 그 기간을 보장하였다.

이를 통해 군인이 군병원의 진료능력을 초과하는 부상을 당하여 민간병원에서 30일을 초과하는 치료를 받는 경우에도 국가가 그 치료비를 지원하게 됨에 따라, 개정안의 요양기간 연장 취지는 반영된 것으로 보이지만, 일반 직무 공상자에 대하여는 여전히 민간병원 요양비 지급기간을 여전히 30일로 제한하여, 부상의 정도가 아닌 직무의 종류에 따라 요양비 지급기간을 차별하는 결과를 초래하는 등 형평성의 문제가 지적되고 있다.

서영교 의원 발의안에서는 이러한 '직무의 종류'에 관계없이 요양비를 지급받을 수 있도록 하였다. 그러나 서영교 의원 발의안 부칙에서는 공무상 요양비 지급의 소급에 관한 특례규정에서는 법 시행 후 1년 이내의 기간 동안 요양비를 청구할 수 있도록 하고 있다. 실제 과거에 민간병원 치료기간이 30일을 초과하여 자비로 치료비를 부담하게 된 경우가 발생하였으므로, 실비 보상차원에서 소급적용이 필요할 수 있다.

그러나 개정안과 같이 공무상 요양비 지급이 완료된 모든 공상자에게 제한 없이 적용한다면 그 대상 인원과 예산규모를 확정하기 어려우며, 소급 보상의 근거가 되는 의무기록도 민간병원의 보존연한이 대부분 10년 이내로 짧아 의무기록이 없는 경우가 다수일 것으로 판단되므로 소급 적용범위를 한정하여 적용하는 방안을 고려하여야 할 것이라는 지적이 있었다.

이러한 지적을 반영한 결과 공포된 군인연금법에서는 법 시행 전에 지급사유가 발생한 급여로서 제30조의7에 따라 공무상요양비를 청구(제8조 제1항에 따른 시효가 소멸되지 아니한 경우를 말한다)할 수 있거나 이 법 시행 당시 공무상 질병 또는 부상으로 요양기관에서 요양 중인 경우에 대하여도 적용하도록 수정되었다.

공무상 재해를 입은 군인과 그 가족에 대한 적절한 보상체계를 마련하기 위하여 「군인연금법」에서 「군인 재해보상법」이 분법(分法)되었다. 즉, 군인의 공무로 인한 부상·질병·장해·사망에 대한 보상을 내용으로 하는 「군인 재해보상법」이 2019년 12월 10일에 제정되어 2020년 6월 11일부터 시행되었다. 「군인 재해보상법」의 제정에는 일종의 중간단계로서 하재헌법이 중요한 계기가 되었다.

CHAPTER

17 한예슬법

1. 한예슬과 한예슬법

한예슬은 모델 겸 배우이다. 한예슬은 2018년 지방종 제거수술을 받은 후 회복과정에서 의료사고를 주장하였고, 한예슬법[1]은 의료사고 발생시 피해자의 입증책임을 완화시켜 주는 내용의「의료사고 피해구제 및 의료분쟁 조정 등에 관한 법률」개정안이다.

2. 한예슬법의 배경

모델 겸 배우인 한예슬은 지방종 제거 수술후 회복이 늦어지자 의료사고임을 주장하였고, 이를 계기로 하여 송기헌 의원 등 10인이 2018년 5월 21일에「의료사고 피해구제 및 의료분쟁 조정 등에 관한 법률」개정안을 발의하였다. 동 개정안의 제안이유는 다음과 같다.

> 최근 한 유명 연예인과 관련된 의료사고에서 병원 측이 신속하게 사과하고 적극적으로 보상 논의에 나서는 모습을 보인 바 있는데, 피해자가 유명인이 아닌 일반인이었던 경우에는 제대로 된 설명이나 사과가 없었던 사례와 대비되면서 의

1 메디컬투데이, 2018. 5. 23; 메디컬타임즈, 2018. 6. 19; 의학신문, 2018. 6. 19.

> 료사고가 발생한 경우에는 보건의료기관에서 의무적으로 사고의 내용, 발생 경위, 보상방안 등을 신속하게 설명하도록 하는 제도적 방안에 대한 요구가 높아지고 있음.
> 이에 의료사고가 발생한 경우 보건의료기관개설자 및 보건의료인은 피해자 또는 보호자에게 보건복지부령으로 정하는 바에 따라 의료사고의 내용, 사고 경위 등을 충분히 설명하도록 하는 책무를 규정하려는 것임(안 제5조 제3항 신설).

한예슬법은 2018년 5월 23일에 보건복지위원회에 회부되어 8월 28일에 상정되었으나 이후 법안심의에 진전은 없었으며, 제20대 국회의 임기만료로 폐기되었다.

3. 한예슬법의 내용

한예슬법은 의료사고 발생 시 의료기관 개설자나 보건의료인에게 피해자 또는 피해자의 보호자에게 의료사고의 내용과 사고 경위 등을 충분히 설명하도록 의무화하는 내용의 「의료사고 피해구제 및 의료분쟁 조정 등에 관한 법률」 개정안이다.

현 행	개정안
<신설>	제5조(국가·보건의료개설자 및 보건의료인의 책무 등) ③ 보건의료기관개설자 및 보건의료인은 의료사고가 발생한 경우 피해자 또는 피해자의 보호자에게 보건복지부령으로 정하는 바에 따라 의료사고의 내용, 사고 경위 및 보상방안 등을 충분히 설명하여야 한다.

4. 한예슬법을 둘러싼 논란

개정안은 의료사고가 발생한 경우 보건의료인 등이 피해자 또는 피해자의 보호자에게 의료사고의 내용, 사고 경위 및 보상방안 등을 충분히 설명하도록 책무를 규정하려는 내용이다.

법안을 발의한 송 의원은 "현행법의 한계로 의료사고 발생 시 사고 내용, 발생 경위 등 의무적 설명에 대한 요구가 늘어나고 있다"라며 "이번 개정안을 통해 의료사고에 대하여 신속하고 충분한 설명이 이루어지길 기대한다"고 밝혔다.

국회 보건복지위원회의 검토의견에 따르면, 개정안은 의료사고의 내용이나 발생 경위 등에 대한 의료진과 환자의 충분한 소통을 통해 환자의 알 권리를 증진하는 동시에, 의료분쟁이 사회적 분쟁으로 확대되는 대신 상호 원만한 합의에 이르도록 하려는 것으로 입법취지는 타당한 측면이 있다. 다만, 현행법상 "의료사고"[2]는 보건의료인이 환자에 대하여 실시하는 진단·검사·치료 등의 행위로 인하여 사람의 생명·신체 및 재산에 대하여 피해가 발생한 경우를 통칭하는 것인데, 보건의료인의 과실유무와 무관하게 의료사고에 따른 "보상 방안"까지 설명하도록 의무화하는 것은 적절하지 아니한 측면이 있다는 의견을 제시하였다.

그리고, 환자안전사고 발생시 사고의 내용 및 발생 경위 등을 환자 등에게 설명하도록 하려는 유사한 내용의 「환자안전법」 일부개정법률안(김상훈의원안, 제12551호)이 발의되어 있다. 법체계의 측면에서[3] 이러한 설명의무는 환자안전법에 들어가는 것이 바람직하다고 본다.

---

2 **「의료사고 피해구제 및 의료분쟁 조정 등에 관한 법률」 제2조(정의)** 이 법에서 사용하는 용어의 뜻은 다음과 같다.

1. "의료사고"란 보건의료인(「의료법」 제27조 제1항 단서 또는 「약사법」 제23조 제1항 단서에 따라 그 행위가 허용되는 자를 포함한다)이 환자에 대하여 실시하는 진단·검사·치료·의약품의 처방 및 조제 등의 행위(이하 "의료행위등"이라 한다)로 인하여 사람의 생명·신체 및 재산에 대하여 피해가 발생한 경우를 말한다.

3 「의료사고 피해구제 및 의료분쟁 조정 등에 관한 법률」은 의료분쟁의 조정 및 중재에 관한 사항을 규정하는 것을 기본 목적으로 규정하고 있다.

대한병원협회에 따르면, 의료사고라는 개념은 보건의료인 측의 무과실 및 불가항력 경우까지 모두 포함하는 개념으로, 보건의료서비스를 제공하는 행위자 입장에서 환자 측에 대한 피해가 발생하지 않았다고 판단하는 경우 의료사고라고 인식하지 않게 되고, 그에 따라 의료사고의 내용 및 사고경위를 설명하여야 할 필요성을 느끼지 못하게 되어 법안의 준수가 어려워질 것으로 보았다.

대한의사협회에 따르면, 의료사고가 발생하였다는 사실만으로 의료사고로 단정짓고 의료인으로 하여금 의료사고의 내용과 사고경위, 보상방안까지 설명하도록 하는 입법취지는 재판부의 법률적 판단을 전제로 하는 의료관련 손해배상책임의 법리를 오해한 것이라고 보았다. 보건복지부는 의료행위와 피해 사이의 인과관계가 법원 등에 의해 규명되기 전에 환자에게 발생한 악결과에 대하여 의료사고라는 것을 전제로 의료사고의 내용 또는 보상방안 등을 설명하도록 강제하는 것은 입증책임 전환의 문제 및 향후 법적 분쟁과정에서 불리한 증거로 사용 등의 문제가 있어 신중한 검토가 필요하다는 의견임을 밝혔다.[4]

전라남도의사회는 "의료인의 진료 및 처치, 수술 등의 행위를 함에 있어서 환자의 상태는 매우 다양하고 결과 또한 일률적이지 않아 최선을 다한 의료행위에도 경우에 따라서 의료분쟁이 발생할 수 있다"며 "법관 등 타 직업군과 비교시에도 의료영역에만 과도하게 직업의무를 세세하게 법으로 강제함은 직업의 평등성과 직업의무의 형평성에 매우 위배되는 조치"라고 지적했다. 또한 "의료분쟁 상태에서 중재원이나 법원에 의한 판결 전에 일방적으로 의료인에게 의료사고라고 인정하고 이에 대해 먼저 내용을 설명하게 하는 책무는 사실여부의 인과관계가 규명되기 전에 논쟁이 있을 수 있는 의료 행위를 일방적으로 의료사고로 매도하는 오류를 범할수 있다"는 입장을 밝혔다. 특히 진료거부권 등 권리가 없는 상태에서 의사들에게 과다한 의무만 강제적으로 부여한다면 의사들이 소극적으로 위험한 수술을 회피하는 상황이 벌어질 수 있다는 것이다.[5]

---

4 박종희, 「의료사고 피해구제 및 의료분쟁 조정 등에 관한 법률」 일부개정 법률안, 국회 보건복지위원회, 검토보고서, 2018. 8, 49~50쪽.

5 메디컬타임즈, 2018. 6. 19.

수사·기소·재판 등 관련

CHAPTER

18 김광석법

1. 김광석과 김광석법

김광석은 1996년 1월 6일에 사망한 가수이다. 1989년 10월 솔로로 데뷔하여 첫 음반을 발표한 이후 1994년에 마지막 음반인 4집을 발표하였으며, 1995년 8월에는 1,000회 공연기록을 달성하였다. 그리고 1996년 1월 6일 새벽 자택에서 전깃줄로 목을 매어 죽은 채로 발견되었고 자살한 것으로 알려졌다. 딸 김서연은 1991년에 태어났고 자폐성 장애를 앓고 있었는데 2007년에 사망한 사실이 2017년 9월에 알려졌다. '김광석법'[1]은 살해에 대한 새로운 단서가 발견되고 생존한 용의자를 특정할 수 있는 '변사 사건(2000년 8월 이전)'의 경우, 공소시효와 상관없이 재수사할 수 있도록 하는 내용의 법안을 말한다.

2. 김광석법의 배경

2007년 「형사소송법」 개정으로 살인죄 공소시효는 기존 15년에서 25년으로 늘었으며, 2015년 7월 31일에는 '태완이법'이 시행되며 「형사소송법」 제253조의2가 신설돼 살인사건에 대한 공소시효가 폐지됐다. 다만, 부칙에 적용대상에 제한을 두어, 법 시행 전에 발생한 사건의 경우 공소시효가 끝나지 않은 범

1 머니투데이, 2017. 10. 12; 한국일보, 2017. 9. 22; 헤럴드경제, 2017. 10. 19.

죄에 대해서만 적용한다는 규정을 두었다. 따라서 2000년 8월 1일 이후에 발생한 살인사건에만 공소시효 없음을 적용하기 때문에, 개정된 「형사소송법」에 따르더라도 시효가 만료된 2000년 8월 이전의 변사 사건들은 소급 적용이 안 되었다.

또한 영화 '김광석'을 상영하는 것에 대한 가처분 신청이 청구되었으나,[2] 상영금지가처분신청은 법원에 의하여 기각[3]되어 2017년 9월에 영화는 상영되었고, 김광석 사망사건에 대한 재수사와 기소를 가능하게 김광석법을 만들자는 주장이 이어졌다. 이와 별도로 김광석 딸의 사망에 대한 경찰의 재수사는 무혐의 처분이 내려졌다. 이러한 과정에서 김광석의 전 부인이 김광석 타살의혹을 제기한 영화 '김광석'의 감독을 상대로 한 손해배상 청구소송을 제기하였고, 2019년 5월 법원은 이를 일부 인정하여 5,000만원을 배상하라고 판결하였다. 인터넷에서는 김광석법을 만들어서 김광석 사망에 대한 의혹을 밝혀야 한다는 입법청원 움직임도 있었다.

3. 김광석법의 내용

김광석법의 내용은 「형사소송법」의 개정을 통하여 ① 살해 의혹을 제기할 수 있는 새로운 단서가 발견되거나 ② 용의자를 특정할 수 있으며 ③ 그 용의

---

2 가처분 사건의 신청취지는 1) 피신청인들은 신청인이 망 김광석을 살해하였다는 암시를 주거나, 망 김광석의 사인이 자살이 아니라 타살이다, 망 김광석이 김수영에게 생전에 저작권 등을 양도했었다, 신청인이 "영아 살해를 했다 강압으로 김광석의 저작권을 빼앗았다, 상속재산을 독차지하기 위해 망 김서연을 방치하여 죽게 하였다, 망 김서연의 죽음을 숨기고 소송 사기를 벌였다, 망 김광석 생전에 신청인이불륜을 저질렀다" 등 신청인을 비방하는 일체의 언행을 각종 언론 매체나, 사회관계망 서비스 (SNS), 피신청인 주식회사 발뉴스가 운영하고 있는 고발뉴스를 통해 이를 기사화 하여서는 아니 된다. 2) 피신청인 이상호는 위 제1항을 명령을 위반할 경우 신청인에게 위반 행위 1회당 50,000,000원을, 피신청인들이 제2항의 명령을 위반하였을 경우에는 위반 행위 당 각 10,000,000원을 지급하라.

3 "영화에 일부 과장되고 확인되지 않은 내용이 담겨있지만 내용이나 이야기 화면 구성 방식 등에 비춰 보았을 때 표현의 자유를 벗어나서 명예훼손을 하거나 원고의 저작권이나 초상권 침해가 됐다고 보기 어렵다"는 이유로 가처분 신청은 기각되었다.

자가 생존해 있는 경우에, 공소시효를 폐지함으로써 기소를 가능하게 하자는 것이다.

4. 김광석법을 둘러싼 논란

김광석법을 둘러싼 논란은 컸다. 우선 김광석법의 내용으로 알려진 '중요한 단서를 발견 했을 때'에는 재수사를 한다는 규정은 지나치게 추상적이고 불명확하다는 비판이 있었다. 즉, 명확성 원칙을 위반한 것이라는 주장이다.

그리고, 이미 공소시효가 완성되어 처벌이 불가능함에도 불구하고 공소시효를 연장하여 처벌을 하려는 법률을 제정하는 것은 '진정소급입법'이기 때문에 위헌이라는 주장도 제기되었다. 또한 적법절차의 원칙 및 형벌불소급 원칙에 위반된다는 등의 주장도 있었다.

그리고, 고 김광석의 부인이 안민석 더불어민주당 의원과 추혜선 정의당 의원을 상대로 국가인권위원회에 진정을 냈는데, 고 김광석의 유족인 자신의 명예를 훼손했다는 것과 '김광석법'이란 이름으로 법안을 만든다는 것 자체에 대한 부당함을 문제 제기하였다. 특정인의 이름을 차용할 경우는 이해당사자의 이해를 구하는 것이 중요한데 이 과정이 생략되었다는 점을 들어 인격권과 성명권의 침해를 당했다고 주장하였다.

이후 김광석법은 발의 자체가 안 되었고 고 김광석의 부인과 관련한 의혹에 대해서는 근거를 찾기 어렵다는 의견으로 불기소처분(혐의없음)으로 종결되었다.

CHAPTER 19 박찬주법

1. 박찬주와 박찬주법

박찬주는 전 육군대장이다. 2017년에 박찬주 전 육군대장의 소위 '공관병 갑질'이 알려졌다. 군에서 장교들이 병사들에게 화분관리, 반려동물 관리, 대학원 과제, 가족들을 위한 운전, 자녀의 과외 등 다양한 형태의 사적인 일을 시켰던 것이 사회적으로 문제가 되었다. 특히 박찬주 전 대장의 경우에는 공관병에게 호출용 전자 팔찌를 채우고 텃밭관리 등을 시켰다는 의혹도 제기되었다. 박찬주법[1]은 부하에게 사적인 일이나 소위 '갑질'을 하는 상관에 대한 처벌을 강화하기 위한 「군형법」 개정안이다.

2. 박찬주법의 배경

「군형법」에는 부하에게 부당하게 개인적 일을 하게 하는 상관을 처벌하는 별도의 규정이 없어서, 「형법」 제123조에 규정된 '직권남용죄'의 적용 여부에 관한 논란만 있었다. 그러나 직권남용죄는 직무와 관련이 있는 경우에 적용되므로 군상관의 '갑질'을 처벌하기에는 법리상 곤란하고, 그동안 이러한 이유로 군 내부에서의 이른바 '갑질'에 대한 제재가 이루어지지 않았다는 지적이 있었다.

---

1 서울신문, 2018. 8. 29; 뉴시스, 2018. 1. 12; 파이낸셜 뉴스, 2018. 2. 4.

따라서 박찬주법은 군내부에서 직권남용죄로 처벌이 어려웠던 법적 공백을 보완하려는 의미를 지닌다. 이철희 의원 등 13인이 2018년 1월 12일에 발의한 「군형법」 개정안의 제안이유는 다음과 같다.

> 공관병에게 전자팔찌를 채우고 텃밭 관리를 시키는 등 '공관병 갑질' 논란을 일으킨 박찬주 전 장군(예비역 육군대장)은 온 국민의 공분을 자아냈음에도 불구하고 「군형법」 및 「형법」에 적절한 처벌규정이 없어 군 검찰이 불기소결정을 하였음. 그 외에도 공관병에게 텃밭 관리, 난초 관리, 대학원 과제 등을 맡겼다는 혐의를 받은 육군 사단장, 아들이 홍대클럽을 갈 때 운전병을 이용하게 하거나 부인이 사적으로 운전병을 이용하게 하였다는 의혹을 받은 전 공군참모총장 등 군에서 상관이 부하직원을 사적으로 이용하거나 직권을 남용하여 의무없는 일을 하게 하는 일이 도를 넘었고, 이에 대한 국민적 분노가 높음. 이에 상관의 직권남용 및 부하에 대한 사적이용을 처벌하는 조항을 신설함으로써 군내 갑질을 엄벌하려는 것임.

박찬주법은 2018년 1월 15일에 법제사법위원회에 회부되어 5월 28일에 상정되었다. 이후 법제사법위원회의 법안심사 소위원회에서 법안을 심의하였으나 진전이 없다가 제20대 국회의 임기만료로 법안은 자동폐기 되었다.

3. 박찬주법의 내용

박찬주법의 내용은 간단하다. 「군형법」에 제95조를 신설하여 상관의 직권남용에 해당하는 경우를 신설하려는 것이다.

현 행	개정안
<신설>	제95조(상관의 직권남용 등) ① 상관이 직권을 남용하여 부하로 하여금 의무없는 일을 하게 하거나 부하의 권리행사를 방해한 때에는 5년 이하의 징역 또는 1천만원 이하의 벌금에 처한다. ② 상관이 그 지위를 이용하여 부하로 하여금 직무와 관계없는 사적 명령 또

	는 지시를 한 경우에는 7년 이하의 징역 또는 2천만원 이하의 벌금에 처한다.

4. 박찬주법을 둘러싼 논란

우선은 군내에서 이러한 '갑질'이 발생하자 많은 국민들이 분노하였고, 상관이 직권을 남용하여 부하에게 의무 없는 일을 하게 하는 행위 등에 대하여 형사처벌을 함으로써 이와 같은 행위를 근절하려는 개정안의 입법취지는 일단 긍정적으로 평가되었다.

그러나 이러한 법률이 만들어진다고 해도 실효성이 있을 것인가에 대해 의문이 제기되었다. 군내부에서의 이와 같은 일이 드러나기도 어렵고 기소되어 처벌되기도 어렵다는 예측이 가능한데, 이러한 법률 하나 만든다고 실효성이 있겠냐는 비관론이 있었다. 그리고 직무와 관계없는 사적 명령이나 지시를 한 경우에 최대한 7년 이하의 징역까지 처할 수 있도록 하는 것은 지나치게 과도한 법정형이 아닌가 하는 의문이 제기되었다. 비록 벌금형이 있다고 하더라도, '공관병 갑질'에 대한 형사처벌이 과잉금지원칙에 위배되는 것이 아닌가 하는 의문인 것이다.

국회 법제사법위원회의 검토의견서에 따르면, 국방부는 「군형법」 개정안 제95조 제1항에 대하여 「형법」에 동일한 내용이 규정되어 있어 처벌규정이 중복될 우려가 있고, 개정안 제95조 제2항에 대하여 제1항보다 비위정도가 경함에도 불구하고 법정형이 더 무거운 점, 직무와 관계없는 사적 명령의 경우 명확성의 원칙에 위배될 우려가 있는 점 등을 이유로 하여 신중한 검토가 필요하다는 의견을 제시하였다.[2]

2 강병훈, 「군형법」 일부개정법률안 검토의견서, 국회 법제사법위원회, 2018. 5, 9쪽.

또한 상관에 대한 부당한 지시를 거부하고 고발하여 시정할 수 있도록 하는 제도를 두어 내부고발과 감시기능이 가능하게 하자는 주장이 있었다. 현재도 내부고발자에 대한 보호장치가 있지만, 이를 실효성있게 활용해야 한다는 것이다. 특히 병사들에 대한 인권침해 사실을 상급기관 혹은 국회 등에 고발할 수 있도록 하는 내부고발자 보호법을 만들자는 의견도 있었다. 장성급 장교 등의 비위행위에 대한 실효적인 징계가 가능하도록 징계위원회를 구성하는 등의 내용을 담은 「군인사법」 개정안[3]은 여러 건이 발의되었다.

3 백혜련 의원(2017. 8. 8), 김병기 의원(2017. 8. 10), 김영우 의원(2017. 8. 11), 김학용 의원(2017. 8. 21) 등이 대표발의한 군인사법 개정안 참조.

CHAPTER 20 김성수법

1. 김성수와 김성수법

김성수는 2018년 10월 강서구의 한 PC방에서 아르바이트생의 얼굴을 칼로 30회 이상 찔러 잔혹하게 살해한 '강서구 PC방 살인사건'의 범인이다. 김성수는 재판과정에서 10년간 우울증을 앓아 왔다며 우울증 진단서를 제출하고, 심신미약을 이유로 한 감형을 주장하여 국민들이 분노하였다. 이를 계기로 심신미약 감형 의무조항을 폐지하자는 논의가 있었다. 즉, 김성수법[1]은 심신미약 상태에서 저지른 범죄에 대해 필요적 감경규정을 임의적 감경규정으로 수정하는 내용의 「형법」 개정법률이다.

2. 김성수법의 배경

2018년 10월 강서구의 한 PC방에서 아르바이트생을 잔혹하게 살해한 김성수가 경찰 조사 과정에서 우울증 진단서를 제출하고, 심신미약을 이유로 한 감형을 주장[2]하였다는 사실이 알려지면서 국민적 공분을 일어났고, 이에 따라

1 서울경제, 2018. 11. 29; 조선일보, 2018. 11. 29; 일요신문, 2018. 12. 4.

2 이후 김성수에 대해 감정유치 영장을 발부받은 경찰은 그를 공주치료감호소로 보내 정신감정을 받도록 했으며, 김성수는 한 달여 동안 정신감정을 받은 결과 심신상실 또는 심신미약 상태가 아닌 것으로 확인됐다.

입법운동이 시작되었다. 피살된 피해자에 대한 안타까운 마음과 피의자가 심신미약이라는 이유로 감형을 받을 수도 있는 법률 항의 개정을 위하여 청와대 홈페이지에 국민청원운동도 있었다.

이에 강효상 의원은 심신미약자의 범죄행위를 의무적으로 감형하는 조항을 없애고 임의조항으로 바꿀 수 있는 내용의 「형법」 개정안을 대표발의했다.[3] 법안의 제안이유와 주요내용은 다음과 같다.

> 2015년 강남역에서 조현병 환자가 무고한 여성을 살해한 사건에 이어 최근 강서구 PC방 아르바이트생이 잔혹하게 살해된 사건의 범인 역시 정신질환을 앓는 것으로 밝혀지며 국민적 공분이 일고 있음. 하지만 이러한 반사회적 범죄자가 조현병, 우울증 등 정신질환 및 주취 등으로 인해 심신미약으로 형을 감경받는 일이 이어지고, 일부 범죄자들이 심신미약을 감형의 수단으로 악용하려 하면서 사회정의가 부정되고 있다는 여론이 매우 팽배한 상황임. 이는 행위 당시의 책임 여부에 따라 처벌하는 우리 「형법」의 책임원칙에 따라 현행 제10조(심신장애인)에서의 심신장애상태가 인정된다면 감형한다는 의무조항 때문임.
>
> 영미법 국가들의 경우 심신미약자에 대한 감형규정이 없고, 우리와 같은 대륙법 국가인 독일의 경우도 「형법」 제21조에서 심신미약자에 대한 의무적 감형이 아닌 '형을 감경할 수 있다'는 임의적 감경 규정을 두고 있음.
>
> 이에 심신미약자에 대한 필요적 감경규정을 임의적 감경규정으로 개정하여 「형법」상 책임원칙을 부정하지 않으면서, 감형 여부는 법관의 재량과 사건의 경중 등에 따라 유연하게 적용할 수 있도록 하고, 동 개정에 따라 사문화되는 제10조 제3항을 삭제하려는 것임(안 제10조 제1항 및 제2항, 안 제10조 제3항 삭제).

심신미약감형에 대한 의무조항에서 임의조항으로 바뀌게 되는 이른 바 김성수법이 2018년 11월 28일에 재석 의원 250명 가운데 248명의 찬성으로 국회 본회의에서 의결되었다.[4] 전술한 윤창호법도 같은 날에 국회 본회의를 통과하였다.

---

3 https://blog.naver.com/adrm/221389144038

4 sbs뉴스, 2018. 11. 29.

3. 김성수법의 내용

「형법」 개정으로 음주나 약물에 취한 상태 등 심신미약 상태에서 저지른 행위에 형을 '감경한다'는 규정이 '감경할 수 있다'로 바뀌게 됐다. 이로써 피의자가 심신미약 상태에서 저지른 범죄라고 인정되면 법관은 본래 양형보다 감형된 판결을 해야 했던 현행 방식에서, 앞으로는 판사의 판단에 따라 심신미약 감형 여부를 결정할 수 있다. '무조건 심신미약 감형'은 사라지는 것이다.

개정전	개정후
형법 제10조(심신장애인) ① 심신장애로 인하여 사물을 변별한 능력이 없거나 의사를 결정할 능력이 없는 자의 행위는 벌하지 아니한다. ② 심신장애로 인하여 전항의 능력이 미약한 자의 행위는 형을 감경한다.	② 심신장애로 인하여 전항의 능력이 미약한 자의 행위는 형을 감경할 수 있다.

「형법」개정안은 현행법에서 음주나 약물에 취한 상태 등 심신미약 상태에서 저지른 행위에 형을 '감경한다'는 규정을 '감경할 수 있다'로 바꿨다. 여기에서 심신미약(心神微弱)이란 심신장애로 인하여 시비를 변별하고 또 그 변별에 의해 행동하는 능력이나 의사를 결정할 능력이 상당히 감퇴되어 있는 상태를 말한다. 형사처벌에서의 심신미약 인정은 자주 사회적 공분을 일으키면서 큰 논란을 일으켜 왔다. 대표적인 것이 주취감경으로, 이는 술을 마신 상태에서 저지른 범죄에 대해 형을 낮춰주는 것이다.

4. 김성수법을 둘러싼 논란

사회적으로 큰 반향을 일으킨 강력 범죄마다 빠짐없이 반복되는 '심신미약 감형' 논란이 입법의 동기가 되었다. 상당수 범죄 피의자들은 범행 당시 '정신질환'이나 '음주상태'를 이유로 심신미약 감형을 주장해왔다. 물론 법원에서 심신미약을 인정받는 것은 쉽지 않다. 하지만 심신미약 감형 기준과 국민들의 법 감정 사이에는 괴리가 컸다고 볼 수 있다. 심신미약이 인정된다고 해도 범행의 잔혹성 등이 밝혀지면 감형이 되어서는 안된다는 법감정이 존재하는 것이다. 그러나 이와 같은 국민들의 법감정과 배치되는 판결이 적지 않았다는 것이 「형법」 개정을 주장하는 원인이 되었다.

주지하다시피, 심신미약 감형 논란에 불을 지핀 사건은 조두순 사건이었다. 조두순은 2008년 초등학생을 납치해 성폭행하고 피해자가 평생 안고 살아가야 할 끔찍한 후유상해를 남겼다. 검찰은 무기징역을 구형하였지만, 법원은 범행 당시 조두순이 만취 상태였다는 이유로 심신미약을 인정하여 징역 12년을 선고했다. 이로 인하여 조두순에 대한 처벌 수위가 그가 저지른 범행에 비해 부족하다는 의견이 끊임없이 제기되었다. 2010년 4월 조두순 사건으로 인해 성폭력범죄의 처벌 등에 관한 특례법이 제정되었고, 성범죄의 경우에는 공소시효가 연장되고 심신미약 감경규정을 적용하지 않게 개정되었다.

조두순 법에서도 언급하였듯이 심신의 상실 또는 미약으로 인한 형의 감경이나 면제에 관한 원칙은 형법 제정 이후 변함이 없었다. 무조건적인 심신미약 감형을 할 것이 아니라 재판에서 엄격하게 심사를 해서 적용해야 한다는 주장이 계속해서 있어 왔고 그리하여 심신미약 상태에서 저지른 범죄라고 하여 심신미약 감형에 대한 의무와 관련하여 논란이 많았다. "술에 취해 기억이 없다"는 범죄자의 주장에 의하여 피해자가 '주취감경'으로 두 번 울게 되는 일이 적지 않다.[5]

이후 성범죄가 아닌 일반범죄도 심신미약 감형 논란은 끊이지 않았다. 이번 형법 개정을 촉발한 강서구 PC방 살인사건이 대표적이다. 이 사건은 피의자

---

5 일요신문, 2018. 12. 4.

실명을 따서 '김성수 사건'으로도 불리었는데, PC방에서 자리를 치워 달라는 사소한 시비로 인해 벌어졌다고 하기에는 믿기 어려울 만큼 잔혹한 살해 방식으로 대중에게 큰 충격을 주웠다. 그런데 수사가 시작되기도 전에 김성수의 가족이 우울증 진단서를 제출하면서 국민들의 공분을 샀다. 이에 청와대 국민청원 사상 최다 참여자인 119만 명이 동의해 이 사건에서 심신미약을 이용하는 것을 막아달라는 청원을 쏟아내는 등 사회적 이슈가 되었다.

이 같은 심신미약 감경에 대한 여론을 의식해 국회는 심신미약자에 대한 필요적 감경규정을 임의적 감경규정으로 개정했다. 좀 더 구체적으로 살펴보면, 관련 규정에서 심신미약자는 "형을 감경한다"는 문구를 "형을 감경할 수 있다"로 바꾼 것이다. 이에 따라 심신미약 감형을 법이 정한 조건만 갖춘다면 무조건 해주던 것에서 법관의 재량과 사건의 경중에 따라 유연하게 적용할 수 있을 것이다.

CHAPTER

21 장발장법

1. 장발장과 장발장법

장발장은 빅토르 위고의 소설 레미제라블의 주인공으로 빵을 훔친 죄로 19년의 징역형을 선고받은 문학작품 속의 인물이다. 장발장은 우리에게 소설은 물론이고 뮤지컬과 영화 등으로 잘 알려져 있다. 유명하고 친숙하기 때문에 실명입법의 주인공으로도 등장하였다고 볼 수 있다.

장발장법에는 전혀 다른 두 가지 종류가 있다. 하나는 장발장과 같은 상습 절도범을 가중 처벌하도록 하는 「특정범죄가중처벌 등에 관한 법률」 제5조의4(상습강도·절도죄 등의 가중처벌)이고,[1] 다른 하나는 벌금형을 선고받았으나 벌금을 낼 돈이 없어서 교도소에 갈 수밖에 없는 장발장과 같은 사람들을 돕기 위한 「형법」 개정안을 장발장법이라고 한다.[2]

---

1 대법원 3부(주심 권순일 대법관)는 상습 절도범을 가중 처벌토록 한 이른바 '장발장법'이 헌법재판소에서 위헌결정을 받음에 따라 이 혐의로 유죄를 선고한 사건을 파기환송했다. 한국경제신문, 2015. 6. 5; 절도 전과가 있는 사람이 단돈 100원을 다시 훔쳐도 징역 3년 이상의 중형에 처해지면서 이른바 '장발장법'이라 불리기도 했다. 제민일보, 2015. 5. 27; 특정범죄가중처벌법(이하 '특가법') 제5조의4. 절도전력이 있으면 빵 하나만 훔쳐도 중형을 선고할 수 있도록 하여 '장발장법'이라고 불려온 조항이다. 대한변협신문, 2015. 6. 15.

2 경미한 범죄로 벌금형을 선고받고도 경제적 능력이 없어 노역장에 유치되는 이들로 인한 '유전무죄 무전유죄(有錢無罪 無錢有罪)' 논란을 없애기 위한 '장발장법'이 추진된다. 매일경제신문, 2015. 6. 8; 돈이 없어서 징역을 사는 '현대판 장발장'들을 위한 '형법 개정안'을 발의했다. 이 법안은 빅토르 위고의 장편소설 '레미제라블'에서 빵 한 조각을 훔친 죄로 19

전자는 장발장을 만든 법이라고 하는 의미로 장발장법이라고 불렸고, 후자는 장발장을 만들어서는 안 된다는 의미로 장발장법이라고 불렸다. 편의상 전자를 장발장법 1이라고 하고, 후자를 장발장법 2이라고 한다.

2. 장발장법의 배경

1) 장발장법 1의 배경

2015년에 헌법재판소의 위헌 결정으로 무효가 된 특가법 제5조의4 일명 '한국판 장발장법'은 1980년에 국가보위입법회의에서 사회정화를 명분으로 만들어졌다. 장발장법은 1980년에 「특정범죄 가중처벌 등에 관한 법률」을 개정하면서 1970년대 이후 고도 경제성장의 이면에서 대형화·다양화·지능화된 상습 절도 및 장물 사범에 대하여 「형법」에 규정된 죄를 가중처벌하기 위해 도입되었다. 이후 일부 자구가 수정되었지만 내용은 대동소이하다. 1980년 11월에 정부에 의하여 제출된 「특정범죄가중처벌 등에 관한 법률」 개정안의 제안이유는 다음과 같다.

> 강도·절도범 등 불량배는 날로 그 수법이 지능적이고 대담하여 조직적이고 상습적으로 자행될 뿐 아니라 심지어 인명을 살상함으로써 사회불안을 조성하고 있음에 비추어 상습적이고 조직적인 강·절도범이나 누범자에 대하여는 처벌규정을 대폭 강화하여 동 사범을 엄단하고 사회정화를 기하고자 하는 것임.

1980년 11월 25일에 제출된 법안은 다음날인 26일에 법제사법위원회에 회부·상정·의결되고 본회의에는 11월 29일에 상정·의결되었으며, 12월 18일에 공포되었다. 법안 제출 4일 만에 국가보위입법회의를 통과할 정도로 신속히 처리되었다. 법안 제출 다음날인 1980년 11월 26일에 열린 법제사법위원회에서의

년간 감옥살이를 한 주인공 장발장에 빗대 '장발장법'으로도 불린다. 머니투데이, 2015. 6. 19; 경범죄로 벌금형을 받고도 벌금을 낼 돈조차 없어 교도소에 가야 하는 현대판 '장발장'을 돕기 위한 법안이 나왔다. 장발장은행의 출범 100일을 기념하고, 장발장법(형법 개정안)의 입법을 촉구하기 위해서다. 이데일리, 2015. 6. 9.

전문위원의 검토보고 요지에는 후일 위헌결정이 난 제5조의4에 대하여 "상습적인 강도 및 절도죄 등에 대한 가중처벌을 규정하기 위하여 신설한 것으로서 이는 위의 범죄들이 점차 상습적·조직적으로 자행됨으로써 조성되는 사회적 불안을 방지하기 위한 입법적 조치라고 보아 별 문제점이 없다고 사료됨"[3]이라는 의견이 제시되어 있다. 검토시간으로나 검토내용으로나 부실하기 짝이 없는 법안 심의가 이루어지며, 한국판 장발장법이 만들어졌다.

2) 장발장법 2의 배경

벌금형을 선고받고 벌금을 낼 돈이 없어서 징역형을 사는 사람들을 돕기 위한 장발장법은 이한성 의원, 박민수 의원, 김영록 의원, 김기준 의원, 홍종학 의원 등 여러 의원에 의하여 발의되었다. 언론에서는 홍종학 의원에 의해 발의된 형법 개정안이 많이 다루어졌으므로 이에 관해 살펴보기로 한다. 2015년 6월 8일에 홍종학 의원을 포함한 42인에 의하여 발의(대표발의자는 홍종학 의원)된 장발장법의 제안이유는 다음과 같다.

> 현재 벌금형을 선고받은 사람 중에서 경제적 이유로 벌금을 납입하지 못하여 노역장에 유치되는 사람이 매해 4만 여명에 이르고 있음. 이는 경미한 범죄로 벌금형을 선고받은 자가 경제적 능력에 따라 더 무거운 범죄로 자유형에 대한 집행유예를 선고받은 자보다 오히려 더 가혹한 처벌을 받는 결과를 초래하고 있어 벌금형의 공정성을 확보할 필요성이 존재함.

이후 국회에 발의된 12건의 법안이 법제사법위원회 위원장의 대안으로 통합되어, 2015년 12월 9일에 통합 「형법」 개정안이 제안되었고 같은 날 본회의에서 의결되어 2016년 1월 6일에 법률로 공포되었다. 이러한 과정을 거쳐 2016년 1월 6일에 「형법」 개정을 통하여 벌금형의 집행유예제도가 신설되었고, 개정규정은 2년의 유예기간을 거쳐 2018년 1월 7일부터 시행되고 있다. 개정이유는 다음과 같다.

---

3 법제사법위원회, 특정범죄가중처벌 등에 관한 법률 중 개정법률안 심사보고서, 1980. 11, 30~31쪽.

징역형에 대해 인정되는 집행유예가 징역형보다 상대적으로 가벼운 형벌인 벌금형에는 인정되지 않아 합리적이지 않다는 비판이 제기되어 왔고, 벌금 납부능력이 부족한 서민의 경우 벌금형을 선고받아 벌금을 납부하지 못할 시 노역장 유치되는 것을 우려하여 징역형의 집행유예 판결을 구하는 예가 빈번히 나타나는 등 형벌의 부조화 현상을 방지하고 서민의 경제적 어려움을 덜어주기 위해 벌금형에 대한 집행유예를 도입할 필요가 있음. 다만, 고액 벌금형의 집행유예를 인정하는 것에 대한 비판적인 법감정이 있는 점 등을 고려하여 500만원 이하의 벌금형을 선고하는 경우에만 집행유예를 선고할 수 있도록 규정함. 아울러, 벌금형을 선고받은 사실을 일정한 결격 사유로 정하고 있는 법률이 다수 존재하고 벌금형의 집행유예가 도입됨에 따라 그러한 법률 역시도 정비가 필요한 점을 고려하여 공포 후 2년이 경과한 후에 시행하도록 함.

3. 장발장법의 내용

1) 장발장법 1의 내용

1980년 11월에 개정된 「특정범죄가중처벌 등에 관한 법률」 개정안의 주요 내용은 형법에 규정된 절도죄와 강도죄 등에 대하여 단지 처벌을 가중하는 내용들이다.

「형법」 제329조(절도죄)에 절도범은 6년 이하의 징역이나 1,000만원 이하의 벌금에 처한다고 규정되어 있다. 그러나 특가법 제5조의4 제1항은 상습절도죄를 범한 사람은 무기 또는 3년 이상의 징역에 처하도록 규정하고, 제5조의4 제4항에서는 상습적으로 장물취득죄를 범한 사람은 무기 또는 3년 이상의 징역으로 가중처벌하도록 하고 있다. 상습강도범은 사형·무기 또는 10년 이상의 징역으로 가중처벌하도록 함으로써, 형법상 존속살해범(사형·무기 또는 7년 이상의 징역) 보다 더욱 엄하게 처벌하는 결과가 되었다. 사회정화라는 명분하에 상습절도·상습강도 등 일부 범죄에 대한 가중처벌을 하다 보니 형벌 전체의 체계와 균형이 상실되었다.

2) 장발장법 2의 내용

벌금에 대한 집행유예제도를 도입하고 벌금납입기한을 연장하고자 했던 장발장법 2, 「형법」 개정안의 내용은 다음과 같다.

현 행	개정안
제62조(집행유예의 요건) ① 3년 이하의 징역 또는 금고의 형을 선고할 경우에 제51조의 사항을 참작하여 그 정상에 참작할 만한 사유가 있는 때에는 1년 이상 5년 이하의 기간 형의 집행을 유예할 수 있다. 다만, 금고 이상의 형을 선고한 판결이 확정된 때부터 그 집행을 종료하거나 면제된 후 3년까지의 기간에 범한 죄에 대하여 형을 선고하는 경우에는 그러하지 아니하다.	**제62조(집행유예의 요건)** ① ------ 징역, 금고 또는 벌금의 형------ ---------------------- ---------------------- ---------------------- ---------------------- ---------------------- ---------------------- ---------------------- ----------------------.
<신 설>	**제69조의2(벌금 납입기한의 연장)** ① 법원은 피고인의 경제적 능력 등을 감안하여 벌금 전액을 일시에 납입하기 어렵다고 인정하는 때에는 그 납입 기한을 연장하거나 분할 납입하게 할 수 있다. ② 제1항에 따른 벌금의 납입기한 연장 또는 분할납입 등에 필요한 사항은 대법원 규칙으로 정한다.
<신 설>	**제69조의3(고지의무)** 법원과 검사는 벌금형이 예상되는 피고인에게 경제적인 이유로 벌금 전액을 일시에 납입할 수 없는 경우 벌금의 납입기한을 연장하거나 분할납입할 수 있음을 알려야 하며, 벌금을 낼 수 없는 자에 대하여 벌금형을 사회봉사로 대신할 수 있음을 알려야 한다.

장발장법 2는 전면 제도화되지는 않았다. 벌금납입기한의 연장이나 고지의무 등은 채택되지 않았다. 다만, 벌금형에 대한 집행유예는 다음과 같이 현실화되었다.

구 「형법」	개정 「형법」
제62조(집행유예의 요건) ① 3년 이하의 징역 또는 금고의 형을 선고할 경우에 제51조의 사항을 참작하여 그 정상에 참작할 만한 사유가 있는 때에는 1년 이상 5년 이하의 기간 형의 집행을 유예할 수 있다. 다만, 금고 이상의 형을 선고한 판결이 확정된 때부터 그 집행을 종료하거나 면제된 후 3년까지의 기간에 범한 죄에 대하여 형을 선고하는 경우에는 그러하지 아니하다.	**제62조(집행유예의 요건)** ① 3년 이하의 징역이나 금고 또는 500만원 이하의 벌금의 형을 선고할 경우에 제51조의 사항을 참작하여 그 정상에 참작할 만한 사유가 있는 때에는 1년 이상 5년 이하의 기간 형의 집행을 유예할 수 있다. 다만, 금고 이상의 형을 선고한 판결이 확정된 때부터 그 집행을 종료하거나 면제된 후 3년까지의 기간에 범한 죄에 대하여 형을 선고하는 경우에는 그러하지 아니하다.

4. 장발장법을 둘러싼 논란

1) 장발장법 1을 둘러싼 논란

영업이 끝난 분식집에 몰래 들어가서 라면 2개를 끓여 먹은 후에 2만원이 든 동전통과 라면 10개를 훔쳐 나온 도둑(상습절도), 배추밭에서 배추 두 포기를 훔치다 발각되자 나뭇가지로 자신을 붙잡으려는 사람을 수차례 때린 도둑(강도상해)이 징역 3년 6개월을 선고받았음을 지적하며 엄벌주의의 문제점이 지적되었다.[4] 수십 억대 횡령 또는 배임범의 경우에 이보다 경한 형을 선고받은 경우와 종종 비교되기도 하면서, 이를 '유전무죄 무전유죄'라고 보기도 했다.

우리의 입법사에는 응보적 감정의 여론에 과도하게 경도되어 형벌을 강화하는 형사특별법을 만든 경우가 종종 있었다. 다급하게 입법을 하다 보니 기존

4 국제신문, 2015. 7. 16.

형벌규정과의 충돌이나 체계적인 문제점 등을 검토하지 않는 졸속·위헌입법이 만들어지는 것이다.[5]

헌법재판소는 상습절도범과 상습장물취득범을 가중처벌하도록 정한 「특정범죄가중처벌법」 제5조의4 관련 조항에 대해 재판관 전원일치로 위헌으로 결정했다. 1980년에 임시적이고 비정상적 입법기구인 국가보위입법회의에서 만들어진 가중처벌 조항이 결국은 35년 만에 헌법재판소에 의해서 사라졌다. 헌법재판소는 "별도의 가중적 구성요건표지를 규정하지 않은 채 형법 조항과 똑같은 구성요건을 규정하면서 법정형만 상향 조정하여 어느 조항으로 기소하는지에 따라 벌금형의 선고 여부가 결정되고, 선고형에 있어서도 심각한 형의 불균형을 초래하게 함으로써 형사특별법으로서 갖추어야 할 형벌체계상의 정당성과 균형을 잃어 인간의 존엄성과 가치를 보장하는 헌법의 기본원리에 위배될 뿐만 아니라 그 내용에 있어서도 평등원칙에 위반되어 위헌"[6]이라고 하였다.

헌법재판소에 의한 위헌결정 이후에 상습절도로 인하여 처벌을 받은 사건들에 대한 파기환송심과 재심 등이 이어졌다.

2) 장발장법 2를 둘러싼 논란

벌금형에 대한 집행유예의 신설, 납입기간의 연장, 분할납부 등에 대해서는 필요성이 인정되고 법제화에 대해서도 긍정적으로 평가되고 있다. 현행법상으로는 벌금형에 대한 집행유예가 인정되지 않기 때문에 벌금을 납부하지 못하고 노역을 하는 경우가 발생하고 있는 문제를 해결할 필요가 인정되고 있다. 또한 자유형의 집행을 유예한 경우보다 벌금형이 오히려 무거운 형벌로 받아들여지는 형벌의 왜곡현상을 시정할 필요가 있고, 벌금형이 노역장 유치와 결합해서 경제력에 따른 형벌효과의 불평등이 발생하는 것을 방지할 필요가 있다.

---

5 김선화, 특가법상 상습절도 및 상습장물취득 처벌규정의 위헌결정과 입법개선과제, 이슈와 논점, 국회 입법조사처, 2015. 3. 9, 4쪽.

6 헌재 2015. 2. 26. 2014헌가16등.

이와 같이 벌금형을 받은 자의 자력이 충분치 않다는 이유로 인한 '벌금형의 자유형화 및 형벌의 왜곡'을 방지하기 위한 제반 입법조치는 필요하다. 다만, 고액의 벌금이 선고되는 사건에 있어서 집행유예를 인정할 경우에는 형평성 시비나 국민들의 법감정에 반하는 경우가 있을 수 있기 때문에 벌금형에 대한 집행유예를 인정하더라도 상한을 제한함이 필요하다는 의견이 있었다.

일본에서도 50만 엔 이하의 벌금형에 대해서만 집행유예가 가능하도록 하고 있고, 법무부에서도 500만원 이하의 벌금형에 대해서만 집행유예가 가능하도록 하는 방안을 수립한 적이 있다.[7] 이러한 여론과 의견 및 법제경향 등이 반영되어서, 2016년 1월 6일 개정·공포된 「형법」 제62조 제1항에서는 500만원 이하의 벌금형에 대해서도 집행을 유예할 수 있도록 벌금형에 대한 집행유예 제도가 도입되었다.

또한 동 「형법」 개정의 취지에 맞추어 2016년 12월 2일에 개정·공포된 「질서위반행위규제법」에서는 과태료에 대한 징수유예 규정이 신설되었다.

개정 「질서위반행위규제법」

제24조의3(과태료의 징수유예 등) ① 행정청은 당사자가 다음 각 호의 어느 하나에 해당하여 과태료(체납된 과태료와 가산금, 중가산금 및 체납처분비를 포함한다. 이하 이 조에서 같다)를 납부하기가 곤란하다고 인정되면 1년의 범위에서 대통령령으로 정하는 바에 따라 과태료의 분할납부나 납부기일의 연기(이하 "징수유예등"이라 한다)를 결정할 수 있다.

1. 「국민기초생활 보장법」에 따른 수급권자
2. 「국민기초생활 보장법」에 따른 차상위계층 중 다음 각 목의 대상자
   가. 「의료급여법」에 따른 수급권자
   나. 「한부모가족지원법」에 따른 지원대상자
   다. 자활사업 참여자
3. 「장애인복지법」 제2조 제2항에 따른 장애인

7 법제사법 소위원회 제2차 회의록, 2015. 7. 2, 47쪽.

4. 본인 외에는 가족을 부양할 사람이 없는 사람
5. 불의의 재난으로 피해를 당한 사람
6. 납부의무자 또는 그 동거 가족이 질병이나 중상해로 1개월 이상의 장기 치료를 받아야 하는 경우
7. 「채무자 회생 및 파산에 관한 법률」에 따른 개인회생절차개시결정자
8. 「고용보험법」에 따른 실업급여수급자
9. 그 밖에 제1호부터 제8호까지에 준하는 것으로서 대통령령으로 정하는 부득이한 사유가 있는 경우

② 제1항에 따라 징수유예등을 받으려는 당사자는 대통령령으로 정하는 바에 따라 이를 행정청에 신청할 수 있다.

③ 행정청은 제1항에 따라 징수유예등을 하는 경우 그 유예하는 금액에 상당하는 담보의 제공이나 제공된 담보의 변경을 요구할 수 있고, 그 밖에 담보보전에 필요한 명령을 할 수 있다.

④ 행정청은 제1항에 따른 징수유예등의 기간 중에는 그 유예한 과태료 징수금에 대하여 가산금, 중가산금의 징수 또는 체납처분(교부청구는 제외한다)을 할 수 없다.

⑤ 행정청은 다음 각 호의 어느 하나에 해당하는 경우 그 징수유예등을 취소하고, 유예된 과태료 징수금을 한꺼번에 징수할 수 있다. 이 경우 그 사실을 당사자에게 통지하여야 한다.

1. 과태료 징수금을 지정된 기한까지 납부하지 아니하였을 때
2. 담보의 제공이나 변경, 그 밖에 담보보전에 필요한 행정청의 명령에 따르지 아니하였을 때
3. 재산상황이나 그 밖의 사정의 변화로 유예할 필요가 없다고 인정될 때
4. 제1호부터 제3호까지에 준하는 대통령령으로 정하는 사유에 해당되어 유예한 기한까지 과태료 징수금의 전액을 징수할 수 없다고 인정될 때

⑥ 과태료 징수유예등의 방식과 절차, 그 밖에 징수유예등에 관하여필요한 사항은 대통령령으로 정한다.

CHAPTER 22 전재용 방지법

1. 전재용과 전재용 방지법

전재용은 전두환 전 대통령의 차남이다. 전재용은 탈세로 인하여 선고된 38억 6천만원의 벌금을 미납하여 노역장에서 노역을 하였는데, 하루 노역액수가 400만원에 달해서 논란이 되었다. 따라서, 일당 벌금액이 지나치게 높아져서 소액 벌금과 불균형이 생기는 문제를 완화하고, 노역장 유치제도가 벌금을 회피하기 위한 수단으로 이용되지 않도록 하여 소위 '황제노역'을 없애기 위한 법률이 전재용 방지법[1]이다.

2. 전재용 방지법의 배경

「형법」 제70조(노역장유치)에 따르면, 선고받은 벌금 또는 과료를 납입하지 않으면 노역장에 유치되어 작업을 하게 되는데(환형유치), 노역장 유치기간은 벌금의 경우 최장 3년, 과료의 경우는 30일 미만으로 제한되어 있다. 이렇게 노역장 유치기간이 3년 이내로 제한되다 보니 벌금액이 큰 경우 이를 유치기간으로 나누면 하루당 벌금액도 높아지게 되는데, 이러한 환형유치액수는 몇 만원부터 수억에 이르기까지 차이가 크다. 또한, 벌금의 납입을 촉구하고 사회적 약자나

1 동아일보, 2016. 7. 8; 경향신문, 2016. 7. 7.

비교적 가벼운 범죄에 대한 벌금 탕감 차원에서 도입된 노역장 유치제도의 본래 목적과 달리, 죄질이 중한 고액 벌금형과 벌금 납부능력이 충분한 재력가들도 벌금 탕감을 위해 이 제도를 활용하고 있다는 비판이 있다.

법원이 선고하는 벌금형의 선고통계를 보면, 벌금형은 대부분(99.9% 이상) 1억원 미만이 선고되나, 10억원 이상의 벌금형이 선고되는 경우도 해마다 수 건씩 발생하고 있다. 또한, 법무부의 벌금 집행 현황에 따르면, 벌금미납자 노역장 유치 집행은 매년 2만건이 넘는데,[2] 근래 6년간(2010.~2016. 6.) 노역장유치로 1일 1,000만원 이상의 벌금을 공제받은 받은 사람이 275명에 달하고, 1일 환형유치금액이 5억원에 달한 경우[3]도 있었다. 2016년 상반기 기준으로 1일 환형유치금액 최고액은 7,700만원으로 1억원 미만 벌금 미납자 기준(10만원/일)의 770배 수준이었다.[4] 2014년에도 D그룹 회장이 하루에 5억원에 해당하는 황제노역을 하고 있다는 문제 제기가 있었다. 즉, 선고받은 벌금 또는 과료를 납입하지 아니한 자는 노역장에 유치되어 작업을 하게 되는데, 벌금액이 고액인 경우 일당 벌금액이 지나치게 고액으로 산출됨에 따라 소액 일당 벌금액에 비교할 때 그 불균형이 심하고, 자칫 노역장 유치 환형 처분이 벌금을 회피하는 수단으로 이용될 우려가 있었다.

이에 대응하여 국회는 벌금 1억원 이상 5억원 미만은 300일 이상, 5억원 이상 50억원 미만은 500일 이상, 50억원 이상인 경우에는 1,000일 이상 유치기간을 정하도록 「형법」 제70조 제2항을 신설[5]해 벌금액에 따른 최소 유치일수를

---

2 노역장 유치집행 현황(해당연도 집행완료 건 기준): 2012년 22,420건, 2013년 21,942건, 2014년 24,076건, 2015년 28,690건.

3 2014. 5. 형법 개정으로 노역장 유치기간의 하한이 설정되기 전인 2010년 선고 사례임.

4 검토보고서, 형법 일부개정법률안(이석현의원 대표발의, 제722호), 국회 법제사법위원회, 2016. 11, 3~4쪽.

5 형법 제70조 개정이유 : 「형법」상 노역장유치 제도는 벌금을 납부하지 않는 경우 1일 이상 3년 이하 기간 동안 노역장에 유치하여 작업에 복무하도록 규정하고 있을 뿐 노역장유치 기간에 대해서는 법관의 재량에 의하여 구체적 사안에 따라 정하도록 하고 있으나, 고액 벌금형의 경우 피고인이 벌금을 납입하지 않더라도 일부 재판의 경우에는 단기간 동안

규정하였다. 이러한 「형법」 개정안은 2014년 5월 14일에 공포 및 시행되었다.

그러나 유치기간 상한이 여전히 3년으로 제한되어 있어서 이른바 '황제노역' 논란이 전재용의 경우에 다시금 제기되었다. 전재용의 경우에는 벌금이 38억 6천만원이니, 개정된 「형법」 제71조 제2항에 따라서 500일 이상 1,000일 미만의 노역일수가 정해질 수 있고, 환형액수는 '벌금 1억원 이상일 경우 일당은 벌금액의 1,000분의 1'을 적용하기 때문에 하루 400만원(40억원/1,000만원)이고, 965일(미납금 38억 6,000만원/400만원)이 벌금액수에 해당된다. 만일 유치 상한선을 '현행 3년에서 6년'으로 높이면 일당 벌금액도 낮아진다.

이렇게 벌금 미납의 경우에 노역장 유치상한을 현행 3년에서 6년으로 늘려서 '황제노역'을 없애자는 여론이 형성되었다. 이에 따라 이석현 의원은 2016년 7월 7일에 「형법」 제69조 제2항에 규정된 환형유치기간의 상한을 3년에서 6년으로 늘이는 「형법」 개정안을 발의하였다.

> 형법 제69조 개정이유 : 현행법에 따르면 선고받은 벌금 또는 과료를 납입하지 아니한 자는 노역장에 유치되어 작업을 하게 됨. 그런데 노역장 유치 기간을 벌금의 경우 최장 3년으로 정해, 벌금액이 고액인 경우 일당 벌금액이 지나치게 고액으로 산출됨에 따라 소액 일당 벌금액에 비교할 때 그 불균형이 심하고, 자칫 노역장 유치 환형 처분이 벌금을 회피하는 수단으로 이용될 우려가 있음. 이에 노역장 유치기간을 현행 3년에서 6년으로 늘려 다른 벌금형의 처벌을 받은 사람과의 형평성 및 범죄에 따른 책임주의에 부합하도록 하고, 벌금형의 납입을 촉구하고자 함.

노역장에 유치되는 것만으로 벌금액 전액을 면제받게 되는 사례가 발생하고 있어 이에 대한 개선 필요성이 증가하고 있는바, 이에 일정 액수 이상의 벌금형을 선고할 경우에는 노역장 유치의 최소 기간을 직접 법률에 규정하여 고액 벌금형을 단기의 노역장 유치로 무력화하지 못하도록 하는 한편, 형이 확정된 이후에 형의 시효가 진행하는 동안 국외에서 형의 집행을 피하여 결과적으로 죄에 합당한 처벌이 이루어지지 아니하는 경우가 발생하고 있는바, 형의 집행을 면할 목적으로 국외에 체류하는 동안에는 시효가 진행되지 아니하도록 하려는 것임.

동 법안은 2016년 7월 8일에 법제사법위원회에 회부되었고 2016년 11월 8일에 상정되었으나, 이후 법안심사의 진전이 없다가 제20대 국회의 임기만료로 법안은 자동폐기 되었다.

3. 전재용 방지법의 내용

벌금형을 선고받고 교도소에 복역 중인 사람들에게 노역 하루당 계산되는 노역장 유치환형금액에 대한 문제제기에 대해서는 전술한 바와 같이 2014년에 「형법」이 개정되었으나, 이러한 '황제노역'과 관련하여 2016년에 발의된 「형법」 개정안은 노역장 유치기간의 상한을 6년으로 늘이려는 '원 포인트' 법률 개정안이다.

「형법」 일부개정 법률안
「형법」 일부를 다음과 같이 개정한다. 제69조 제2항 중 "3年"을 "6년"으로 한다.

현 행	개정안
제69조(벌금과 과료) ① (생략) ② 벌금을 납입하지 아니한 자는 1日 以上 3年 以下, 科料를 納入하지 아니한 者는 1日 以上 30日 未滿의 期間 勞役場에 留置하여 作業에 服務하게 한다.	**제69조(벌금과 과료)** ① (현행과 같음) ② ------------------- ---------6년--------- -------------------- -------------------- -----------.

4. 전재용 방지법을 둘러싼 논란

원래 노역장 유치제도는 벌금의 납입을 촉구하고, '사회적 약자나 비교적 가벼운 범죄'에 대한 벌금 탕감 차원에서 도입되었다. 따라서 '죄질이 중한 고액 벌금형의 노역형 대체가 적합한가'라는 비판이 나오는 것이다.

2014년 제19대 국회에서는 고액벌금 미납자가 단기간의 노역장 유치만으로 벌금형을 면하게 되는 문제를 개선하기 위하여,[6] 노역장 유치기간의 제한을 폐지하거나, 1일당 공제되는 벌금액을 제한하거나, 벌금액에 따라 최소 유치기간을 규정하는 등의 내용을 담은 5건의 「형법」 개정안[7]이 발의되었다. 이러한 법안들은 국회에서의 법안심사를 거쳐, 전술한 바와 같이 2014년 5월 14일에 「형법」 제70조 제2항이 신설되어 시행되고 있다.

이러한 「형법」 개정 이후에도 고액 벌금형을 선고받고 벌금을 납입하지 않아서 단기간 동안 노역장에 유치되는 것만으로 벌금액을 면제받게 되는 이른바 '황제 노역'의 사례들이 지속적으로 사회문제화 되었다. 노역장 유치로 공제되는 1일당 벌금액의 편차가 크게 나타나서 벌금형을 선고받은 수형자 간의 형평성이 문제되는 것도 여전하고 노역 대신 벌금형 납입을 촉구할 정책적 필요성이 계속 제기되었다.

대한변호사협회도 "제안이유에서 밝힌 바와 같이 벌금액이 고액인 경우 일당 벌금액이 지나치게 고액으로 산출됨에 따라 이른바 '황제노역'으로 그 불균형이 심하고, 자칫 노역장 유치 환형처분이 벌금을 회피하는 수단으로 이용될

---

6 개정이유 : 「형법」상 노역장유치 제도는 벌금을 납부하지 않는 경우 1일 이상 3년 이하 기간 동안 노역장에 유치하여 작업에 복무하도록 규정하고 있을 뿐 노역장유치 기간에 대해서는 법관의 재량에 의하여 구체적 사안에 따라 정하도록 하고 있으나, 고액 벌금형의 경우 피고인이 벌금을 납입하지 않더라도 일부 재판의 경우에는 단기간 동안 노역장에 유치되는 것만으로 벌금액 전액을 면제받게 되는 사례가 발생하고 있어 이에 대한 개선 필요성이 증가하고 있는바, 이에 일정 액수 이상의 벌금형을 선고할 경우에는 노역장 유치의 최소기간을 직접 법률에 규정하여 고액 벌금형을 단기의 노역장 유치로 무력화하지 못하도록 하는 한편, 형이 확정된 이후에 형의 시효가 진행하는 동안 국외에서 형의 집행을 피하여 결과적으로 죄에 합당한 처벌이 이루어지지 아니하는 경우가 발생하고 있는바, 형의 집행을 면할 목적으로 국외에 체류하는 동안에는 시효가 진행되지 아니하도록 하려는 것임.

7 이상규의원 대표발의안(제1909862호), 박민식의원 대표발의안(제1909879호), 권성동의원 대표발의안(제1909906호), 김재원의원 대표발의안(제1909907호), 서기호의원 대표발의안(제1909992호).

우려가 있습니다. 이런 경우 고액의 벌금을 납입하지 못한 자와 다른 벌금형을 받은 사람의 환형처분의 최장기간을 3년까지로 하는 것이 형평에 반하게 됩니다. 이러한 사례들은 「형법」상 책임주의 원칙에 어긋날 뿐 아니라, 사법기관에 대한 불신을 초래하여 일반 국민들의 수범의식마저 약해시킬 우려가 있습니다. 이러한 문제점을 해결하기 위하여 구체인 방안을 마련하려면 상당한 시간이 소요될 가능성이 많습니다. 따라서 우선 본 개정안처럼 노역장 유치기간의 상한을 높이는 것도 현실적이고 상당한 대안이라고 판단됩니다. 따라서 본 개정안에 찬성합니다"는 의견을 제시하였다.

국회 법사위 검토보고에서는, 벌금형 노역장 유치일수의 상한을 확대하면 유치일수 하루당 벌금액 산정의 형평성 문제는 일정부분 해소될 수 있을 것으로 보고 있다. 또한 벌금액수의 차이가 있는 한 유치기간 상한의 확대가 근본인 해결책이 될 수는 없고 오히려 노역장 유치기간의 장기화될 경우 자유형 보다 경한 벌금형의 집행확보 수단인 노역장 유치 제도가 실질적으로는 추가적인 자유형으로 기능하게 될 우려[8]도 고려할 필요가 있다는 의견을 제시하고 있다. 그러나 궁극적으로는 고액 벌금형이 벌금형 본래의 취지에 따라 벌금으로 집행될 수 있도록 개선할 필요가 있다는 점도 지적하고 있다.

그러나 반대로 돈이 없어서 벌금을 내지 못했다는 이유로 장기간 신체의 자유를 박탈하는 것은 전 근대적인 사고에 바탕을 둔 입법정책으로 보여 질 수도 있다. 벌금을 납부할 돈이 없는 경우가 분명히 있으며, 돈이 없어서 환형유치되는 경우를 방지하기 위하여 벌금형에 대한 집행유예제도가 「형법」 제62조 개정을 통하여 도입되었고 벌금 납입기간을 연장하는 제69조의2가 신설되었다(2016년 1월 6일 개정, 2018년 1월 7일 시행, '장발장법' 참조)는 맥락과 취지를 함께

8 개정안에 대하여 법무부는, 고액 벌금의 경우 노역장 유치가 벌금 집행 확보를 위한 간접적 수단이 아닌 추가 징역형으로 기능할 수 있으므로 충분한 검토가 필요하고 고액 벌금형이 벌금형 본래의 취지에 따라 벌금으로 집행될 수 있도록 제도를 정비하는 방안을 우선적으로 고려할 필요가 있다는 입장임

고려할 필요가 있다.

일부에서는 소득에 따라서 벌금액수를 책정하는 일명 '일수벌금제'(日收罰金制, day-fine) 즉 '소득별 차등벌금제' 도입을 주장하고 있다. 그러나, 일수벌금제 또한 '소득이 다르다는 이유로 같은 행위에 대한 벌금액수의 차이가 현저한' 불평등한 형벌제도라는 의견이 있으며, 법원이 피고인의 정확한 재산상태를 조사해서 벌금액을 선고해야 하는 난점 등 문제점이 있다.

그리고 '전재용 방지법'의 취지에는 찬성하지만, 그 대응방안으로 환형유치의 기간을 장기화하는 것이 '황제노역'의 근본적인 문제점을 해소할 수 있을지에 대해서도 의문이 제기되고 있다. 전재용 방지법 도입 논란과 관련해서는 합의점을 발견하기 어렵고, 다만 제도의 한계 혹은 법과 국민감정 사이의 간극을 확인할 수 있다.

CHAPTER

23 정유라 방지법

1. 정유라와 정유라 방지법

정유라는 최순실(최서원)의 딸이다. 정유라 방지법은 2가지가 있다. 하나는 정유라처럼 피의자가 국외의 한국 비행기에서 체포되는 경우에 구속영장 청구 시한을 입국심사 완료 시점부터 기산하도록 하는 법안이고, 다른 하나는 정유라처럼 대학입시에서 부정입학 등을 하는 것을 방지하기 위한 법안이다. 정유라 방지법 1[1]은 피의자가 국외에서 체포된 경우에 발생하는 구속 영장 유효시간과 관련된 「형사소송법」 개정안으로 부르고, 정유라 방지법 2[2]는 대입 부정입학과 학점특혜 등을 금지하는 내용의 「고등교육법」 개정안으로 부르기로 한다.

2. 정유라 방지법의 배경

1) 정유라 방지법 1의 배경

현행 「형사소송법」에 따르면 체포한 피의자를 구속하고자 할 때에는 체포한 때부터 48시간 이내에 구속영장을 청구하도록 하고 있다. 그러나, 정유라 사례와 같이 국외에서 체포되는 경우에는 검찰의 구속 필요성 입증 또는 피의자

1 연합뉴스, 2017. 6. 1.
2 머니투데이, 2018. 11. 28; 서울경제신문, 2016. 12. 19.

의 소명 기회가 시간상으로 부족하게 된다. 정유라는 2016년 9월에 독일에서 덴마크로 도피하였다가, 2017년 1월 1일 덴마크 경찰에 체포되었다. 2017년 3월 17일에 덴마크 검찰은 정유라의 송환을 결정하였으나 정유라는 송환결정에 불복하는 소송을 제기하였고, 덴마크 올보르시의 지방법원은 정유라가 제기한 송환 불복소송을 기각하고 정유라의 한국송환을 결정하였다. 그리고 정유라는 경유지인 네덜란드 암스테르담 공항의 한국 국적 비행기에서 긴급체포되었다.

이러한 문제를 해소하기 위하여, 국외 또는 대한민국 영역 외에 있는 대한민국의 선박 또는 항공기 내에서 체포한 경우에는 입국심사가 완료되는 시점으로부터 48시간 이내로 하는 단서 조항을 두고자 「형사소송법」 개정안이 발의된 것이다. 법안의 제안이유는 다음과 같다.

> 국정농단 사건의 핵심 피의자인 정유라가 국외도피 245일만에 송환되어 경유지인 네덜란드 암스테르담 공항의 한국 국적기 안에서 긴급체포됨. 현행법은 체포한 피의자를 구속하고자 할 때에는 체포한 때부터 48시간 이내에 구속영장을 청구하도록 하고 있는 바, 이번 사례와 같이 국외에서 체포되는 경우에는 검찰의 구속 필요성 입증 또는 피의자의 소명 기회가 제한되는 결과를 가져옴. 이에 국외 또는 대한민국 영역 외에 있는 대한민국의 선박 또는 항공기 내에서 체포한 경우에는 입국심사가 완료되는 시점으로부터 48시간 이내로 하는 단서조항을 두고자 함.

2017년 6월 1일에 백혜련 의원의 대표발의로 12인의 의원에 의하여 「형사소송법」 개정안이 발의되었는데, 다음날 법제사법위원회에 회부되고 2017년 11월 23일에 상정되었으나, 이후 법안심사의 진전이 없다가 제20대 국회의 임기만료로 법안은 자동폐기 되었다.

2) 정유라 방지법 2의 배경

정유라는 대학입시의 서류평가에서 하위권이었는데 면접평가에서 최고점을 받아 합격한 것으로 밝혀졌다. 그러나 현행법에 따르면 교수가 학생의 출결을 부정하게 조작하거나 부당하게 특혜를 제공해도 마땅한 벌칙 조항이 없으며, 다만 형법의 문서위조 및 업무방해죄로 처벌이 가능하다. 정유라의 부정입학을 도운 대학 교수들에게는 업무방해죄가 적용되었다. 따라서 대학 신입생 선발에 부정개입한 교직원에게 5년 이하 징역이나 5,000만원 이하의 벌금을 과하는 「고등교육법」 개정안이 2017년 7월 12일에 신용현 의원에 의하여 발의되었다. 법안의 제안이유는 다음과 같다.

> 최근 대학에서 교직원이 특정 학생의 출석을 부정하게 인정하거나 학점특혜를 주는 방식으로 학사 관련 비위 행위를 저지르거나 교직원, 학부모 등이 입학 학생 선발과정에 있어 부정한 방법으로 관여한 사례가 사회적으로 큰 논란이 되고 있음. 그러나 현행법에는 이러한 부정행위를 한 교직원 등에 대한 벌칙조항이 없어 이 법에 따른 처벌이 어려운 상황임. 이에 교직원은 학생의 성적·출결상황 조작 등 학사(學事) 관련 비위 행위를 하지 못하도록 함과 동시에 누구든지 입학할 학생의 선발과 관련하여 거짓이나 그 밖의 부정한 방법으로 관여하지 못하도록 명시적으로 규정하고 이를 위반한 경우 처벌할 수 있는 법적 근거를 신설하고자 함.

동 「고등교육법」 개정안은 2017년 7월 13일에 교육위원회에 회부되고 2017년 9월 18일에 상정되어 2018년 11월 12일에 법안심사소위에 상정된 이후 수차례 논의되었으나, 이후 법안심사의 진전이 없다가 제20대 국회의 임기만료로 법안은 자동폐기 되었다.

또한 비공개로 진행되는 면접평가의 공정성을 높이기 위한 「고등교육법」 개정안이 박광온 의원의 대표발의로 10인의 의원에 의하여 2017년 7월 11일에 발의되었다. 법안의 제안이유는 다음과 같다.

> 현행법에 따르면 대학의 장은 입학자격이 있는 사람 중에서 일반전형이나 특별전형에 의하여 입학을 허가할 학생을 선발하고, 일반전형이나 특별전형의 방법과 학생선발일정 및 그 운영에 필요한 사항은 시행령으로 정하도록 하고 있음. 또한 시행령에서는 대학의 장은 입학자를 선발하기 위하여 면접·구술고사 등 대학별

고사의 성적과 자기소개서 등 교과성적 외의 자료 등을 입학전형자료로 활용할 수 있도록 하고 있음. 그런데 박근혜 정부에서 정유라가 이화여대 입시에서 서류평가는 하위권이었으나 면접평가에서 최고점을 받아 합격자명단에 이름을 올린 것으로 드러나면서 면접·구술고사에 대한 공정성 확보의 필요성이 제기되고 있음. 이에 대학의 장은 면접·구술고사의 성적을 입학전형자료로 활용하는 경우 면접·구술고사 과정을 속기 또는 녹음하고 그 성적을 보관하도록 함으로써 대학입시의 공정성 확보에 기여하려는 것임.

동「고등교육법」 개정안은 2017년 7월 12일에 교육위원회에 회부되고 2017년 9월 18일에 상정되었으나, 이후 법안심사의 진전이 없다가 제20대 국회의 임기만료로 법안은 자동폐기 되었다.

3. 정유라 방지법의 내용

1) 정유라 방지법 1의 내용

정유라 방지법 1, 즉 「형사소송법」의 일부 개정 법률안과 신·구조문 대비표는 다음과 같다.

현 행	개정안
第200조의2(영장에 의한 체포) ① ~ ④ (생략) ⑤ 체포한 피의자를 구속하고자 할 때에는 체포한 때부터 48시간이내에 제201조의 규정에 의하여 구속영장을 청구하여야 하고, 그 기간내에 구속영장을 청구하지 아니하는 때에는 피의자를 즉시 석방하여야 한다. <단서 신설>	第200조의2(영장에 의한 체포) ① ~ ④ (현행과 같음) ⑤ --. 다만, 피의자를 국외에서 체포하거나 대한민국 영역 외에 있는 대한민국의 선박 또는 항공기 내에서 체포한 경우에는 입국심사 완료 시부터 48시간 이내로 한다.

제200조의4(긴급체포와 영장청구기간) ① 검사 또는 사법경찰관이 제200조의3의 규정에 의하여 피의자를 체포한 경우 피의자를 구속하고자 할 때에는 지체 없이 검사는 관할지방법원판사에게 구속영장을 청구하여야 하고, 사법경찰관은 검사에게 신청하여 검사의 청구로 관할지방법원판사에게 구속영장을 청구하여야 한다. 이 경우 구속영장은 피의자를 체포한 때부터 48시간 이내에 청구하여야 하며, 제200조의3 제3항에 따른 긴급체포서를 첨부하여야 한다. <단서 신설>	제200조의4(긴급체포와 영장청구기간) ① --. 다만, 피의자를 국외에서 체포하거나 대한민국 영역 외에 있는 대한민국의 선박 또는 항공기 내에서 체포한 경우에는 입국심사 완료 시부터 48시간 이내로 한다.

2) 정유라 방지법 2의 내용

신용현 의원의 「고등교육법」 개정안은 대학 신입생 선발과정에 부정 개입하면 5년 이하의 징역 또는 5,000만원 이하의 벌금에 처하는 내용이다.

현 행	개정안
<신설>	제15조의2(금지행위) 교직원은 학생의 성적·출결상황 조작 등 학사(學事) 관련 비위 행위를 하여서는 아니 된다.
제34조(학생의 선발방법) ①~⑧ (생략) <신설>	제34조(학생의 선발방법) ①~⑧ 현행과 같음 ⑨ 누구든지 제1항에 따른 학생의 선발과 관련하여 거짓이나 그 밖의 부정한 방법으로 관여하여서는 아니 된다.

박광온 의원의 「고등교육법」 개정안은 대학 신입생 선발과정에 부정 개입하면 5년 이하의 징역 또는 5,000만원 이하의 벌금에 처하는 내용이다.

현 행	개정안
第34조(학생의 선발방법) ① (생략) ② <신설>	제69조(학생의 선발방법) ① (현행과 같음) ② 대학의 장은 제1항에 따라 입학자를 선발하기 위하여 대학별 고사(논술 등 필답고사, 면접·구술고사, 신체검사, 실기·시험고사 및 교직적성·인성검사를 말한다)의 성적 등 교과성적 이외의 자료 등을 입학전형자료로 활용할 수 있으며, 면접·구술고사의 성적을 입학전형자료로 활용하는 경우 공정성 확보를 위하여 대통령령으로 정하는 바에 따라 면접·구술고사 과정을 속기 또는 녹음하고 그 성적을 보관하여야 한다.

4. 정유라 방지법을 둘러싼 논란

1) 정유라 방지법 1을 둘러싼 논란

정유라는 지난해 9월 28일 독일에서 덴마크로 이동해 245일 동안 도피 생활을 했고, 검찰의 송환에도 불응하는 등 증거인멸 및 도주의 우려가 매우 크므로 구속수사의 필요성이 매우 컸다. 그러나 정유라의 경우 한국으로 압송되는 과정으로 인해 11시간 이상 조사 가능한 시간이 줄어들어 검찰의 구속 필요성을 입증하는 데 제한이 있었다.

반면, 중대범죄도 아닌데 국력낭비를 하는 것이고 인권 침해의 여지가 있다는 이유로 입법을 반대하는 의견도 있다. 국회 법제사법위원회의 검토의견은 구속영장 청구기간(48시간)의 기산점을 "입국심사 완료 시"로 하려는 동 법안의 입법취지는 충분히 공감할 수 있다는 것이다.[3]

2) 정유라 방지법 2를 둘러싼 논란

우선 신용현 의원의 「고등교육법」 개정안에 대한 검토의견을 보면, "현행법 상 학사 관련 비위행위 및 학생 선발 관련 부정행위는 교직원의 복무사항 중

3 검토의견, 형사소송법 일부개정법률안(백혜련의원 대표발의, 제7175호), 국회 법사위원회, 2017. 11, 4쪽.

성실의무 위반에 해당하여 징계사유가 되며, 「형법」상 문서위조 및 업무방해죄로 처벌이 가능함. 이에 따라, 개정안과 같이 학사 및 학생 선발 관련 비리·부정행위의 금지와 벌칙규정을 신설하는 것이 중복 또는 과잉입법이라는 지적이 있을 수 있으나, 대학 성적관리 등 학사와 학생선발 등 다수 국민의 관심과 이해가 높은 영역에서 부정행위를 경계할 수 있도록, 해당 내용을 명시하고 행위를 특정하여 벌칙을 규정하는 것은 중복 또는 과잉 입법에 해당하지 않을 것임. 또한, 「형법」상 업무방해죄 또는 문서 위·변조죄에 비하여 형량이 일부 무거워지는 바, 학사 관련 비위행위 또는 학생 선발 부정행위를 실질적으로 예방하는 효과도 있을 것임"이라는 평가가 있다.

다만, 법안에서 "성적·출결상황 조작 등 학사 관련 비위행위" "학생 선발 관련 거짓이나 그 밖의 부정한 방법으로 관여" 등의 문구가 불명확하거나 포괄적이어서, 명확성 원칙에 어긋나지 않는지에 대한 우려가 있다.[4]

또한 대입 면접 과정을 속기하거나 녹음토록 하는 박광온 의원의 「고등교육법」 개정안에 대해서는 "면접·구술고사 과정을 속기 또는 녹음하고 그 성적을 보관하도록 함으로써 입시 부정을 방지하고 면접·구술고사에 대한 공정성을 제고하려는 개정안의 취지에는 공감하나, 「개인정보보호법」에 따라 면접자와 피면접자 모두에게 속기 또는 녹음에 대한 동의를 받아야하기 때문에 전형운영이 복잡해지고 동의하지 않은 인원에 따른 추가 문제가 발생할 수 있음. 또한 속기 또는 녹음으로 인해 학생선발 자율권의 제한과 면접과정의 위축 등이 발생할 수 있으며, 탈락자의 주관적 판단에 따라 속기 또는 녹음자료가 소송의 자료로 활용될 여지가 있으므로 면접위원 참여 기피 현상이 발생할 수도 있다는 점을 고려하면 개정안은 신중한 판단이 필요할 것으로 보임"이라는 검토의견이 제시되어 있다.[5]

---

4 검토의견, 고등교육법 일부개정법률안(신용현 의원 대표발의), 국회 교육문화체육관광위원회, 2017. 9, 3쪽 이하; 국회 제364회 교육소위 제2차 회의, 2018. 11. 12, 44쪽.

5 검토의견, 고등교육법 일부개정법률안(박광온 의원 대표발의), 국회 교육문화체육관광위

교육부도 이와 동일한 의견이며, 한국대학교육협의회 및 대학 등 36개 관계기관은 대학의 입시경비 및 대학부담 증가와 그에 따른 수험생 입학전형료 부담 증가, 대학의 입시자율성을 침해 가능성 등의 의견을 제시하였다.

원회, 2017. 9, 6쪽.

CHAPTER 24 태완이법

1. 태완이와 태완이법

김태완은 6살이던 1999년 5월 20일에 대구에서 누군가에 의해 고농도 황산을 얼굴과 몸에 뒤집어쓰고 치료를 받다가 같은 해 7월 8일에 사망했다. 범인은 잡히지 않았고, 살인죄에 대한 공소시효 15년이 완성될 즈음에 살인죄에 대한 공소시효를 폐지하자는 논의가 있었다. 태완이법[1]은 태완이 사망을 계기로 하여 살인죄에 대한 공소시효를 폐지하는 내용의 「형사소송법」 개정법률을 말한다.

2. 태완이법의 배경

1999년 7월 8일에 황산테러로 사망한 태완이의 부모는, 당시 15년이던 살인죄 공소시효가 만료되기 사흘 전인 2014년 7월 4일에, 사건 용의자에 대한 불기소처분에 대한 재정신청을 내었다. 재정신청으로 인하여 공소시효의 진행이 일시 정지되었으나 재정신청이 대법원에 의하여 2015년 7월에 최종 기각되면서, 공소시효가 만료되었다.

1 로이슈, 2015. 2. 21; 조선비스, 2015. 3. 8; 한겨레, 2015. 7. 24.

2007년 12월 21일에는 살인죄에 대한 공소시효가 15년에서 25년으로 늘어나는 「형사소송법」 개정[2]이 있었지만, 법률 개정 전에 발생한 태완이 사건에는 공소시효 15년이 적용된다. 그러나 태완이 사건을 계기로 하여 살인죄에 대한 공소시효를 없애자는 논의가 있었고, 살인죄에 대한 공소시효폐지를 내용으로 하는 태완이법을 만들자는 서명운동도 벌어졌다.

외국의 사례를 보더라도 살인죄의 경우에는 공소시효를 폐지하는 경향이다. 일본은 2010년에 살인죄에 대한 공소시효를 폐지했고, 영국은 경범죄에만 공소시효를 적용하고 있으며, 미국도 대부분의 주에서 살인죄에 대한 공소시효를 폐지하였다. 결국, 살인죄에 대한 공소시효를 폐지하는 내용의 「형사소송법」 개정안이 2015년 3월 2일에 서용교 의원에 의하여 발의되었다.

태완이법이라 불린 「형사소송법」 개정안의 제안이유는 다음과 같다.

> 공소시효는 법적 안정성과 범인 필벌의 요구에 대한 타협의 산물이라고 할 것이라 할 것인데 현행법은 법적 안정성 측면에 더 많은 비중을 두고 있어 피해자의 인권 보호를 소홀히 하고 있다는 문제가 지적되어 왔음. 특히 현행법상 공소시효는 범죄 유형 죄질 등에 대한 고려 없이 법정형에 따라 그 기간을 일률적으로 정하고 있는바 살인·미성년자 약취·유인, 인신매매 등 흉악범죄에 대한 범죄 성격 등이 공소시효에 전혀 반영되지 않고 있어 왔음. 형사소송법에 공소시효에 관한 내용이 있고 모든 범죄에 공소시효가 적용되도록 하였으나 최근 「성폭력범죄의 처벌 등에 관한 특례법」과 「아동 청소년의 성보호에 관한 법률」에서 특정 유형의 성범죄에 공소시효 배제 조항을 마련하는 등 공소시효 적용배제에 대한 필요성이 부각되고 있는 상황임. 또한 DNA등 과학수사 기법의 발달과 수사인력의 확대 및 전문화로 과거에는 밝혀낼 수 없었던 범인들의 증거를 확보하고 보전해

---

2 「형사소송법」 개정이유: 공소시효의 연장(「형사소승법」 제249조 개정) 사형에 해당하는 범죄에는 15년에서 25년으로, 무기징역 또는 무기금고에 해당하는 범죄에는 10년에서 15년 등으로 각 범죄에 대한 공소시효의 기간을 연장하고, 공소가 제기된 범죄는 판결의 확정이 없이 공소를 제기한 때로부터 15년을 경과하면 공소시효가 완성한 것으로 보던 것을 앞으로는 25년이 경과하여야 공소시효가 완성한 것으로 보도록 함.

범인을 끝까지 추적해 검거할 수 있는 길이 열려 있음. 그러나 공소시효가 개선되지 않는다면 이러한 노력이 모두 물거품이 될 소지가 있음. 해외주요국의 사례를 살펴보면, 독일의 경우 나치전범 및 모살죄(계획적인 중범죄), 집단살해죄에 대해 공소시효가 없고 독일은 아직도 나치 전범을 추적하고 있음. 일본의 경우도 2004년 살인죄에 대한 공소시효를 15년에서 25년으로 늘렸다가 2010년 살인과 강도살인 등 12가지 중대범죄에 대한 공소시효를 폐지했음. 영국의 경우에도 경범죄에 대해서만 공소시효를 적용할 뿐, 원칙적으로 공소시효가 존재하지 않으며 미국도 일부 주를 제외하면 살인죄에 대한 공소시효를 적용하지 않음. 이처럼 살인과 같은 중범죄에 대한 공소시효는 적용하지 않는 것이 국제적인 추세로 대한민국의 법체계도 이 같은 추세에 발맞춰 최소한 반인륜범죄인 살인죄부터 공소시효 적용을 배제해 억울한 죽음은 끝까지 밝혀지고 살인범죄는 반드시 그에 합당한 처벌이 따르도록 할 필요성이 있음. 이에 개정안은 형법상 살인, 존속살인, 상해치사, 폭행치사, 유기치사, 촉탁살인, 강간살인 등 모든 살인죄에 대해서는 공소시효를 배제하도록 하는 것임.

태완이법은 다른 10건의 「형사소송법」 개정안과 함께 대안이 마련되어 2015년 7월 24일에 국회 본회의에서 의결되었으며, 2015년 7월 31일에 공포되었다.

3. 태완이법의 내용

개정법률은 살인죄 공소시효를 폐지하고, 살인 이외에 '5년 이상' 형에 해당하는 중범죄의 경우 DNA 등 과학적 증거가 확보되면 범죄자가 특정되지 않더라도 공소시효를 10년간 중단하는 내용을 담고 있다.

구체적으로는 제253조의2(공소시효의 적용 배제)를 신설하여, 「형법」 제250조(살인, 존속살인), 제252조(촉탁, 승낙에 의한 살인 등), 제253조(위계 등에 의한 촉탁살인), 제259조(상해치사), 제262조(폭행치사), 제275조 제1항(유기치사), 제301조의2(강간등살인·치사)의 죄를 범한 경우에는 공소시효의 적용을 배제하는 규정을 두었다.

그러나 이법이 통과되었어도 정작 태완이 사건에는 적용되지 못한다. 이미 공소시효가 완성되었기 때문이다. 그러나 앞으로 억울한 죽음의 범인은 공소시효 제도로 인하여 형벌을 면할 수는 없게 되었다.

4. 태완이법을 둘러싼 논란

공소시효의 폐지는 유전자감식기법의 발달 등 과학수사의 발전과도 관련이 깊다. 경찰청에 따르면 과학수사의 발전으로 인하여, 중요 미제사건 3,200여 건 중 329건이 해결됐다고 한다. 그러나 아직 2,800여 건의 미제사건은 진실이 밝혀지길 기다리고 있다.[3] 태완이 사건은 대표적인 살인미제사건이고, 태완이 부모의 절규와 시민사회의 요구를 국회가 입법에 반영한 것이다.

그럼에도 불구하고, 현재 25년인 살인죄 공소시효를 폐지하는 내용의 「형사소송법」 개정안, 이른바 '태완이법'은 국회 법제사법위원회 법안심사소위에서 논란이 되었다. 이렇게 공소시효를 폐지하는 것에 대하여, 법사위 소위원회 회의에서는 법적 안정성이 훼손될 우려가 있다고 하는 일부 국회의원의 지적이 있었다.

그러나 법적 안정성 유지와 행정의 효율성 등 시효제도의 필요성을 감안하더라도 살인죄와 같은 중범죄에까지 적용될 필요는 없다는 의견이 우세하였다. 살인죄는 어떠한 경우에도 반드시 처벌 받도록 할 것이라는 입법적 의지가 필요하다. 국회는 국민의 법 감정과 유가족들의 고통을 헤아려 달라는 요청이 있다.[4]

성폭력범죄의 처벌 등에 관한 특례법과 아동청소년의 성보호에 관한 법률에 공소시효에 관한 특례규정이 2010년에 이미 신설되었다. 성폭력범죄에 대해

3 김정훈, 공소시효와 과학수사, 동아일보, 2015. 8. 18.
4 억울한 죽음 없도록 '태완이법' 통과시켜라, 영남일보, 2015. 7. 11.

서는 공소시효를 적용하지 않는데, 사람의 생명을 살해한 극악범죄인 살인죄에 대해서 공소시효가 여전히 적용되는 것은 형평성 등의 측면에서 문제가 있다는 지적이다.[5]

이러한 사회적 압력을 반영하여 살인죄의 공소시효를 폐지하는 「형사소송법」 개정법률은 2015년 7월 31일에 공포되었다. 이제 살인죄는 태완이법으로 인하여 공소시효가 폐지되면서 어느 때고 처벌이 가능해졌다.

살인죄에 대한 공소시효의 연장(2007년) 및 공소시효의 폐지(2015년)로 인하여, 2001년 2월에 전남 나주 드들강에서 발생한 여고생 살인사건의 범인에게 사건발생 16년 만인 2017년 1월에 무기징역이 선고되었다.[6] 이 사건은 살인죄의 공소시효을 폐지한 태완이법이 적용되어 살인죄 유죄판결이 내려진 첫 번째 사례로 기록되었다. 또한 2002년 부산 찻집 20대 여성 살인사건의 범인도 사건발생 16년만인 2018년에 무기징역이 선고되었다.[7] 태완이법에 의하여 공소시효가 폐지되었으며, 시민의 제보와 경찰의 재수사를 통해 살인범을 처벌한 또 하나의 사례이다. 태완이법은 미제사건 해결의 제도적 계기가 되었다.

---

5 국회 법제사법 소위원회 1차 회의록, 2015. 6. 17, 46쪽.
6 16년만에 … '드들강 여고생 살인범' 무기형, 문화일보, 2017. 1. 11.
7 법원, 15년만에 붙잡힌 부산 여성 살인범 무기징역 선고, 한겨레, 2018. 1. 9.

CHAPTER

25 우병우 방지법

1. 우병우와 우병우 방지법

우병우는 박근혜 정부 당시 대통령비서실 소속 민정수석비서관이다. 국회에서는 2016년 11월부터 '박근혜 정부의 최순실 등 민간인에 의한 국정농단 의혹사건 진실규명을 위한 국정조사 특별위원회'가 설치·운영되었다. 동 위원회에서는 우병우 전 민정수석의 출석을 요구하였으나 그는 출석요구서를 받지 못했다는 이유로 회의에 참석하지 않았다. 이에 대응하여 국회의 국정조사에 출석을 의도적으로 기피하는 경우에는 강제로 데려올 수 있고, 처벌 규정도 강화한 「국회에서의 증언·감정 등에 관한 법률」 개정안이 여러 건 발의되어 통과되었는데, 이를 이른바 '우병우 방지법'[1]이라고 부른다.

2. 우병우 방지법의 배경

특위에서는 우병우 전 민정수석의 증언을 듣기 위하여 동행명령장을 발부하였으나 우병우의 소재를 알 수 없어서 전달하지 못하였다. 법률 규정의 미비점을 악용하여 의도적으로 출석요구서를 수령하지 않음으로써 청문회 출석을

1 한국일보, 2017. 3. 20; 머니투데이, 2016. 12. 21; 서울신문, 2016. 12. 14; 헤럴드경제, 2016. 12. 14.

기피하였다는 주장이 있었다.

이에 강제구인과 위반시 처벌규정 강화를 내용으로 하는 「국회에서의 증언·감정 등에 관한 법률」 개정안이 여러 건 발의되었다. 국회 운영위원회에서는 16건의 개정안을 통합하여 2017년 3월 2일에 위원회 대안을 제안하였다. 개정안의 제안이유는 다음과 같다.

> 국회에서의 안건심의 또는 국정감사나 국정조사의 원활한 운영을 위하여 의장 또는 위원장이 출석요구서 송달에 필요한 증인·감정인·참고인의 주소·거소·영업소·사무소, 전화번호(휴대전화번호를 포함) 또는 출입국관리기록의 정보를 경찰관서의 장 등 관계 행정기관의 장 또는 전기통신사업자에게 요구할 수 있도록 하고, 증인 출석요구 제도의 실효성을 확보하기 위하여 증인이 고의로 출석요구서를 회피한 경우는 '불출석등의 죄'로 처벌하면서 '불출석등의 죄'의 법정형의 형량을 현행보다 상향하여 조정하며, '국회모욕의 죄'는 징역형만 규정되어 있어 죄의 경중에 따른 처벌이 쉽지 아니하므로 증인이 본회의 또는 위원회에 출석하여 증언함에 있어 폭행·협박 등 모욕적인 언행으로 국회권위를 훼손하는 경우에는 징역형뿐만 아니라 벌금형도 신설하고, 증인이 고의로 동행명령장의 수령을 회피하는 경우는 '국회모욕의 죄'로 처벌하려는 것임.

이 「국회에서의 증언·감정 등에 관한 법률」 개정안은 같은 날 국회 본회의를 통과하여, 2017년 3월 21일에 대통령에 의하여 공포되었으며, 같은 날부터 시행되었다.

3. 우병우 방지법의 내용

우병우 방지법은 의도적으로 출석요구서를 수령하지 않거나 정당한 이유 없이 국회 청문회의 출석을 회피하거나 서류제출요구를 거부하거나 증언을 거부하는 등의 행위를 제재하는 내용이다. 출석요구의 실효성을 높이고 불출석 등의 경우 처벌을 강화하였다. 개정된 「국회에서의 증언·감정 등에 관한 법률」

의 주요내용과 신구조문 대조표는 다음과 같다.

① 요구서의 송달을 위하여 의장 또는 위원장은 관할 경찰관서의 장 등 관계 행정기관의 장 또는 전기통신사업자에게 증인·감정인·참고인의 주소·거소·영업소·사무소, 전화번호(휴대전화번호를 포함) 또는 출입국관리기록의 정보를 요구할 수 있도록 하고, 해당 기관은 지체 없이 국회의 요구에 따르도록 함(안 제5조 제7항 신설).

② '불출석등의 죄' 사유의 하나로 고의로 출석요구서의 수령을 회피하는 증인을 포함하고, '불출석등의 죄'의 벌금형을 현행 "1천만원 이하"에서 "1천만원 이상 3천만원 이하"로 상향하여 조정함(안 제12조 제1항).

③ 폭행·협박, 그 밖의 모욕적인 언행으로 국회의 권위를 훼손한 때에는 현행 "5년 이하의 징역"에서 "5년 이하의 징역 또는 5천만원 이하의 벌금"을 부과하는 것으로 벌금형을 신설하고, 증인이 고의로 동행명령장의 수령을 회피하는 경우에는 '국회모욕의 죄'로 처벌함(안 제13조).

개정 전	개정 후
<신설>	제5조(증인 등의 출석요구 등) ⑦ 제1항의 요구서의 송달을 위하여 필요한 경우 의장 또는 위원장은 관할 경찰관서의 장 등 관계 행정기관의 장 또는 「전기통신사업법」 제2조 제8호에 따른 전기통신사업자(이하 "전기통신사업자"라 한다)에게 증인·감정인·참고인의 주소·거소·영업소·사무소, 전화번호(휴대전화번호를 포함한다) 또는 출입국관리기록(요구서의 송달을 위하여 필요한 범위로 한정한다)의 정보제공을 요구할 수 있다. 이 경우 정보제공을 요구받은 경찰관서의 장 등 관계 행정기관의 장 또는 전기통신사업자는 「개인정보 보호법」 제18조, 「형사사법절차 전자화 촉진법」 제6조 및 「전기통신사업법」 제83조에도 불구하고 해당 정보를 지체 없이 제공하여야 한다.

제12조(불출석 등의 죄) ① 정당한 이유없이 출석하지 아니한 증인, 보고 또는 서류 제출요구를 거절한 자, 선서 또는 증언이나 감정을 거부한 증인이나 감정인은 3년 이하의 징역 또는 1천만원 이하의 벌금에 처한다.	**제12조(불출석 등의 죄)** ① 정당한 이유없이 출석하지 아니한 증인, 고의로 출석요구서의 수령을 회피한 증인, 보고 또는 서류 제출요구를 거절한 자, 선서 또는 증언이나 감정을 거부한 증인이나 감정인은 3년 이하의 징역 또는 1천만원 이상 3천만원 이하의 벌금에 처한다.

4. 우병우 방지법을 둘러싼 논란

'우병우 방지법'을 만들자는 방안에 대한 초기의 논란은 주로 강제구인 관련한 다음 조문을 신설하자는 것과 관련해서 일어났다.

> 제6조의2(국정조사에서의 구인) ① 국정조사를 위한 위원회는 증인이 정당한 이유 없이 출석하지 아니하는 때에는 그 의결로 관할 법원에 증인의 구인을 요구할 수 있다.
> ② 제1항의 구인은 위원회의 요구에 의하여 법관이 발부한 구인장으로 하며, 구인장의 집행은 증인의 주소지를 관할하는 지방검찰청 검사의 지휘로 사법경찰관리가 집행한다. 단, 긴급을 요하는 경우에는 위원회는 국회사무처 소속 공무원에게 구인장의 집행을 명할 수 있으며, 필요한 경우 사법경찰관리 또는 국가경찰공무원에게 지원을 요청할 수 있다.
> ③ 이 법에 정한 외에 필요한 사항은 「형사소송법」 중 증인의 구인에 대한 규정을 준용한다.

이러한 개정안과 관련하여 법무부는 현행 동행명령제도로 증인 출석을 강제하려는 의도를 충분히 달성할 수 있고, 법원이 국회가 신청한 구인영장을 발부할 경우 사법부가 입법부의 조사절차에 직접 관여하는 결과를 초래하여 법원의 독립 및 권력분립 원칙에 문제가 발생할 소지가 있으므로 개정안에 대하여 신중한 검토가 필요하다며 반대하는 입장이었다.

참고로, 제13대국회에서도 개정안과 유사한 내용으로 증인 구인제도가 도입되어 본회의에서 의결(1988. 7. 9.)되었으나, 대통령이 위헌가능성에 따라 거부권을 행사[2]하여 재의를 요구하였고 다시 표결한 결과 부결(1988. 7. 18.)되었으며, 이후 증인 구인제도를 삭제하고 현행의 동행명령 제도만 도입하는 내용으로 「국회에서의 증언·감정 등에 관한 법률」이 수정되어 의결(1988. 7. 23. 의결, 동년 8. 5. 공포)된 바 있었다. 당시 국회에 출석한 국무총리와 법무부장관은 우리 헌법은 사법부 이외의 다른 기관에 인신의 자유를 제약하는 권한이 부여되는 경우를 예상하지 아니하므로 국회의 증인구인 제도는 헌법의 정신에 부합되지 않는다는 점, 구인제도는 범죄인이 아니라 국정감사·국정조사에 필요하여 국회가 협조를 구하는 사람의 신체자유를 그 의사에 반하여 박탈하는 것으로서 그 목적에 비해 수단이 지나치다는 점 등을 재의요구 사유[3]로 밝혔다.

그러나 법안에 찬성하는 입장에서는 개정안과 같이 국회가 출석을 요구한 증인에 대하여 구인제도를 도입하는 것은 국회가 채택한 증인의 증언을 직접 청취할 수 있어 국민의 알 권리를 신장하고 국회의 국정조사 권한을 실효적으로 보장할 수 있는 공익상 필요성 역시 인정될 수 있으므로, 현행법의 동행명령 제도가 국회가 행사하는 증인 출석요구권의 실효성을 충분히 담보할 수 없어 국정조사에 한하여 보다 강력한 수단인 증인구인제도가 필요하다는 점을 강조하였다.[4]

---

2 제143회국회(임시회) 제1차 본회의 당시 정부(국무총리 및 법무부장관)가 밝힌 재의이유는 피의자가 아닌 증인에 대한 국회의 구인제도가 목적에 비하여 수단이 지나치고, 사법권의 독립에 부정적인 영향을 미칠 수 있다는 이유였음. 구체적인 재의요구 이유를 보면, 증인을 강제 구인하는 제도는 통상 사법절차상 사실을 확인하기 위하여 불가피하게 인정되는 것으로, 증인의 신체의 자유를 박탈하는 것은 국회 입법 활동을 위하여 도입된 제도목적에 비하여 그 수단이 지나치며, 증인을 구인하였다 하더라도 증언을 거부하는 경우 목적을 달성할 수 없고, 불출석시 처벌규정이 있으므로 구인제도를 따로 두지 않아도 되며, 특히 법관이 국회의 요구대로 구인장을 무조건 발부하는 상황 또는 그 반대로 국회의 요구를 기각하여 구인장을 발부하지 않는 상황 모두 사법부의 정치적 중립과 독립을 저해할 수 있다는 이유 등이었음.

3 제13대국회 제143회 임시회 제1차 본회의 회의록 참조

4 개정안에 대한 국회입법조사처의 조사회답에서는 국회가 정당한 이유 없이 출석하지 아

결과적으로 이러한 위헌논란이 있는 강제구인제도는 도입되지 않았고, 위치파악이 용이하도록 정보통신사업자나 경찰 등에 정보를 요청할 수 있도록 하는 조항이 신설되고, 고의로 출석요구서 수령을 회피하는 증인에 대한 벌금형의 상한을 1천만원에서 3천만원으로 인상하는「국회에서의 증언·감정 등에 관한 법률」개정안이 통과되었다.

니한 증인에 대한 구인장을 요구하고 법관이 발부여부를 결정하는 것이 헌법상 영장주의에 위배된다고 보기는 어려우나, 재판절차만큼 강제구인의 필요성이 크지 않아 해당증인의 신체의 자유를 과도하게 제한할 우려도 있다는 의견이었음. 다만, 국회의 입법 및 국정통제 작용의 중요성을 감안할 때 국회가 채택한 증인의 신체의 자유를 일부 제한할 중대한 공익상 필요성도 인정되므로, 국정조사 등 예외적인 경우에 한하여 구인제도를 도입하는 방안도 고려할 필요가 있다는 의견을 제시하였음.

선거 관련

CHAPTER 26 오세훈법

1. 오세훈과 오세훈법

오세훈은 제16대 국회의원, 제33대·제34대·제39대 서울시장이다. 오세훈법[1]은 제16대 국회인 2004년 3월에 개정된 「공직선거 및 선거부정방지법」,[2] 「정치자금에 관한 법률」,[3] 「정당법」 등 정치개혁법을 의미한다. 2004년 총선을 앞두고 불출마를 선언한 오세훈 의원이 이러한 정치개혁법을 주도했기 때문에, 이들 정치개혁입법을 오세훈법이라고 부른다.

2. 오세훈법의 배경

2004년 당시 정치관계법의 개정은 '차떼기'로 상징되는 정경유착 등 후진적 정치문화를 개혁하라는 국민 여론이 높았던 시기에 만들어졌다. 국민여론에 힘입어 '돈은 묶고, 입은 푼다'는 오세훈 선거법의 정신과 목표 하에 3개의 정치개혁입법이 이루어졌다.[4] 오세훈법은 돈 안 드는 선거를 위하여 불투명한 정치자금을 차단하고 깨끗하고 투명한 선거문화를 만든다는 취지에서 만들어졌다.

1 매일경제, 2006. 5. 15; 한국일보, 2018. 11. 7.
2 이후 법률의 명칭은 「공직선거법」으로 변경되었음.
3 이후 법률의 명칭은 「정치자금법」으로 변경되었음.
4 위키피디아, 2015. 8. 15 방문.

「공직선거 및 선거부정방지법」의 개정이유는 다음과 같다.

선거가 국민의 자유로운 의사와 민주적인 절차에 의하여 공정히 치러지도록 각종 제도적 장치를 신설·보완하고, 합동연설회 및 정당·후보자 등에 의한 연설회를 폐지하는 대신 신문·방송 등 각종 미디어를 통한 선거운동을 확대하며, 고비용 선거구조를 혁신하고 선거비용 지출을 투명화 하는 등 새로운 선거풍토를 조성함으로써 우리 정치문화를 선진화하도록 하려는 것임.

「정당법」의 개정이유는 다음과 같다.

고비용 저효율의 정당구조를 개선하기 위하여 지구당제도를 완전 폐지하도록 하고, 보다 많은 여성들의 원내 진출이 이루어지도록 제도를 개선·보완하는 등 새로운 정치풍토를 조성함으로써 우리 정치문화의 선진화를 이루려는 것임.

「정치자금에 관한 법률」의 개정이유는 다음과 같다.

소액다수 후원의 활성화를 통하여 정치자금 조달을 원활히 할 수 있도록 후원회 제도를 개선하고, 정치자금의 조달과 수입·지출과정이 투명하게 드러나도록 하여 음성적 정치자금을 원천적으로 차단하며, 정당에 대한 보조금 배분을 합리적으로 개선하고, 정치자금의 부정사용 등에 대한 처벌을 강화하여 그 실효성을 담보함으로써 깨끗한 정치문화를 정착시키려는 것임.

「공직선거 및 선거부정방지법」, 「정치자금에 관한 법률」, 「정당법」 개정법률은 똑같이 2004년 3월 12일 같은 날에 공포·시행되었다.

3. 오세훈법의 내용

2004년에 만들어진 오세훈 3법은 '돈은 묶고 입은 푼다'는 모토하에 지구당 폐지와 기업후원금 금지 등 정치의 고비용 및 비리를 유발하는 정치제도의 개혁을 핵심내용으로 하는 것이다.

「공직선거 및 선거부정방지법」 개정의 주요내용은 부정한 정치자금이나 뇌물을 받은 자는 선거권과 피선거권을 제한하고, 현장 연설회를 폐지하고 각종 매체를 통한 선거운동을 확대하며, 선거자금의 규제와 투명성을 강화하였다. 상세한 개정내용은 다음과 같다.

① 중앙선거관리위원회에 인터넷선거보도심의위원회를 설치하고, 인터넷언론조사의 선거보도의 공정여부를 심의하여 선거보도가 공정하지 아니하다고 인정되는 경우 당해 인터넷언론사에 정정보도를 명하는 등 필요한 조치를 취하도록 함(법 제8조의5 및 제8조의6 신설).
② 인터넷을 이용한 선거부정을 감시하기 위하여 선거일전 120일부터 선거일까지 중앙 및 시·도 선거관리위원회에 사이버선거부정감시단을 설치하도록 함(법 제10조의3 신설).
③ 정치자금 부정수수죄를 범한 자 또는 선출직 공직자로서 그 재임 중의 직무와 관련하여 수뢰죄 등을 범한 자는 선거범과 마찬가지로 선거권 및 피선거권을 제한하도록 함(법 제18조 제1항 제3호).
④ 국회의 의원정수를 종전 273인에서 299인으로 증원하되 그중 지역구국회의원의 정원수는 243인으로, 비례대표국회의원의 정수는 56인으로 하고, 각 시·도의 지역구국회의원 정수는 최소 3인으로 함(법 제21조 제1항 및 별표 1).
⑤ 후보자등록시 첨부하는 서류중 납세실적 증명서의 경우 종전에는 후보자의 최근 3년간 납세실적만 대상으로 하였으나, 앞으로는 최근 5년간 후보자·그 배우자 및 직계존·비속까지로 확대하고 체납실적을 추가함(법 제49조 제4항 제4호).
⑥ 선거관리위원회는 후보자등록 신청시에 후보자의 병역사항, 납세실적, 전과기록 등의 내용이 기재된 서류를 제출받아 투표안내문 발송시 그 자료를 유권자에게 함께 발송하도록 함(법 제49조 제13항 신설).
⑦ 예비후보자가 되고자 하는 자는 선거일 전 120일부터 관할선거구선거관리위원회에 예비후보자등록을 신청하도록 하고, 예비후보자로 등록한 자는 선거사무소 설치, 선거사무소에 간판·현판·현수막 설치, 명함형 인쇄물의 직접 제공, 이메일 발송, 선거관리위원회의 규칙에 따른 인쇄물 발송의 방법으로 선거운동을 할 수 있도록 함(법 제60조의2·제60조의3 및 제61조의2 신설).
⑧ 정당은 비례대표국회의원선거에 있어서 20회 이내의 신문광고, TV 및 라디오 ①을 이용하여 각 15회 이내의 방송광고를 할 수 있도록 함(법 제69조 제1항 제2호 및 제70조 제1항 제2호 신설).

⑨ 합동연설회와 정당·후보자 등이 개최하던 연설회를 폐지하도록 함(법 제75조 내지 제78조 삭제).
⑩ 선거관리위원회는 인터넷에 위법한 정보가 게시되거나 전송중인 경우 정보통신서비스 제공자에게 그 삭제를 요청하거나 전송정보에 대한 취급의 거부·정지·제한을 요청할 수 있도록 하고, 정보수신자의 의사에 반하여 선거운동 목적의 정보전송을 금지하는 등 선거운동정보 전송시 스팸메일화하는 것을 방지하기 위하여 필요한 제한을 하도록 함(법 제82조의4, 제82조의5 신설).
⑪ 지방자치단체장이 당해 구역의 공직선거에 입후보하는 경우에는 선거일전 1년부터, 그 외의 경우에는 선거일 전 60일부터 선거일까지 법령이 정하는 외의 금품 등 제공을 금지하도록 함(법 제86조 제3항 신설).
⑫ 1회 20만원 이상의 선거비용 지출시에는 신용카드 또는 수표의 사용을 의무화하고 현금지출은 선거비용제한액의 10%를 초과하지 못하도록 함(법 제127조 제4항 및 제5항 신설).
⑬ 선거관리위원회는 선거비용의 수입과 지출에 관하여 확인할 필요가 있는 경우 상시 관계인에게 조사 또는 자료제출을 구할 수 있도록 하고, 위법한 선거비용을 주거나 받은 혐의가 있다고 인정되는 자의 금융거래자료 제출을 요구할 수 있도록 함(법 제134조 제1항 및 제2항).
⑭ 중앙선거관리위원회는 비례대표국회의원선거에서 유효투표총수의 3% 이상을 득표하거나 지역구국회의원총선거에서 5석 이상의 의석을 차지한 정당에게 비례대표국회의원선거에서 얻은 득표비율에 따라 비례대표국회의원의석을 배분하도록 함(법 제189조).
⑮ 경미한 금품수수 등에 있어서 기부받은 자에 대하여는 현행형벌을 부과하던 것을 받은 가액의 50배의 부과로 전환하도록 함(법 제261조 제5항 신설).
⑯ 선거범죄에 대하여 선거관리위원회가 인지하기 전에 그 범죄행위를 신고한 자에 대하여 포상금을 지급할 수 있도록 함(법 제262조의3).
⑰ 종전 선거비용제한액의 200분의 1을 초과지출하여 선거사무장 또는 선거사무소의 회계책임자가 징역형을 선고받은 경우뿐만 아니라, 300만원 이상의 벌금형을 받은 경우에도 그 후보자의 당선을 무효로 하도록 함(법 제263조 제1항).
⑱ 선거범에 관한 재판에서 피고인이 2회 이상 정당한 사유없이 불출석하는 경우 궐석재판을 할 수 있도록 함(법 제270조의2 신설).

「정당법」 개정의 주요 내용은 지역구에 있는 지구당을 폐지하고 중앙당의 규모를 축소하며 당내경선에 관한 규정을 두고 여성 국회의원 후보자 확대정책을 도입하였다. 상세한 개정내용은 다음과 같다.

① 종전 국회의원지역선거구 단위로 두던 법정지구당 제도를 폐지하고, 정당의 구성은 중앙당과 시·도당으로 하도록 함(법 제3조).
② 현행 서면에 의한 입당·탈당 방법 외에 전자서명이 있는 전자문서를 통하여도 입당·탈당을 할 수 있도록 하고, 대의기관의 결의는 전자서명을 통하여도 의결할 수 있도록 함(법 제20조, 제23조 및 제29조의2).
③ 정당에 둘 수 있는 유급사무직원수는 중앙당의 경우 종전 150인에서 100인 이내로 축소하고, 시·도당의 경우 최대 5인으로 제한하도록 함(법 제30조의2 제1항).
④ 정당은 공직후보자를 추천하기 위한 당내경선을 실시할 수 있도록 하고, 당내경선의 후보자로 등재된 자로서 후보자로 선출되지 아니한 경우에는 당해 공직후보자로 등록할 수 없도록 함(법 제31조 제2항 및 제3항).
⑤ 정당은 종전에는 비례대표국회의원후보자중 100분의 30 이상을 여성으로 추천하도록 하였으나, 앞으로는 100분의 50 이상을 여성으로 추천하도록 하고, 지역구국회의원후보자 중 100분의 30 이상을 여성으로 추천하는 경우에는 보조금을 추가 지급할 수 있도록 함(법 제31조 제4항 및 제6항).
⑥ 보조금의 배분대상이 되는 정당은 당내경선사무 중 투·개표사무 등을 선거관리위원회에 위탁할 수 있도록 하고, 당내경선을 수탁관리하는 선거관리위원회의 위원·직원은 이 법을 위반한 혐의가 있다고 인정되는 경우에는 관계인에 대하여 질문·조사할 수 있도록 함(법 제31조의4 및 제31조의6 신설).
⑦ 당내경선을 관리하는 선거관리위원회의 위원·직원 등을 폭행하거나 투표소·개표소 등 경선사무와 관련한 시설에서 소요·소란한 경우, 당내경선의 후보자 등을 폭행·협박하거나 부정한 방법으로 당내경선 등의 자유를 방해한 경우 및 당내경선 등과 관련하여 연설·방송 등의 방법으로 허위의 사실을 공표하거나 공표하게 한 경우 이를 처벌할 수 있도록 함(법 제45조의2, 제45조의3 및 제45조의6 신설).

「정치자금에 관한 법률」의 개정을 통해서 모금방법을 다양화하여 규제를 개선하고 집회에서는 모금을 할 수 없도록 하고, 정치자금의 투명성을 제고하는 다양한 수단을 법제화하였다. 상세한 개정내용은 다음과 같다.

① 정치자금의 투명성확보를 위하여 1회 100만원 이상의 기부와 1회 50만원 이상 지출은 수표·예금계좌입금·신용카드 등 실명이 확인되는 방법으로 하도록 하되, 현금지출은 연간 지출총액의 20%를 초과할 수 없도록 함(법 제2조 제4항).
② 대통령선거경선예비후보자와 당대표경선후보자, 국회의원선거의 예비후보자도 후원회를 통하여 정치자금을 모금할 수 있도록 함(법 제5조).
③ 정치자금의 모금방법을 다양화하여 현행의 모금방법 외에 신용카드, 예금계좌입금, 인터넷전자결제시스템 등에 의한 방법을 추가하여 자유로이 모금할 수 있도록 하되, 집회에 의한 방법으로는 모금 할 수 없도록 함(법 제6조의4제1항 및 제6조의5).
④ 정치자금 영수증제도를 개선하여 10만원 이하의 소액기부와 10만원을 초과하여 기부한 경우라도 만원단위 이하의 금액인 경우에는 무정액영수증을 발행할 수 있도록 함(법 제7조).⑤. 법인 또는 단체의 정치자금 기부와 기탁을 금지하고, 누구든지 국내외의 법인 또는 단체와 관련된 자금으로 정치자금을 기부할 수 없도록 함(법 제11조·제12조 및 제13조).
⑥ 정치자금 수입·지출을 투명화하기 위하여 정당, 후원회, 후원회를 둔 국회의원, 공직선거후보자 등이 정치자금을 수입·지출하는 경우에는 회계책임자만이 이를 할 수 있도록 하고, 정치자금의 수입·지출은 신고된 예금계좌를 통하여 하되, 지출을 위한 예금계좌는 1개만을 사용하도록 함(법 제22조의3).
⑦ 정당내부의 회계처리를 정부회계처리에 준하여 구입품의·지출결의 제도 등을 도입하고, 정당의 중앙당의 예산결산위원회는 분기마다 정치자금의 수입·지출금액 및 내역 등을 확인·검사하여 그 결과를 당원에게 공개하도록 함(법 제22조의4).
⑧ 정치자금 고액기부자의 인적사항 공개를 위하여 국회의원후보자 등 후원회의 경우는 연간 120만원, 정당의 중앙당·대통령선거경선예비후보자의 후원회의 경우는 연간 500만원을 초과하여 기부한 고액 기부자의 인적사항을 공개하도록 함(법 제24조의2).
⑨ 정치자금법 위반행위자를 벌하는 외에 정당·후원회·법인 또는 단체에 대하여도 해당 벌금형을 부과하도록 양벌규정을 둠(법 제33조의2).
⑩ 정치자금범죄의 신고자를 보호하기 위하여 그와 관련된 인적사항 등을 다른 사람에게 알려주거나 공개 또는 보도할 수 없도록 함(법 제33조의4 제2항).

4. 오세훈법에 대한 평가

오세훈법이 과잉입법이라고 하는 비판도 있었지만, 투명한 선거문화를 유도하여 우리 정치와 선거를 어느 정도 깨끗하게 하는 데 기여했다는 평가를 받고 있다. 제14대 국회 이후 계속되었던 정치개혁의 노력 중에 제16대 국회의 오세훈 선거법만 큰 성과를 거두었다는 극찬도 있다.[5] 오세훈법이 시행된 이후 10년이 지난 시점에서의 평가는 긍정적이다.

오세훈법이 정치권에 변화를 가져와서 법안·단체의 정치자금 기부가 금지되었고 집회에 의한 정치자금 모금도 오세훈법 덕분에 사라졌다. 일정 금액 이상의 후원자를 공개하도록 함으로써, 연말이면 진풍경을 이뤘던 국회의원 후원회의 풍경도 거의 사라졌다는 것이다.[6]

그러나 후원금에 관해서 "지금 법을 그대로 두면 의원이 언제든 범법자가 될 가능성이 크다. 의심스러운 돈을 돌려준다 해도 한계가 있다. 이름과 주소만 기입하는 시스템인데, 사실관계를 일일이 확인하는 것도 일이다. 그러다 후원회에서 문제가 생기면 바로 의원에게 불똥이 튀고, 해당 의원은 뇌물을 받은 것처럼 비친다. 내부 시스템을 잘 모르는 국민들에게 범법자 이미지로 낙인찍히면 이미지 회복이 어렵다"[7]는 현실적인 푸념도 있다.

오세훈법에 의해 후원금이 규제를 받자 의원들의 출판기념회가 비정상적으로 활용되었다. 의원 출판기념회에서는 책값보다 훨씬 더 많은 금액의 '축의

---

5 "오세훈 의원은 어차피 정치를 마감하려는 시점에 역사적으로 기억되는 일을 하고 싶었고 최병렬 대표의 요청에 초선의원으로서 항상 문제라고 생각했던 정치관계법의 개정에 모든 것을 걸기로 했다. (중략) 오세훈 선거법이 통과되어 정치선진화를 크게 앞당긴 원인이다." 홍성걸, 2004년 정치개혁의 성공요인: 오세훈 선거법 합의과정의 정치경제학, 의정논총, 제9권 제2호, 2014, 183쪽.

6 the 300, 2014. 5. 15.

7 주간동아, 2010. 11. 15.

금'이 들어왔다. 출판기념회는 선거관리위원회의 실질적 감독을 받지 않기 때문에 의원들은 이 돈을 음성적인 정치자금으로 활용돼왔다는 주장이 나왔고, 출판기념회를 금지하자는 여론이 형성되었다. 이러한 비정상적인 출판기념회는 역설적으로 오세훈법에 의하여 나타났다는 의견이 있다.[8]

오세훈법이 고비용 선거구조를 획기적으로 바꾸어 돈 안 드는 선거문화를 가져왔다는 평가를 받지만, 정치적 의사표현의 자유를 제약하고 정치신인이 정치에 입문하기 어려워져서 기존 정치인의 기득권 구조를 강화해 주었다는 근본적인 문제가 있다는 지적을 받고 있다.[9]

또한 지구당을 부활시키고 정치자금에 대한 규제를 완화하여야 한다는 반론도 지속적으로 제기되고 있다. 2015년 2월에는 중앙선거관리위원회가 지구당을 허용하자는 정치관계법 개정 의견을 발표하기도 하였다. 이에 대하여 오세훈 전 의원은 다시 지구당을 허용한다면 고비용 정치가 되풀이될 것이며,[10] 이러한 우려를 막아야 할 선관위가 지구당 부활을 주장하는 것을 납득하기 어렵다[11]는 의견을 나타냈다.

8 한겨레21, 2014. 10. 21.
9 시민일보, 2013. 5. 7.
10 한국경제신문, 2015. 2. 26.
11 문화일보, 2015. 2. 25.

CHAPTER

27 이인제 방지법

1. 이인제와 이인제 방지법

이인제는 전 경기도지사이자 제13·14·16·17·18·19대 국회의원이다. 1997년 12월 18일 치러진 제15대 대통령선거에 출마하기 위해 당시 한나라당의 대통령 후보로 출마하여 이회장 후보와의 경선에서 패한 후 한나라당 대통령 후보가 되지 못하자 탈당하여 독자적인 정당인 '국민신당'을 창당해 제15대 대통령 후보로 출마하였으나 낙선하였다. 이인제 방지법[1]은 공직선거에서 정당의 후보자가 당내 경선에서 탈락한 후 동일 선거구 내에서 후보로 출마하는 행위를 막기 위한 내용을 담은 「공직선거법」[2] 개정법률을 말한다.

2. 이인제 방지법의 배경

한나라당 제15대 대통령 예비후보로 출마한 이인제는 당내 경선과정에서 이회창 후보에게 패배하자 한나라당을 탈당해 독자적으로 출마하면서 논란이 있었으며, 이를 계기로 「공직선거법」을 개정하자는 논의가 활발해졌다. 2004년

1 세계일보, 2016. 1. 14; 연합뉴스, 2018. 5. 25; 한겨레신문, 2018. 4. 3.

2 당시에는 공식적인 법률명칭이 「공직선거 및 선거부정방지법」이었다. 2005년의 법률개정으로 법률명칭이 「공직선거법」으로 변경되었다. 혼동을 피하기 위하여 「공직선거법」을 사용한다.

7월 9일에 국회에 정치개혁특별위원회가 구성되어 공직선거의 개선방안을 취합하여 정개특위의 이름으로 개정안을 제안하였으며, 이 개정안 내용 중의 하나가 이인제 방지법이라 칭하는 당내경선 관련 조항이다. 「공직선거법」의 개정취지는 다음과 같다.

> 국민의 정치적 자유를 확대하고, 정치제도의 공정성과 투명성을 제고하며 국민의 선거참여 기회가 확대될 수 있도록 각종 제도적 장치를 신설·보완하고, 선거운동 방법에 대한 규제를 대폭 개선하며, 대담토론회 실시 대상 선거를 확대하고 토론회 참여를 강제함으로써 정책선거 구현에 기여하는 등 새로운 선거풍토를 조성함으로써 우리 정치문화의 선진화를 이루려는 것임.

2005년 6월 29일에 정치개혁특별위원장이 제안한 「공직선거법」의 개정안은 같은 날에 법제사법위원회에 상정되어 같은 날 의결되었다. 그리고 다음 날인 2005년 6월 30일에 본회의에 상정되고 의결되었다. 7월 1일에 정부로 이송되어 8월 4일 공포되었다.

3. 이인제 방지법의 내용

「공직선거법」 개정안은 정당의 후보자가 추천을 위해 당내 경선에 참여하여 당해 정당의 후보자로 선출되지 아니한 자는 당해 선거의 같은 선거구에서는 후보자로 등록될 수 없도록 했다. 다만, 후보자로 선출된 자가 사퇴·사망·피선거권 상실 또는 당적의 이탈·변경 등으로 그 자격을 상실한 때에는 그러하지 아니하다고 규정하고 있다. 이인제 방지법이라고 불린 「공직선거법」의 해당 조문은 다음과 같다.

> 제6장의2 정당의 후보자 추천을 위한 당내경선 <신설 2005. 8. 4.>
> 제57조의2(당내경선의 실시) ① 정당은 공직선거후보자를 추천하기 위하여 경선(이하 "당내경선"이라 한다)을 실시할 수 있다.

② 정당이 당내경선[당내경선의 후보자로 등재된 자(이하 "경선후보자"라 한다)를 대상으로 정당의 당헌·당규 또는 경선후보자간의 서면합의에 따라 실시한 당내경선을 대체하는 여론조사를 포함한다]을 실시하는 경우 경선후보자로서 당해 정당의 후보자로 선출되지 아니한 자는 당해 선거의 같은 선거구에서는 후보자로 등록될 수 없다. 다만, 후보자로 선출된 자가 사퇴·사망·피선거권 상실 또는 당적의 이탈·변경 등으로 그 자격을 상실한 때에는 그러하지 아니하다.
③ 「정당법」 제22조(발기인 및 당원의 자격)의 규정에 따라 당원이 될 수 없는 자는 당내경선의 선거인이 될 수 없다.
[본조신설 2005. 8. 4.]

4. 이인제 방지법을 둘러싼 논란

이인제 방지법에 대해서는 후보자의 피선거권과 국민의 후보자 선택권을 제한한다는 주장이 있기는 하였다. 정당 내에서의 경선 이후에도 탈락한 후보자에게 당선 가능성이 있다면, 경선 낙선자의 출마를 법률을 통해 금지하면 안 된다는 현실정치에서의 주장이라 볼 수 있다.

그러나 공직선거 후보자 선출을 위한 당내 경선에서 낙선한 후보자가 경선에 불복하지 못하도록 하자는 여론이 우세하였다. 이러한 여론에 힘입어 당내 경선 낙선자는 당해 선거의 같은 선거구에서는 후보자로 등록하지 못하도록 하는 규정이 신설되었고, 이후 정당의 당내경선 낙선자가 같은 선거의 같은 선거구에서 후보자가 되지 못하는 「공직선거법」 상의 원칙과 규정은 확고하게 자리를 잡았다.

CHAPTER 28 나경원법

1. 나경원과 나경원법

나경원은 국회의원이다. 2011년 10월에 치러진 서울시장 선거에 출마하였다가 낙선하였다. 나경원법[1]은 공직선거에서 후보자와 가족에 대하여 허위사실 유포행위의 처벌을 강화하는 내용을 담은 「공직선거법」 개정안을 말한다.

2. 나경원법의 배경

서울시장 선거 후보였던 나경원의 선거과정에서 피부관리실 출입에 관한 논란이 가열된 바 있었다. 이를 계기로 선거에서의 흑색선전이나 허위사실을 차단하고 처벌을 강화하자는 의견이 힘을 얻었다. 특히 SNS(사회관계망서비스)를 통한 선거운동이 사실상 전면 허용되면서 공직선거에서는 흑색선전이 난무할 가능성이 크기 때문에, SNS를 통한 허위사실 유포를 강력하게 처벌하자는 의견이 나왔다. 허위사실로 인해 피해를 본 후보는 선거에서 치명상을 입는 반면에, 허위사실을 유포한 사람은 가벼운 벌금형만을 받기 때문에 선거 때 허위사실이 난무한다는 것이다. 따라서 허위사실유포를 근절하기 위해서는 강력한 처벌이 있어야 한다는 생각이 나경원법의 모티브가 되었다.

---

1 연합뉴스, 2012. 3. 26; 동아일보, 2012. 10. 25; cnb journal, 2012. 2. 13.

이와 같은 나경원법의 입법배경은 법안의 제안이유에 자세히 서술되어 있는데, 제안이유는 다음과 같다.

> 지난해 10·26 서울시장 보궐선거에 출마했던 한나라당 나경원 후보가 연회비 1억원의 초호화 피부관리실을 출입했다는 허위사실이 인터넷과 일부 언론 등을 통해 전파되어 낙선에 결정적 영향을 미쳤던 사건을 계기로 과장된 흑색보도·선전에 대한 처벌을 강화해야 한다는 사회적 비판이 제기되고 있음. 나경원 후보에 대한 흑색보도·선전은 선거를 불과 6일 앞두고 모 시사주간지가 처음 보도했고 유명 인터넷 팟캐스트방송 '나꼼수'를 통해 반복 재생산됨으로써 나 후보의 해명에도 불구하고 이후 지지율이 하락 반전해 7%포인트 차이로 패배한 바 있는데, 최근 서울지방경찰청이 "진료기록 분석과 관련자 조사결과 나 후보가 해당 병원을 15차례 찾아 자신과 딸의 피부관리 비용으로 550만원을 쓴 것으로 나타났다"고 밝혀 나 후보가 악의적 흑색보도·선전의 희생양이 되었음을 증명한 바 있음. 현행 공직선거법은 제250조(허위사실공표죄) 제2항에 따르면 당선되지 못하게 할 목적으로 방송, 신문, 통신, 벽보 등의 방법으로 후보자 및 그의 가족에 관하여 허위사실을 공표하거나 배포를 목적으로 선전문서를 소지한 자에 대하여 7년 이하의 징역 또는 500만원 이상 3천만원 이하의 벌금에 처하도록 하고 있으나 허위사실 유포에 대한 처벌이 한층 강화될 필요성이 큼. 특히, 최근 소셜네트워크서비스(SNS) 선거운동이 전면 허용돼 금년에 시행될 총선과 대선은 그 어느 선거보다 흑색선전이 난무할 조짐이 커지고 있는 상황임. 이에 동 개정안은 SNS 등 인터넷을 포함한 방송, 통신, 신문 등의 방법으로 상대 후보자 및 그의 가족에 대한 허위사실을 공표하거나 배포를 목적으로 선전문서를 소지한 자에 대하여 벌금형을 삭제하고 1년 이상 7년 이하의 징역에 처하도록 하고, 후보자 및 그의 가족에 대한 비방을 하는 경우에도 1년 이상 3년 이하의 징역형에 처하도록 함으로써 악의적 흑색보도·선전의 불법성에 대한 사회적 인식을 제고하고 깨끗하고 공정한 선거문화 확산에 기여하려는 것임.[2]

나경원법은 같은 새누리당 정옥임 의원을 포함한 11인의 의원에 의하여 발의되었다. 정옥임 의원은 2012년 2월 6일에 공직선거법 제250조 제2항 '허위사실 유포죄' 조항에 대한 개정안을 발의하였으나, 제18대 국회의 임기만료로 인하여 2012년 5월 29일에 법안은 자동폐기되었다.

2 제안이유, 공직선거법 일부개정법률안(정옥임의원 대표발의), 의안번호 14636, 2012. 2. 6, 1쪽.

3. 나경원법의 내용

나경원법은 허위사실유포죄의 형량을 현행 '7년 이하의 징역 또는 500만원 이상 3천만원 이하'의 벌금에서 '1년 이상 7년 이하 징역형'으로 하는 개정안이다. 구체적으로는 ① 공직선거법 제250조 제2항을 개정하여, 당선되지 못하게 할 목적으로 연설, 방송, 신문, 통신(인터넷, 소셜네트워크서비스, 모바일메신저 포함) 등의 방법으로 후보자 및 그의 배우자, 직계존비속, 형제자매에 대하여 허위사실을 공표하거나 배포를 목적으로 선전문서를 소지한 자에 대하여 1년 이상 7년 이하의 징역에 처하도록 하자는 것이다. 또한 ② 공직선거법 제251조를 개정하여 후보자 및 그의 배우자, 직계존비속, 형제자매를 비방한 자에 대하여 1년 이상 3년 이하의 징역에 처하도록 하자는 것이다.

현행 공직선거법	개정안
제250조(허위사실공표죄) ② 당선되지 못하게 할 목적으로 연설·방송·신문·통신·잡지·벽보·선전문서 기타의 방법으로 후보자에게 불리하도록 후보자, 그의 배우자 또는 직계존·비속이나 형제자매에 관하여 허위의 사실을 공표하거나 공표하게 한 자와 허위의 사실을 게재한 선전문서를 배포할 목적으로 소지한 자는 7년 이하의 징역 또는 500만원 이상 3천만원 이하의 벌금에 처한다.	**제250조(허위사실공표죄)** ② ------ ------------------ ------------------ ------------------ ------------------ ------------------ ------------------ ------------------ -------------- 1년 이상 7년 이하의 징역에 처한다.
제251조(후보자비방죄) 당선되거나 되게 하거나 되지 못하게 할 목적으로 연설·방송·신문·통신·잡지·벽보·선전문서 기타의 방법으로 공연히 사실을 적시하여 후보자(후보자가 되고자 하는 자를 포함한다), 그의 배우자 또는 직계존·비속이나 형제자매를 비방한 자는 3년 이하의 징역 또는 500만원 이하의 벌금에 처한다. 다만, 진실한 사실로서 공공의 이익에 관한 때에는 처벌하지 아니한다.	**제251조(후보자비방죄)** -------- ------------------통신(인터넷, 소셜네트워크서비스, 모바일메신저를 포함한다) ------- ------------------ ------------------ - 1년 이상 3년 이하의 징역에 처한다. ------------------ ------------------ ------------------ ------------------

4. 나경원법을 둘러싼 논란

나경원법은 '허위사실유포에 대한 처벌 강화법'이라고 부를 정도로 공직선거에서 허위사실유포를 근절하겠다는 입법의지를 표현하고 있다. 공직선거에서 허위사실을 유포하는 행위는 인터넷과 스마트폰의 대중화로 인하여 수월하게 되었기 때문에, 처벌을 강화하는 입법을 통화여 허위사실을 유포하면 안 된다는 확실한 메시지를 주고자 하는 것이다.

나경원법에 대해서는 찬반론이 극명하다. 찬성하는 측에서는 허위비방 선전을 일삼는 사범은 근절돼야 할 사회악[3]이고 표현의 자유를 빌미로 사실을 왜곡하거나 과장해서는 안 되기 때문에 나경원법이 시급히 입법되어야 한다는 의견이다. 2012년 3월 제19대 총선 직전에는 국회의원 후보자들이, 당선되면 나경원법을 추진하겠다는 기자회견을 하기도 했다.[4]

반대하는 측에서는 나경원법이 SNS를 통한 공직선거에서의 의사표현을 확대하려는 근래의 입법경향과는 상반된 접근이라고 하고,[5] "나경원법이 만들어지면 국민들은 말 한마디를 할 때도 허위사실인지 아닌지 자기 검열을 해야 하고, 애매할 때는 말하지 않을 것"[6]이기 때문에 나경원법은 입법되어서는 안 된다는 의견이다.

'정봉주법'과 '나경원법'으로 명명된 「공직선거법」 개정안을 보노라면, 정치권이 국민의 기본적인 권리인 표현의 자유, 언론의 자유를 정치의 종속변수 정도로 취급하는 것 같아 가슴이 답답해진다는 의견도 있다.[7] 나경원법은 허위사

---

3 뉴시스, 2012. 3. 26.
4 연합뉴스, 2012. 3. 26.
5 기자협회보, 2012. 2. 22.
6 뉴스앤뉴스, 2012. 2. 8.
7 기자협회보, 2012. 2. 22.

실유포죄의 처벌을 강화하자는 것이고, 후술하는 정봉주법은 반대로 허위사실 유포죄의 적용을 엄격히 하자는 것이다.

CHAPTER 29 정봉주법

1. 정봉주와 정봉주법

정봉주는 전 국회의원이다. 정봉주 전 의원은 2007년 대통령선거에서 이명박 후보가 BBK주가조작 사건에 연루되었다는 등의 허위사실을 유포한 혐의로 1년 징역형을 선고받아 복역하고 2012년 12월에 출소하였다. 정봉주법[1]은 허위사실공표죄의 적용요건을 강화하는 내용의 「공직선거법」 개정안이다.

2. 정봉주법의 배경

정봉주법은 2012년 1월 9일에 17인의 의원이 발의하였는데, 대표발의자는 박영선 의원이다. 정봉주법의 제안이유는 다음과 같다.

> 최근 BBK 의혹을 제기한 정봉주 전 의원이 유죄판결을 받은 사건을 계기로 공직선거법상의 허위사실 공표죄의 구성요건에 대한 재검토가 이루어져야 한다는 사회적 비판이 제기되고 있음. 공직선거에 있어서 후보자가 공직을 담당할 적격자인지 검증하기 위한 선거운동의 자유가 보장되어야 하고, 선거 운동의 자유는 언론의 자유 내지 표현의 자유가 기초되어야 함. 선거는 진실의 추구가 중요하기 때문에 증거가 충분하지 않더라도 의혹제기를 할 수 있어야 하고, 의혹을 쉽게

1 동아일보, 2012. 10. 25; cnb journal, 2012. 2. 13.

해명할 수 있는 사람이 해명을 통하여 검증이 철저히 이루어지도록 하여 유권자가 올바른 선택을 할 수 있도록 하여야 함.

그런데 우리 대법원은 "허위사실공표죄 등이 성립하기 위하여는 검사가 공표된 사실이 허위라는 점을 적극적으로 증명할 것이 필요하고, 공표한 사실이 진실이라는 증명이 없다는 것만으로는 허위사실공표죄가 성립할 수 없다"고 판시하면서도, "위 증명책임을 다하였는지 여부를 결정함에 있어서는, (중략) … 의혹을 받을 일을 한 사실이 없다고 주장하는 사람에 대하여 의혹을 받을 사실이 존재한다고 적극적으로 주장하는 자는 그러한 사실의 존재를 수긍할 만한 소명자료를 제시할 부담을 진다고 할 것이며, 검사는 제시된 그 자료의 신빙성을 탄핵하는 방법으로 허위성의 입증을 할 수 있다고 할 것인데, 이 때 제시하여야 할 소명자료는 위의 법리에 비추어 단순히 소문을 제시하는 것만으로는 부족하고 적어도 허위성에 관한 검사의 입증활동이 현실적으로 가능할 정도의 구체성은 갖추어야 할 것이며, 이러한 소명자료의 제시가 없거나 제시된 소명자료의 신빙성이 탄핵된 때에는 허위사실 공표로서의 책임을 져야 한다"고 판시함으로써 사실상 "허위"에 대한 입증책임을 의혹제기를 한 진술자에게 전환시킨 것임.

정봉주 전 의원 사건의 경우에도 정 전 의원이 제시한 소명자료의 신빙성이 검사에 의해 탄핵되었다고 판단하고, 그렇기 때문에 정 전 의원이 제기한 BBK의혹이 허위임이 증명되었고 정 전 의원이 진실이라고 믿을 만한 상당한 이유가 있는 근거에 기초하여 이루어진 것으로 볼 수 없다는 논리 비약적인 결론에 이르렀다고 보여짐. 즉 '허위'라는 입증을 검사가 직접적으로 하지 아니하였음에도 유죄 판결을 선고함으로써 향후 허위사실공표죄를 수사하는 검사는 의혹제기자의 근거가 충분한지 여부만 조사하면 되고 정작 '허위인지 여부'는 조사하지 않아도 되어 실체적 진실을 밝힐 필요가 없어짐. 공직에 입후보한 자에 대한 검증을 위한 진실 공방을 유권자들은 정작 선거과정에서 제기할 수 없게 됨. 입후보자들이 주장하면 그저 진실이라고 믿고 선택을 하라는 것인데, '확실한 증거가 없으면 입을 다물라'는 것은 인류 역사의 사상·문화의 발전을 포기하라는 것임은 물론 모든 권력비리에 관해 침묵하라는 것과 같음.

이에 개정안은 허위 사실 공표죄가 성립하기 위해서는 "허위의 사실임을 알고도 후보자를 비방할 목적이 있어야 한다"는 요건을 명시하여 허위의 사실뿐만 아니라 진술자가 허위라고 인식하고 있었는지에 대한 입증책임이 검사에게 있음을 명확히 하고, 특히 공직선거에 있어서 공직자 검증의 중요성을 고려하여 "비방의 목적"을 구성요건에 추가하며, 허위 사실 공표 행위가 진실한 사실이라고 믿을 만한 상당한 이유가 있고 공공의 이익을 주된 목적으로 하거나 공공성 또

> 는 사회성이 있는 공적 관심사안에 관한 것으로써 사회의 여론형성 내지 공개토론에 기여하는 경우에는 처벌하지 못하도록 함으로써 헌법에서 규정하고 있는 선거의 공정성 내지 선거운동의 자유, 표현의 자유 내지 언론의 자유 및 국민의 알권리를 실질적으로 보장하고, 개인의 명예 또는 사생활 보호와도 균형을 도모하고자 함.
>
> 특히, 우리 「형법」 제1조 제3항은 재판 확정 후 법률의 변경에 의하여 그 행위가 범죄를 구성하지 아니하는 때에는 형의 집행을 면제한다고 규정하고 있는데, 이는 직접 위헌판결을 받지 아니하였다 하더라도 국민의 기본권을 제약하는 법률을 입법자가 개정을 한 경우 그 개정 이전에 확정 판결을 받은 자를 구제함으로써 국민의 기본권을 보호하기 위한 규정인바, 선거운동의 자유 내지 양심·표현의 자유, 국민의 알권리 등 국민의 기본권을 부당하게 제약할 우려가 있는 동법 개정의 취지에 부합하도록 이 법 개정 전에 확정판결을 받은 자에 대하여는 형의 집행이 면제됨을 부칙 경과규정에 명확히 규정함.

정봉주법은 법안이 발의된 다음 날인 2012년 1월 10일에 정치개혁특별위원회에 회부되었으나, 후속 논의 없이 2012년 5월 29일에 제18대 국회의 임기만료로 자동폐기되었다.

3. 정봉주법의 내용

정봉주법은 「공직선거법」의 허위사실공표죄에 해당되는 요건을 엄격히 하자는 것이다. 구체적으로는 ① 허위경력 등 공표죄와 허위 사실 공표죄의 구성요건에 허위임을 알고도 후보자를 비방할 목적이 있어야 한다는 요건을 추가(안 제250조 제1항·제2항)하고, ② 허위경력 등 공표 행위와 허위 사실 공표 행위가 진실한 사실이라고 믿을 만한 상당한 이유가 있고 공공의 이익을 주된 목적으로 하거나 그 행위가 공공성 또는 사회성이 있는 공적 관심사안에 관한 것으로써 사회의 여론형성 내지 공개토론에 기여하는 경우에는 처벌하지 아니(안 제250조 제4항)하는 내용이다.

현행 공직선거법	개정안
제250조(허위사실공표죄) ① 당선되거나 되게 할 목적으로 연설·방송·신문·통신·잡지·벽보·선전문서 기타의 방법으로 후보자(후보자가 되고자 하는 자를 포함한다. 이하 이 조에서 같다)에게 유리하도록 후보자, 그의 배우자 또는 직계존·비속이나 형제자매의 출생지·신분·직업·경력등·재산·인격·행위·소속단체 등에 관하여 허위의 사실[학력을 게재하는 경우 제64조 제1항의 규정에 의한 방법으로 게재하지 아니한 경우를 포함한다]을 공표하거나 공표하게 한 자와 허위의 사실을 게재한 선전문서를 배포할 목적으로 소지한 자는 5년 이하의 징역 또는 3천만원이하의 벌금에 처한다.	제250조(허위사실공표죄) ①－－－－－ －－－－－－－ 임을 알고 공표하거나 공표하게 한 자는－－－－－－－－－
② 당선되지 못하게 할 목적으로 연설·방송·신문·통신·잡지·벽보·선전문서 기타의 방법으로 후보자에게 불리하도록 후보자, 그의 배우자 또는 직계존·비속이나 형제자매에 관하여 허위의 사실을 공표하거나 공표하게 한 자와 허위의 사실을 게재한 선전문서를 배포할 목적으로 소지한 자는 7년 이하의 징역 또는 500만원 이상 3천만원 이하의 벌금에 처한다.	② －－－－－－－－－－ 임을 알고 후보자를 비방할 목적으로 공표하거나 공표하게 한 자는 －－－－－－－－－－.
③ (생략)	③ (생략)
④ <신설>	④ 제1항의 행위가 진실한 사실이라고 믿을만한 상당한 이유가 있고 다음 각 호의 어느 하나에 해당하는 때에는 처벌하지 아니한다. 1. 공공의 이익을 주된 목적으로 한 때 2. 공공성 또는 사회성이 있는 공적 관심 사안에 관한 것으로써 사회의 여론형성 내지 공개토론에 기여하는 경우

4. 정봉주법을 둘러싼 논란

「공직선거법」 제250조(허위사실공표죄)에서 '허위의 사실'은 변치 않는 구성요건이다. 정봉주법에 따르면, 기소를 담당하는 검사가 입증해야 하는 '허위의 사실'임에 대한 입증책임을 법원이 느슨하게 해석하는 것을 원천적으로 막겠다는 것이다. 허위사실공표의 입증책임 문제는 오래된 논란거리이다.

우선 이 규정이 표현의 자유를 지나치게 제한한다는 비판이 있다. 선거에 있어서 후보자에 대한 비판은 필요함에도 불구하고, 허위사실공표에 대한 처벌규정은 선거에서의 자유로운 의견개진을 억제하는 효과가 있다는 것이다. '허위사실공표죄'와 '후보자비방죄'는 상대후보자를 비방하는 혼탁선거를 방지하기 위해서 만들어졌지만, 표현의 자유를 침해할 수도 있는 것이다. 또한 법안의 발의동기와 관련한 비판도 있다. 법안을 발의한 박영선 의원은 "법이 통과될 경우 정 전 의원은 형의 집행의 면제를 받을 수 있게 된다"고 하였는데,[2] 법안이 특정 정치인의 구명운동 차원에서 제기되는 것이 타당한 것인지에 대한 문제제기도 있다.

사실의 폭로는 현실정치와 선거결과에 미치는 영향력이 대단히 크다. 1995년 국회에서 박계동 의원의 전직 대통령의 비자금 폭로발언은 사실로 드러나 두 전직 대통령 구속으로 이어졌다. 2002년 대통령 선거에서 이회창 대통령 후보는 아들의 병역면제 의혹제기로 타격을 입었고 결국 낙선하였으나 사실이 아닌 것으로 밝혀졌다. 이러한 '말'의 중요성 때문에 「공직선거법」의 허위사실유포죄의 처벌을 강화할 것이냐 또는 적용을 엄격하게 할 것이냐는 특히 공직선거에서 대단히 중요하다. 전술한 나경원법은 허위사실유포죄의 '처벌을 강화'하자는 것이고, 정봉주법은 허위사실유포죄의 '처벌요건을 강화'하자는 것이다.

---

2 머니투데이, 2012. 1. 11.

경제 분야

CHAPTER

30 박영선법

1. 박영선과 박영선법

박영선은 전 국회의원이자, 전 중소벤처기업부 장관이다. 박영선 의원은 이학수법으로 불리는 「특정재산범죄수익 등의 환수 및 피해구제에 관한 법률안」을 발의한 적이 있다. 그리고 2015년에는 「외국인투자촉진법」 개정안을 발의하였으며, 이를 박영선법이라고 부르기도 한다.[1]

2. 박영선법의 배경

박영선법은 2015년 7월 3일에 발의되었으며, 대기업의 경영권 보호에 초점이 있다. 현행 「외국인투자촉진법」 제4조 제2항에는 외국인 투자를 제한할 수 있는 경우가 한정적으로 열거되어 있다. '국가의 안전과 공공질서의 유지에 지장을 주는 경우', '국민의 보건위생 또는 환경보전에 해를 끼치거나 미풍양속에 현저히 어긋나는 경우', '대한민국의 법령을 위반하는 경우'에 한해 외국인 투자를 대통령령으로 제한할 수 있도록 하고 있다.

박영선 의원이 대표발의한 개정안의 골자는 외국인투자의 제한사유에 '대

1 경향신문, 2015. 7. 7; 머니투데이, 2015. 7. 8.

한민국 경제의 원활한 운영을 현저히 저해하는 경우'이라는 조항을 신설하자는 것이다. 이러한 사유에 해당하는지는 산업통상자원부 산하 외국인투자위원회가 심의토록 규정되어 있다.

박영선 의원이 대표발의한 「외국인투자촉진법」 개정안의 제안이유는 다음과 같다.

> 현행법은 국가의 안전과 공공질서 유지에 지장을 주는 경우, 국민의 보건위생 또는 환경보전에 해를 끼치거나 미풍양속에 현저히 어긋나는 경우 및 대한민국의 법령을 위반하는 경우 외에는 외국인투자를 제한할 수 없도록 하고 있음. 그런데 국민경제의 건전한 발전을 위해서는 일본의 입법례와 같이 우리나라 경제의 원활한 운영을 현저히 저해하는 경우를 외국인투자의 제한사유로 두는 것이 바람직하고, 외국인투자의 적격성에 대한 실효성 있는 심사를 위해 현행법상 외국인투자위원회의 심의사항에 외국인투자의 제한에 관한 사항도 포함할 필요가 있음.

이 법안이 '삼성 방어용'이라는 해석이 나왔는데, 그 이유는 제일모직과 삼성물산의 합병안을 놓고 논란이 되었기 때문이다. 미국계 헤지펀드 엘리엇의 공세로 일각에서는 대기업 경영권 보호장치의 도입을 요구하는 주장이 있었다. 헤지펀드 등이 국가 기간산업이나 경제의 원활한 운영을 현저히 저해하는 경우에는 경영권을 보호해 줄 필요가 있다는 것이 박영선법의 입안 취지이다.

법안을 발의한 박영선 의원은 미국의 「엑슨-플로리어법」을 벤치마킹한 것으로 알려졌다. 「엑슨-플로리어법」은 1988년에 미국연방하원의 엑슨 의원과 플로리어 의원의 발의로 제정된, 국가안보를 위해 대통령에게 외국인 투자를 제한할 수 있도록 하는 권한을 부여하는 법이다. 즉, 박영선법도 회사를 외국에 파는 것이 국가안보를 저해할 가능성이 있다면 외국인투자위원회에서 이에 대해 검토할 수 있는 권한을 갖도록 하는 개정법률이다. 제일모직과 삼성물산의 합병을 염두에 둔 것이라는 일각의 시각에 대해서는, 기업의 편법 승계는 옳지 않지만 국가 경제의 막대한 지장을 초래하는 경우에는 경영권 보호장치를 제도화할 필요가 있다는 것이다.[2] 동 법안은 산업통상자원위원회 법안심사 소위원회에서 심사되다가, 2016년 5월 29일에 제19대 국회의 임기만료로 자동폐기되었다.

3. 박영선법의 내용

주요 내용으로는 ① 「외국인투자촉진법」의 목적 조항에 국민경제의 건전한 발전을 위해 외국인투자에 대하여 필요한 관리를 함을 명시함, ② 외국인투자의 제한사유에 대한민국 경제의 원활한 운영을 현저히 저해하는 경우를 추가함, ③ 외국인투자위원회에서 외국인투자 제한사유 해당 여부에 관한 사항을 심의하도록 하는 것이다.

현 행	개정안
제4조(외국인투자의 자유화 등) ② 외국인은 다음 각 호의 경우 외에는 이 법에 따른 외국인투자를 제한받지 아니한다.	**제4조(외국인투자의 자유화 등)** ② (현행과 같음)
<신 설>	4. 대한민국 경제의 원활한 운영을 현저히 저해하는 경우
제27조(외국인투자위원회) ① 다음 각 호의 사항을 심의하기 위하여 산업통상자원부에 외국인투자위원회를 둔다.	**제27조(외국인투자위원회)** ① (현행과 같음)
<신 설>	6의2. 제4조 제2항 각 호에 따른 외국인투자 제한사유 해당 여부에 관한 사항

2 경향신문, 2015. 7. 7.

4. 박영선법을 둘러싼 논란

박영선법을 통해 박영선 의원이 대기업의 백기사를 자처했다고 하면서, 우리나라의 핵심 기업에 대한 적대적 인수합병(M&A)이 있을 경우에는 외국인 투자를 제한할 수 있는 법률을 만들어서 제대로 된 경영권 방어책을 마련해달라는 주문이 있다.[3] 박영선법은 삼성물산과 제일모직의 합병과정에서 헤지펀드인 엘리엇이 합병저지의 입장을 취하는 상황에서 발의되었지만, 미국과 일본 등에서도 유사한 입법을 찾아볼 수 있는 일반법이며 특정 기업과는 관련이 없다는 점을 밝히기도 하였다.[4]

그러나 박영선법이 일부 대기업에 악용될 소지가 있다는 지적도 있었다. '대한민국 경제의 원활한 운영을 현저히 저해하는 경우'란 조항이 추상적이어서 해석이 자의적으로 될 수 있기 때문이다. 경제개혁연대는 논평에서 "현행 외촉법 제4조 제3항은 외국인투자 제한 사유에 해당하는 업종과 내용을 대통령령으로 정하도록 하고 있다"며 "외촉법에서는 대략적인 내용과 취지만을 규정하고 그 자세한 내용은 모두 대통령령에 위임하는 구조하에서 현행 법률보다 더 광범위한 사항을 대통령령에 위임하고 외국인투자위원회의 재량적·자의적 판단에 맡기는 셈이 된다"고 우려했다. 이어 "이번 개정안은 시기적으로도 문제지만 그 내용 자체도 모호하고 추상적인바, 의도하지 않은 나쁜 결과를 초래할 것으로 판단하며 즉각 철회할 것을 촉구한다"고 밝혔다.[5]

국회 산업자원통상위원회의 검토보고서에서는 신중론이 제시되었다. 원론적으로는 "대한민국 경제의 원활한 운영을 현저히 저해하는 경우를 제한사유에 추가하여, 일부 투기성 외국자본의 단기차익을 위한 무리한 구조조정 등으로 인한 기업의 성장잠재력 둔화와 적대적 인수합병으로 인한 기업의 경영안정성 저

3 파이낸셜뉴스, 2015. 7. 6.
4 뉴데일리경제, 2015. 7. 6.
5 경향신문, 2015. 7. 7.

해 등을 예방하여 국민경제의 건전한 발전을 도모하려는 것으로서 타당한 측면이 있다"고 하였다.

동 검토보고서에는 원론적으로 타당하다는 입장과 함께 몇 가지의 우려사항을 지적하고 있다. 우선적으로, 동 법안의 내용이 WTO, FTA 등의 규정과 배치되어 무역분쟁이 발생할 우려가 있다는 점을 지적하고 있다. 즉, WTO 중 GATS[6] 협정 제14조 및 제14조의2[7]에서 공공질서유지, 공중보건, 안보사항 조치 등을 위하여 투자제한조치를 취할 수 있도록 규정하고 있으나, 이 경우에도 자의적·정당화될 수 없는 차별의 수단이거나 위장된 제한조치로 적용되지 않는 것을 조건으로 하고 있다는 점을 지적하고 있다.[8] 따라서, 새로운 외국인투자 제한사유를 좁게 인정하는 것이 국제무역협정의 위배 소지[9]를 줄이는 것이라는 의견이다.

또한 제안이유에서 입법례로 제시한 일본의 「외환 및 외국무역법」의 경우, '국가경제의 원활한 운영에 현저한 악영향을 끼치게 되는 것'을 외국인투자 제한사유로 규정하고 있으며 그 구체적인 내용을 시행령에서 규정하도록 하고 있으나, 시행령에서는 국가안보·공공질서·공중안전, OECD 자본자유화 규약상 일본의 유보내용과 관계되는 구체적인 업종에 한정되어 운영되고 있다는 것이다.

---

6 서비스무역에 관한 일반협정(General Agreement on Trade in Services).

7 제14조에서는 자의적 차별 또는 정당화될 수 없는 차별의 수단이 되거나 위장된 서비스무역 제한으로 적용되지 않는 것을 조건으로, '공중도덕 보호, 공공질서 유지 조치', '인간, 동식물의 생명 또는 건강 보호 조치', '기만·사기행위 방지, 개인사생활 및 개인정보보호 조치'를 취할 수 있도록 규정하고 있으며, 제14조의2에서는 자국의 중대한 안보이익을 보호하기 위하여 필요하다고 간주하는 '군사시설에 공급할 목적으로 직접 또는 간접적으로 행하여지는 서비스 공급과 관련된 조치' 등도 일반적인 예외사유로 규정함.

8 OECD 자본이동자유화규약에서는 공공질서 유지 또는 공공보건의료, 필수적인 안보이익, 국제평화 및 안보에 필요한 경우에 제한조치를 가할 수 있도록 규정하고 있음.

9 한미FTA협정에서는 「외국인투자 촉진법」 제4조 상의 공공질서 유지를 위해 필요한 어떠한 조치도 채택할 권한을 미래유보사항으로 규정하고 있으며, 구체적으로 '그 투자가 사회의 근본적 이익에 대하여 진정하고 충분히 심각한 위협을 가져오는 경우에만 채택되거나 유지'되며, 자의적이거나 정당화될 수 없는 방식으로 적용되지 않으며, 투자에 대한 위장된 제한을 구성하지 아니하고, 달성하고자 하는 목적과 비례하여야 한다고 규정함.

그리고 개정안에서 외국인투자위원회의 심의사항에 외국인투자 제한사유 해당여부에 관한 사항을 심의하도록 규정하고 있는데, 현행 법령 상 일반적인 제한업종에 대해서는 산업통상자원부장관의 고시에 명시하고 있어 외국인투자위원회의 심의의 필요성이 낮다고 보이며, 국가안보위해의 우려가 있는 외국인투자에 대해서는 외국인투자위원회의 심의를 거치도록 하고 있다는 점을 고려할 필요가 있다는 점 등을 고려하여 신중하게 판단할 필요가 있다는 점을 지적하였다.[10]

10 국회 산업자원통상위원회 검토보고서, 2015. 10, 2쪽 이하.

CHAPTER 31 홍종학법

1. 홍종학과 홍종학법

홍종학은 전 국회의원이자, 전 중소벤처기업부 장관이다. 홍종학법[1]은 10년 주기 이던 면세점 특허기간을 5년으로 단축하는 것 등을 내용으로 하는 2013년의 「관세법」 개정법률을 말한다.

2. 홍종학법의 배경

2012년 11월 2일에 홍종학 의원이 대표발의한 홍종학법은 대기업들의 면세점 사업이 이른바 '황금알을 낳는 거위'로 일컬어지면서 지나친 특혜를 받고 있다는 생각을 바탕으로 추진되었다고 볼 수 있는데, 제안이유는 다음과 같다.

> 최근 인천공항 등에 입점하고 있는 보세판매장은 대기업 독점으로 운영되면서 외국제품 위주로 판매를 하고 있고, 이들 대기업이 지난 4년간 보세판매장 운영으로 벌어들인 매출액은 2008년도 약 5천억에서 2011년 약 1조 300억 가까이 증가했지만 낮은 특허수수료 규정으로 매출액의 30만분의 1 수준만 납부하고 있어 소수의 기업에 국가 징세권을 포기한 특혜를 주고 있는 상황임. 이에 보세판매장에 대한 특례규정을 신설하여 중소기업 등이 보세판매장을 운영할 수 있도록 제

1 매일경제, 2016. 5. 11; 아주경제, 2017. 2. 13; 조선일보, 2018. 5. 24.

도적 장치를 마련하고, 특허수수료를 현실화하며, 보세판매장에서 중소기업 등의 제품을 일정 비율 이상 판매할 수 있도록 하려는 것임.

제안이유에는 특허수수료를 현실화하고 면세점 운영이나 제품판매에서 중소기업을 정책적으로 배려하는 내용을 기술되어 있지만, 가장 파급력이 컸던 면세점 특허기간 5년 단축은 제안이유에서 볼 수 없다. 이 법안은 2013년 1월 1일 기획재정위원장의 대안으로 제안되면서 '대안폐기'되었지만, 면세점 특허기간을 5년으로 단축하는 내용은 대안에 포함되어 통과되었다.

3. 홍종학법의 내용

면세점 사업이 특혜로까지 여겨지고 있는 것은 낮은 수준의 특허수수료에 기인하고 있었다. 면세점의 특허수수료는 2013년 이전에는 규정이 없다가 2014년에야 비로소 시행규칙에 매출액의 1만분의 5를 특허수수료로 한다는 규정이 생겼다. 면세점 특허수수료에 더하여 면세점 업계에 큰 영향을 가져온 사안은 특허기간을 10년에서 5년으로 단축하는 내용이었다. 이에 홍종학법으로 인하여 면세점에 변화를 가져온 개정안의 주요내용은 다음과 같다.

① 중소기업 및 중견기업 중 보세판매장 특허를 받을 수 있는 요건 을 갖춘 자에게 보세판매장 특허의 100분의 50을 할당하며, 한국관광공사에게 보세판매장 특허의 100분의 20을 각 전국 시도 지역·개별 공항 내·개별 항만 내별로 할당함(안 제176조의2제1항).

② 보세판매장의 특허는 국내 중소기업 제품의 판매비율, 보세판매장의 특허수수료 등의 기준을 고려하여 제한경쟁입찰로 할당하며, 제한경쟁입찰 시 최저경쟁가격을 고시하여야 함(안 제176조의2 제2항 및 제3항).

③ 보세판매장의 특허기간은 5년 이내로 함(안 제176조의2제4항).

④ 보세판매장에서 국내 중소기업의 제품이 100분의 25 이상 진열·판매되도록 함(안 제176조의2 제5항).

⑤ 기획재정부장관으로 하여금 매 회계연도 종료 후 3개월 이내에 보세판매장별 관세 면세내역을 국회 소관 상임위원회에 보고하도록 함(안 제176조의2 제6항).

동 개정안은 위원회 대안이 되면서 변경된 내용이 있지만, 면세점 특허기간을 10년에서 5년으로 단축하는 내용은 삭제되지 않고 통과되었다. 참고로 당시 대안으로 만들어져 통과된 「관세법」 개정법률의 주요내용은 다음과 같다.

① 세관장이 부과·징수하는 내국세 등의 체납 시 징수업무를 세무서장에게 이관(안 제4조 제2항 신설)
세관장이 부과·징수하는 내국세 등의 체납 시 그 징수권의 변경은 국민의 권리·의무에 중요한 사항이므로 납세자 권리보호를 위해 현행 시행령에서 규정하고 있는 사항을 법률에 반영함.
② 원산지조사 결과 회신을 부과 제척기간의 특례 사유로 인정하되, 절차적 요건 보완(안 제21조 및 제233조)
원산지조사 결과의 회신이 지체될 경우 부과 제척기간 경과로 경정이 불가능해지는 것을 방지하기 위해 원산지조사 결과 회신을 부과 제척기간의 특례 사유로 인정함과 동시에 제척기간의 경과는 납세의무자의 권리·의무와 관련한 중요한 사항이므로 원산지증명서 등의 진위여부에 대한 확인 요청을 한 사실을 수입자에게 통보하도록 절차적 요건을 보완함.
③ 과세가격 결정방법 명확화(안 제31조 및 제32조)
동종·동질물품 등의 거래가격을 기초로 과세가격을 결정할 때 해당 물품 거래가격의 진실성 및 정확성이 의심되는 경우에는 그 가격은 과세가격 결정의 기초자료에서 제외하도록 함.
④ 세율불균형 물품에 대한 관세감면 단계적 축소 및 폐지(안 제89조 및 부칙 제14조)
FTA 확대로 인해 관세감면 실효성이 감소된 점을 반영하여 중소기업이 아닌 일반기업에 대해서는 세율불균형 물품에 대한 관세감면 제도를 2015년부터 2018년까지 단계적으로 축소하여 운영하고 2019년에 폐지함.
⑤ 보세판매장 특허의 특례 도입(안 제176조의2 신설)
중소·중견기업에 대하여 일정 비율 이상 보세판매장 특허를 부여하고, 상호출자제한기업집단 내 기업에 대해서는 보세판매장 특허를 일정 비율 이하로 제

한하며, 보세판매장 특허 수수료를 차등적으로 징수할 수 있는 근거를 마련하고, 보세판매장 특허 기간을 5년 이내로 함.

⑥ 탁송품 통관절차 명확화(안 제254조의2 제5항 및 제6항 신설)
불법물품 반입 단속 등 탁송품의 통관관리를 강화하기 위해 지정장치장 및 업체시설 통관기준 등을 보완함.

⑦ 수출입물품 가격 조작 시 허위신고죄 처벌 강화(안 제276조)
납품가격 조작, 부(富)의 해외이전 방지 등을 위해 수출입 물품 가격을 허위신고하는 경우 처벌 수준을 강화함.

⑧ 은닉재산 신고 포상금 지급한도 인상(안 제324조 제2항)
체납자 은닉재산 신고 활성화를 통한 세원투명성 제고를 위해 포상금 지급한도를 현행 1억원에서 10억원으로 인상함.

4. 홍종학법을 둘러싼 논란

주지하는 바와 같이 면세점 특허기간이 5년으로 단축되고 재심사에서 탈락한 면세점이 나왔으며, 이로 인하여 강한 민원이 제기되는 등의 부작용이 나타난 이후에 면세점을 추가로 선정하는 등의 과정을 거치게 되었다.

그러나 기획재정위원회의 검토의견에서는 "현재 보세판매장의 특허기간은 10년 이내로 규정되어 있으나,[2] 개정안은 이를 5년으로 단축하고 있음. 특허권이 1979년 이후 지속적으로 갱신되는 보세판매장이 있는 등 한 번 특허를 받은 사업자가 과도하게 오랫동안 사업을 영위하는 것을 방지하려는 것"[3]이라 하였다. 이 법안에 대한 입법예고기간 중에 의견제시는 한 건도 없었다. 법이 개정된 이후에 격렬했던 반발과 민원을 생각하면 동 개정안에 대한 업계의 의견제시 조차 없던 것은 보면, 면세점업계에서는 이러한 개정안을 몰랐다고 볼 수 있다. 특허기간 단축에 대한 공청회 등의 과정이나 이해당사자의 의견수렴의 기

2 관세법 제176조(특허기간) ① 특허보세구역의 특허기간은 10년 이내로 한다.

3 검토의견, 관세법 일부개정법률안(홍종학의원 등 14인), 국회 기획재정위원회, 2012. 11, 7~8쪽.

록을 찾아볼 수 없다.

또한 특허기간을 5년으로 단축하는 내용을 담은 이러한 「관세법」 개정안에 대해서는 기획재정위원회와 법제사법위원회는 물론이고 본회의에서도 질의나 논의가 거의 없었으며, 2013년 1월 1일 새벽 4시경에 개최된 본회의에서 의결되었다. 예산부수법률 입법절차의 문제점을 나타내주는 처리과정이라 할 수 있다. 법안은 당일 정부로 이송되어 공포되고 당일부터 시행되었는데, 면세점 특허기간 단축에 관한 규정만은 바로 시행이 불가능하기 때문에 10개월의 유예기간을 두었다. 매우 이례적이고 신속하며 부실한 입법과정으로 볼 수 있다.

「관세법」 개정과정과 그로 인한 혼란은 "정치권의 입법횡포와 정부의 단견이 빚어낸 불행한 사태"[4]라 비추어지기도 하였지만, 면세점의 특허기간을 10년에서 5년으로 단축하는 입법과정에서 이러한 면세점 특허기간의 단축이 어떠한 영향을 가져올지에 대한 검토가 없었다. 결국은 면세점을 추가로 선정하는 미봉책으로 당시 「관세법」 개정의 입법적 결함이 시정되었다. 법안에 대한 입법영향분석이 필요하다는 점을 나타내는 입법사례라고 할 수 있다.[5]

4 조선일보, 2016. 4. 30.
5 상세는 홍완식, 관세법 개정에 대한 입법평론 -면세점 특허 규정을 중심으로, 토지공법연구, 제78집, 2017 참조.

32 황필상법

1. 황필상과 황필상법

황필상은 수원교차로 창업자이다. 황필상법[1]은 자선, 장학 또는 사회복지를 위해 주식을 출연하는 경우에는 세금을 감면하는 내용의 「상속세 및 증여세법」 개정법률이다.

2. 황필상법의 배경

공익법인이 주식을 기부받을 경우에는 발행주식의 5%(성실공익법인 10%)를 넘기면 증여세를 부과하고 있다. 이는 주식의 기부가 재벌의 승계수단으로 악용되지 못하게 만들기 위한 제도적 장치이다. 황필상은 2002년에 수원교차로 주식 90%를 장학재단에 기부하였는데, 이는 당시 180억원의 가치로 평가되었다. 황필상의 출연금으로 설립된 구원장학재단에서는 14년간 2,500여명에게 장학금을 지급하였다고 알려졌다. 2008년에 수원세무서는 수원교차로 주식의 5%를 초과해 기부했다는 이유로 황필상에게 증여세 140억원을 부과하였고, 나중에는 가산세 등이 부가되어 세금은 225억원으로 늘어났다. 황필상은 세금부과처분에 불복하여 소송을 제기하였고, 1심은 황씨의 기부를 증여세를 회피하려

1 이데일리, 2017. 4. 25; YTN, 2017. 4. 26.

는 의도로 볼 수 없다며 장학재단의 손을, 2심은 황씨의 경제력 승계 위험성이 없다고 단정할 수 없다며 수원세무서의 손을 들어줬다.

대법원은 2017년 4월에 기부 주식이 비과세 한도 5%를 초과했다고 증여세를 부과한 처분에 대한 취소소송 상고심에서 원고 패소 판결한 원심을 파기환송하였다.

> 공익법인에 출연된 내국법인의 주식이 내국법인 발행주식 총수의 100분의 5를 초과하는 경우라고 하더라도 출연된 주식에 대하여 증여세를 부과하기 위해서는 출연자와 내국법인 사이에 '특수관계'가 인정되어야 한다. (중략) 공익법인에 출연한 주식이 '출연자 및 그와 특수관계에 있는 자(이하 '출연자 등'이라고 한다)가 보유하고 있는 주식의 합계가 가장 많은 내국법인'의 주식인 경우에는, 내국법인에 대한 지배력을 바탕으로 배당 등에 관한 영향을 통하여 공익법인에 영향을 미침으로써 공익법인을 내국법인에 대한 지배수단으로 이용할 수 있으면서도 이러한 공익법인에 대한 주식 출연의 방법으로 상속세 또는 증여세를 회피할 수 있으므로, 이러한 폐해를 방지하고자 이와 같은 규정을 두게 된 것으로 이해된다.[2]

대법원은 5%를 초과한 공익재단에 대한 주식기부가 공익법인을 내국법인에 대한 지배수단으로 이용할 수 있으면서도 이러한 주식출연을 통해 증여세를 회피하는자 하는 것이 아니라면, 주식기부를 무조건 증여세 부과대상으로 볼 수는 없다고 판단한 것이다.

그리고 이처럼 선의로 주식을 기부하고 장학금 등 공익을 위해서 사용했음에도 '세금폭탄'을 맞게 되는 제2의 황필상을 막자는 취지로, 공익법인에 주식을 기부하는 경우에는 상속증여세를 감면하자는 황필상법 입법의 필요성이 제기되었고, 여러 건의 관련 법안이 발의되었다. 「상속세 및 증여세법」 개정안은 2017년 12월 1일에 기회재정위원장의 대안으로 발의되었는데, 「상속세 및 증여세법」 개정안의 제안이유는 다음과 같다.

---

2 대법원 2017. 4. 20. 선고 2011두21447 [증여세부과처분 취소]

> 과세형평을 제고하기 위하여 공익법인의 주식보유한도를 조정하고, 가업상속공제 제도의 공제한도를 합리화하며, 특수관계법인과의 거래를 통한 이익의 증여의제 과세범위 및 증여의제이익 계산방법을 보완하고, 신고세액공제의 공제율을 단계적으로 인하하는 등 현행 제도의 운영상 나타난 일부 미비점을 개선·보완하려는 것임.

이러한 내용의 「상속세 및 증여세법」 개정안은 2017년 12월 19일에 공포되었다.

3. 황필상법의 내용

「상속세 및 증여세법」 개정법률에 의하여 비과세 상한선인 성실공익법인의 주식 보유한도가 10%에서 20%로 인상되었다. 공익법인을 통한 장학사업과 자선활동 등 공익활동을 지원한다는 취지가 반영되었다. 다만 자산·장학·사회복지 목적이 있어야 하며, 상호출자 기업집단(대기업)과 특수관계가 없었을 때로 상한성 인상조건을 한정하였다. 또 기부한 주식에 대해 비과세 혜택을 받더라도 일정 요건을 지키지 않았을 때에는 증여·가산세가 부과되는데, 이 사유에 '성실공익법인(의결권 있는 주식의 10~20% 보유)이 의결권을 행사한 경우'가 들어간다. 또한 성실공익법인은 출연 받은 자산 3%를 매년 공익사업을 위해 사용(의무지출제도)하도록 하였다.

> - 공익법인의 주식보유한도 조정(안 제16조 및 제48조)
> 공익법인 등을 통한 자선·장학 및 사회복지 활동을 지원하기 위하여 상호출자제한기업집단과 특수관계에 있지 아니한 자선·장학 또는 사회복지를 목적으로 하는 성실공익법인 등에 출연하고, 해당 성실공익법인 등이 출연받은 주식이나 출자지분의 의결권을 행사하지 아니하는 경우에는 상속세 과세가액에 산입하지 아니하는 주식 등의 보유한도를 10퍼센트에서 20퍼센트로 상향조정함.

4. 황필상법을 둘러싼 논란

황필상법 도입이 필요하다는 측에선 '제2 황필상' 사태가 없어야 한다는 입장이다. 현행 「상속세 및 증여세법」에 따르면 최대주주가 공익법인에 기부할 경우 주식 5%만 넘어도 세금이 붙는다. 따라서 비과세 상한선인 '5% 룰'을 완화해 기부로 인한 불이익이 없도록 하자는 것이 황필상법 찬성 측 입장이다.

반면, 황필상법은 변칙증여를 조장할 수 있다는 우려가 있다. 증여세 비과세 한도는 1991년에는 20%였지만 변칙증여 방지를 위하여 1994년부터 5%로 강화되었다. 공익법인이 대주주의 지배력 강화나 편법상속·증여수단으로 이용될 가능성이 있기 때문에 비과세 한도를 확대하는 것은 신중해야 한다는 주장이다. 그동안 공익법인들이 공익활동보다는 총수일가의 지배력을 강화하는 역할을 했다는 지적도 있다.

이와 같은 논의를 종합해 보면, 대법원 판결의 취지를 살려 선의의 주식기부자를 보호함과 동시에 대주주의 지배력 강화나 편법증여 등의 악용사례를 막도록 하는 제도를 만드는 것이 황필상법 입법의 관건이다. 즉, 선의의 기부자의 피해를 막고 편법증여도 막아야 하는 복합적인 입법 목표가 있는 것이다. 공익법인의 공익활동 지출비율을 법제화하는 공익법인 의무지출 제도의 도입 필요성이 제기되기도 하였다.

노동 분야

CHAPTER

33 김용균법

1. 김용균과 김용균법

김용균은 2018년 태안화력발전소에서 업무중 사고로 사망한 비정규직 노동자이다. 김용균법[1]은 이와 같은 작업장 안전사고의 재발을 방지하기 위하여 산업현장의 안전과 관련된 규제를 대폭 강화하는 내용의 「산업안전보건법」의 개정법률이다.

2. 김용균법의 배경

"산업안전·보건에 관한 기준을 확립하고 그 책임의 소재를 명확하게 하여 산업재해를 예방하고 쾌적한 작업환경을 조성함으로써 근로자의 안전과 보건을 유지·증진함을 목적"으로 하는 「산업안전보건법」은 1981년 12월 31일에 제정되어 1982년 7월 1일부터 시행되고 있다.

김용균법은 「산업안전보건법」을 28년만에 전면적으로 개정하기 위한 전부개정[2] 법률이다. 고(故) 김용균의 사고사를 계기로 하여 근로자의 안전에 대한

1 중앙일보, 2019. 2. 8; 연합뉴스, 2019. 2. 7; 조선일보, 2019. 1. 21.
2 「산업안전보건법」의 일부개정은 종종 있었지만, 전부개정은 1990년 1월 13일에 있었다.

인식이 강조되었고 이를 위해서는 「산업안전보건법」 개정이 필요하다는 강력한 여론의 지지가 있었다. 이미 2016년에 발생한 구의역 사고 이후부터 근로자의 안전을 강화하기 위한 입법의 필요성이 강조되어 왔지만 입법작업이 지지부진 하다가, 2018년 김용균이 사망한 태안화력발전소 사고 이후에 입법추진의 동력이 생긴 것이다.

2018년 11월 1일에 정부는 「산업안전보건법」 개정안을 국회에 제출하였고, 국회의원들이 발의한 「산업안전보건법」 개정안만 해도 20건이 넘는다. 예를 들어, 심상정 의원이 2016년 6월 7일에 대표발의한 「산업안전보건법」 개정안의 제안이유는 다음과 같다.

> 지난 5월 28일 서울 지하철 2호선 구의역 스크린 도어 수리현장 사고에서 보듯이 산업현장에서 사내하청·파견·도급 등 다양한 형태의 고용이 증가하고 있음에도 불구하고 노동자들의 안전·보건에 대책은 거의 유명무실하고 국민의 생명과 안전도 위협받고 있음. 그동안 지하철 사고, 불산 누출사고, 원전사고 등 사회적 중대사고가 터질 때 마다 '위험의 외주화'에 대해 경고해왔고, 안전과 관련된 작업자들의 도급형태 고용을 금지하고, 원청에서 책임을 지도록 하는 관련 법안들이 발의되었음에도 불구하고 처리되지 않았음. 이번 20대 국회에서 시급히 「산업안전보건법」을 개정하여 다시는 이와 같은 불행한 일이 반복되지 않도록 해야 함.

정부안과 의원안들은 통합되어 환경노동위원회의 대안으로 제출되었고, 12월 27일에 국회 본회의에서 가결되었다. 이렇게 국회를 통과한 김용균법 즉 「산업안전보건법」의 개정법률은 2019년 1월 15일에 공포되어 1년의 경과규정을 거쳐 2020년 1월 16일부터 시행되고 있다. 법제처 국가법령정보센터에 등재된 김용균법의 개정이유는 다음과 같다.

> 산업재해로 인한 사고사망자 수가 연간 천 여명에 이르고 있고, 이는 주요 선진국보다 2배 이상 높은 수준으로서 산업재해로 인한 피해는 당사자뿐만 아니라 국가적으로도 큰 손실을 초래함. 이에 산업재해를 획기적으로 줄이고 안전하고

건강하게 일할 수 있는 여건을 조성하기 위하여 이 법의 보호대상을 다양한 고용형태의 노무제공자가 포함될 수 있도록 넓히고, 근로자가 작업을 중지하고 긴급대피할 수 있음을 명확히 규정하여 근로자의 작업중지권 행사를 실효적으로 뒷받침하고자 함. 또한, 근로자의 산업 안전 및 보건 증진을 위하여 도금작업 등 유해·위험성이 매우 높은 작업에 대해서는 원칙적으로 도급을 금지하고, 도급인의 관계수급인 근로자에 대한 산업재해 예방 책임을 강화하며, 근로자의 안전 및 건강에 유해하거나 위험한 화학물질을 국가가 직접 관리할 수 있도록 하고, 그 밖에 법의 장·절을 새롭게 구분하며 법 조문을 체계적으로 재배열하여 국민이 법 문장을 이해하기 쉽도록 하기 위하여 「산업안전보건법」을 전부개정하려는 것임.

3. 김용균법의 내용

산업현장의 안전과 관련된 규제를 대폭 강화하는 「산업안전보건법」의 개정안은 산업 재해가 다시 발생할 우려가 있거나 산재 예방을 위해 불가피한 경우, 고용노동부 장관이 '작업 중지 명령'을 내릴 수 있도록 했다. 사업자의 책임을 강화하여, 근로자 사망 사고가 발생하는 경우에 사업주의 처벌을 현행 '7년 이하 징역'에서 '10년 이하 징역' 등으로 강화하였다. 특수 형태 근로자 및 배달 종사자, 가맹 본부, 건설 현장, 유해 물질 등에 대한 규정들도 개정되었다. 개정된 김용균법의 주요 내용은 다음과 같다.

① 법의 보호대상을 확대(제1조, 제77조부터 제79조까지 등)

1) 최근 변화된 노동력 사용실태에 맞게 법의 보호대상을 넓히려는 입법취지를 명확히 하기 위하여 이 법의 목적을 노무를 제공하는 자의 안전 및 보건을 유지·증진하는 것으로 확대함.
2) 특수형태근로종사자의 산업재해 예방을 위하여 그로부터 노무를 제공받는 자는 특수형태근로종사자에 대하여 필요한 안전조치 및 보건조치를 하도록 하고, 이동통신단말장치로 물건의 수거·배달 등을 중개하는 자는 물건을 수거·배달 등의 노무를 제공하는 자의 산업재해 예방을 위하여 필요한 안전조치 및 보건조치를 하도록 함.
3) 가맹본부는 가맹점사업자에게 가맹점의 설비나 기계, 원자재 또는 상품

등을 공급하는 경우에 가맹점사업자와 그 소속 근로자의 산업재해 예방을 위하여 가맹점의 안전 및 보건에 관한 프로그램을 마련·시행하도록 하는 등 일정한 조치를 하도록 함.

② 근로자에게 작업중지권 부여와 실효성 확보수단 마련(제52조)

산업재해가 발생할 급박한 위험이 있는 경우에는 근로자가 작업을 중지하고 대피할 수 있음을 명확히 규정하고, 산업재해가 발생할 급박한 위험이 있다고 근로자가 믿을 만한 합리적인 이유가 있을 때에는 작업을 중지하고 대피한 근로자에 대하여 해고나 그 밖의 불리한 처우를 금지하도록 함.

③ 도금작업 등 유해·위험한 작업의 도급금지(제58조)

유해성·위험성이 매우 높은 작업의 사내도급 등 외주화로 인하여 대부분의 산업재해가 수급인의 근로자에게 발생되고 있는 문제점을 개선하기 위하여, 지금까지 사업주 자신의 사업장에서 도금작업 등 유해·위험성이 매우 높은 작업을 고용노동부장관의 인가를 받으면 도급할 수 있던 것을, 앞으로는 사업주 자신의 사업장에서 그 작업에 대한 도급을 원칙적으로 금지하되, 일시·간헐적으로 작업을 하는 등의 경우에만 도급할 수 있도록 함.

④ 도급인의 산업재해 예방 책임 강화(제63조 및 제65조 제4항)

1) 관계수급인 근로자에 대하여 도급인이 안전조치 및 보건조치를 하여야 하는 장소를 도급인의 사업장뿐만 아니라 도급인이 제공하거나 지정한 장소로 확대하여 도급인의 관계수급인에 대한 산업재해 예방 책임을 강화함.

2) 도급인이 폭발성·발화성·인화성·독성 등의 유해성·위험성이 있는 화학물질을 제조·사용·운반·저장하는 저장탱크 등으로서 고용노동부령으로 정하는 설비를 개조·분해·해체 또는 철거하는 작업 등을 수행하는 수급인에게 관련 안전 및 보건에 관한 정보를 제공하지 아니하는 경우에는 수급인은 해당 도급 작업을 하지 아니할 수 있고, 계약의 이행 지체에 따른 책임을 지지 아니하도록 함.

⑤ 물질안전보건자료의 작성·제출 등(제110조 및 제112조 등)

1) 현재 화학물질 및 이를 함유한 혼합물을 양도하거나 제공하는 자가 이를 양도받거나 제공받는 자에게 물질안전보건자료를 작성하여 제공하도록 하였으나, 앞으로는 해당 화학물질 등을 제조하거나 수입하는 자가 물질안전보건자료를 해당 물질을 양도받거나 제공받는 자에게 제공하도록 하는 외에 고용노동부장관에게도 제출하도록 함으로써 국가가 근로자의 건강장해를 유발하는 화학물질에 대한 관리를 강화하여 산업

재해를 예방하고 건강장해를 유발하는 사고에 대하여 신속히 대응하도록 함.

2) 현재 화학물질 등을 양도하거나 제공하는 자는 영업비밀로서 보호할 가치가 있다고 인정되는 화학물질 등에 대하여 물질안전보건자료에 스스로 판단하여 적지 아니할 수 있었으나, 앞으로는 영업비밀과 관련되어 화학물질의 명칭 및 함유량을 적지 아니하려는 자는 고용노동부장관의 승인을 받아 그 화학물질의 명칭 및 함유량을 대체할 수 있는 자료를 적도록 함.

⑥ 법 위반에 대한 제재 강화(제167조)

안전조치 또는 보건조치 의무를 위반하여 근로자를 사망하게 한 자에 대하여 7년 이하의 징역 또는 1억원 이하의 벌금에 처하도록 하던 것을, 앞으로는 제1항의 죄로 형을 선고받고 그 형이 확정된 후 5년 이내에 다시 같은 죄를 범한 자는 그 형의 2분의 1까지 가중처벌을 할 수 있도록 함.

4. 김용균법을 둘러싼 논란

김용균법은 기업의 비용을 증가시키고 규제를 강화하는 내용을 담고 있기 때문에 반대하는 의견도 있었다. 예를 들어 노동부 장관의 작업중지명령권에 대하여 화학회사는 “화학공장은 한 번 멈추면 재가동에 한 달 이상 걸릴 수 있고 제품의 질에도 큰 타격을 준다”는 입장이고 경총에서도 “특정업무에 대해 하도급을 금지하는 규정은 전 세계적으로 찾기 어려운 과잉입법”이라는 입장이다.[3] 위험작업의 범위와 사업자의 책임을 강화하는 것과 법위반에 대한 제재를 강화하는 것 등에 대해서도 논란이 있었다. 그러나 김용균법에 대한 국민들의 지지가 워낙 컸기 때문에, 여론에 힘입어 법률은 개정되어 시행되고 있다.

3 여야 이견 못 좁힌 ‘김용균法’ … 與 “27일 본회의서 처리”, 조선일보, 2018. 12. 25.

34 양진호 방지법

1. 양진호와 양진호 방지법

양진호는 한국미래기술 회장이었다. 젊은 사원을 폭행하고 동물을 학대하도록 강요하는 등의 행위를 하였고, 이 장면이 녹화된 동영상이 널리 퍼지면서 사회적 비난을 받고 구속·기소되었다. 양진호 방지법[1]은 직장내 괴롭힘을 근절하기 위한 「근로기준법」과 직장내 괴롭힘을 업무상 재해로 포함하는 「산업재해보상보험법」 개정법률을 말한다.

2. 양진호 방지법의 배경

일명 '갑질'로 표현되는 직장 내에서의 부당한 행위가 사회문제화되어 왔는데, 이미 2013년 9월 30일에 이러한 직장내 괴롭힘을 금지하는 내용을 담은 「근로기준법」 개정안[2]이 한정애 의원에 의하여 발의된 적이 있었지만, 제19대

1 국민일보, 2018. 12. 27; 경향신문, 2018. 12. 27; 데일리안, 2018. 11. 8.

2 제안이유 : 최근 직장에서의 괴롭힘으로 직장동료를 사망에 이르게 하는 사고가 발생하는 등 직장 내 괴롭힘으로 인한 문제가 심각해지고 있음. 직장 내 괴롭힘은 근로자의 정신적·신체적 건강에 악영향을 주고 조직에도 막대한 비용을 초래하고 있으므로 이에 대한 대책이 필요한 실정임. 이에 사용자 및 근로자는 직장 내 괴롭힘을 하지 못하도록 하고, 사용자는 직장 내 괴롭힘을 예방하기 위한 교육을 실시하도록 하며 직장 내 괴롭힘 발생이 확인된 경우에는 지체 없이 행위자에 대하여 징계 등의 조치를 하도록 하고, 직장 내 괴롭

국회의 임기가 끝나면서 폐기된 적이 있다.

2018년에 양진호 전 한국미래기술 회장이 직원을 폭행하고 닭을 칼이나 활로 죽이게 하는 동영상이 공개되었지만, 당시의 법률로는 폭행 이외의 행위를 처벌하거나 피해자를 보호하는 것이 어렵다는 것이 알려지면서, 직장 내에서의 '갑질'을 근절하는 법률을 만들자는 여론이 형성되었다.

이인영 의원과 윤종오 의원도 이러한 취지의 「근로기준법」 개정안을 발의하였고, 이정미 의원과 강병원 의원도 각각 '직장내 괴롭힘 예방 및 피해근로자 보호에 관한 법률안'을 대표발의하였다. 그리고 한정애 의원이 2016년 10월 18일에 대표발의한 「근로기준법」 개정안 등이 환경노동위원회의 대안으로 발의되어 2018년 12월 27일에 국회 본회의에서 의결되었다. 2019년 1월 15일에 공포된 「근로기준법」의 개정이유는 다음과 같다.

> (전략) 또한, 직장 내에서의 괴롭힘으로 동료를 사망에 이르게 하는 사고가 발생하는 등 직장 내 괴롭힘으로 인한 문제가 심각해지고 있음. 직장 내 괴롭힘은 근로자의 정신적·신체적 건강에 악영향을 끼칠 뿐만 아니라 기업에도 막대한 비용부담을 초래하게 되므로 이에 대한 대책이 필요함. (후략)

힘과 관련하여 피해를 입은 근로자 또는 피해 발생을 주장하는 근로자에게 해고나 그 밖의 불리한 조치를 하는 것을 금지함으로써 직장 내 괴롭힘을 예방하고 직장 내 괴롭힘 피해자를 보호하려는 것임(안 제10조의2 신설).

주요내용 : 제10조의2(직장 내 괴롭힘의 금지 등) ① 사용자 및 근로자는 직장 내외에서 직장 내의 지위나 다수의 우월성을 이용하여 특정 근로자나 특정 집단의 근로자들을 대상으로 의식적·지속적·반복적으로 신체적·정신적 공격을 가하거나 소외시키는 일체의 행위(이하 "직장 내 괴롭힘"이라 한다)를 하여서는 아니 된다. ② 사용자는 직장 내 괴롭힘을 예방하고 근로자가 안전한 근로환경에서 일할 수 있는 여건을 조성하기 위하여 사용자 자신과 근로자를 대상으로 하는 직장 내 괴롭힘의 예방을 위한 교육(이하 "직장 내 괴롭힘 예방 교육"이라 한다)을 실시하여야 한다. 이 경우 직장 내 괴롭힘 예방 교육의 내용·방법 및 횟수 등에 필요한 사항은 대통령령으로 정한다. ③ 사용자 및 근로자는 직장 내 괴롭힘 예방 교육을 받아야 한다. ④ 사용자는 직장 내 괴롭힘 발생이 확인된 경우 지체 없이 행위자에 대하여 징계나 그 밖에 이에 준하는 조치를 하여야 한다. ⑤ 사용자는 직장 내 괴롭힘과 관련하여 피해를 입은 근로자 또는 피해 발생을 주장하는 근로자에게 해고나 그 밖의 불리한 조치를 하여서는 아니 된다.

그리고 직장내 괴롭힘을 업무상 재해의 하나로 포함하는 「산업재해보상보험법」 개정안이 한정애 의원과 서형수 의원에 의하여 각각 대표발의되었으며, 이 법안은 통합되어 환경노동위원회의 대안으로 제출되어 본회의에서 통과되었다. 2019년 1월 15일에 공포된 「산업재해보상보험법」 개정법률의 개정이유는 다음과 같다.

> 산업재해의 대부분은 사고성 재해가 차지하고 있고 업무상 질병에 기인하여 인정된 비율은 9%이며 직무스트레스를 원인으로 하는 것은 1%에 불과함. 한편, 현행법의 업무상 질병 인정기준에 업무상 정신적 스트레스가 원인이 되어 발생한 질병이 명시되어 있지 않아 근로자가 업무로 인한 정신적 스트레스가 원인이 되어 질병이 발생한 경우 산업재해로 인정받기가 힘든 실정임. 이에 업무상 질병의 인정 기준에 직장 내 괴롭힘, 고객의 폭언 등 업무상 정신적 스트레스가 원인이 되어 발생한 질병을 추가함으로써 업무상 재해를 폭넓게 인정할 수 있는 제도적 장치를 갖추려는 것임.

3. 양진호 방지법의 내용

2019년 1월 15일에 공포된 「근로기준법」 개정법률 중에서 직장내 괴롭힘의 예방 및 제재와 관련된 내용은 다음과 같다.

① 사용자 또는 근로자는 직장에서의 지위 또는 관계 등의 우위를 이용하여 업무상 적정범위를 넘어 다른 근로자에게 신체적·정신적 고통을 주거나 근무환경을 악화시키는 직장 내 괴롭힘을 해서는 안 되고, 누구든지 직장 내 괴롭힘 발생 사실을 알게 된 경우 그 사실을 사용자에게 신고할 수 있도록 함(제6장의2 신설).
② 취업규칙에 포함되어야 할 내용에 직장 내 괴롭힘의 예방 및 발생 시 조치 등에 관한 사항을 추가함(제93조 제11호 신설).
③ 사용자는 부속 기숙사에 대하여 근로자의 건강 유지, 사생활 보호 등을 위한 조치를 마련해야 함(제100조의2 신설).
④ 사용자가 직장 내 괴롭힘 발생 사실을 신고한 근로자 및 피해근로자등에게 해고나 그 밖의 불리한 처우를 해서는 안 되고, 이를 위반하면 3년 이하의 징역 또는 3천만원 이하의 벌금에 처함(제109조 제1항).

또한 2019년 1월 15일에 공포(시행은 2019년 7월 16일)된 「산업재해보상보험법」에는 업무상 재해의 인정 기준에 '직장 내 괴롭힘, 고객의 폭언 등으로 인한 업무상 정신적 스트레스가 원인이 되어 발생한 질병'을 추가했다. 즉, 「산업재해보상보험법」 개정법률 중에서 '직장내 괴롭힘으로 인한 업무상 재해'와 관련된 내용은 다음과 같다.

> 제37조 제1항 제2호 다목을 라목으로 하고, 같은 호에 다목을 다음과 같이 신설한다.
> 다. 「근로기준법」 제76조의2에 따른 직장 내 괴롭힘, 고객의 폭언 등으로 인한 업무상 정신적 스트레스가 원인이 되어 발생한 질병

4. 양진호 방지법을 둘러싼 논란

우선 직장 내 괴롭힘이 신체적·정신적 폭력이나 모욕, 협박 등을 수반하는 경우에는 「형법」에 의해 처벌할 수 있고, 민사상 손해배상을 청구할 수 있고, 근로감독 강화, 관련지침 제정 및 판례의 축적 등을 통해 현행 법체계에서 문제를 해결하려는 노력을 선행하는 것이 바람직할 수도 있다는 의견도 있었다.[3] 그러나 직장내 괴롭힘을 근절하는 신속한 방안을 마련하여야 한다는 의견이 우세했다고 볼 수 있다.

그리고 「근로기준법」 개정법률과 관련해서는, 직장 상사 등 가해자에게 대해서는 징계규정만 있고 처벌규정이 없다는 한계가 지적되었고, 「근로기준법」 적용을 받지 못하는 4인 이하의 영세 사업장 근로자나 특수고용 노동자가 배제된 것이 문제로 지적되었다.[4] 징계규정만 있고 처벌규정이 없는 것은 이러한 직장내 괴롭힘의 가해자에 대해서 직장 내에서의 제재수단만이 있을 뿐이고, 형

3 검토의견, 근로기준법 일부개정법률안(한정애 의원 대표발의, 의안번호 2002684), 국회 환경노동위원회, 2017. 2, 6쪽.

4 직장 내 괴롭힘은 범죄다, 중앙일보, 2018. 12. 29.

사처벌은 없다는 것이다.

또한 4인 미만의 영세사업장 근로자나 특수고용 노동자(배달노동자, 대리운전기사, 학습지교사, 보험모집인, 건설기계노동자, 골프장 캐디 등)가 배제된 것은 양진호 방지법 자체의 문제가 아니라, 「근로기준법」 적용범위[5]가 그렇기 때문이다. 「근로기준법」의 개정과 관련해서는 이러한 아쉬움이 있기는 하지만 일단 「근로기준법」의 적용을 받는 사업장에서 나마 직장내 괴롭힘을 제재하는 법률적 근거가 마련되었다는 점에서 의미를 찾을 수 있다. 아쉬운 점은 이 법의 적용상황을 보면서 추후 보완이 가능하다.

여론의 압도적인 지지에 힘입어 양진호 방지법이 통과되었기 때문에, 특히 「산업재해보상보험법」의 개정과 관련해서 반대는 찾아볼 수 없다. 그러나, 근로자에게 발생한 어떠한 질병이 "직장 내 괴롭힘, 고객의 폭언 등으로 인한 업무상 정신적 스트레스가 원인이 되어 발생"하였는지에 관해서는 향후 소송 등에서 인과관계에 관한 다툼이 있으리라 본다.

---

5 제11조(적용 범위) ① 이 법은 상시 5명 이상의 근로자를 사용하는 모든 사업 또는 사업장에 적용한다. 다만, 동거하는 친족만을 사용하는 사업 또는 사업장과 가사(家事) 사용인에 대하여는 적용하지 아니한다.
② 상시 4명 이하의 근로자를 사용하는 사업 또는 사업장에 대하여는 대통령령으로 정하는 바에 따라 이 법의 일부 규정을 적용할 수 있다.
③ 이 법을 적용하는 경우에 상시 사용하는 근로자 수를 산정하는 방법은 대통령령으로 정한다.

CHAPTER

35 장그래법

1. 장그래와 장그래법

장그래는 인기리에 방영된 TV 드라마 '미생'의 주인공으로 극중에서 비정규직 회사원이다. 미생 주인공인 장그래의 인기에 힘입어 비정규직 근로자를 보호하기 위한 취지를 가지고 정부가 내놓은 비정규직 종합대책을 장그래법이라고 부른다. 장그래법의 핵심내용은 35세 이상 비정규직의 계약기간을 2년에서 4년으로 연장하려는 것이다.

2. 장그래법의 배경

고용노동부는 2014년 12월 29일에 비정규직 종합대책(안)을 발표했는데, 추진배경은 다음과 같다.

- ❖ 최근 비정규직 비중은 감소추세이나, 높은 임시직 비중으로 인한 고용불안, 차별 및 기업규모에 따른 격차 등의 문제 상존
- ❖ 비정규직에 대한 차별·남용을 방지하고, 근로조건의 격차를 시정하여 노동시장의 이중구조 개선과 양극화 해소를 도모

이 중에서 35세 이상 비정규직의 계약기간을 2년에서 4년으로 연장하는 방안을 드라마 미생의 주인공 이름을 따서 '장그래법'이라고 부르게 되었다. 고용노동부에서는 장그래 역으로 출연했던 임시완을 모델로 하여 공익광고[1]를 했는데, 이 공익광고의 적절성에 대해서도 논란이 있었다. 극중에서는 비정규직의 애환을 표현하며 연기하였는데, 비판이 많은 비정규직 관련 법안을 홍보하는 것은 적절하지 않다는 것이다.

장그래법은 노동계와 대학생단체 등으로부터 '장그래 죽이기법' 혹은 '비정규직 양산법'이라는 비난을 받았다.[2] 장그래법이 만들어지면 기업들은 정규직을 뽑기보다는 비정규직을 뽑아 4년 동안 근무하게 할 것이고 이는 고용의 질을 악화시킬 것이라는 평가이다. 따라서 비정규직 계약기간을 2년 더 늘리는 것은 고통의 연장이지 개선이 아니라는 것이고, 비정규직이 대폭 늘어난 것이 본질적 문제인데 이러한 본질적인 문제를 해결하기 위한 노력은 보이지 않는다는 지적이 있었다.

고용노동부가 발표한 비정규직 종합대책안은 발표문에 "동 정부안은 노사정위원회에서의 논의를 위한 안으로, 노사정위원회 논의 결과를 반영하여 추후 확정될 예정입니다"라고 하였다. 즉, 장그래법에 대해 논의한다는 것이지, 반드시 장그래법을 제출할 것은 아니라는 것이다. 이후 노사정위원회의 논의를 거쳐 대책방안을 확정하고 법안을 만들려는 수순인 것으로 보였지만, 노동계에서는 물론이고 청년들이 부정적인 반응을 나타내자 법안은 제출되지 않았다.

3. 장그래법의 내용

고용노동부가 2014년 12월 29일에 발표한 '비정규직 종합대책(안) - 비정규직 처우개선 및 노동시장 활력제고 방안'은 ① 고용형태별 근로조건개선, ② 공공부문 비정규직 고용개선, ③ 노동시장의 공정성과 활력제고를 위한 종합적

1 "노동시장을 개혁해야 청년 일자리가 해결됩니다."
2 국민일보, 2015. 3. 25.

인 대책을 제시한 27쪽에 이르는 야심찬 계획이라고 할 수 있다. 부문별 세부과제와 추진사항 및 추진일정도 계획되어 세부과제가 노사정위원회에서 논의·확정되면 법령의 제정·개정 등을 추진하고자 하는 계획도 마련되었다.[3]

장그래법은 이러한 비정규직 종합대책안 중에서 35세 이상 비정규직의 사용기간을 2년에서 4년으로 연장하는 방안을 말한다. 이는 비정규직 종합대책안 중에서 ① 고용형태별 근로조건개선에 해당하는 것으로서 비정규직에 해당하는 기간제 근로자를 위한 대책이다. 즉, '2. 기간제근로자 : 정규직 전환기회를 늘리고 차별·남용을 방지'하는 세부계획의 하나로 '사용기간 연장 및 계약해지시 이직수당 지급'에 해당하는 것이다.

2. 기간제근로자: 정규직 전환 기회를 늘리고 차별·남용을 방지		
세부과제	추진사항	추진일정
3개월 이상 근무한 기간제·파견 근로자 퇴직급여 적용	근퇴법	'16. 시행
「기간제근로자 고용안정 가이드라인」 시행	가이드라인 시행·준수협약 체결	'15.上
기간제 근로자 정규직 전환지원	전환지원금 시행	'15
사용기간 연장 및 계약해지시 이직수당 지급	기간제법·파견법	'15
계약갱신 횟수 제한	기간제법	'15
노조의 차별시정 신청대리권 부여	기간제법·파견법	'15
노동위원회 차별시정명령의 효력 확대	기간제법·파견법 시행	연중
징벌적 손해배상명령제도 활성화	기간제법·파견법 시행	연중
복리후생 적용 확대 및 불합리한 차별 방지	가이드라인 시행	'15.上
국민의 생명·안전 핵심 업무 관련 기간제·파견 근로자 사용 제한	기간제법·파견법	'15
안전·보건관리자 기간제·파견 근로자 사용 제한	기간제법·파견법	'15

3 고용노동부, 비정규직 종합대책(안), 2014. 12. 29, 23~27쪽.

4. 장그래법을 둘러싼 논란

장그래법의 모티브는 매우 단순해 보인다. 인기드라마의 주인공이 비정규직으로서 2년 만에 회사를 그만두는 설정이었기 때문에, 2년을 연장하여 4년 동안 회사에 다닐 수 있도록 하자는 방안이다.

그러나 정부가 제출한 이른바 '장그래법'에 대해서 노동자·시민단체는 "장그래법은 개악(改惡)"이라는 평가를 하였다. 이 법안의 저지를 위해 출범한 '장그래 살리기 운동본부'는 2015년 3월 18일의 기자회견을 통해 "'장그래법은 노동자 죽이기 종합대책"이라며 "정부의 비정규직 종합대책은 비정규직에 대한 차별을 해소하고 남용을 방지하기 위한 게 아니라 오히려 양산하고 근로조건을 개악하게 하는 내용"이라고 밝혔다.[4] 즉, 비정규직 신분으로 4년을 일하게 하여 해고의 불안을 잠시 연장시키는 것은 비정규직 문제의 근본적 해결이 될 수 없다. 비정규직으로 2년을 연장을 가능케 하는 것보다는 정규직으로 전환하는 정책과 법령을 만드는 것이 바람직하다는 주장이다.[5] 장그래법이 '장그래 죽이기법' 혹은 '비정규직 양산법'이라고 평가받는 이유가 여기에 있다.

국가인권위원회는 2015년 5월 26일의 전원위원회에서 2014년 12월 29일에 발표한 정부의 비정규직 종합대책의 하나인 비정규직 사용기간을 4년으로 연장하는 방안에 대해 고용노동부장관에게 의견을 표명하였다. 국가인권위원회는 "기간제 및 파견근로자의 사용기간을 현행 2년에서 4년으로 연장하는 대책안은 비정규직 남용 억제와 상시적 업무의 정규직화·직접고용 유도라는 비정규직 관련 법률의 입법취지에 부합하지 않는 측면이 있고, 기간제 및 파견근로자에 대한 사용 유인을 높여 정규직 근로자를 대체하는 부작용이 나타날 우려가 있다고 보았습니다. 반면 기간연장 이후 실질적인 정규직화를 유도하는 정책이나 남용방지 대책은 미흡하므로 이에 대한 보완책을 마련하여 검토하도록

4 조선일보, 2015. 3. 18.
5 미디어스, 2015. 3. 30.

하였습니다"[6]는 의견을 표명하였다.

국가경영전략연구원은 2015년 4월 21일부터 29일까지 전국 20대 대학생 모바일패널 500명을 대상으로 '노동시장 구조개선안 인식조사'를 실시한 결과, 응답자 405명(81%)은 '상시·지속적 업무 기간제 근로자 정규직 전환과 비정규직 사용기간 연장에 반대'하는 노동계의견에 찬성[7]했다는 결과가 나왔다.

대학생들로 구성된 '메이데이 실천단'은 2015년 4월 30일 여의도 새누리당사 앞에서 '4·30 대학생 공동행동'을 열고 정부의 '장그래법' 추진을 규탄하기도 하였다. 장그래법은 비정규직의 요구를 수용하고, 이직수당을 두며, 고령자와 전문직의 재취업 활성화에 도움이 된다고 추진되었지만, 비정규직의 연장이나 이직수당이 아니라 정규직 전환이 필요하다는 것이다. 고령자와 전문직의 재취업이라는 미명에도 불구하고, 이는 불안정한 일자리일 뿐이라는 반박인 것이다.

---

6 국가인권위원회, 비정규직 노동인권 관련 국가인권위원회 권고 및 의견표명 결정문, 2015. 5. 26, 1쪽.

7 한국대학신문, 2015. 4. 30.

36 심종두 부활법

1. 심종두와 심종두 부활법

심종두는 전 노무사이다. 심종두 노무사가 대표이사로 있던 창조컨설팅은 유성기업 등의 노조파괴 논란을 불러왔고, 심종두는 2012년에 노무사 자격이 정지되었다. 심종두 부활법은 기업경영자문을 하는 경영지도사들이 부당해고, 임금체불 등 공인노무사 업무까지 대행할 수 있도록 하는 「중소기업진흥에 관한 법률」 개정법률이다.

2. 심종두 부활법의 배경

심종두법 혹은 심종두 부활법이라고 불리는 「중소기업진흥에 관한 법률」 개정안은 2012년 노조파괴 논란[1]으로 노무사 자격이 정지된 심종두 창조컨설팅 대표이사가 경영지도사 자격으로 노무사 활동을 재개할 수 있도록 한다고 하여 '심종두 부활법'으로 불렸다. 즉, 2013년 11월 21일에 이채익 의원 등 10인은 「중소기업진흥에 관한 법률」 개정안을 발의하였다. 동 법안의 제안이유는 다음과 같다.

---

1 2012년 유성기업에 노조파괴 컨설팅으로 물의를 일으킨 사건이다.

> 우리나라 산업의 근간이 되고 있는 중소기업의 경쟁력을 강화하고 국민경제의 균형 있는 발전에 기여할 수 있도록 하기 위해서는 중소기업이 필요로 하는 각 분야에 대한 전문가의 지원활동이 지속적으로 요구되며 이들이 수행하는 경영 및 기술 각 분야에 대한 진단·지도 등의 업무가 효율적으로 이루어져야 할 필요가 있음. 따라서 현행 중소기업진흥에 관한 법률 시행령에 규정된 경영 및 기술지도사의 업무범위를 법률로 상향하여 업무수행의 법적 근거를 보다 명확히 함과 동시에 대부분 업무범위를 법률로 규정하고 있는 타 국가 자격사의 법령 체계와 형평성 및 균형성을 갖추고자 함. 또한, '95년 법제정 이후, 그간 경영·기술 각 분야에서 중소기업이 필요로 하는 행정절차의 대행 업무를 수행해 오는 과정에서 중소기업 관련 법령 및 지원정책의 지속적 증가에 따른 다양한 행정수요를 반영할 필요가 있고 지도사가 타 법령에 근거한 각종 업무를 수행하거나 관계기관에서 지도사에게 업무를 위탁할 수 있는 법률상 근거를 마련하는 등 현행 대행업무의 범위를 구체화·명확화함으로써 현실에 맞게 규정하려는 것임. 아울러, 경영 및 기술지도사 자격제도와 관련하여 "법령의 헌법합치성" 제고를 위한 법제처 권고사항을 반영하여 개인의 권리·의무 또는 국민의 기본권과 관련된 사항을 하위법령 내지 법규로 규정하거나 위임하고 있는 불합리한 조문들을 법률로 상향 편제하거나 신설하는 등 현행 법체계를 합리적으로 개선·정비하려는 것임.

이러한 「중소기업진흥에 관한 법률」 개정안의 제안이유에서 나타난 훌륭한 수사(修辭)에도 불구하고, 심종두 경영지도사가 노무사로서의 활동을 가능하게 한다고 하여 '심종두 부활법'으로 불린 것이다. 「중소기업진흥에 관한 법률」 개정안, 즉 심종두 부활법은 다른 의원이 발의한 5건의 「중소기업진흥에 관한 법률」 개정안 등을 통합하여 대안이 만들어져서 2014년 12월 26일에 발의되었으며, 그 대안의 제안이유는 다음과 같다.

> 경영지도사 및 기술지도사의 자격 및 업무에 관한 사항 등을 시행령에서 법률로 상향 입법하고, 중소기업 지도실시기관의 출연에 관한 하위 법령의 위임 내용을 구체화하며, 「소기업 및 소상공인 지원을 위한 특별조치법」 중소기업에 관한 내용을 이 법으로 이관하고, 공장설립시 농지보전부담금 등이 면제되는 대상을 명확히 하려는 것임.

대안에서도 제47조 제1항에 경영지도사의 업무에 "인사, 조직, 노무, 사무관리의 진단·지도"라고 규정하여, 경영지도사의 업무범위에 노무관리가 포함되어 있었다. 이러한 「중소기업진흥에 관한 법률」 개정안은 2014년 12월 29일에 국회 본회의에서 의결되어 2015년 1월 28일에 공포되었고 공포 후 6개월이 경과한 날부터 시행하도록 규정하였다.

3. 심종두 부활법의 내용

「중소기업진흥에 관한 법률」 개정 법률의 주요 내용은 다음과 같다.

① 중소기업 경영 및 기술 지도실시기관의 출연에 관한 하위 법령의 위임 내용을 구체화함(안 제44조 제2항).
② 경영지도사 및 기술지도사의 자격 및 업무에 관한 사항 등을 법률에 규정함(안 제46조의2 및 제47조 등).
③ 「소기업 및 소상공인 지원을 위한 특별조치법」 중 소기업에 관한 내용을 이 법으로 이관함(안 제62조의7부터 제62조의10까지 신설).
④ 소기업 중 공장설립시 농지보전부담금 등이 면제되는 대상을 명확히 함(안 제62조의7).
⑤ 중소기업진흥공단 임원의 임면 및 임기에 관한 사항을 삭제함(제72조 제2항부터 제4항까지 삭제).

개정 법률은 주요 내용의 하나로 "경영지도사 및 기술지도사의 자격 및 업무에 관한 사항 등을 법률에 규정함"이라고 밝히고 있다. 논란이 된 핵심내용은 전술한 바와 같이 제47조 제1항에 경영지도사의 업무에 "인사, 조직, 노무, 사무관리의 진단·지도"라고 규정하여, 경영지도사의 업무범위에 노무관리를 포함하도록 규정한 것이다.

현 행	개정안
제47조(지도사의 업무) 제50조 제1항 또는 제2항에 따라 등록 또는 갱신등록을 한 지도사는 경영 또는 기술의 종합 진단·지도 등 대통령령으로 정하는 업무를 행한다.	제47조(지도사의 업무) ① 경영지도사의 업무는 다음 각 호와 같다. 1. 경영의 종합 진단·지도 2. 인사, 조직, 노무, 사무관리의 진단·지도 3. 재무관리와 회계의 진단·지도 4. 생산, 유통관리의 진단·지도 5. 판매관리 및 수출입 업무의 진단·지도 6. 제1호부터 제5호까지와 관련된 상담, 자문, 조사, 분석, 평가 및 확인 7. 제1호, 제2호, 제4호 및 제5호와 관련된 업무의 대행(관계법령에 따라 기관에 대하여 행하는 신고, 신청, 진술, 보고 등 의 대행을 포함한다)

4. 심종두 부활법을 둘러싼 논란

경영지도사·기술지도사는 자격시험을 거쳐 중소기업청에 등록을 하고 기업의 경영 또는 기술과 관련한 진단 및 지도 소위 '컨설팅'을 수행할 수 있는 자이다. 중소기업의 경영 및 기술에 관한 지도사의 진단·지도 결과, 서류신고, 지원사업 신청 등의 행위가 필요한 경우에 지도사가 대행하는데, 그간 지도사는 법령에 따른 업무 규정 중 "대행" 부분에 근거하여 각종 정부지원 사업 신청서 작성 및 제출, 인증 신청 등의 행위를 수행하여 왔다.

경영지도사가 결과적으로 노무업무를 하도록 한 「중소기업진흥에 관한 법률」 개정법률은 공포 직후부터 부실입법 논란에 휩싸였다. 이러한 개정법률대로 하면 경영지도사들이 노무관리에 해당하는 부당해고, 임금체불 등 공인노무사 업무까지 대행할 수 있도록 하는 결과를 가져온다는 것이다. 따라서 "노조파괴 컨설팅으로 공인노무사 자격이 박탈된 후 경영지도사로 활동을 재개한 심종두 전 창조컨설팅 대표의 이름을 따 '심종두 부활법'으로 불리기도 했다"[2]는 평가를 받았다. 또한 개정법률은 공인노무사 등 노동관계법 소관 상임위인 환경노동위원회는 물론 고용노동부와 제대로 된 협의를 거치지 않고 통과하였다는 비판을 받았다. 즉, "경영지도사에게 노동관계법령상 노무사의 고유 업무까지 대행할 수 있도록 개정된 중소기업진흥법은 '심종두 부활법'이라는 비난이 나올 정도로 법안 내용과 법 개정절차 모두 '상식'을 파괴했다는 비판이다.

사용자를 위해 주로 경영자문을 하는 경영지도사에게 노동자들의 권리 보호를 위한 각종 노동관계법령상 대리 업무를 제한 없이 허용하는 법안을 만들면서 관련 부처인 노동부나 소관 상임위인 환경노동위 의견조회도 거치지 않았다"[3]고 하였다. 즉, '심종두 부활법'이 국회를 통과한 것 자체가 말이 안 되는 것이며, 산업통상자원위원회나 법제사법위원회의 심사과정에서 환경노동위원회나 고용노동부에 의견을 구하지 않은 것이 문제라는 비판에 직면하였다.[4]

이러한 법률개정을 통해 "노무사 자격이 정지된 심종두 창조컨설팅 대표이사가 경영지도사 자격으로 노무사 활동을 재개"할 수 있게 되었다. 이러한 비판을 반영하여 권성동 의원은 2015년 2월 2일에 변호사, 세무사가 보험사무대행 업무를 행하는 경우를 제외하고, 타 자격사가 공인노무사의 직무를 행하는 것을 금지하는 「공인노무사법」 개정안을 대표발의했으며, 2015년 2월 5일에는 장하나 의원도 노동조합 및 이에 준하는 비영리단체를 제외한 비전문 자격사 및 컨설팅 회사의 노동관계 법령에 대한 상담·지도를 제한하는 내용의 「공인노무사법」 개정안을 대표발의했다.

이렇듯 '심종두 부활법'에 대한 논란이 커지자 이채익 의원은 2015년 2월 5일에 또 다른 「중소기업진흥에 관한 법률」 개정안을 대표발의했다. 이채익 의

2 법률저널, 2015. 2. 5.
3 경향신문, 2015. 1. 19.
4 '심종두 부활법'에 놀란 국회, 부활방지 재입법 총력, the 300, 2015. 2. 21.

원은 '심종두 부활법' 논란과 관련한 오해를 불식시키기 위해 개정안을 발의했다고 밝혔다. 자신이 발의한 「중소기업진흥에 관한 법률」을 다시 개정하려는 개정안의 제안이유는 다음과 같다.

> 경영 및 기술지도사 자격제도와 관련하여 기존 시행령에 규정된 지도사 업무범위를 타 자격사의 법령체계와 형평성 및 균형성을 맞추고자 법률로 상향하고, 모호한 대행업무의 범위를 구체화·명확화하도록 법체계를 개선·정비하였음. 다만, 법 개정 후 '지도사의 업무 영역'이 타 국가자격증 관련 업무 영역까지 확대된다는 의견이 일부 제기되고 있어, 이러한 오해를 불식시키기 위하여 관련조문을 합리적으로 개선하려는 것임.

2015년 1월 28일에 공포된 「중소기업진흥에 관한 법률」 개정법률의 "오해를 불식시키기 위하여", 2015년 2월 5일에 「중소기업진흥에 관한 법률」 개정안을 발의한 것이다.

이 개정안은 업무제한규정을 두고 있는 다른 법령에 대해선 경영지도사 대행업무를 수행범위에서 제외하는 내용으로, 경영지도사의 업무범위에서 공인노무사의 업무에 관한 사항을 제외하는 것이다. 따라서 언론은 이러한 「중소기업진흥에 관한 법률」 재개정안에 대하여 '심종두부활방지법'이라고 명명했다.[5] 동 개정안은 산업통상자원위원회와 법사위를 거쳐 2015년 12월 31일에 본회의를 통과하였고, 2016년 1월 27일에 공포되었다.

5 경향신문, 2015. 4. 26.

CHAPTER 37 전태일 3법

1. 전태일과 전태일 3법

전태일은 청계천 평화시장의 봉제공장에서 일하다가 노동환경 개선과 노동법 준수를 요구하며 1970년에 분신한, 한국의 노동운동을 상징하는 노동자이다. 전태일 3법[1]은 5인 미만 사업장에도 근로기준법을 적용하자는 「근로기준법」 제11조의 개정, 노동조합을 조직하고 교섭할 노동자의 범위를 확대하자는 「노동조합 및 노동관계조정법」(이하 「노동조합법」이라 함) 제2조 개정, 기업에서 중대재해가 발생한 경우에 기업과 경영자에게 책임을 지도록 하는 중대재해처벌법의 제정을 내용으로 한다.

2. 전태일 3법의 배경

「근로기준법」 제11조는 법률의 적용범위를 5명 이상의 사업장으로 제한하고 있기 때문에, 「근로기준법」의 일부 규정만 적용받는 4명 이하 사업장 근로자들의 적용범위를 확대는 노동계의 지속적인 요청사항이다. 그리고 보험모집인, 골프장 캐디, 방송작가, 퀵서비스배달원, 학습지방문교사 등의 특수고용노동자(특수형태근로종사자, 플랫폼 노동자)가 증가하면서, 「노동조합법」 제2조를 개

1 donga.com, 2019. 1. 1.

정하여 특수고용직도 노동조합을 설립할 수 있도록 하는 것도 노동계의 요구사항이다. 또한 노동계는 산업재해를 줄이기 위한 방안의 하나로 「중대재해 처벌 등에 관한 법률」(이하 「중대재해처벌법」이라 함)의 제정을 요청하였다.

「근로기준법」 제11조의 개정에 대해서는 입법운동과 법안발의가 있었으나 특별한 진전이 없다. 그리고 「노동조합법」 제2조의 개정에 대해서도 특별한 진전은 없다가[2], 제21대 국회인 2023년 11월에 국회 본회를 통과한 「노동조합법」 개정안에 대하여 대통령의 재의요구권이 행사되었는데, 2023년 12월 8일의 본회의 재의에서 부결되었다.[3] 그리고 제22대 국회인 2024년에 이와 유사한 내용의 「노동조합법」 개정안이 다시 발의되었다. 「중대재해처벌법」은 2021년 1월 26일에 제정되어 2022년 1월 27일부터 시행되고 있다.

3. 전태일 3법의 내용

제21대 국회에서 강은미 의원은 모든 근로자가 예외없이 「근로기준법」의 적용을 받도록 하려는 내용의 「근로기준법」 개정안[4]을 발의하였다. 개정안의

---

2 다만, 이와는 별개로 2021년 7월 1일부터 택배기사·학습지교사 등 12개 특수고용직(특고) 종사자에 대하여 「고용보험법」이 적용되기 시작했다. 즉, 「고용보험법」 개정을 통하여 제77조의6을 신설하였는데, 근로자가 아니면서 자신이 아닌 다른 사람의 사업을 위하여 자신이 직접 노무를 제공하고 해당 사업주 또는 노무수령자로부터 일정한 대가를 지급받기로 하는 노무제공계약을 체결한 사람 중 일정한 직종에 종사하는 노무제공자를 고용보험 적용 대상으로 편입하되, 대통령령으로 정하는 소득 기준을 충족하지 못하는 경우 등에는 고용보험 적용 대상에서 제외하고 있다.

3 일명 '노랑봉투법'으로 알려진 동 「노동조합법」 개정안은 ① '사용자' 및 ② '노동쟁의'의 범위를 확대하여 정당한 쟁의행위의 범위를 확장하고, ③ 손해배상 의무자별 손해배상액 산정 및 ④ 노조활동 손해에 대한 신원보증인 책임 면제를 통해 노조활동으로 인한 손해에 대하여 과다한 손해배상책임이 부과되는 것을 방지하는 내용을 담고 있었다.

4 제안이유 : 상시 4인 이하의 근로자를 사용하는 사업 또는 사업장에 종사하는 근로자들은 현행법을 제한적으로만 적용받고 있음. 그러나 동 법은 근로자의 기본적 생활보장을 위하여 근로조건의 최저 수준을 정하는 법이라는 점을 고려할 때 사업장 규모에 따라 법을 차등적으로 적용하는 것은 동 법의 취지 및 평등의 원칙에 부합하지 않을 소지가 있다는 지적이 제기됨. 이에 상시 사용하는 근로자 수에 따라 적용범위를 구분하는 현행 조항을 삭제하여 모든 근로자가 동일한 법의 보호를 받을 수 있도록 하려는 것임(안 제11조 등).

신구조문 대조표는 다음과 같다.

현 행	개 정 안
제11조(적용범위) ① 이 법은 상시 5명 이상의 근로자를 사용하는 모든 사업 또는 사업장에 적용한다. 다만, 동거하는 친족만을 사용하는 사업 또는 사업장과 가사(家事) 사용인에 대하여는 적용하지 아니한다.	제11조(적용범위) ① 이 법은 모든 사업 또는 사업장에 적용한다. <단서 삭제>

제22대 국회에 들어와서 이와 관련한 3건의 「노동조합법」 개정안이 발의되었으며, 이 중 박해철 의원이 대표발의한 「노동조합법」 개정안이 제21대 국회 재의를 통해 부결된 「노동조합 및 노동관계조정법 일부개정법률안(대안)」과 본질적으로 동일한 내용을 담고 있다.[5] 「노동조합법」 제2조와 관련된 개정안의 신구조문 대조표는 다음과 같다.

현 행	개 정 안
제2조(정의) 이 법에서 사용하는 용어의 정의는 다음과 같다. 2. “사용자”라 함은 사업주, 사업의 경영담당자 또는 그 사업의 근로자에 관한 사항에 대하여 사업주를 위하여 행동하는 자를 말한다. <후단 신설>	제2조(적용범위) --------------------- 2. ---. 이 경우 근로계약 체결의 당사자가 아니더라도 근로자의 근로조건에 대하여 실질적이고 구체적으로 지배·결정할 수 있는 지위에 있는 자도 그 범위에 있어서는 사용자로 본다.

「중대재해처벌법」의 제정이유는 “현대중공업 아르곤 가스 질식 사망사고, 태안화력발전소 압사사고, 물류창고 건설현장 화재사고와 같은 산업재해로

5 국회 환경노동위원회, 노동조합 및 노동관계조정법 일부개정법률안 검토보고, 2024. 6, 1쪽.

인한 사망사고와 함께 가습기 살균제 사건 및 4·16 세월호 사건과 같은 시민재해로 인한 사망사고 발생 등이 사회적 문제로 지적되어 왔음. 이에 사업주, 법인 또는 기관 등이 운영하는 사업장 등에서 발생한 중대산업재해와 공중이용시설 또는 공중교통수단을 운영하거나 위험한 원료 및 제조물을 취급하면서 안전·보건 조치의무를 위반하여 인명사고가 발생한 중대시민재해의 경우, 사업주와 경영책임자 및 법인 등을 처벌함으로써 근로자를 포함한 종사자와 일반 시민의 안전권을 확보하고, 기업의 조직문화 또는 안전관리 시스템 미비로 인해 일어나는 중대재해사고를 사전에 방지하려는 것"임을 밝히고 있다. 「중대재해처벌법」의 중요내용은 다음과 같다.

① 사업주 또는 경영책임자 등은 사업주나 법인 또는 기관이 실질적으로 지배·운영·관리하는 사업 또는 사업장에서 종사자의 안전·보건상 유해 또는 위험을 방지할 의무가 있고, 사업주나 법인 또는 기관이 제3자에게 도급, 용역, 위탁 등을 행한 경우 제3자의 종사자에 대한 안전 및 보건 확보의무를 부담함(제4조 및 제5조).

② 사업주 또는 경영책임자 등이 안전 및 보건 확보의무를 위반하여 중대산업재해에 이르게 한 경우 사업주와 경영책임자 등을 처벌하고, 법인 또는 기관의 경영책임자 등이 처벌 대상이 되는 위반행위를 하면 그 행위자를 벌하는 외에 그 법인 또는 기관에 대해서도 벌금형을 부과함(제6조 및 제7조).

③ 사업주 또는 경영책임자 등은 생산·제조·판매·유통 중인 원료나 제조물의 설계, 제조, 관리상의 결함이나 공중이용시설 또는 공중교통수단의 설계, 설치, 관리상의 결함으로 인한 그 이용자 등의 생명, 신체의 안전을 위하여 안전보건관리체계 구축 조치를 하는 등 안전 및 보건 확보의무를 부담함(제9조).

④ 사업주 또는 경영책임자 등이 안전 및 보건 확보의무를 위반하여 중대시민재해에 이르게 한 경우 사업주와 경영책임자 등을 처벌하고, 법인 또는 기관의 경영책임자 등이 처벌 대상이 되는 행위를 하면 그 행위자를 벌하는 외에 그 법인 또는 기관에 대해서도 벌금형을 부과함(제10조 및 제11조).

⑤ 사업주 또는 경영책임자 등이 고의 또는 중대한 과실로 이 법에서 정한 의무를 위반하여 중대재해를 발생하게 한 경우, 해당 사업주, 법인 또는 기관은 중대재해로 손해를 입은 사람에 대하여 그 손해액의 5배를 넘지 않는 범위에서 배상책임을 짐(제15조).

⑥ 정부는 중대재해 예방을 위한 대책을 수립·시행하도록 하고, 사업주, 법인 및 기관에 대하여 중대재해 예방사업에 소요되는 비용을 지원할 수 있도록 하며, 그 상황을 반기별로 국회 소관상임위원회에 보고하도록 함(제16조). ① 이 법에 따른 유치원의 운영정지 명령을 받고도 명칭을 바꿔 다시 개원하는 일이 없도록 유치원 설립을 제한하고 유치원 설립의 결격사유를 명시함(안 제8조 제3항 제3호 및 제8조의2).

4. 전태일 3법을 둘러싼 논란

전태일 3법에 대해서는 논란이 매우 크다. 노동3권의 충분한 보호를 요구하는 노동자가 있지만, 전태일 3법의 통과로 인한 비용의 상승, 처벌의 가능성 등에 대한 우려를 나타내는 사용자(기업)가 있기 때문이다.

「근로기준법」 제11조가 개정되면 사업주로서는 연장·야간·휴일근로수당과 연차유급휴가·휴업수당 등을 지급할 의무가 생기며, 특히 영세한 자영업자들은 이를 반대하고 있다. 국회의 검토보고서에는 "상시 4명 이하의 근로자를 사용하는 사업장은 대체로 영세사업장이어서 근로기준법에서 요구하는 사항을 모두 준수할만한 여건과 능력을 갖추고 있지 못한 것이 현실임. 이러한 현실을 무시하고 근로기준법상의 근로기준을 이들 사업장에까지 적용하는 것은 근로자보호라는 소기의 목적을 달성하지도 못한 채 오히려 영세사업장이 감당하기 어려운 경제적·행정적 부담만을 가중시키는 부작용을 초래할 우려가 있는 바, 근로기준법 적용범위 확대에 관한 문제는 노사간 이견이 첨예하고 대립하고 있다는 점을 감안하여 보다 신중하게 접근할 필요가 있다는 점을 고려할 필요가 있"[6]다는 의견이 제시되어 있다.

특수근로종사자의 노동3권을 인정하는 「노동조합법」 제2조의 개정에도 의

6 국회 환경노동위원회, 근로기준법 일부개정법률안 검토보고, 2021. 2, 10쪽.

견이 대립되고 있다. **타당성을 인정하는 의견**으로, ① 판례에서 다양한 고용형태 근로자에 대해서 노동조합법상 근로자로 인정하고 있기는 하나, 소송기간이 길어 법적 판단을 받기 전까지는 사실상 노동조합 활동을 할 수 없으므로, 이들에 대해 노동3권이 즉각적으로 실현될 수 있도록 할 필요가 있다는 점, ② 현행 근로자 개념은 고전적인 일대일 노사관계를 전제로 하고 있어 변화된 노동현실에 따른 근로자의 개념을 포섭하지 못하는 문제가 있다는 점, ③ 법문헌에 모호함이 내포되어 있더라도 법관의 보충적인 가치판단을 통해 그 내용을 확인할 수 있다면 명확성 원칙에 반하지 않는다는 판례가 있다는 점 등을 감안할 때 개정안과 같이 근로자의 범위를 확대하는 것이 필요하다는 의견이 제시되었다. **신중한 검토가 필요하다는 의견**으로, ① 현행 규정 및 판례로도 근로자를 폭넓게 해석하고 있으며, ② 개정안에 따를 경우 전문직(변호사, 세무사 등), 자원봉사자, 자영업자 등까지 노동3권의 향유 대상이 됨으로써 발생할 수 있는 문제점[7]이 있고, ③ 대응 사업자가 불분명해 단체교섭 및 쟁의행위의 상대방을 특정하기 어려운 노무제공자도 있다는 점을 고려할 필요가 있다는 등의 의견이 제시되었다.[8]

「중대재해처벌법」의 경우는 입법과정에 있어서도 이견과 반대가 있었지만, 법률이 제정된 이후에도 논란은 그치지 않고 있다.

---

7 발생할 수 있는 문제점의 사례로 자영업자의 담합행위가 노동조합법상 단체행동으로 보호받을 수 있다는 가능성이 제시되었음.

8 국회 환경노동위원회, 노동조합 및 노동관계조정법 일부개정법률안 검토보고, 2024. 6, 24쪽.

육아 · 교육 · 가정 분야

CHAPTER 38 김지영법

1. 김지영과 김지영법

김지영은 실존하는 인물이 아니라 소설 '82년생 김지영'에 나오는 주인공 이름이다. 김지영법[1]은 육아와 가사를 병행해야 하는 '워킹맘'의 육아부담을 경감하기 위한 내용으로 원유철 의원이 대표발의한 「아이돌봄지원법」 개정안이다.

2. 김지영법의 배경

우리나라의 저출산 및 고령화 현상으로 인한 사회적인 문제는 심각하다. 역대 정부는 이런 문제를 해소하게 위한 많은 정책을 펼치고 있으며 출산율을 높이기 위한 재정 지출도 늘리고 있지만 효과는 미미하다. 비혼율 증가와 출산율 저하에는 여러 원인이 있지만 기혼여성의 경우에는 실업이나 경력단절을 피하기 위하여 출산을 기피하고 있다, 그리고 이러한 배경에는 출산과 육아는 여성 몫이라는 전통적인 성역할론 및 가부장적인 문화가 자리잡고 있다. 이러한

1 원유철 의원이 대표발의한 「아이돌봄지원법」 개정안을 김지영법으로 부른다. 서울경제, 2017. 12. 8; 한겨레신문, 2017. 12. 28, 그리고 김수민 의원이 대표발의한, 남녀간 임금격차 해소를 내용으로 하는 「남녀고용평등법」 개정안 및 남성근로자의 출산휴가 및 육아휴직신청을 적극 권장하는 내용의 「일·가정양립지원에관한 법률」 개정안을 김지영법 또는 제2의 김지영법으로 부르기도 한다. 이투데이, 2019. 1. 3; 한국일보, 2018. 11. 28.

점이 이러한 입법의 배경이다. 원유철 의원 등 10인의 국회의원은 2017년 12월 11일에 「아이돌봄지원법」을 발의했다. 제안이유는 다음과 같다.

> 현행법은 가정의 아이돌봄을 지원하기 위하여 일정한 자격과 기준을 갖춘 아이돌보미와 아이돌봄서비스제공기관을 통하여 맞벌이 등의 사유로 아이를 양육하기 어려운 가정에 아이돌봄서비스를 제공하고 소득 수준 등에 따라 일정한 비용을 지원하고 있음. 그러나 아이돌보미의 수급 부족 등의 사유로 아이돌봄서비스를 제공받지 못하는 맞벌이 가정의 경우 아이의 양육을 조부모 등 가족이나 민간 육아도우미에게 의존할 수밖에 없고, 이 경우 경제적 부담은 전적으로 개별 가정에서 질 수밖에 없는 상황임. 특히 가족이 아닌 민간 육아도우미를 고용하여 아이의 양육을 맡기는 것에 대한 불안감 등으로 많은 가정에서 아이의 양육을 조부모 등 가족에게 의존하고 있는데 맞벌이 가정과 조부모의 경제적 부담 경감을 위해서는 이들에 대한 지원 방안 마련이 필요하다는 의견이 제기되고 있음. 이에 국가와 지방자치단체로 하여금 조부모가 손자녀인 아이를 보호 및 양육하는 가정에 대한 지원 시책을 강구하도록 하고, 국가와 지방자치단체 및 공공기관 등은 조부모가 손자녀인 아이를 동반하는 경우 여가문화시설이나 공공시설의 이용료를 감면할 수 있도록 하며, 조부모와 동반한 손자녀의 여가문화활동 활성화를 위하여 노력한 단체 또는 개인에 대하여 필요한 지원을 할 수 있도록 함으로써 조부모가 아이를 양육하는 가정에 대한 지원 방안을 마련하려는 것임

김지영법은 2017년 12월 12일에 여성가족위원회에 회부·상정되었고 2018년 2월 20일에 법안심사소위원회에에 넘겨져 심의되었으나 이후에는 법안심사의 진전이 없다가, 제20대 국회의 임기만료로 법안은 자동폐기되었다.

3. 김지영법의 내용

김지영법의 내용은 두가지이다. 하나는 조부모의 손자녀 돌봄을 지원하는 것이고, 다른 하나는 조부모가 손자녀인 아이를 동반하여 국공 박물관·과학관·동물원·놀이공원 등 여가문화시설이나 공공시설을 이용하는 경우에는 이용료를 감면할 수 있도록 하는 것이다. 아이돌봄지원법안의 신구조문 비교표는 다음과 같다.

현 행	개정안
<신설>	**제19조의2(조부모 아이돌봄 지원 등)** ① 국가와 지방자치단체는 맞벌이 등의 사유로 부모가 아이를 돌볼 수 없는 시간 동안 조부모가 손 자녀인 아이를 보호 및 양육하는 가정에 대한 지원을 위하여 필요한 시책을 강구하여야 한다. ② 국가와 지방자치단체, 「공공기관의 운영에 관한 법률」 제4조에 따른 공공기관, 「지방공기업법」에 따른 지방공사 또는 지방공단은 조부모가 손 자녀인 아이를 동반하는 경우 박물관, 과학관, 동물원, 놀이공원 등 여가문화시설이나 공공시설의 이용료를 감면할 수 있다. ③ 국가와 지방자치단체는 조부모와 동반한 손자녀의 여가 문화 활동 활성화를 위하여 노력하는 단체 또는 개인에 대하여 필요한 지원을 할 수 있다. ④ 제2항에 따른 이용료 감면대상시설 및 비율과 제3항에 따른 지원의 내용 및 방법 등에 필요한 사항은 여성가족부령으로 정한다.

4. 김지영법을 둘러 싼 논란

개정안은 구체적으로 '서비스 기관의 임무' 관련 조항을 현행 '아이와 관련된 가사'에서 '취사·청소·세탁 등 기초적인 가사서비스'로 변경함으로써 정부가 지원하는 아이 돌봄 지원사업의 지원 대상 영역을 넓히는 내용을 담고 있지만 개정안의 내용이 육아 현실의 문제와 개선방안을 제대로 반영하고 있는지에 대해서는 의문이 있다.

맞벌이 부부의 현실적인 면을 고려하여 저출산 문제를 보아야 하고, 자녀 양육을 가족만의 의무에서 일부 사회적 의무로 인식의 전환이 필요하다는 주장이 있다. 또한 개정안에는 국가나 지방자치단체의 재정보조에 대한 대책이[2] 빠져있다는 지적도 있다.

출산과 육아에 관한 국가적 지원은 법률안의 발의만으로 해결되는 것이 아니라, 국가의 전반적인 정책변화가 필요하다는 '근본적인 문제'에 관한 지적이 있다. 중국도 한자녀 정책을 포기했고, 유럽국가나 일본의 경우에도 저출산을 극복하기 위한 정책을 시행하고 있다. 일시적이거나 부분적인 정책보다는 지속가능하고 범부처적인 정책을 통해 저출산·고령화 문제에 대처하여야 한다.

---

2 원유철 의원은 이에 대한 보완입법으로서 우리시대 30대 맞벌이 김지영 부부가 지출하는 아이돌봄비용에 대한 소득공제를 부활하고 아이돌보미의 직무 중 기초적 가사를 분담 가능케 하는 '김지영법' 발의를 추진키로 했다. 김지영법(소득세법 및 아이 돌봄 지원법 일부개정)을 통해 맞벌이 부부가 겪는 양육의 어려움을 조금이나마 실질적으로 덜고자 아이돌봄비용에 대한 소득공제 혜택을 부활시키고, 아이돌보미의 직무가 현행 아이돌 봄에만 국한된 것에서 기초적 가사에 대한 분담도 가능하도록 확장함을 주요 골자로 한다.

CHAPTER

39 사랑이법

1. 사랑이와 사랑이법

2013년 8월에 생모가 출산한 아이를 버리고 가출한 사건이 발생하였는데, 이 사건에서 버려진 아기의 가명이 '김사랑'이다. 「가족관계등록법」을 개정하여 미혼부도 출생신고를 통해 자신의 아기를 가족관계등록부에 등재할 수 있도록 하자는 것이 '사랑이법'[1]이다.

2. 사랑이법의 배경

2013년 8월 미혼모인 엄마가 출생 직후 떠나버려 미혼부에 의해 양육되어 온 사랑이는 당시 「가족관계등록법」상 친모가 아니면 출생신고조차 할 수 없기 때문에 1년이 넘도록 주민등록이 되지 않아 의료보험 혜택은 물론 보육비 지원 혜택도 받을 수 없었다. 사랑이의 경우에는 법무부와 법원이 협력하여 4번의 재판과정을 거친 후에 2014년 9월에 출생신고를 하였다. 미혼부 자녀의 경우에는 유전자검사 후에 복잡한 소송절차와 오랜 소송기간 등으로 출생신고가 여의치 않고, 따라서 고아원에 아이를 고아로 신고한 후 입양하는 편법으로 출생등록을 하기도 한다.

1 연합뉴스, 2019. 2. 3; 한국일보, 2019. 2. 9.

이러한 출생신고제도의 문제점을 해소하기 위하여 사랑이법이 발의되었다. 즉, 출생신고를 하기 위해서는 유전자 검사 후 법원에 소송을 제기해야만 했는데 이 과정이 까다로워 출생신고를 포기하고 주민등록번호도 없이 건강보험 등 각종 복지 혜택에서 제외되는 경우가 적지 않았다. 2013년 12월 18일에 서영교 의원 등 10인이 발의한 「가족관계의 등록 등에 관한 법률」 개정안의 제안이유는 다음과 같다.

> 현행법에서는 혼인 외 출생자의 출생신고는 모가 하여야 한다고 규정하고 있어 모가 아이를 출산 후 부에게 맡겨놓고 사라지는 경우가 많아 미혼부가 발생하고 있지만 미혼부는 아이의 출생신고조차 할 수 없는 경우가 발생하고 있고 이 같은 경우 출생신고를 위해서는 유전자 검사 후 법원에 소를 제기해야만 가능함으로 버려지는 아이들이 많은 실정임. 이에 부득이한 사정이 있는 경우 부가 대법원 규칙으로 정하는 기관 또는 단체에서 발급한 확인서를 첨부하여 출생신고를 할 수 있도록 함으로써 태어나자마자 버려지는 아이들의 생명권이 보장될 수 있도록 하려는 것임.

동 법안은 2013년 12월 19일에 법제사법위원회에 회부되고 2014년 4월 15일에 상정되어 2015년 4월 29일에 의결되었고, 2015년 4월 30일에 본회의에 상정 및 의결되었다. 개정법률은 2015년 5월 18일에 공포되어 2015년 11월 19일부터 시행되었다.

3. 사랑이법의 내용

당시의 「가족관계등록법」 제46조 제2항에 따르면, 혼인 외 출생자의 출생신고는 원칙적으로 "모"가 해야 하고, 모가 신고를 할 수 없을 때에는 동거하는 친족이나 분만에 관여한 의사·조산사 등이 순위에 따라 신고하도록 하고 있으며, 제57조에서는 "부가 혼인 외의 자녀에 대하여 친생자 신고를 한 때에 그 신고는 인지의 효력이 있다"고 규정하고 있으나, 동 규정은 '모의 인적사항'을 기재할 수 있는 경우로 한정되어 있고, 따로 부의 혼인 외 출생자 신고의무를 규정하고 있지 않다.

즉, 혼인 외 출생자의 경우 '모의 인적사항'을 기재할 수 있는 경우에는 '부'의 친생자 신고 또는 '모'의 출생신고로 신속하게 부자관계 또는 모자관계를 확정시킬 수 있는 반면에, '모의 인적사항'을 기재할 수 없는 경우에는 '후견인 지정 신청, 가족관계등록창설 및 성본 창설, 인지'라는 복잡한 절차를 거쳐야만 부자관계가 확정될 수 있다.[2] 따라서 "부득이한 사정이 있는 경우에는 부가 대법원규칙으로 정하는 기관 또는 단체에서 발급한 확인서를 첨부하여 할 수 있다"는 내용을 신설하여 '모'를 알 수 없더라도 '혼인 외 자녀'의 생부로 하여금 출생신고 할 수 있도록 하려는 것이 개정안의 내용이다.

구 법	개 정 안
第46조(신고의무자) ② 혼인 외 출생자의 신고는 모가 하여야 한다. <단서 신설>	第46조(신고의무자) ② ------------------------. 다만, 부득이한 사정이 있는 경우 부가 대법원규칙으로 정하는 기관 또는 단체에서 발급한 확인서를 첨부하여 할 수 있다.

그러나 이러한 개정안에 대하여 법제사법위원회의 심의과정에서 수정안이 발의되었다. 즉, 혼인외 출생자의 경우 출생신고 의무자를 '모'로 한정하는 것은 민법의 친생자추정제도[3]와의 조화를 도모하려는 이유가 있었던 것[4]이기 때문에

2 혼인 외 출생의 경우 친부는 ① 가정법원에 자녀에 대한 '미성년 후견인 선임심판청구'를 하여 자녀에 대한 후견인으로 지정받은 후, ② 자녀를 대리하여 '가족관계등록 창설'허가를 받고, ③ 자녀에 대한 인지신고를 하는 절차를 거쳐야 친자로 출생신고가 가능함.

3 민법 第844조의 친생자추정규정은 '① 처가 혼인 중에 포태한 자는 부의 자로 추정하고, ② 혼인성립의 날로부터 2백일후 또는 혼인관계 종료의 날로부터 3백일내에 출생한 자는 혼인 중에 포태한 것으로 추정한다.'고 규정하고 있음.

4 혼인외의 출생자에 대한 모자 사이의 친생자관계는 모에 의한 자의 출산이라는 객관적이고 확실한 자연적 사실에 의하여 쉽게 인정할 수 있으므로 출산이라는 그 사실 자체에 친생자관계라는 법률관계의 존재를 확정하는 법률효과를 부여하는 것이 자연스럽고 합리적이지만 혼인외의 출생자에 대한 부자 사이의 친자관계는 모자 사이에 존재하는 출산과 같

'부'에게 출생신고를 의무화하는 것이 과연 민법 규정과 상충하는 것은 아닌지에 관한 의문이 제기되었다. 또한 혼인 중인 여자와 다른 남자 사이에 출생한 자녀의 경우 혼인관계에 없는 혼인 외 출생자의 생부가 '모(母)'를 알 수 없는 것[5]으로 하여 출생신고하는 경우 친생자추정제도와의 관계가 문제될 수 있다는 점이 지적되었다.[6]

이러한 검토의 결과로 「가족관계등록법」 제47조를 개정하는 것 보다는 제57조를 개정하는 것이 바람직하다고 보아, 「가족관계등록법」은 다음과 같이 개정되었다. 신구 조문 대조표는 다음과 같다.

구 법	신 법
제57조(친생자출생의 신고에 의한 인지) 부가 혼인 외의 자녀에 대하여 친생자출생의 신고를 한 때에는 그 신고는 인지의 효력이 있다. <제정 2007.5.17.>	제57조(친생자출생의 신고에 의한 인지) ① 부가 혼인 외의 자녀에 대하여 친생자출생의 신고를 한 때에는 그 신고는 인지의 효력이 있다. ② 모의 성명·등록기준지 및 주민등록번호를 알 수 없는 경우에는 부의 등록기준지 또는 주소지를 관할하는 가정법원의 확인을 받아 제1항에 따른 신고를 할 수 있다. <신설 2015.5.18.> ③ 가정법원은 제2항에 따른 확인을 위하여 필요한 사항을 직권으로 조사할 수 있고, 지방자치단체, 국가경찰관서 및 행정기관이나 그 밖의 단체 또는 개인에게 필요한 사항을 보고하게 하거나 자료의 제출을 요구할 수 있다. <신설 2015.5.18.> ④ 다음 각 호의 어느 하나에 해당하는 경우에는 신고의무자가 1개월 이내에 출생의 신고를 하고 등록부의 정정

은 객관적이고 확실한 자연적 사실에 의하여 이를 인정하는 것이 불가능하므로, 불가피하게 인지라고 하는 일정한 법적 절차를 통하여 그 관계를 형성할 수 밖에 없다.【민법 제864조 위헌소원(헌재 2001. 5. 31. 98헌바9)】

5 법원은 1987년경부터 2011년경까지 부(父)가 혼인 외의 자에 대하여 모(母)를 성명불상으로 하여 출생신고를 허용한 선례가 있으나(호적선례 제2-77호, 제2-78호, 제2-80호), 2011년도부터는 가족관계등록선례(제201106-2호)에 따라 모를 성명불상으로 출생신고하는 것이 허용되고 있지 않고 있음.

6 법제사법위원회, 가족관계의 등록 등에 관한 법률 일부개정법률안 심사보고서, 2015. 4, 5쪽.

	을 신청하여야 한다. 이 경우 시·읍·면의 장이 확인하여야 한다. <신설 2015.5.18.> 1. 출생자가 제3자로부터 「민법」 제844조의 친생자 추정을 받고 있음이 밝혀진 경우 2. 그 밖에 대법원규칙으로 정하는 사유에 해당하는 경우 ⑤ 확인절차 및 신고에 필요한 사항은 대법원규칙으로 정한다. <신설 2015.5.18.>

4. 사랑이법을 둘러 싼 논란

「가족관계등록법」 개정안이 통과되어 ① 미혼부의 경우 현행 제도상 출생신고를 할 경우 4번의 재판을 거쳐야 했는데 이제는 친생자임이 확인될 경우엔 법원에서 한 번의 확인과정을 거쳐 친자로 등록할 수 있도록 과정이 간소화되었고 ② 사랑이법이 시행됨으로써 출생등록을 하지 않으면 의료보험 혜택과 보육비 지원을 전혀 못 받는 상황이 해소되었으며 ③ 미혼부가 생모의 이름 및 주민등록번호 등의 인적 사항을 모르고 있더라도 유전자 검사서를 제출함으로써 가정법원에서 확인을 받고 출생신고가 가능하게 되었다. 비교적 다른 법안의 제안과정을 거치면서 많은 논란과 검토의 지연성에 비하면 사랑이법은 다른 법과의 충돌이 없이 현실적인 사회 환경에 적절한 대응을 한 것으로 평가되고 있다.

혼인외 출생자의 신고는 원칙적으로 '모'가 하여야 하지만, 예외적인 경우에 있어서 미혼부에게 친자의 출생신고를 하는 것이 현실적으로 거의 불가능하도록 한 제도는 법적 미비라고 볼 수 있다. 다른 모든 아동과 같이 혼인외 출생자에게도 '출생등록될 권리'라는 기본권이 인정되는데, '입법의 미비'로 인하여 출생신고에 어려움을 겪는 것이다.[7] 따라서 혼인 외 출생자의 출생신고를 '모'가

7 미혼부들이 "혼인 외 자녀에 대한 출생신고의무를 모에만 부여하고, 생부는 모의 소재불명이나 특정이 어려운 경우 등의 제한적 경우에만 출생신고를 할 수 있도록 하여, 혼인 외 출생자에 대하여 모가 출생신고를 하지 않을 경우 혼인 외 출생자에 대한 출생신고가 이

하지 못하는 사정이 있는 경우에 '부'에게 가정법원의 허가를 받아서 출생신고를 할 수 있도록 가능하게 하는 것에 대하여는 특별한 반대나 논란이 없었다. 다만, 부가 확인서로 출생신고하는 경우에는 출생시점을 명확히 알 수 없고, 출생시점은 인우보증으로만 확인이 가능하기 때문에 이를 악용할 위험도 있는 점과 혼인 외 출생자의 신고의무자인 모가 할 수 없는 경우로 '부득이한 사정이 있는 경우'로 규정하고 있으나, 이는 구체적으로 어떠한 경우인지를 알 수 없고, 모에 관한 정보를 알 수 없다고 허위 출생신고를 하는 경우에[8] 이를 확인할 방법이 없다는 점이 지적이 된 바 있다.

이후, 어떠한 사유가 존재하건 간에, 출생후 1개월 이내의 기간중에 부모에 의하여 출생신고가 이루어지지 않고 있는 경우에는 검사 또는 지방자치단체의 장이 출생신고를 할 수 있도록 2016년 5월 29일에 「가족관계등록법」 제46조가 개정되었다.

루어지기 어렵게 규정"되어 있다고 주장하며 헌법소원심판을 제기하였다. 이에 대해 헌재는 "태어난 즉시 '출생등록될 권리'는 '출생 후 아동이 보호를 받을 수 있을 최대한 빠른 시점'에 아동의 출생과 관련된 기본적인 정보를 국가가 관리할 수 있도록 등록할 권리"인 '출생등록될 권리'를 인정하면서, "현행 출생신고제도는 혼인 중 여자와 남편 아닌 남자 사이에서 출생한 자녀인 청구인들과 같은 경우 출생신고가 실효적으로 이루어질 수 있도록 보장하지 못하고 있다. 신고기간 내에 모나 그 남편이 출생신고를 하지 않는 경우 생부가 생래적 혈연관계를 소명하여 인지의 효력이 없는 출생신고를 할 수 있도록 하거나, 출산을 담당한 의료기관 등이 의무적으로 모와 자녀에 관한 정보 등을 포함한 출생신고의 기재사항을 미리 수집하고, 그 정보를 출생신고를 담당하는 기관에 송부하여 출생신고가 이루어지도록 한다면, 민법상 신분관계와 모순되는 내용이 가족관계등록부에 기재되는 것을 방지하면서도 출생신고가 이루어질 수 있다. 따라서 심판대상조항들은 입법형성권의 한계를 넘어서서 실효적으로 출생등록될 권리를 보장하고 있다고 볼 수 없으므로, 혼인 중 여자와 남편 아닌 남자 사이에서 출생한 자녀에 해당하는 혼인 외 출생자인 청구인들의 태어난 즉시 '출생등록될 권리'를 침해한다."고 결정하였다.

8 출생신고의 경우 가족관계등록 업무를 담당하는 공무원에게 출생신고 수리 여부를 판단하게 하는 것은 신고의무자가 출생증명서 등을 첨부하여 신고함으로써 가족관계등록부에 신분관계가 확정되게 하고 있는 현행 시스템과도 부합되지 않는 것으로 보이고 한편 법원행정처 자료에 의하면, 모에 관한 정보를 알 수 없어 가족관계등록창설을 하고 부가 인지를 한 사건 수는 2013년 기준 21건이고, 당사자의 불편을 최소화하기 위하여 현재 가정법원에서도 성년자에 대한 가족관계등록창설과 달리, 미혼부가 관련된 경우에는 친자관계를 확인할 수 있는 유전자 검사서를 받고, 당사자에 대한 심문을 거쳐 최대한 신속하게 처리하려고 노력하고 있다는 점도 참고할 필요가 있음.

구 법	신 법
第46조(신고의무자) ① 혼인 중 출생자의 출생의 신고는 부 또는 모가 하여야 한다. ② 혼인혼인 외 출생자의 신고는 모가 하여야 한다. ③ 제1항 및 제2항에 따라 신고를 하여야 할 사람이 신고를 할 수 없는 경우에는 다음 각 호의 어느 하나에 해당하는 사람이 각 호의 순위에 따라 신고를 하여야 한다. 1. 동거하는 친족 2. 분만에 관여한 의사·조산사 또는 그 밖의 사람 ④ <신설>	第46조(신고의무자) ① －－－－－－－－ ② －－－－－－－－－－－－－－－－－－－－ ③ －－－－－－－－－－－－－－－－－－－－ ④ 신고의무자가 제44조제1항에 따른 기간 내에 신고를 하지 아니하여 자녀의 복리가 위태롭게 될 우려가 있는 경우에는 검사 또는 지방자치단체의 장이 출생의 신고를 할 수 있다. <신설 2016.5.29.>

40 최진실법

1. 최진실과 최진실법

최진실은 인기 배우였다. 최진실법[1][2]은 부모가 이혼한 후 친권자였던 한쪽 부모가 사망한 경우 다른 한쪽 부모가 친권을 행사하는 것이 아니라 가정법원의 심사를 거쳐 미성년 자녀에 대한 친권자를 결정하는 내용의 「민법」 개정법률이다. 최진실법은 '친권 자동부활 금지법'이라고도 한다.

2. 최진실법의 배경

2008년에 사망한 최진실의 친권이 최진실과 이혼한 조성민에게 넘어가자, 최진실의 친부보다는 자녀를 실질적으로 돌보고 있는 아이들의 외할머니에게 친권을 행사할 수 있도록 하려는 취지에서 입법되었다.

구체적으로는 「민법」 제927조의2 제1항, 제909조의2 제3항의 개정안을 최진실법이라고 한다. 친권이 자동부활되지 못하도록 하는 내용으로 2009년에 발

---

1 전가영 변호사, 복지변호사의 서울 현장일기, 경향신문, 2015. 8. 18; 인면수심 '동자승의 아버지' 승려 친권 상실되나?, 뉴시스, 2015. 7. 26; 우병언·전두환법 표얻으려 몰아갔다, 중앙일보, 2015. 4. 7.

2 최진실법은 처음에는 인터넷상의 악성댓글을 규지하는 사이버모욕죄를 신설하자는 법안이었다. 그러나 전 남편이 자동으로 자녀들에 대한 친권자가 되는 것을 금지하는 내용의 「민법」 개정안을 최진실법이라고 불렀다. 한국일보, 2015. 3. 3.

의된 김상희 의원과 손숙미 의원이 각각 대표발의한 법률안 2건과 2010년에 제출된 정부제출 법률안이 통합되어 국회 본회의를 통과하였고, 이러한 「민법」 개정안은 2011년 5월 19일에 공포되었다. 개정된 「민법」은 2013년 7월 1일부터 시행되고 있다. 최진실법의 제안이유는 다음과 같다.

> 이혼 등으로 단독 친권자로 정해진 부모의 일방이 사망하거나 친권을 상실하는 등 친권을 행사할 수 없는 경우에 가정법원의 심리를 거쳐 친권자로 정해지지 않았던 부모의 다른 일방을 친권자로 지정하거나 후견이 개시되도록 하고, 입양이 취소되거나 파양된 경우 또는 양부모가 모두 사망하거나 친권을 상실한 경우 등에도 가정법원의 심리를 거쳐 친생부모 일방 또는 쌍방을 친권자로 지정하거나 후견이 개시되도록 하여 부적격의 부 또는 모가 당연히 친권자가 됨으로써 미성년자의 복리에 악영향을 미치는 것을 방지하고, 이혼 등으로 단독 친권자로 정해진 부모의 일방이 유언으로 미성년자의 후견인을 지정한 경우라도 미성년자의 복리를 위하여 필요하다고 인정되면 후견을 종료하고 친권자로 정해지지 않았던 부모의 다른 일방을 친권자로 지정할 수 있게 하여 미성년자의 복리를 증진시키려는 것임.

3. 최진실법의 내용

최진실법은 친권에 관한 「민법」 제927조의2 제1항, 제909조의2 제3항 등을 개정한 것이다. 특히, 자녀의 친권이 양육에 관심이 없거나 아이들의 성장이나 복리에 바람직하지 않은 부모 일방에게 주어지는 경우를 방지할 수 있도록 하는 내용으로 개정되었다. 즉, 친권을 행사할 수 없는 중대한 사유가 있는 경우에는 가정법원에 의하여 미성년자 법정대리인을 선임(제927조의2 신설)할 수 있도록 개정되었다.

구체적으로는 ① 단독 친권자의 사망, 입양 취소, 파양 또는 양부모의 사망의 경우 가정법원에 의한 미성년자 법정대리인의 선임(안 제909조의2 신설), ② 단독 친권자 또는 양부모(친양자의 양부모를 제외한다)에게 친권 상실, 소재불명 등 친권을 행사할 수 없는 중대한 사유가 있는 경우 가정법원에 의한 미성년자 법정대리인의 선임(안 제927조의2 신설), ③ 단독 친권자가 유언으로 미성년자의 후견인을 지정한 경우 가정법원에 의한 친권자의 지정(안 제931조 제2항 신설), ④ 가정법원이 친권자를 지정함에 있어 자(子)의 복리를 우선적으로 고려하도록 하고, 이를 위해 관련 분야의 전문가 등으로부터 자문을 받을 수 있도록 규정(안 제912조 제2항 신설) 등의 내용이다.

현 행	개정안
<신설>	**제909조의2(친권자의 지정 등)** ① 제909조 제4항부터 제6항까지에 따라 단독 친권자로 정해진 부모의 일방이 사망한 경우 생존하는 부 또는 모, 미성년자, 미성년자의 친족은 그 사실을 안 날부터 1개월, 사망한 날부터 6개월 내에 가정법원에 생존하는 부 또는 모를 친권자로 지정할 것을 청구할 수 있다. ② 입양이 취소되거나 파양된 경우 또는 양부모가 모두 사망한 경우 친생부모 일방 또는 쌍방, 미성년자, 미성년자의 친족은 그 사실을 안 날부터 1개월, 입양이 취소되거나 파양된 날 또는 양부모가 모두 사망한 날부터 6개월 내에 가정법원에 친생부모 일방 또는 쌍방을 친권자로 지정할 것을 청구할 수 있다. 다만, 친양자의 양부모가 사망한 경우에는 그러하지 아니하다. ③ 제1항 또는 제2항의 기간 내에 친권자 지정의 청구가 없을 때에는 가정법원은 직권으로 또는 미성년자, 미성년자의 친족, 이해관계인, 검사, 지방자치단체의 장의 청구에 의하여 미성년후견인을 선임할 수 있다. 이 경우 생존하는 부 또는 모, 친생부모 일방 또는 쌍방의 소재를 모르거나 그가 정당한 사유 없이 소환에 응하지 아니하는 경우를 제외하고 그에게 의견을 진술할 기회를 주어야 한다. ④ 가정법원은 제1항 또는 제2항에 따른 친권자 지정 청구나 제3항에 따른 후견인 선임 청구가 생존하는 부 또는 모, 친생부모 일방 또는 쌍방의 양육의사 및 양육능력, 청구 동기, 미성년자의 의사, 그 밖의 사정을 고려하여 미성년자의 복리를 위하여 적절하지 아니하다고 인정하면 청구를 기각할 수 있다. 이 경우 가정법원은 직권으로 미성년후견인을 선임하거나 생존하는 부 또는 모, 친생부모 또는 일방 또는 쌍방을 친권자로 지정하여야 한다. ⑤ 가정법원은 다음 각 호의 어느 하나에 해당하는 경우에 직권으로 또

는 미성년자, 미성년자의 친족, 이해관계인, 검사, 지방자치단체의 장의 청구에 의하여 제1항부터 제4항까지에 따라 친권자가 지정되거나 미성년후견인이 선임될 때까지 그 임무를 대행할 사람을 선임할 수 있다. 이 경우 그 임무를 대행할 사람에 대해서는 제25조 및 제954조를 준용한다.
1. 단독 친권자가 사망한 경우
2. 입양이 취소되거나 파양된 경우
3. 양부모가 모두 사망한 경우

⑥ 가정법원은 제3항 또는 제4항에 따라 미성년후견인이 선임된 경우라도 미성년후견인 선임 후 양육상황이나 양육능력의 변동, 미성년자의 의사, 그 밖의 사정을 고려하여 미성년자의 복리를 위하여 필요하면 생존하는 부 또는 모, 친생부모 일방 또는 쌍방, 미성년자의 청구에 의하여 후견을 종료하고 생존하는 부 또는 모, 친생부모 일방 또는 쌍방을 친권자로 지정할 수 있다.

<신설> **제927조의2(친권 상실과 친권자의 지정 등)** ① 제909조 제4항부터 제6항까지에 따라 단독 친권자가 된 부 또는 모, 양부모(친양자의 양부모를 제외한다) 쌍방에게 다음 각 호의 어느 하나에 해당하는 사유가 있는 경우에는 제909조의2제1항 및 제3항부터 제5항까지를 준용한다. 다만, 제2호와 제3호의 경우 새로 정해진 친권자 또는 미성년후견인의 임무는 미성년자의 재산에 관한 행위에 한정된다.
1. 제924조에 따른 친권상실의 선고가 있는 경우
2. 제925조에 따른 대리권과 재산관리권 상실의 선고가 있는 경우
3. 제927조 제1항에 따라 대리권과 재산관리권을 사퇴한 경우
4. 소재불명 등 친권을 행사할 수 없는 중대한 사유가 있는 경우

② 가정법원은 제1항에 따라 친권자가 지정되거나 미성년후견인이 선임된 후 단독 친권자이었던 부 또는 모, 양부모 일방 또는 쌍방에게 다음 각 호의 어느 하나에 해당하는 사유가 있는 경우에는 그 부모 일방 또는 쌍방, 미성년자, 미성년자의 친족의 청구에 의하여 친권자를 새로 지정할 수 있다.
1. 제926조에 따라 실권의 회복이 선고된 경우
2. 제927조 제2항에 따라 사퇴한 권리를 회복한 경우
3. 소재불명이던 부 또는 모가 발견되는 등 친권을 행사할 수 있게 된 경우

4. 최진실법을 둘러싼 논란

최진실법이 시행된 이후 친권자동부활 금지제도를 처음으로 적용한 사례는 제주지방법원에서 나왔다.

할아버지의 아들은 지난 2012년 4월 24일 협의이혼을 하면서 큰아이에 대한 친권자를 부인으로, 작은아이에 대한 친권자를 자신으로 지정했다. 그러나 이혼한 지 5일 만에 아들이 세상을 떠나면서 할아버지는 두 손주를 모두 맡아서 키우게 됐다. 양육비 또한 할아버지가 부담했다. 할아버지의 며느리는 이혼 후 아이들과 만나거나 연락을 하는 등 교류가 전혀 없었으며, 이듬해인 2013년 10월 22일 재혼해 딸을 출산했다. 할아버지는 손주들을 위한 사회복지서비스를 신청하는 과정에서 친권자인 며느리의 동의를 구해야하는 등 불편과 갈등이 생기자 법원에 후견인 선임을 요청했고, 법원은 미성년후견인 선임소송에서 할아버지를 선임하였다.[3] 이 사건은 최진실법이 시행된 이후 친권자가 살아 있음에도 해당 친권자가 아닌 다른 사람을 미성년 후견인으로 인정한 첫 사례로서 기록되었다.

2016년에 3명의 자녀 중에서 2명을 숨지게 한 20대 부부가 있었는데, 검찰이 친권 상실을 청구하고 법원이 친권상실을 선고함으로써 나머지 살아남은 자녀에 대한 친권이 상실된 사례도 있다. 법원은 이들 부부가 살해 등 범행 외에도 자녀들에 대한 신체학대와 유기와 방임을 지속해 더 이상 친권을 행사할 수 없는 중대한 사유가 있다고 판단했다(출처 : 강원도민일보[http://www.kado.net]. 춘천지방법원 원주지원).

최진실법은 일괄적인 친권자동부활제도의 문제점을 입법을 통해 해결한 것으로, 친권 부여에 관한 구체적인 사정을 법원이 판단하여 아동의 복리에 적

3 제주도민일보, 2015. 6. 4.

합한 친권자가 지정될 수 있도록 하는 긍정적인 결과를 가져온 것으로 일단 평가될 수 있다.

그러나 친권자동부활금지제도를 입법화한 최진실법에 대한 우려도 있다. 종래에는 적어도 보호가 필요한 자녀에게는 친권자가 자동으로 의무를 졌는데, 친권자동부활이 금지됨으로 인하여 보호가 필요한 자녀의 친권을 맡으려 하지 않을 수 있다는 것이다. 보호가 필요한 자녀에게는 친권공백의 장기화를 가져올 수 있고, 많은 재산을 상속받은 자녀에게는 친권을 서로 맡으려고 친족 간의 분쟁이 발생할 수도 있다는 것이다. 최진실법이 시행된 지 얼마 지나지 않았기 때문에, 어떠한 결과를 주로 나타낼지는 속단할 수 없다는 것이다.[4]

4 최성경, 개정민법의 동향과 발전방향 –친권법 개정을 중심으로–, 법과 정책연구, 제13집 제3호, 2013. 9, 25쪽.

CHAPTER

41 박용진 3법

1. 박용진과 박용진 3법

박용진은 제20대 국회의원이다. 박용진법[1]은 유치원3법 혹은 박용진3법이라고도 불리며, 사립유치원의 운영과 회계의 투명성을 강화하여 사립유치원의 비리를 근절하기 위한 취지와 내용의 「유아교육법」 개정법률, 「사립학교법」 개정법률, 「학교급식법」 개정법률 등 3개 개정법률을 말한다.

2. 박용진 3법의 배경

2018년 국정감사에서 일부 사립유치원의 비리가 밝혀지면서 박용진법에 관한 논란이 본격적으로 시작되었다. 박용진 3법은 유치원 비리 근절과 유아교육의 공공성 확립을 위해 유치원 관련 3개 법률의 개정법률이다. 박용진 의원 등 129인이 2018년 10월 23일에 발의한 「유아교육법」 개정안의 제안이유는 다음과 같다.

> 현행 사립유치원의 재무회계는 정부지원금, 정부보조금, 부모분담금으로 수입재원을 마련하고 있으나 이에 따른 지출항목 구분이 미흡하여 투명한 수입·지출

1 dongA.com, 2018. 10. 30; 시사오늘, 2019. 1. 28; 서울경제신문, 2019. 1. 17.

확인이 어려운 구조임. 이러한 불투명한 회계 구조는 사립유치원의 회계시스템 부재가 원인 중 하나로 지목됨. 실제 사립유치원과 동일하게 사립학교법의 적용을 받고 있는 초·중·고교나 국·공립유치원은 투명한 수입·지출의 확인을 위해 국가회계시스템인 에듀파인 프로그램을 사용하고 있지만 사립유치원은 에듀파인 회계프로그램을 사용하지 않고 있음. 이러한 상황에서 최근 사립유치원의 회계부정의 실태가 적나라하게 공개되면서 투명한 회계를 위한 법 개정의 목소리가 커지고 있음. 또한, 유치원에 지원되는 지원금을 횡령죄로 볼 수 없다는 지원금 판례가 있어 유치원에 지원되는 지원금은 보조금으로 바꿔야 한다는 것과 유치원을 설치·운영하는 데 결격사유가 명시되어 있지 않아 유치원 폐쇄 명령을 받고도 유치원 명을 바꿔 다시 개원할 수 있는 문제를 해결해야 한다는 것, 그리고 '유치원 알리미'라는 정보공시 홈페이지가 있지만 이를 통해 사실상 얻을 수 있는 정보가 제한되어 있어 실질적인 효과가 없다는 문제의식에 따라 향후에는 제대로 된 공시제도가 필요하다는 것 등 유치원 관련 제도개선 요구사항을 반영하려는 것임.

박용진 의원 등 129인이 2018년 10월 23일에 발의한「사립학교법」개정안의 제안이유는 다음과 같다.

현재 사립유치원 설립자의 경우 유치원이 사유재산이라는 인식이 강하여 사인인 설립자나 원장이 교비회계에 속하는 수입이나 재산을 교육목적 외로 부정하게 사용하는 경우가 상당수 적발되고 있음. 그러나 대부분의 사립유치원은 설립자와 원장을 겸하는 경우가 많아 비위가 적발되었을 경우 사실상 본인이 본인을 징계해야 하는 경우가 발생함. 이는 현행법상 징계위원회 구성 등 징계관련 내용이 사립학교 경영자로 명시되어 있기 때문임. 이에 유치원만을 설치·경영하는 학교법인 이사장의 경우 유치원장을 겸직하지 못하게 하고, 법인과 개인을 구분하지 않고 모든 사인인 사립학교 경영자가 교비회계에 속하는 수입이나 재산을 교육목적 외로 부정하게 사용할 수 없도록 하는 한편, 해임이나 징계를 요구받은 임용권자는 특별한 사유가 없으면 이를 따르도록 하고 이를 위반할 경우 500만원 이하의 과태료를 부과할 수 있도록 함.

박용진 의원 등 129인이 2018년 10월 23일에 발의한 「학교급식법」 개정안의 제안이유는 다음과 같다.

> 현행법상 유치원은 「사립학교법」에 따른 학교로 명시되어 있음에도 불구하고 현행법의 적용 대상에서 제외되어 있음. 이러한 이유에서 법 적용을 받는 초·중·고등학교와 비교할 때 급식품질 및 관리 등에서 차이가 발생할 가능성이 큰 상황임. 현행 「유아교육법」 제17조에 따르면 유치원 원장이 유아에게 적합한 급식을 할 수 있다고 하여 유치원도 실제 급식이 이루어지고 있으나, 현장에서는 관련법 미흡으로 인한 유아의 부실급식 논란이 계속해서 발생하고 있는 상황임. 이에 「유아교육법」에 따른 유치원도 현행법의 적용을 받게 하고, 유치원운영위원회의 심의를 거쳐 일정요건을 갖춘 자에게만 급식업무를 위탁하게 하여 유아들의 먹을거리 안전과 급식의 질을 보장하고자 함.

「유아교육법」, 「사립학교법」, 「학교급식법」 등 박용진 3법으로 불린 유치원 3법은 2018년 10월 23일 발의된 지 448일만인 2020년 1월 13일에 국회 본회의를 통과했다. 그런데 막상 국회 본회의에서 통과된 유치원 3법은 박용진 의원이 대표발의한 것이 아니라 임채훈 의원이 대표발의한 유치원 3법이다.

임채훈 의원 등 11인(국회 본회의 통과 시에는 임재훈 의원 등 31인[2])이 발의한 「유아교육법」, 「사립학교법」, 「학교급식법」은 똑같이 2018년 12월 24일에 발의되어 같은 날 교육위원회에 회부되었다. 그리고 2018년 12월 27일에 신속처리

---

2 본회의를 통과한 「학교급식법」 수정안의 31인 공동발의의원 명단은 다음과 같다. 임재훈(바른미래당), 김관영(바른미래당), 김동철(바른미래당), 김종대(정의당), 김종회(무소속), 김해영(더불어민주당), 남인순(더불어민주당), 박경미(더불어민주당), **박용진(더불어민주당)**, 박찬대(더불어민주당), 백재현(더불어민주당), 서영교(더불어민주당), 신경민(더불어민주당), 심상정(정의당), 안호영(더불어민주당), 여영국(정의당), 유성엽(무소속), 윤소하(정의당), 이개호(더불어민주당), 이용주(무소속), 이정미(정의당), 이종걸(더불어민주당), 이찬열(바른미래당), 장정숙(바른미래당), 정동영(민주평화당), 정인화(무소속), 조배숙(민주평화당), 조승래(더불어민주당), 채이배(바른미래당), 천정배(무소속), 추혜선(정의당), 정당 소속과 이름을 보면 왜 박용진 의원안이 아니라 임재훈 의원안이 통과되었는지를 짐작할 수 있을 것이다. 본회의 통과시 「사립학교법」과 「유아교육법」 수정안의 공동발의자는 30인이다.

안건으로 지정(심사기간 2019년 6월 24일까지)되었으며, 이에 따라 2019년 6월 25일에 법제사법위원회에 회부된 것으로 간주(심사기간 2019년 9월 23일까지)되었고, 2019년 9월 24일에 본회의에 부의된 것으로 간주되었으며, 본회의에 2020년 1월 13일에 상정되어 같은 날 의결되었다.

워낙 논란이 심했던 법안이었기 때문에, 이와 같은 과정을 거쳐서 통상적이지 않은 방식과 기간으로 '신속처리' 과정을 거쳤다고는 하지만, 실제로는 1년이 넘는 기간 동안 많은 논란을 거쳤다.

3. 박용진 3법의 내용

「유아교육법」 개정을 통하여 유치원에서는 교육부가 구축한 회계관리 프로그램인 '유아교육 정보시스템'(에듀파인)을 의무적으로 사용하여야 한다. 그리고 유치원이 지원금·보조금을 부당하게 사용하는 경우에 처벌이 강화되었고, 정부나 지방자치단체는 부정사용 전액 또는 일부를 돌려받을 수 있다. 「유아교육법」 개정법률의 주요 내용은 다음과 같다.

① 이 법에 따른 유치원의 운영정지 명령을 받고도 명칭을 바꿔 다시 개원하는 일이 없도록 유치원 설립을 제한하고 유치원 설립의 결격사유를 명시함(안 제8조 제3항 제3호 및 제8조의2).

② 아동학대관련범죄를 저지른 사람이 유치원 설립의 결격사유에 해당하지 않게 되어 유치원을 설립·운영하려는 경우 사전에 아동학대 방지 교육을 받도록 명시함(안 제8조의3 신설).

③ 유치원 운영실태의 평가 및 시·도교육청의 유아교육 전반에 대한 평가결과를 공개하도록 함(안 제19조 제3항 및 제4항).

④ 교육부장관 및 교육감이 회계관리의 업무를 위한 유아교육정보시스템을 구축·운영하도록 함과 동시에 유치원이 해당 시스템을 사용하도록 의무화함(안 제19조의2 제1항 및 제5항).

⑤ 유치원운영위원회의 설치를 의무화 하고, 회의록을 공개하도록 함(안 제19조의3 제1항 및 제5항).

⑥ 국립·공립 유치원운영위원회의 심의사항에 아동학대 예방에 관한 사항을 추가함(안 제19조의4 제1항 제3호의2 신설).
⑦ 유아에 대한 고성, 폭언 등의 정신적 고통을 금지하도록 함(안 제21조의2 제2항).
⑧ 국가 및 지방자치단체는 유치원이 보조금·지원금을 부당하게 사용한 경우 보조금·지원금의 전부 또는 일부의 반환을 명할 수 있도록 함(안 제28조 제1항).
⑨ 관할청이 시정 또는 변경 명령을 받은 자가 정당한 사유 없이 지정된 기간 내에 이를 이행하지 않을 경우 취할 수 있는 조치에 재정지원 배제를 추가함(안 제30조제2항).
⑩ 유치원에 대한 평가 및 조치 등 유치원의 정보를 인터넷 홈페이지에 공개하도록 함(안 제30조의2 신설).
⑪ 유치원의 운영정지나 폐쇄를 명할 수 있는 사유로 교육관계 법령을 위반한 경우를 추가함(안 제32조 제1항 제1호).

「사립학교법」 개정을 통하여 유치원 이사장은 원장 겸직이 불가능해 졌다. 과거에는 유치원의 비리가 적발될 경우 징계위원회는 경영자(원장)가 구성하였는데, 이제는 경영자와 설립자가 분리되어 지원금 유용 등 비리를 저지른 사람을 '셀프징계'할 수 없게 되었다. 교비회계에 속하는 수입이나 재산을 교육목적 외로 사용하지 못하도록 하는 규정도 신설되었다. 「사립학교법」 개정법률의 주요내용에 관한 신구조문 대조표는 다음과 같다.

현 행	개정안
第23조(임원의 겸직금지) ① 이사장은 당해 학교법인이 설치·경영하는 사립학교의 장을 겸할 수 없다. <u>다만, 유치원만을 설치·경영하는 학교법인 이사장의 경우에는 당해 유치원장을 겸할 수 있다.</u>	第23조(임원의 겸직금지) ① --. <u><단서 삭제></u>
第29조(회계의 <u>구분</u>) ⑥ 제2항에 따른 교비회계에 속하는 수입이나 재산은 다른 회계에 **<u>전출하거나 대여할</u>** 수 없다.	第29조(회계의 구분 등) ⑥ 제2항에 따른 교비회계에 속하는 수입이나 재산은 다른 회계에 **<u>전출·대여하거나 목적외로</u>**

다만, 다음 각 호의 어느 하나에 해당하는 경우에는 그러하지 아니하다.	**부정하게 사용할** 수 없다. 다만, 다음 각 호의 어느 하나에 해당하는 경우에는 그러하지 아니하다.

「학교급식법」 개정을 통해 유치원도 초중등학교와 같이 「학교급식법」의 적용대상에 포함했다. 과거 여론의 공분을 불러온 유치원 '부실 급식'을 막기 위하여 유치원 급식과 관련한 규제를 대폭 강화했다. 유치원은 운영위원회의 심의·자문을 거쳐 일정한 요건을 갖춘 업체에게만 급식업무를 위탁할 수 있다. 또한 초중등학교와 같이 영양사를 두되, 영양교사의 배치기준 등은 대통령령으로 정하도록 하였다. 「학교급식법」 개정법률의 주요내용에 관한 신구조문 대조표는 다음과 같다.

현 행	개정안
제4조(학교급식 대상) 학교급식은 대통령령이 정하는 바에 따라 다음 각 호의 어느 하나에 해당하는 학교 또는 학급에 재학하는 학생을 대상으로 실시한다.	제4조(학교급식 대상) --.
<신 설>	1. 「유아교육법」 제2조 제2호에 따른 유치원. 다만, 대통령령으로 정하는 규모 이하의 유치원은 제외한다.
제7조(영양교사의 배치 등) ① 제6조의 규정에 따라 학교급식을 위한 시설과 설비를 갖춘 학교는 「초·중등교육법」 제21조 제2항의 규정에 따른 영양교사와 「식품위생법」 제53조 제1항에 따른 조리사를 둔다. <단서 신설>	제7조(영양교사의 배치 등) ① 제6조의 규정에 따라 학교급식을 위한 시설과 설비를 갖춘 학교는 「초·중등교육법」 제21조 제2항의 규정에 따른 영양교사와 「식품위생법」 제53조 제1항에 따른 조리사를 둔다. 다만, 제4조 제1호에 따른 유치원에 두는 영양교사의 배치기준 등에 필요한 사항은 대통령령으로 정한다.
제15조(학교급식의 운영방식) ①학교의	제15조(학교급식의 운영방식) ① ----

장은 학교급식을 직접 관리·운영하되, 「초·중등교육법」 제31조의 규정에 따른 학교운영위원회의 심의를 거쳐 일정한 요건을 갖춘 자에게 학교급식에 관한 업무를 위탁하여 이를 행하게 할 수 있다. 다만, 식재료의 선정 및 구매·검수에 관한 업무는 학교급식 여건상 불가피한 경우를 제외하고는 위탁하지 아니한다.	-------------------, 「유아교육법」 제19조의3에 따른 유치원운영위원회 또는 「초·중등교육법」 제31조에 따른 학교운영위원회의 심의·자문을--.

4. 박용진 3법을 둘러싼 논란

박용진 3법, 즉 유치원 3법을 둘러싼 논란은 매우 심하였다. 즉, "유치원 3법 개정안은 2018년 10월 발의되어 2020년 1월 13일 패스트트랙이라는 제도로 본 회의를 통과하였다. 유치원 3법은 2018년 10월 처음 발의될 때부터 입법과정에서 많은 논란과 갈등을 불러일으켰다"[3]고 평가될 정도로 유치원 3법 개정을 둘러싸고 유아교육의 공공성을 강화하자는 '찬성옹호연합'과 사유재산의 보호와 교육의 자율성보장을 주장하는 '반대옹호연합'간의 갈등이 있었다. 시민단체간, 정당간, 하물며 유치원 원장들 간에도 박용진법에 대하여 입장 차이가 컸다. 그리고 국회에서의 법안심사과정에서도 논란은 심했다. 국회 교육위원회에서도 동 법안에 관한 논의를 하였지만 입장 차이가 컸다. 유치원 3법이 신속처리안건으로 지정되어 처리된 것은 유치원 3법의 처리에 관해서 그만큼 갈등과 대립이 심했다는 것을 의미하는 것이다.

국고에서 지원을 받고 학부모들이 납부한 부담금을 불법부당하게 사용하는 행위를 처벌하는 등 유치원비리를 근절하기 위해서는 유치원 3법이 반드시

3 유정호/양윤주/최지혜/이승택/조민효, 유치원 3법의 정책변동과정 연구 -신속처리안건 제도와 상호적 대화를 중심으로-, 한국정책학회보 제29권 3호, 2020. 9, 164쪽.

통과되어야 하는 주장이 있는 반면에, 유치원을 경영하는 원장들의 의견이 제대로 수렴되지 못하였다는 비판이 있었고, 유치원 3법이 재산권을 침해하는 등 위헌의 소지가 있다는 주장도 있었다.[4]

또한 형사처벌 조항에 대해서도 견해의 차이가 있었다. 사립유치원이 학부모 부담금을 유용할 경우에는 처벌을 해야 한다는 주장과 학부모 부담금은 사적 자치 영역이기 때문에 처벌을 할 수 없다는 주장도 있었다. 2020년 1월에 유치원 3법은 신속처리안건(패스트트랙) 지정 제도에 힘입어 통과되었지만 논란과 진통의 여진은 컸다.

4 자료집, 자유경제&교육포럼, 2019. 1. 17.

42 정인이법

1. 정인이와 정인이법

정인이는 생후 7개월 즈음에 입양된 후에 양부모의 학대로 입양 271일 만인 2020년 10월 13일에 사망하였다. 정인이법[1]은 아동을 학대하고 살해한 경우 사형이나 무기징역또는 7년 이상의 징역에 처하도록 하는 내용의 「아동학대범죄의 처벌에 관한 특례법」(이하 「아동학대처벌법」이라 함)의 개정법률이다.

2. 정인이법의 배경

정인이법의 통과는 입양된 정인이가 췌장절단 등 장기가 손상되고 7군데 골절상을 당하는 등 양부모의 학대로 사망한 사건을 계기로 하여 아동학대에 대한 처벌을 강화하여야 한다는 여론에 힘입었다. 2020년 5월, 6월, 9월에 어린이집 보육교사와 소아과 의사에 의하여 경찰에 신고되었으나 경찰은 무혐의 처리를 하였고, 이후에도 학대는 지속되어 결국은 사망에 이르렀다는 사실이 알려지자 여론이 악화되어 양부모의 학대와 아동학대 재발방지를 위한 「아동학대범죄처벌 특례법」 개정으로 이어졌다. 친부모에 의하여 버려지고 양부모에 의하여 학대를 당한 정인이가 생후 16개월만에 사망한 소식이 알려지자 국민들

1 뉴시스, 2023. 11. 1; 동아일보. 2023. 7. 10.

은 분노하였다. 정인이법의 추진과는 별도로 진행된 재판에서, 아동학대로 기소된 정인이의 양모는 살인 등으로 무기징역을 선고받았고, 아내의 폭행과 학대 등을 방조한 양부는 아동복지법 위반으로 징역 5년을 선고받았다.

정인이 사건과 같은 경우에는 엄하게 처벌할 필요가 있으므로, 아동학대치사죄보다 가중처벌되는 아동학대살해죄를 신설하는 법률개정이 이루어졌다, 이러한 내용의「아동학대처벌법」개정이유는 다음과 같다.

현행법에서는 아동학대치사죄를 규정하여 아동학대범죄를 범한 사람이 아동을 사망에 이르게 한 때에는 무기 또는 5년 이상의 징역에 처하도록 가중처벌하고 있으며, 아동을 살해한 경우에는 형법상 살인죄에 해당하여 사형, 무기 또는 5년 이상의 징역에 처하고 있음에도 불구하고 아동학대로 인한 사망사건이 지속적으로 발생하고 있는바, 아동학대범죄를 범한 사람이 아동을 살해한 경우에는 그 행위의 비난 가능성 등을 고려하여 일반 살인죄보다 중하게 처벌할 필요성이 있으므로 아동학대살해죄를 신설하여 이를 가중처벌하는 한편, 피해아동에 대한 국선변호사 및 국선보조인의 선정을 의무화하여 아동학대범죄의 수사 및 재판 과정에서 피해아동의 권익을 보다 두텁게 보호하려는 것임.

「아동학대처벌법」개정안은 2021년 3월 16일에 공포되어 당일부터 시행되고 있다.

3. 정인이법의 내용

정인이법으로 알려딘 2021년 3월 16일의「아동학대처벌법」개정법률의 내용은 다음과 같다.

① 아동학대범죄를 범한 사람이 아동을 살해한 때에는 사형, 무기 또는 7년 이상의 징역에 처하도록 함(제4조제1항).
② 피해아동에게 변호사가 없는 경우 검사의 국선변호사 선정을 현행 재량사항에서 의무사항으로 변경함(제16조).

③ 피해아동에게 신체적·정신적 장애가 의심되는 경우, 빈곤이나 그 밖의 사유로 보조인을 선임할 수 없는 경우 등에 법원의 국선보조인 선정을 현행 재량사항에서 의무사항으로 변경함(제49조제1항).

즉, 아동학대살해죄의 신설과 함께 국선변호사 선정과 국선보조인 선정도 의무사항으로 규정되었다. 이 중에서 아동학대살해죄가 신설된 조항을 신구조문 대조표를 통해 비교해 보면 다음과 같다.

구 법	신 법
제4조(아동학대치사) 제2조제4호가목부터 다목까지의 아동학대범죄를 범한 사람이 아동을 사망에 이르게 한 때에는 무기 또는 5년 이상의 징역에 처한다.	제4조(아동학대살해·치사) ① 제2조제4호가목부터 다목까지의 아동학대범죄를 범한 사람이 아동을 살해한 때에는 사형, 무기 또는 7년 이상의 징역에 처한다. ② 제2조제4호가목부터 다목까지의 아동학대범죄를 범한 사람이 아동을 사망에 이르게 한 때에는 무기 또는 5년 이상의 징역에 처한다.

※ 제2조 제4호 가목－다목의 아동학대범죄는 「형법」의 상해, 특수상해폭행, 특수폭행, 폭행치사상, 유기, 영아유기, 아동혹사, 유기등 치사상, 체포, 감금, 중체포, 중감금, 특수체포, 특수감금, 체포·감금등의 치사상이다.

4. 정인이법을 둘러싼 논란

정인이가 사망한 2020년 10월 13일로부터 약 5개월만인 2021년 3월 16일에 정인이법이 공포될 정도로 신속하게 입법이 이루어졌다. 온 국민이 어린 정인이에 대한 학대에 분노하였고, 정인이법의 통과에 대한 반대의견은 당연히 찾아볼 수 없었다. 다만 형량강화 위주의 법률개정이 아동학대를 방지하는 데 실효성이 있겠느냐는 의견이 있었다.

정인이 사건이 발생하기 이전에도, 지원법인 「아동복지법」과 처벌법인 「아동학대범죄의 처벌 등에 관한 특례법」이 상호 보완되어 작용하지 못하고, 아동학대자에 대한 처벌규정은 강화되었지만 학대아동을 적극적으로 찾아내고 학대피해아동의 보호와 지원을 위한 재원과 인력의 부족으로 법률강화의 효과는 크지 않다는 비판[2]이 이어져 왔다.[3]

이러한 의견이 반영되어 2021년 3월에 정인이법이 시행되기 2개월 전인 2021년 1월에 정인이 사건과 같은 아동학대의 피해를 가능한 예방하고 신속하고 안전하게 처리하기 위한 여러 조치가 「아동학대처벌법」 개정의 형식으로 입법되었다. 즉, 정인이 사건이 알려지고 2–3개월 사이에 무려 40여건의 법안이 발의되었는데, 이들 법안이 통합되어 법제사법위원회 위원장이 대안을 발의하였고, 대안의 제안이유와 주요내용은 다음과 같다.

> 개정이유 : 최근 양부모의 학대로 숨진 생후 16개월 입양아동 사건 등 심각한 아동학대범죄사건이 지속적으로 발생하면서 사회적 문제가 되고 있는바, 아동학대범죄의 신고에 따른 현장 대응의 실효성을 높일 필요가 있다는 지적이 있음. 이에 현장출동, 현장조사 및 응급조치 등 현행법상 아동학대사건 대응 절차의 일부 미비점을 개선·보완함으로써 아동학대범죄를 예방하고 피해아동 보호를 강화하려는 것임.
>
> 주요내용 : ① 아동학대신고의무자의 신고 시 조사수사 착수 의무화
> ② 현장조사를 위한 출입 장소 확대
> ③ 아동학대행위자와 피해아동 등의 분리조사
> ④ 수사기관과 지방자치단체 간 현장조사 결과 상호 통지
> ⑤ 아동학대행위자 등의 출석·진술 및 자료제출 의무 위반에 대한 제재
> ⑥ 응급조치 기간 연장
> ⑦ 사법경찰관리의 응급조치를 위한 출입권한 명시

---

2 김봉수, 「아동학대범죄의 처벌 등에 관한 특례법」상 학대피해아동의 보호를 위한 제도 개선방안, 아동보호연구, 제1권 제2호, 2016, 119쪽.

3 홍완식, 법과 사회, 법문사, 4판, 2024, 48쪽.

⑧ 증인에 대한 신변안전조치
⑨ 피해아동보호명령 기간 종료 사실의 통지
⑩ 아동학대 관련 교육 대상에 사법경찰관리 추가
⑪ 벌금 및 과태료 법정형 상향

아동학대살해죄가 신설된 정인이법이 공포되기 2개월 전인 2021년 1월에 위와 같은 내용의 「아동학대처벌법」 개정이 이루어졌다.

이렇듯 「아동학대처벌법」은 2021년 1월과 3월에 연속하여 개정되었지만 법집행을 위한 예산과 인력이 보완되었는지는 점검해 보아야 할 사항이다. 법률개정으로 늘어난 업무를 감당할 인력과 예산이 충족되었는지에 대해서는 회의적이다. 정인이법이 시행된 다음해인 2022년의 조사를 보면, 2021년 연간 의심신고 50건당 아동학대전담 공무원 1명이라는 보건복지부 권고를 충족한 곳은 17개 광역지방자치단체 중에서 서울, 부산, 경남 3곳에 그쳤다.[4] 새로운 입법보다 더욱 중요한 것은 지금 있는 시스템을 잘 작동하게 운영하는 것이라는 점은 정인이법의 경우에도 동일하게 적용된다.[5] 사건이 일어날 때 마다 새로운 법을 만들기 보다 기존의 제도와 정책을 제대로 집행하는 것이 더 중요[6]함은 물론이다.

4 경향신문, 2022. 4. 8. '시행 1년 넘은 정인이법. 정인이 지키기엔 아직 빈틈이 많다'
5 머니투데이, 2021. 2. 13. '정인이를 진짜 위하는 길은? 입법 보다 운영이 중요'
6 의협신문, 2021. 1. 17. '정인이법을 보며 - 법안 발의전 면밀한 문제분석과 대책에 대한 숙고가 필요하다'

CHAPTER

43 구하라법

1. 구하라와 구하라법

구하라는 걸그룹 카라의 멤버였으며 가수이자 배우로 활동했다. 구하라가 2019년 11월 24일 자택에서 숨진채 발견된 이후에, 오랜기간 아무런 연락이 없었던 구하라의 친모가 나타나서 상속권을 주장하였다. 구하라법[1]은 자녀에 대한 양육의무를 불이행한 부모에게는 상속권을 인정하지 않도록 하는 내용의 「민법」 개정법률이다.

2. 구하라법의 배경

구하라의 사망 이후에 나타난 친모는 변호인을 통해 구하라가 소유했던 부동산 매각대금의 절반을 요구하였다고 전해진다. 구하라의 친모는 구하라가 9살이던 때에 집을 나가서 20여년 동안 연락이 없다가 구하라의 사망 이후에 나타나 재산상속을 요구했다. 현행 「민법」 에 따르면 부모가 양육의무를 이행하지 않았다고 하여 상속을 제한하는 규정이 없고, 상속인의 결격사유를 규정한 「민법」 제1004조에도 해당하지 않기 때문에, 어린 구하라와 그 오빠를 돌보지 않고 가출한 친모에게도 상속이 인정되는 것이다.

---

1 국민일보, 2024. 7. 12; 한국일보, 2024. 7. 11; 파이낸셜뉴스, 2024. 7. 29.

현행 규정
민법 제1004조(상속인의 결격사유) 다음 각 호의 어느 하나에 해당한 자는 상속인이 되지 못한다. <개정 1990. 1. 13., 2005. 3. 31.>

1. 고의로 직계존속, 피상속인, 그 배우자 또는 상속의 선순위나 동순위에 있는 자를 살해하거나 살해하려한 자
2. 고의로 직계존속, 피상속인과 그 배우자에게 상해를 가하여 사망에 이르게 한 자
3. 사기 또는 강박으로 피상속인의 상속에 관한 유언 또는 유언의 철회를 방해한 자
4. 사기 또는 강박으로 피상속인의 상속에 관한 유언을 하게 한 자
5. 피상속인의 상속에 관한 유언서를 위조·변조·파기 또는 은닉한 자

구하라 사건 이전에도 자녀를 돌보지 않고 가출한 부모에게 자녀의 재산이 상속되는 것에 대한 문제가 제기되었고, 부모의 양육의무 불이행을 상속결격사유로 규정하지 않고 있는 「민법」 제1004조가 재산권을 침해한다는 헌법소원이 제기된 적이 있었다. 헌법재판소는 이 규정을 합헌으로 보아 헌법소원심판을 기각하였다.

<피상속인에 대한 부양의무를 이행하지 않은 직계존속의 상속권 인정 사건>
심판대상조항은 일정한 형사상의 범죄행위와 유언의 자유를 침해하는 부정행위 등 5가지를 상속결격사유로 한정적으로 열거하고 있다. 이는 극히 예외적인 경우를 제외하고는 상속인의 상속권을 보호함과 동시에 상속결격여부를 둘러싼 분쟁을 방지하고, 상속으로 인한 법률관계를 조속히 확정시키기 위함이다. 부양의무의 이행과 상속은 서로 대응하는 개념이 아니어서, 법정상속인이 피상속인에 대한 부양의무를 이행하지 않았다고 하여 상속인의 지위를 박탈당하는 것도 아니고, 반대로 법정상속인이 아닌 사람이 피상속인을 부양하였다고 하여 상속인이 되는 것도 아니다. 만약 직계존속이 피상속인에 대한 부양의무를 이행하지 않은 경우를 상속결격사유로 본다면, 과연 어느 경우에 상속결격인지 여부를 명확하게 판단하기 어려워 이에 관한 다툼으로 상속을 둘러싼 법적 분쟁이 빈번하게 발생할 가능성이 높고, 그로 인하여 상속관계에 관한 법적 안정성이 심각하게 저해된다. 나아가 민법은 유언이나 기여분 제도를 통하여 피상속인의 의사나 피상속인에 대한 부양의무 이행 여부 등을 구체적인 상속분 산정에서 고려할 수 있는 장

치를 이미 마련하고 있는 점들을 고려하면, 심판대상조항이 피상속인에 대한 부양의무를 이행하지 않은 직계존속의 경우를 상속결격사유로 규정하지 않았다고 하더라도 이것이 입법형성권의 한계를 일탈하여 다른 상속인인 청구인의 재산권을 침해한다고 보기 어렵다.[2]

구하라법 즉 「민법」 개정안은 제20대 국회인 2019년 11월 14일에 서영교 의원에 의하여 대표발의되었다.[3] 법안은 제20대 국회의 임기만료로 자동폐기되었고, 제21대 국회인 2021년 2월 10일에 서영교 의원은 구하라법을 다시 발의하였다.[4] 서영교 의원 이외에도 제21대 국회인 2023년 6월 18일에 정부는 구하라법을 제출하였고[5], 2023년 6월 27일에는 정점식 의원이 구하라법을 발의하였

2 헌재 2018. 2. 22. 2017헌바59

3 현행법에 따르면 부모는 미성년자인 자의 친권자가 되고, 부모 일방이 친권을 행사할 수 없는 경우 다른 일방이 친권자가 되며, 친권을 남용하여 자녀의 복리를 현저히 해치거나 해칠 우려가 있는 경우에 친권의 상실을 선고할 수 있음. 또한 상속인은 피상속인과 혈연관계가 있으면 원칙적으로 상속을 받을 수 있게 되어 있고, 직계존속, 피상속인, 선순위 상속인 등을 살해한 경우 등을 제한적으로 상속결격사유로 인정하고 있음. 그런데 최근 고유정 사건에서 아내가 남편을 살해하여 미성년인 자가 상속인이 되었는데, 아내가 자에 대한 친권을 행사함으로써 재산을 관리할 수 있어 사실상 살해된 남편으로부터 상속을 받은 것과 유사한 결과가 된다는 문제점이 지적된 바 있고, 그밖에도 천안함 침몰 사고나 세월호 사고 등 재난재해 사고에서 양육에 기여하지 않은 친부모가 보험금을 달라며 소송을 제기하거나 재산의 상속을 주장하는 등 국민 정서상 상속을 납득할 수 없는 경우가 있어 사회적 논란이 지속되고 있음. 따라서 이러한 문제점을 고려하여 현행법상의 친권과 상속권 제도를 정비할 필요가 있으므로, 현행법상 공소시효가 없는 중대한 반인륜범죄를 저지른 자에 대해서는 친권의 상실을 선고할 수 있도록 하고, 양육의무를 다하지 않거나 중대한 반인륜범죄를 저지른 경우를 상속결격사유에 포함시키려는 것임(안 제924조제1항 및 제1004조).

4 고 구하라씨의 경우를 비롯해 천안함 침몰 사고나 세월호 사고, 전북 소방관 사건 등 재난재해 사고 이후 양육에 기여하지 않은 친부모가 보상금, 보험금을 달라며 소송을 제기하거나 재산의 상속을 주장하는 등 국민 정서상 상속을 납득할 수 없는 경우가 있어 사회적 논란이 지속되고 있음. 하지만 현행법상 상속인은 피상속인과 혈연관계가 있으면 원칙적으로 상속을 받을 수 있게 되어 있고, 직계존속, 피상속인, 선순위 상속인 등을 살해한 경우 등을 제한적으로만 상속결격사유로 인정하고 있어 제도를 개정할 필요가 있다는 여론이 상당함. 이에 따라 각계의 의견을 종합하여 상속권 제도를 개정하고자 함. 피상속인의 직계존속으로서 피상속인의 복리를 현저히 해치는 등 양육의무를 다하지 않을 경우를 상속결격사유에 포함시키고, 상속결격 확인 절차를 마련하려는 것임.

5 상속인이 될 사람이 피상속인에 대한 부양의무를 중대하게 위반하는 등 피상속인과의 윤리적·경제적 협동관계를 깨뜨리거나 가족공동체에 위해(危害)를 가한 경우에도 피상속인

다.[6] 유사한 내용의 이들 법안은 제21대 국회의 임기만료로 모두 자동폐기되었고, 2024년 5월 31일에 서영교 의원은 제22대 국회 1호 법안으로 구하라법을 또다시 발의하였다.

3. 구하라법의 내용

제22대 국회에서 서영교 의원이 다시 발의한 「민법」 개정안을 기준으로 하여 구하라법의 구체적인 내용을 설명한다.

> 현행법에 따르면 상속인은 피상속인과 혈연관계가 있으면 원칙적으로 상속을 받을 수 있게 되어 있고, 직계존속, 피상속인, 선순위 상속인 등을 살해한 경우 등을 제한적으로 상속결격사유로 인정하고 있음.
>
> 고 구하라씨의 경우를 비롯해 천안함 침몰 사고나 세월호 사고 등 재난재해 사고 이후 양육에 기여하지 않은 친부모가 보상금, 보험금을 달라며 소송을 제기하거나 재산의 상속을 주장하는 등 국민 정서상 상속을 납득할 수 없는 경우가 있어 사회적 논란이 지속되고 있음.
>
> 그러던 중 헌법재판소는 지난 4월 25일 "피상속인을 장기간 유기하거나 정신적·신체적으로 학대하는 등의 패륜적인 행위를 일삼은 상속인의 유류분을 인정하는 것은 일반 국민의 법 감정과 상식에 반한다"며 헌법불합치 판결을 내려 상속권

의 재산을 법정 상속하도록 하는 것은 사회적으로 문제가 될 뿐만 아니라, 피상속인의 상속 재산 처분에 관한 사적 자치를 과도하게 제한하는 문제가 있는바, 상속인이 될 사람이 피상속인에 대한 부양의무를 중대하게 위반하거나 피상속인 또는 그 배우자나 직계혈족에게 중대한 범죄행위나 학대 또는 심히 부당한 대우를 하는 경우에는 피상속인의 청구나 유언 등에 따라 가정법원이 상속권의 상실을 선고할 수 있도록 하고, 상속인이 될 사람이 결격사유에 해당하거나 상속권 상실의 선고를 받은 경우에는 그 사람의 직계비속이나 배우자도 대습상속(代襲相續)을 할 수 없도록 하려는 것임..

6 피상속인의 직계존속으로서 상속인이 될 사람이 피상속인에 대한 부양의무를 중대하게 위반하는 등 피상속인과의 윤리적·경제적 협동관계를 깨뜨리거나 가족공동체에 위해(危害)를 가한 경우에도 피상속인의 재산을 법정 상속하도록 하는 것은 사회적으로 문제가 될 뿐만 아니라, 피상속인의 상속 재산 처분에 관한 사적 자치를 과도하게 제한하는 문제가 있는바, 상속인이 될 사람이 피상속인에 대한 부양의무를 중대하게 위반하거나 피상속인 또는 그 배우자나 직계혈족에게 중대한 범죄행위나 학대 또는 심히 부당한 대우를 하는 경우에는 피상속인의 청구나 유언 등에 따라 가정법원이 상속권의 상실을 선고할 수 있도록 하려는 것임(안 제1004조의2 및 제1004조의3 신설).

제도 개선의 필요성을 인정했음. 이에 따라 지난 21대 국회에서 각계의 의견을 수렴하여 불합리한 상속권 제도를 재정비하기 위한 합의안(<구하라법>)이 마련되었으나 통과되지 못했음. 양육하지 않은 부모의 상속자격을 박탈해 억울한 사람이 더 이상 생겨나지 않도록 하는 것이 급선무임.

이에 상속인이 될 사람이 미성년자인 피상속인에 대한 부양의무를 중대하게 위반하거나 피상속인 또는 배우자나 피상속인의 직계비속에게 중대한 범죄행위를 하거나 그 밖에 심히 부당한 대우를 한 경우 피상속인의 유언이나 공동상속인의 청구에 따라 가정법원이 상속권의 상실을 선고할 수 있도록 하고자 함(안 제1004조2 신설).

4. 구하라법을 둘러싼 논란

구하라법과는 별도로 친모가 5대5의 비율로 요구한 재산상속 분쟁에 대한 법원의 판단이 먼저 나왔는데, 구하라 친부와 오빠의 기여분을 20%로 인정하여 아버지와 오빠의 상속비율을 총 60%(40%+20%) 그리고 친모의 상속비율을 40%로 인정하였다.

구하라의 친모가 구하라의 재산을 상속받을 수 있는 것은 유류분 제도 때문이라고 할 수 있다. 유류분 제도란 고인(피상속인)의 유언과 무관하게 상속인들이 일정비율을 받을 수 있도록 한 제도로, 1977년에 도입되었다가 2024년 4월 25일에 헌법재판소가 헌법불합치 결정을 하였다.

구하라법은 제20대 국회와 제21대 국회에 이어 제22대 국회에서도 발의되어 현재 국회에 계류되어 있지만, 헌재의 유류분 제도에 대한 헌법불합치 결정에 의하여 2025년 12월 31일까지 소위 '패륜부모와 패륜자식'은 유류분도 받을 수 없도록 「민법」이 개정되어야 한다.

구하라법의 입법에 대한 반대론이 없지는 않다. 즉, 부양의무를 게을리했다는 기준을 두고 어느 정도의 기간동안 양육을 소홀히 하면 부양의무를 게을리했다고 할 수 있는지 그리고 어느 정도 돌보아야 부양의무를 이행했다고 할 수 있는지 등이 모호할 수 밖에 없다는 것이다. 구하라의 경우에는 20여년 동안 연락도 없었기 때문에 부양의무를 인정하지 않은 것이 명백하다고 볼 수 있지만, 양육의무 이행 여부에 관하여 부모와 자녀의 입장이 다를 수 있고 개별사건에 있어서 판사마다 제각각의 판결이 내려질 수도 있다. 부모가 부양의무를 이행했음에도 불구하고 관계가 틀어진 자녀가 불이행을 주장할 수도 있고, 많은 유산상속을 물려받고 싶은 자가 다른 상속인의 부양의무 불이행을 주장하며 상속자격박탈을 도모할 수도 있다. 또한 구하라법이 도입되면 유족간에 갈등이 유발되고 소송이 남발될 가능성이 있으며 상속과 관련한 법적 안정성이 저해될 가능성이 있다는 것이다.

이와는 별도로 '공무원 구하라법'으로 불리는 공무원 재해보상법·공무원연금법 개정법률이 먼저 통과되어 시행 중이다. 개정법률은 재해유족급여를 받을 수 있는 공무원이나 공무원이었던 사람이 세상을 떠났을 때, 양육 책임이 있던 부모가 양육의무를 이행하지 않았다면 급여의 전부 또는 일부를 지급하지 않을 수 있도록 하는 내용의 법률이다. 응급구조대원으로 일하다가 2019년 순직한 故 강한얼 소방관의 친모에게 해당 법률이 처음으로 적용되었다. '구하라법'이건 '공무원 구하라법'이건 양육의무를 이행하지 않은 부모나 부양의무를 이행하지 않은 자녀는 상속재산을 받지 못하도록 해야 한다는 건전한 상식이 법제화되는 과정에 있다는 평가를 할 수 있다.

CHAPTER

44 원영이법

1. 원영이와 원영이법

원영이는 계모의 상습적인 학대로 2016년 2월에 7살의 나이로 사망한 피학대아동이다. 원영이법[1]은 자녀나 손자녀 등 비속살해에 대한 처벌을 강화하는 내용의 「형법」 개정안이다.

2. 원영이법의 배경

원영이의 계모는 원영이를 화장실에 3개월간 가두면서 밥을 하루 1~2끼만 주고 수시로 주먹과 청소솔로 때렸고, 친부는 아들이 학대당하는 것을 알면서도 묵인하고 방치하였다. 원영이는 지속적인 폭행에 의한 머리부위 등의 손상과 영양실조, 그리고 영하의 날씨에 난방이 되지 않는 화장실에서 저체온증 등의 복합적 요인으로 인하여 사망했다. 계모와 친부는 범행을 감추기 위하여 시신을 열흘간 집 베란다에 방치하다가 경기도 평택의 한 야산에 암매장했다. 이들의 범행은 원영이의 초등학교 입학유예 신청과정에서 드러났다. 입학유예와 관련한 심의를 앞두고 학교 출석을 미루던 부부는 원영이가 없어졌다고 하

1 헤럴드경제, 2016. 3. 13; mbn뉴스, 2019. 1. 3. "비속살해 이어지는데 … 1달 전에야 발의된 '원영이법'

였고, 이에 경찰은 수사를 통해서 원영이에 대한 아동학대 범죄를 밝혀냈다.

1심에서 법원은 살인과 사체유기, 아동복지법 위반으로 계모에게 징역 20년, 친부에게 징역 15년을 선고했고, 항소심에 이어 상고심을 담당한 대법원에서는 계모(39)에게 징역 27년, 친부(39)에게 징역 17년을 각각 선고하였다(2017도2176).

제2의 원영이 사건을 방지하기 위하여 국가는 매년 초등학교 미취학아동들의 소재를 파악하기 시작하였고, 「초중등교육법 시행령」을 개정하여 미취학아동에 대한 취학관리를 강화하는 방안이 마련되었다. 2016년 10월 18일에 개정(시행은 2017년 3월 1일)된, 미취학아동의 취학관리 강화를 위한 「초중등교육법 시행령」의 개정이유와 주요내용은 다음과 같다.

> 개정이유 : 의무교육대상 아동에 대한 취학 관리를 강화하기 위하여 초등학교 취학 통지 단계부터 읍·면·동의 장과 초등학교의 장의 역할을 강화하고, 미취학아동 및 무단결석 학생에 대한 초등학교·중학교의 장, 읍·면·동의 장 및 교육장의 취학 및 출석 독촉 등 단계별 관리방법을 구체화하며, 초등학교 및 중학교에 의무교육관리위원회를, 교육감 및 교육장 소속으로 취학관리 전담기구를 각각 설치하여 취학 연령에 해당하는 아동이나 무단결석 학생에 대한 취학과 보호 등에 필요한 조치를 마련하는 한편, 국·공립학교에 두는 학교운영위원회의 위원장이 회의를 소집하는 경우 회의 내용 등을 학교 홈페이지에 공개하도록 하는 등 현행 제도의 운영상 나타난 일부 미비점을 개선·보완하려는 것임.
>
> 주요내용 : 학교장은 취학할 예정인 아동이나 재학 중인 학생이 입학·전학 기일 이후 2일 이내에 입학·전학을 하지 않거나 2일 이상 무단결석하는 경우
>
> 1. 보호자에게 취학 또는 출석을 독촉하거나 의무교육을 방해하지 않도록 경고하도록 하고, 독촉을 위해 필요한 경우 해당 아동이나 학생의 가정을 방문하거나 보호자의 학교 출석을 요청할 수 있다.
> 2. 독촉 또는 경고 후 3일이 지나거나, 독촉 또는 경고를 2회 이상 한 이후에도 상태가 계속되면, 그 경과사항을 아동이나 학생의 거주지를 관할하는 읍·면·동의 장 및 교육장에게 통보해야 한다.

그러나 이후 2017년에도 소변을 가리지 못한다는 이유로 친부와 동거녀가 4살 고준희 양을 화장실에 방치하여 사망케 한 사건이 연달아 발생하였고, 원영이 사건에 이어 끊이지 않는 아동학대 사망사건에 대한 처벌강화 여론이 비등하였다. 부모나 조부모를 살해하는 존속 살해가 최소 7년 징역 이상의 가중처벌이 되는 것과는 대조적으로, 자녀나 손자 등을 살해하는 비속 살해는 일반 살인죄와 처벌 수위가 같다. 따라서 비속 살해의 처벌을 강화하는 내용의 법안이 발의되었다.

원영이 사건이 일어난지 거의 3년이 경과한 시점인 2018년 12월 7일에 직계비속 살해를 가중처벌하는 「형법」 개정안을 심재철 의원이 대표발의하였다.

> 최근 친부모가 자식을 숨지게 하는 사건들이 잇달아 발생해 사회문제화 되고 있음. 현행 형법에서는 존속살해의 경우에만 사형 또는 무기징역, 7년 이상의 징역형에 처하도록 하고 있을 뿐 비속살해는 사형·무기징역 또는 5년 이상의 징역형으로 일반 살인죄와 동일하게 처벌하고 있음. 이에 살인죄 처벌을 규정한 제250조 규정을 개정해 가정을 파괴하고 인륜에 반하는 비속살해의 경우도 존속살해와 동일하게 일반 살인죄보다 가중처벌 하고자 함(안 제250조 개정).

그러나 동 법안에 대하여는 소관 상임위원회인 법제사법위원회 법안심사소위원에서 검토조차 하지 않았으며, 제20대 국회의 임기만료로 인하여 2020년 5월 29일에 자동폐기되었다.

3. 원영이법의 내용

원영이법 즉 「형법」 개정안의 내용은 간단하다. 직계존속 살해죄의 경우에는 일반살인죄보다 가중처벌하는 것처럼, 직계비속 살해죄의 경우에도 직계존속 살해죄와 동일하게 가중처벌하자는 내용이다. 직계비속 살해를 가중처벌하는 내용의 「형법」 개정안의 신구조문 대비표는 다음과 같다.

현 행	개정안
第250조(살인, 존속살해) ① 사람을 살해한 자는 사형, 무기 또는 5년 이상의 징역에 처한다. ② 자기 또는 배우자의 직계존속을 살해한 자는 사형, 무기 또는 7년 이상의 징역에 처한다.	第250조(살인, 존속살해) ① (현행과 같음) ② 자기 또는 배우자의 직계존·비속을 살해한 자는 사형, 무기 또는 7년 이상의 징역에 처한다.

4. 원영이법을 둘러싼 논란

원영이법에 대한 논란은 거의 없었다. 심재철 의원이 대표발의한 「형법」 개정안은 원영이 사건이 발생한지 거의 3년이 넘어서 발의되었기 때문에 시의성이 떨어지기도 했지만, 직계비속 살해행위에 대한 가중처벌이 원영이 사건과 같은 자녀살해를 방지하는데 있어서 효과가 있을지에 대하여 설득력이 크지 않았기 때문일 수도 있다. 오히려 미취학 아동에 대한 관리강화를 입법화한 「초중등교육법 시행령」 개정이 제2의 원영이 사건을 막는데 있어서는 예방책으로서 실효성이 있는 사전대책이기 때문에, 사후대책으로서의 자녀살해에 대한 가중처벌 법안이 주목을 받지 못했을 것으로 추측할 수 있다.

CHAPTER 45 정순신 방지법

1. 정순신과 정순신 방지법

정순신은 2023년 2월에 경찰청 국가수사본부장에 임명되었다가 하루만에 자진 사퇴하였다. 정순신 방지법[1]은 학교폭력 가해자가 징계조치에 불복해 제기한 소송은 최장 7개월 이내에 종료하여야 한다는 내용의 「학교폭력예방 및 대책에 관한 법률」(이하 「학교폭력예방법」 이라 함) 개정법률이다.

2. 정순신 방지법의 배경

2023년 2월에 국가수사본부장으로 임명되었던 정순신 변호사의 아들이 2018년 6월에 학교폭력으로 징계처분(전학)을 받은 후에 소송을 제기하고 처분에 대한 집행정지를 신청하면서 피해학생과 제대로 분리되지 않은 채로 8개월이 경과한 2019년 2월에야 전학을 갔던 사실이 보도되었다.

이러한 보도를 접한 국민들의 여론이 악화되자, 학교폭력사건의 처리과정에서 나타나는 여러 문제의 재발을 방지하기 위한 내용으로 수많은 「학교폭력

1 뉴시스, 2023. 10. 6; 한국일보, 2024. 2. 15; SBS, 2023. 6. 27; 연합뉴스, 2023. 6. 12; EBS 2023. 2. 28; 중앙일보, 2023. 10. 11.

예방법」 개정안이 발의되었다. 이에 교육위원회 위원장이 관련된 36건의 법안을 통합한 대안을 2023년 9월 21일에 발의하였으며, 대안의 제안이유는 다음과 같다.

> 현행법은 학교폭력의 예방과 대책 수립을 위하여 2004년도에 제정된 이후 28차례 개정과정을 거쳐 학교 현장에서 적용되어 왔으나 학교폭력을 근절하기에는 한계가 있다는 지적이 지속적으로 제기되어 왔음. 특히 학교폭력 유형이 복잡·다변화되면서 학교폭력 심의유형 중 신체폭력 비중은 2013년 이후 절반 가까이 감소하고 사이버폭력 비중은 2배 이상 증가했으나 현행법에서 정의하고 있는 '학교폭력'에는 '사이버폭력'에 대해 명시적으로 규정하고 있지 않으므로 학교폭력의 범주에 사이버폭력을 포함하여 정의하려는 것임.
>
> 또한, 국가 수준에서 학생 치유·회복을 위한 보호시설 운영, 연구, 교육 등을 수행하는 전문교육기관을 설치·운영할 수 있도록 하며, 시도교육감이 법률지원을 포함한 통합지원 전담부서 및 전문기관을 설치·운영하고, 피해학생에게 법률, 상담, 보호 등을 종합하여 지원할 수 있는 조력인 제도를 신설하며, 피해학생 요청 시 학교의 장이 긴급조치로 가해학생에 대한 '출석정지' 또는 '학급교체'를 할 수 있도록 하여 피해학생에 대한 보호 및 지원을 더욱 두텁게 보장하려는 것임.
>
> 가해학생이 교육장의 조치에 불복하여 행정쟁송 제기 및 집행정지를 신청할 경우 이에 대한 사실을 피해학생 측에 통지하고 집행정지 결정 시 피해학생의 의견을 듣도록 하며, 집행정지 신청이 인용되어 가해학생에 대한 조치가 지연될 경우 피해학생에게 분리요청권을 부여하여 피해학생이 2차 피해에 노출되지 않도록 하려는 것임.
>
> 아울러, 학교폭력 업무를 담당하는 교사의 수업시간을 조정하고, 학교폭력 사안을 처리하는 과정에서 관계법령을 준수하여 이루어진 정당한 사건처리 등에 해당하는 경우에는 교원의 민·형사상 책임을 면제하여 적극적으로 학교폭력 업무를 수행할 수 있도록 지원하는 등 현행 학교폭력에 관한 제도를 전반적으로 정비하려는 것임.

2023년 9월 21일에 발의된「학교폭력예방법」개정안은 10월 6일에 본회의를 통과하여 10월 24일에 공포되었다. 학교폭력과 관련된 사안이기에 국민들의 관심이 매우 높았고, 여론의 지지를 받아 매우 신속하게 법률이 개정된 것이다.

3. 정순신 방지법의 내용

정순신 방지법으로 알려진 「학교폭력예방법」 개정법률을 통해 신설된 중요 조항은 다음과 같다.

제17조의3(행정소송) ① 교육장이 제16조제1항 및 제17조제1항에 따라 내린 조치에 대하여 이의가 있는 피해학생 또는 그 보호자는 「행정소송법」에 따른 행정소송을 제기할 수 있다.

② 교육장이 제17조제1항에 따라 내린 조치에 대하여 이의가 있는 가해학생 또는 그 보호자는 「행정소송법」에 따른 행정소송을 제기할 수 있다.

③ 교육장은 피·가해학생 또는 그 보호자 및 피·가해학생의 소속 학교에 제1항 및 제2항에 따른 행정소송의 제기 사실을 통지하고 「행정소송법」 제16조에 따른 소송참가에 관한 사항을 문서로 안내하여야 한다.

④ 제1항 및 제2항에 따른 행정소송 제기에 필요한 사항은 「행정소송법」을 준용한다.

제17조의4(집행정지) ① 행정심판위원회 및 법원이 제17조제1항에 따른 조치에 대하여 「행정심판법」 제30조 또는 「행정소송법」 제23조에 따른 집행정지 결정을 하려는 경우에는 피해학생 또는 그 보호자의 의견을 청취하여야 한다. 다만, 피해학생 또는 그 보호자가 의견진술의 기회를 포기한다는 뜻을 명백히 표시한 경우 등에는 의견청취를 아니할 수 있다.

② 교육감 또는 교육장은 행정심판위원회 또는 법원으로부터 집행정지 신청 사실 및 그 결과를 통보받은 경우 피해학생 또는 그 보호자 및 피·가해학생의 소속 학교에 그 사실 및 결과를 통지하여야 한다.

③ 제17조제1항에 따른 조치에 대한 집행정지 신청이 인용된 경우, 피해학생 및 그 보호자는 학교의 장에게 가해학생과의 분리를 요청할 수 있고, 학교의 장은 전담기구 심의를 거쳐 가해학생과 피해학생을 분리하여야 한다.

④ 제1항에 따른 의견청취의 절차, 방법, 예외 등에 필요한 사항은 「행정심판법」 제30조에 따른 집행정지의 경우에는 대통령령으로 정하고, 「행정소송법」 제23조에 따른 집행정지의 경우에는 대법원규칙으로 정한다.

제17조의5(재판기간에 관한 규정) 교육장이 제17조제1항에 따라 내린 조치에 대하여 이의가 있는 가해학생 또는 그 보호자가 「행정소송법」에 따른 행정소송을 제기한 경우 그 행정소송 사건의 재판은 다른 재판에 우선하여 신속히 하여야 하며, 그 판결의 선고는 제1심에서는 소가 제기된 날부터 90일 이내에, 제2

심 및 제3심에서는 전심의 판결의 선고가 있은 날부터 각각 60일 이내에 하여야 한다.

「학교폭력예방법」 개정법률에는 위 사항 이외에도 학교폭력 대응 전문교육기관 및 센터를 설치(제6조의2)하도록 하고, 학교폭력업무 담당자에 대한 지원 및 면책 규정을 신설(제11조의4)하며, 학교폭력 피해학생을 위한 조력인(제16조의3)과 사이버폭력 피해자 지원방안(제16조의4)을 신설하였다.

특히 제17조에서는 '피해학생 및 신고·그발 학생에 대한 접촉, 협박 및 보복행위(정보통신망을 이용한 행위를 포함한다)의 금지' 처분을 받은 "가해학생의 보호자는 가해학생이 해당 조치를 적절히 이행할 수 있도록 노력하여야 한다"(제17조제11항)는 규정도 신설하였다.

4. 정순신 방지법을 둘러싼 논란

정순신 방지법에 대하여 특기할 만한 반대론은 찾아볼 수 없다.

다만, 법사위의 검토보고서에는 "강행규정으로 특정 사건을 우선하도록 하고 그 재판기간을 정하는 것은 다른 사건의 재판기간과의 형평성 문제 등 평등원칙에도 위반될 우려가 있어 신중한 검토가 필요하다"[2]는 법원행정처의 입장이 제시되어 있다.

또한 "학교폭력 관련 연구·교육 기능은 한국청소년정책연구원, 한국교육개발원 등 기존 공공기관에서 이미 수행 중이며, 치유·회복시설의 경우 교육감이 Wee센터를 설치·운영 중이므로, 이러한 중앙-지방 정부 간 역할 분담 체계 내에서 각각의 역할을 강화하는 것이 전문성·효율성 측면에서 바람직하다

2 국회 법제사법위원회, 학교폭력예방 및 대책에 관한 법률 일부개정법률안(대안) 검토보고, 2023. 9. 21, 5쪽.

는 점을 고려할 때 개정안에 전문기관을 설치하도록 근거를 두는 것은 수용하기 곤란하다"[3]는 기획재정부의 입장이 제시되어 있다. 이러한 우려에도 불구하고 해당 규정은 포함되어 통과되었다.

3 국회 법제사법위원회, 학교폭력예방 및 대책에 관한 법률 일부개정법률안(대안) 검토보고, 2023. 9. 21, 8쪽.

문화 분야

CHAPTER 46 김연아법

1. 김연아과 김연아법

김연아는 피겨스케이팅 선수이다. 김연아법[1]은 운동선수와 연예인 및 24세 이하의 주류광고를 금지하는 「국민건강증진법」 개정안을 말한다.

2. 김연아법의 배경

김연아가 22세이던 2012년에 맥주광고를 한 것이 청소년들에게 음주를 조장한다는 의견을 접한 이에리사 의원은 2012년 7월 2일에 「국민건강증진법」 개정안을 발의했다.

유명 선수나 연예인 혹은 청소년이 출연하는 주류광고가 청소년들의 음주를 조장하고 있으며 주류광고 중에서도 특히 김연아 선수와 같은 사람이 출연하는 주류광고가 청소년 음주를 조장하고 있다는 주장에 응답하는 법안이다. 「국민건강증진법」 개정안의 제안이유는 다음과 같다.

---

1 만24세 이하 연예인의 주류광고를 금지하는 일명 '김연아법'이 화제다. 뉴스1, 2015. 5. 2; 이 개정안이 통과되면 소주광고 모델로 출연했던 아이유도 주류광고에 출연할 수 없기 때문에 '아이유법'으로 불리기도 한다. 국민일보, 2015. 5. 7; 김연아의 나이가 24세를 넘기면서 '김연아법'이 '아이유법'으로 불리는 것으로 볼 수 있다.

최근 주류광고가 브랜드 로열티 형성을 목적으로 주류소비 연령에 진입한 젊은 층으로 광고 타깃을 이동하면서 이제 막 성년에 도달한 연령대의 모델들을 기용하고 있음. 젊은 층에 음주를 긍정하고 미화하는, 부정적인 음주문화 형성의 우려와 더불어, 청소년에게 큰 영향력을 미치는 유명인, 동일시하기 쉬운 연령대의 모델들이 등장하면서 청소년의 주류소비 조장이 우려되는 상황임. 2011년 교육과학기술부, 보건복지부, 질병관리본부가 전국 800개교의 중고등학생 7만 5,643명을 대상으로 수행한 청소년건강행태 온라인조사에 따르면, 청소년의 현재 음주율(최근 30일 동안 1잔 이상 술을 마심)은 20.6%(남학생은 23.7%, 여학생 17.1%)에 이르며, 현재 음주자 중 1회 평균 음주량이 중등도 이상(남자: 소주 5잔 이상, 여자: 소주 3잔 이상)인 위험 음주율은 48.8%, 음주 후 기억이 끊기거나 다른 사람과 시비를 벌이는 등의 문제행동을 두 가지 이상 경험한 문제음주율은 39.8%에 달하는 것으로 나타나 청소년 음주 문제의 사회적 심각성을 보여주고 있음. 또한 청소년흡연음주예방협회가 2010년 12월말 서울시 중고등학교 학생 2,000명을 대상으로 실시한 설문조사에 따르면, 하루에 한 번 이상 주류광고를 본 청소년은 51.5%이고, 텔레비전을 통해 주류광고를 본 청소년은 56.3%에 달해 상당수의 청소년이 주류광고에 노출되어 있는 것으로 나타남. 이에 스포츠 스타, 연예인과 같이 청소년에게 중대한 영향을 미치거나 일정한 연령에 도달하지 않은 사람은 주류광고에 출연하지 못하도록 하여 음주를 조장하는 유해한 환경으로부터 청소년을 보호함으로써 청소년들이 건전한 인격체로 성장할 수 있도록 하려는 것임.

방송광고심의에 필요한 사항을 규정하고 있는 방송통신심의위원회 규칙인 현행 「방송광고심의에 관한 규정」 제33조에는 19세 이상의 사람만이 주류광고를 하거나 주류광고에 등장할 수 있다.[2] 19세 미만의 사람은 누구라도 방송에서

---

2 「방송광고심의에 관한 규정」 제33조(주류) ① 주류에 관한 방송광고는 건전한 사회질서와 국민건강, 청소년의 건실한 생활을 해치는 다음 각 호의 표현을 하여서는 아니된다.
1. 지나친 음주분위기를 묘사하거나 음주행위를 지나치게 미화하는 표현
2. 음주가 사회적 인정이나 성공에 필요하다고 주장하거나 이를 암시하는 표현
3. 적당한 음주는 건강에 해롭지 않다는 표현
4. 음주가 체력 또는 운동능력을 향상시킨다거나 근심, 걱정을 없애준다거나 질병의 치료에 도움이 된다는 표현
5. 높은 경각심을 필요로 하는 상황에서 음주하는 행위를 묘사함으로써 안전을 저해하는 표현
② 주류에 관한 방송광고에 등장하는 인물은 19세 이상이어야 한다. 다만, 이 경우에도 청소년의 인물 또는 목소리를 묘사하여서는 아니된다.

주류광고를 할 수 없음에도 불구하고 김연아법이 발의된 동기는 대중적인 인기를 지니는 젊은 인물의 주류광고를 금지하기 위한 것이다.

발의된 김연아법은 신속히 처리되지 않고 지체되다가 2015년 4월 23일에야 국회 보건복지위원회에서 「국민건강증진법」 개정안이 가결되었다. 법안 발의에서 소관 상임위원회인 보건복지위원회의 의결까지만 해도 거의 3년이 소요되었다. 김연아법이 입법되기 위해서는 국회 법제사법위원회와 본회의에서 통과되어야 하는데, 김연아법은 이 과정을 넘지 못하고 제19대 국회의 임기만료로 폐기되었다.

3. 김연아법의 내용

김연아법은 텔레비전방송에서 운동선수, 연예인 등 어린이와 청소년에 중대한 영향을 미치거나 만 24세 이하의 사람을 주류에 관한 광고에 출연시키지 못하도록 하고, 이를 위반하는 경우에는 1년 이하의 징역이나 1,000만원 이하의 벌금을 물린다는 내용을 주요 내용으로 하고 있다.

「국민건강증진법」 제7조 제3항에 "누구든지 텔레비전방송(종합유선방송을 포함한다)에서 다음 각 호의 어느 하나에 해당하는 사람을 주류에 관한 광고에 출연시켜서는 아니 된다"고 하고 주류광고가 금지되는 사람으로 '운동선수, 연예인 등 어린이와 청소년에 중대한 영향을 미칠 수 있는 사람'과 '만 24세 이하의 사람'을 규정하고 있다.

4. 김연아법을 둘러싼 논란

24세 이하의 주류광고를 금지하는 일명 '김연아 법'은 영국·중국·일본 등에서 화제가 되었다. 2015년 4월 27일 영국 BBC와 4월 28일 중국 관영 '중국국제방송' 및 일본 포털사이트 '야후 재팬'에서는 한국의 국회가 만 24세 이하 젊은이의 주류 광고 출연을 금지하는 법안 제정에 나섰다고 보도하였다. 이 법안은 김연아가 22세의 나이에 맥주광고에 나온 것이 계기가 되었다고 하면서, 한국 국회는 김연아와 같은 스포츠스타의 주류광고가 청소년의 음주를 조장할 수 있다고 우려했다는 점을 보도했다.[3] 외국 언론에서 이와 같은 입법동향에 관심을 가진 이유는, 이와 같은 법안이 전례가 없고 신기하기 때문일 것이다.

김연아법에 대하여 국회 보건복지위원회는 검토의견[4]에서 다음과 같은 의견을 나타냈다.

> 문화체육관광부 등[5]은 현재 "방송광고심의에 관한 규정[6]"에서 만 19세 이상만 주류 광고에 출연을 허용하고 청소년의 인물 또는 목소리를 묘사하는 것을 금지하고 있으며, 「청소년보호법」[7]상 주류 판매가 금지되는 연령인 만 19세 미만과도

---

3 아시아경제, 2015. 4. 29.

4 국회 보건복지위원회, 「국민건강증진법」 일부개정법률안 검토보고, 2012. 11, 12~14쪽.

5 문화체육관광부, 한국광고업협회, 한국주류산업협회 등

6 「방송광고심의에 관한 규정」 제33조(주류) ① 주류에 관한 방송광고는 건전한 사회질서와 국민건강, 청소년의 건실한 생활을 해치는 다음 각 호의 표현을 하여서는 아니된다.
1. 지나친 음주분위기를 묘사하거나 음주행위를 지나치게 미화하는 표현
2. 음주가 사회적 인정이나 성공에 필요하다고 주장하거나 이를 암시하는 표현
3. 적당한 음주는 건강에 해롭지 않다는 표현
4. 음주가 체력 또는 운동능력을 향상시킨다거나 근심, 걱정을 없애준다거나 질병의 치료에 도움이 된다는 표현
5. 높은 경각심을 필요로 하는 상황에서 음주하는 행위를 묘사함으로써 안전을 저해하는 표현

② 주류에 관한 방송광고에 등장하는 인물은 19세 이상이어야 한다. 다만, 이 경우에도 청소년의 인물 또는 목소리를 묘사하여서는 아니된다.
③ 주류에 관한 방송광고는 광고노래, 경품류의 제공 및 할인판매에 관한 표현을 하여서는 아니된다.
④ 주류가 아닌 상품의 방송광고에서도 제1항 각 호에서 금지된 내용의 표현을 하여서는 아니된다.

7 「청소년보호법」 제2조(정의) 이 법에서 사용하는 용어의 정의는 다음과 같다.
1. "청소년"이라 함은 만 19세 미만의 자를 말한다. 다만, 만 19세에 도달하는 해의 1월 1일을 맞이한 자를 제외한다.
4. "청소년유해약물등"이라 함은 청소년에게 유해한 것으로 인정되는 다음 가목 (1) 내지

상응하지 않는 점을 고려할 때 청소년 보호라는 공익보다 광고시장[8]의 위축이라는 역효과가 클 것으로 예상된다는 의견이나, 「청소년기본법」[9]상 청소년의 범위는 9세 이상 24세 이하의 사람이므로, 그 범위 내에서 청소년유해약물로 규정된 주류를 홍보하는 방송 광고에 출연을 금지하는 것은 현행 법률간의 상충 문제는 없는 것으로 보이고, 미국, 영국 등[10]에서도 비록 업계의 자율 규제이긴 하나 만 24세 이하의 방송 주류 광고 출연을 금지하고 있다는 점 등을 고려할 때, 청소년들에게 가장 큰 영향을 미치는 동일연령대 모델의 텔레비전 주류 광고 출연을 일정부분 제한할 필요가 있는 것으로 보임. 다만, 만 24세 이하의 성인에 대하여 방송 주류 광고 출연을 일괄적으로 규제하는 것은 헌법상 직업 선택의 자유를 과도하게 제한하는 측면이 있고, 미국, 영국 등도 법률로는 법정음주허용 연령과 주류 방송 광고 출연 허용 연령을 동일하게 규정하고 있다는 점 등을 고려하여, 법률에는 텔레비전 주류 광고 출연 제한 연령을 미성년자로 규정하되,[11] 주류 업계 자율로 법률보다 연령을 상향하여 규제하도록 권장하는 방안을 검토할 필요가 있는 것으로 보임.

또한 "운동선수, 연예인 등 어린이와 청소년에 중대한 영향을 미칠 수 있는 사람"의 텔레비전 주류 광고 출연을 제한하면서 "어린이와 청소년에 중대한 영향을 미치는 사람"의 기준을 대통령령에서 정하도록 하고 있는데, "어린이와 청

---

(7)에 해당하는 약물(이하 "청소년유해약물"이라 한다)과 청소년에게 유해한 것으로 인정되는 다음 나목 (1) 또는 (2)에 해당하는 물건(이하 "청소년유해물건"이라 한다)을 말한다.

가. 청소년유해약물

(1) 「주세법」의 규정에 의한 주류

第26조(청소년유해약물등으로부터 청소년보호) ① 누구든지 청소년을 대상으로 하여 청소년유해약물등을 판매·대여·배포하여서는 아니된다. 이 경우 자동기계장치·무인판매장치·통신장치에 의하여 판매·대여·배포한 경우를 포함한다. 다만, 학습용·공업용 또는 치료용으로 판매되는 것으로서 대통령령이 정하는 것은 그러하지 아니하다.

8 '11년 기준 지상파TV 주류광고 293억원(총 지상파 광고비 2조 775억원)

9 「청소년기본법」 제3조(정의) 이 법에서 사용하는 용어의 정의는 다음 각호와 같다.

1. "청소년"이라 함은 9세 이상 24세 이하의 자를 말한다. 다만, 다른 법률에서 청소년에 대한 적용을 달리할 필요가 있는 경우에는 따로 정할 수 있다.

10 참고자료 2. 국내외의 주류광고 모델 및 연령제한 규정

11 보건복지부도 같은 의견임.

소년에 중대한 영향을 미치는 사람"이라는 것은 막연하여 명확성의 원칙에 위배될 가능성이 있다. "어린이와 청소년에 중대한 영향을 미치는 사람"에 대한 기준이 사람에 따라 다를 수 있고, 수범자와 집행자간에 해석의 차이가 발생하는 경우, 해석을 잘못한 수범자가 형사처벌을 받을 수 있다는 것은 합리적이지 않을 뿐 아니라 헌법이 금지하고 있는 것이다. 또한 이러한 기준은 '법률유보원칙'에 따라서, 대통령령이 아닌 법률에 직접 규정되어야 할 필요가 있다.

또한 김연아법에 대하여 국회 법제사법위원회도 검토의견[12]에서 다음과 같은 점을 지적했다.

> 청소년을 유해한 환경으로부터 보호·규제하려는 「청소년보호법」은 청소년의 나이를 「민법」과 마찬가지로 만 19세 미만으로 규정하면서 만 19세 미만 자에 대한 주류 판매를 금지하고 있으며, 현재 "방송광고심의에 관한 규정"은 만 19세 이상만 주류 광고에 출연을 허용하고 청소년의 인물 또는 목소리를 묘사하는 것을 금지하고 있는 점을 고려할 때, 개정안에서 만 24세 이하의 사람을 주류광고에 출연 금지하는 것은 다른 법률규정과 상충될 우려가 있어 신중하게 검토할 필요가 있음. 한편, 「청소년기본법」은 청소년 육성정책에 관한 사항을 규정함을 목적으로 하여 청소년의 연령을 9세 이상 24세 이하의 자로 하고 있는데, 그 취지는 청소년 수련활동, 문화활동 등 청소년활동의 시작 연령을 9세로 보고, 고등학교 졸업 후 자립 능력 고취 등 사회진출 지원을 위해 대상자의 범주를 24세로 규정한 것이라는 점에서, 「청소년기본법」에 따른 청소년의 연령을 기준으로 만 24세 이하의 자의 주류광고 출연을 금지하는 것은 법체계상 합리적인 이유가 있다고 보기 어려움.
>
> 개정안은 만 24세 이하의 청소년을 주류 광고에 출연시킨 경우 1년 이하의 징역 또는 1천만원 이하의 벌금에 처한다고 규정하고 있음. 현행법상 다른 주류 광고기준 위반에 대해서는 보건복지부장관의 시정 또는 금지명령, 형사처벌(100만원 이하의 벌금)의 순으로 제재하고 있는데,[13] 이와 비교하여 볼 때 주류광고 모델 제한 규정 위반에 대해서만 바로 형사처벌을 할 수 있도록 함과 아울러 1년 이하의 징역 또는 1천만원 이하의 벌금에 처하는 것은 제재의 형평성에 문제가 있음.

---

12 국회 법제사법위원회, 「국민건강증진법」 체계자구검토보고서, 2015. 4, 6쪽.

13 「국민건강증진법」 제7조(광고의 금지 등) ① 보건복지부장관은 국민건강의식을 잘못 이끄

이처럼 김연아법에 대해서는 법령간의 체계정당성[14]이나 처벌의 형평성 측면에서 문제의 소지가 있다. 다른 법령에서 주류광고에 대해서 어떠한 규정을 두고 있는지, 위반 시에는 어떠한 제재나 처벌을 수단으로 하고 있는지를 신중하게 검토하여야 하는 것이다. 방송광고에서만 이렇게 주류광고를 금지하고 신문광고나 인터넷에서 스포츠스타나 유명연예인이 주류광고를 하는 것은 또 어떻게 할 것인가에 대한 검토도 있어야 한다.

실제로 국회 법제사법위원회에서의 심의과정[15]에서는 다음과 같은 논의가 있었고, 결국 이 법안은 법사위를 통과하지 못했다.

> "직업선택의 자유를 제한한다고 하더라도 이것이 주류광고에 국한해서 제한을 하는 것이고요 또 담배 같은 것은 경우는 지금 TV광고 자체를 금지하고 있습니다 그래서 그러한 차원에서 공익이나 공적인 국민건강을 위해서 이런 측면에서 어느 정도 사적 제한에 대한 정당성이 있지 않을까" (문형표 보건복지부 장관)
> "국민건강증진법 이것은요 아마 보나마나 전 세계적으로 입법례가 없는 걸 겁니다. 미국 일본에서 이런 법이 있다는 것은 도저히 수긍할 수 없는 것이고, 보면 국민건강증진법과 관련해서 헌법적인 고민이 조금 부족한 것 같아요" (김진태 의원)

우리나라에서 김연아법에 대해서 본격적인 논란은 되지 않았지만, 김연아법은 과잉입법이나 표현의 자유나 직업의 자유 침해 등 위헌성[16]의 소지를 가지

는 광고를 한 자에 대하여 그 내용의 변경 또는 금지를 명할 수 있다.
② 제1항의 규정에 따라 보건복지부장관이 광고내용의 변경 또는 광고의 금지를 명할 수 있는 광고는 다음 각 호와 같다.
1. 「주세법」에 따른 주류의 광고
④ 제1항의 규정에 의한 광고내용의 기준, 변경 또는 금지절차 기타 필요한 사항은 대통령령으로 정한다.
제32조(벌칙) 제7조 제1항의 규정에 위반하여 정당한 사유없이 광고의 내용변경 또는 금지의 명령을 이행하지 아니한 자는 100만원 이하의 벌금에 처한다.

14 홍완식, 체계정당성의 원리에 관한 연구, 입법학연구, 2014, 177쪽 이하.
15 국회 회의록, 제332회 - 법제사법 제2차(2015년 4월 29일), 79~80쪽.
16 "어린이와 청소년에 중대한 영향을 미치는 사람"의 기준을 대통령령에 위임하는 것은 명확성원칙, 죄형법정주의 원칙 등에 위배될 소지가 크고, 직업의 자유에 대한 침해라는 논란도 있다.

고 있다. 우리나라의 주류소비가 적지 않다는 점에 대한 우려나 특히 청소년음주의 심각성을 과소평가하는 것은 아니다. 그러나 누구나 19세 이상 성년이 되면 술도 마실 수 있고 미성년자 관람불가 영화도 볼 수 있으며 결혼도 할 수 있는데, 방송에서만 술광고를 하지 말라는 것은 합리적인 입법정책으로 볼 수 있는지 의문이다.

방송의 영향력을 과소평가하는 것은 아니지만, 법안이 규율하고자하는 주 대상인 청소년에게 가장 큰 영향을 미치는 매체는 방송이 아닌 인터넷이다. 인터넷에서의 주류광고정책과의 관련성과 형평성도 검토되어야 한다. 미성년자에게 주류의 구매를 금지하는 법령이 이미 있으니, 입법의 목표는 성년자인 젊은이의 음주조장을 방지하기 위한 것이라 할 수 있다. 그러나 이는 법으로 금지할 것이 아니라 사회적인 캠페인 등을 통하여 달성되어야 하는 목표인 것으로 생각된다. 음주조장을 방지하는 것이 목표라면 이러한 목표는 젊은이뿐만이 아니라 모든 사람들에게 적용되어야 한다.

2019년 11월 4일에는 정부가 술병 등 주류용기에 연예인 사진을 넣지 못하도록 관련 규정을 검토하기로 했다는 보도가 여러 언론매체를 통해 발표되었다. 현행 「국민건강증진법 시행령」 별표 1(광고의 기준)에는 주류광고를 함에 있어서 '음주행위를 지나치게 미화하는 표현' 등을 금지하고 있는데, 이를 구체화해서 연예인 사진을 넣지 못하도록 "시행령에 있는 광고기준을 개정하기 위해 현황 파악이나 법령 검토"[17]를 하겠다는 것이다. 남인순 의원 등 10인의 발의로 "주류용기 자체에 유명인을 기용하여 홍보하는 것에 대해 제한"하는 내용의 「국민건강증진법」 개정안도 2019년 12월 9일에 발의되었다. 이러한 보건복지부의 '규정 개정 검토'는 구체적이지 않다는 문제점이 있고, 「국민건강증진법」 개정안은 시기적으로 제20대 국회에서 폐기될 1만 건 이상의 법안 중의 하나가 될 가능성이 크다.

---

17 복지부, '술병에 연예인 사진 부착 금지' 검토 착수, 한겨레신문, 2019. 11. 4.

CHAPTER 47 JYJ법

1. JYJ와 JYJ법

JYJ는 2004년 데뷔한 아이돌그룹 동방신기 출신의 김재중·박유천·김준수가 기존의 소속사를 탈퇴하여 2010년에 새로 결성한 그룹이다. JYJ법은 방송사업자가 정당한 사유없이 가수들의 방송출연을 막는 것을 방지하는 것을 내용으로 하는 「방송법」 개정안 등이다.[1]

2. JYJ법의 배경

우리나라 대중음악계의 흐름은 대형 기획사가 주도하고 있다. 대형 기획사는 연습생을 발탁하고 투자하여 가수를 만든다. 그러나 기획사와 가수는 스케줄과 수입분배 등을 놓고 분쟁을 겪는 경우가 있다. 사생활을 과도하게 통제하는 경우도 발생한다. 이 과정에서 기획사의 눈 밖에 난 가수나 그룹은 지상파 음악프로그램에 출연할 수 없게 된다. JYJ법은 소속사를 변경한 이후에 사실상 방송출연이 정지된 JYJ의 사례처럼 부당한 방송출연 정지를 막기 위해 마련되었다.

1 'JYJ법' 발의는 방송사가 정당한 이유 없이 특정 연예인의 프로그램 출연을 막으면 당국이 이를 제재할 수 있는 것으로 본래 소속사인 SM엔터테인먼트와의 갈등으로 방송 출연을 제대로 못하고 있는 아이돌그룹 JYJ 같은 경우를 위한 법안이다. 스포츠동아, 2015. 4. 14; "이것이 그 유명한 JYJ법인데요." 미래창조과학방송통신소위 제1차 회의록, 2015. 6. 17, 21쪽.

2013년 7월 공정거래위원회가 JYJ의 이전 소속사 및 사업자 단체의 사업활동 방해 행위에 금지 명령을 내렸음에도, JYJ는 방송사 음악 프로그램에 출연하지 못하는 등 방송사의 불공정 행위가 일어났다고 주장되었다. 방송출연의 실질적 금지 등에 대하여 현행법상 방송통신위원회가 방송사업자에 제재를 가할 법적 근거는 없기 때문에 이를 보완하자는 법률개정의 필요성이 대두되었다.

이같이 연예기획사의 부당한 방송출연 정지를 막기 위해서 홍종학 의원의 「공정거래법」 개정안와 최민희 의원의 「방송법」 개정안이 만들어졌으며, 국회에는 최민희 의원의 「방송법」 개정안이 2015년 4월 8일에 발의됐다. 「방송법」 개정안의 제안이유는 다음과 같다.

> 2013년 7월에 공정거래위원회가 가수 그룹 JYJ의 이전 소속사 및 사업자단체의 사업활동 방해 행위에 대하여 금지명령을 내렸음에도 불구하고 JYJ는 방송사의 음악프로그램에 출연하지 못하는 등 방송사의 불공정행위가 발생하고 있음. 방송프로그램의 섭외·출연 등을 방해한 기획사 등에 대한 시정명령과 별도로, 특정 연예인의 방송프로그램 출연을 의도적으로 하지 못하게 한 방송사업자에게도 제재조치가 필요하나 현행법상 방송통신위원회가 이러한 제재를 가할 법적 근거가 없는 것이 현실임. 이에 정당한 사유 없이 방송프로그램 출연자의 출연을 중단하거나 금지하는 등의 방송사업자의 불공정 행의를 금지하고, 시청자권익보호위원회의 심의 대상에 '외부 간섭 등으로 인하여 방송프로그램의 기획·편성 또는 제작에 관한 공정성을 해칠 우려가 있는 경우로서 방송통신위원회가 인정하는 사항'을 규정하여 방송통신위원회가 방송사업자의 불공정행위를 직접 규제할 수 있는 법적 근거를 마련하려는 것임.

이 법안은 국회 미래창조과학방송통신위원회의 법안심사소위에서 2015년 6월 17일에 심의되었는데, 법안소위 위원들은 JYJ법의 입법 취지에는 공감했지만 심의조직과 해당 법안의 기능 적절성 등 세부 내용의 수정 필요성을 지적하였다. 이후 이 법안은 입법되지 못하고 폐기되었다.

3. JYJ법의 내용

이 법안은 「방송법」 제85조의2에 담긴 방송사업자가 하지 말아야 할 금지행위 규정목록에 이유 없이 출연을 막는 불공정행위를 추가했다. 이를 위반할 경우 방송통신위원회가 금지행위의 중지 등 시정 조치를 명할 수 있도록 했다. 또한 「방송법」 제35조의 방통위 산하 시청자권익보호위원회 심의 대상에 '외부간섭 등으로 인해 방송 프로그램의 기획·편성 또는 제작에 관한 공정성을 해칠 우려가 있는 경우로서 방통위가 인정하는 사항'을 신설했다. 방통위가 방송사업자의 불공정 행위를 직접 규제할 수 있도록 한 것이다.

4. JYJ법을 둘러싼 논란

「방송법」 개정안은 방송 프로그램에 출연하려는 자가 방송 출연에 부당하게 배제 당하는 것을 방지함으로써, 방송사업자의 관계에서 상대적으로 약자의 지위에 있는 개인을 보호하려는 취지를 지니고 있다. 이러한 법안의 취지에는 대체로 공감하는 분위기지만, 이와 같은 불공정 행위를 심의하는 조직인 방송통신위원회 산하 시청자권익보호위원회 기능과 법안내용의 적절성 등 법안의 세부내용에 대해서는 논란이 있다.

시청자권익보호위원회는 시청자 불만이나 청원에 대한 심의를 주로 수행하고 있어 특정인의 방송 출연 금지와 관련한 시청자 불만에 대한 심의는 가능할 수 있겠으나, 방송 제작·편성 과정 등에서의 공정성 저해 행위에 대한 심의는 위원회의 심의 대상을 확대하는 의미가 있기 때문에, 방송사업자등에 대한 조사를 토대로 이루어지는 불공정행위에 대한 심의는 실질적인 조사·제재 권한이 있는 방송통신위원회에서 직접 수행하도록 하는 방안도 검토할 필요가 있다는 의견이 있다.[2]

---

2 미래창조과학방송통신위원회, 방송법 일부개정법률안 검토보고서, 2015. 6, 8쪽.

「방송법」 개정안의 입법취지는 좋지만 개정안이 기성 방송인들의 기득권 보호와 연장으로 사용되어질 수 있고 방통위원회가 특정인의 출연 여부에 개입할 수 있는 위험요소가 있다는 지적도 있다.[3]

또한 정당한 사유 없는 출연 중단 및 금지를 넓게 해석할 경우 특정 방송프로그램의 출연자 및 교체 여부 등을 결정하는 방송사업자의 고유 권한을 침해하여 방송편성의 자유[4]를 제한할 우려가 있다는 의견도 제기될 수 있다.[5]

JYJ법의 입법취지는 충분한 공감을 얻을 수 있지만, 본래의 입법 취지와는 다르게 오용·남용될 수 있는 부작용의 가능성도 있고, 과잉입법의 우려도 제기되었다.

---

3 미래창조과학방송통신위원회 소위원회 제1차 회의록, 2015. 6. 17, 80쪽.
4 방송 편성의 자유는 방송프로그램의 기획·편성·제작의 자유를 포함함.
5 미래창조과학방송통신위원회, 방송법 일부개정법률안 검토보고서, 2015. 6, 7쪽.

CHAPTER

48 장자연법

1. 장자연과 장자연법

장자연은 2009년 3월 7일에 사망한 영화배우이다. 연예계의 접대, 성 상납 등 검은 이면을 폭로하는 문건을 남기고 자살하면서 많은 논란을 야기시켰고 관련 법률의 제정을 이끌어 내었다. 장자연법[1]은 연예인에게 성매매를 강요하지 못하도록 하는 내용의 「대중문화예술산업발전법」이다.

2. 장자연법의 배경

故 장자연의 유서를 통하여 술접대 및 성상납 등을 강요받으며 감금·폭행·협박을 당했다는 사실이 알려졌지만, 술접대 강요 혐의를 받은 피의자들이 증거불충분 등의 이유로 무혐의 처리되고, 장자연의 소속사 전 대표 및 전 매니저만이 기소되었다. 이에 연예인에 대하여 성매매를 강요 또는 알선 및 권유 등을 하는 행위를 법률로써 금지하고 처벌하는 법률을 만들자는 여론이 형성되었다. 2012년 8월 24일에 박창식 의원을 포함한 16인의 의원이 이른바 "장자연법"이라 불리는 「대중문화예술산업 발전 지원에 관한 법률」 제정안을 발의하였는데, 제안이유는 다음과 같다.

1 헤럴드경제, 2018. 3. 8.

우리나라 대중문화예술산업은 급격한 양적 성장은 이루었으나, 대중문화예술인 전속계약 문제, 청소년 대중문화예술인 인권 문제, 불공정거래 문제 등이 상존하고 있어 공정한 영업질서를 확립하지 못하고 있음. 이에 대중문화예술산업의 육성을 위한 국가 지원의 법적 근거와 청소년 대중문화예술인의 인권 보호를 위한 규정을 마련하고, 공정한 영업질서의 확립을 위한 규정을 도입하여 대중문화예술산업의 선진화된 시스템의 정착과 질적인 성장을 도모하려는 것임.

장자연법으로 불리는 「대중문화예술산업발전법」은 2013년 12월 31일에 국회 본회의를 통과하여 2014년 1월 28일에 공포되었고, 이로부터 6개월이 경과한 2014년 7월 29일부터 시행되고 있다.

3. 장자연법의 내용

「대중문화예술산업발전법」은 장자연 사건과 같은 일이 발생하지 않도록, 대중문화예술사업자 또는 대중문화예술제작물 스태프로 하여금 그 직위를 이용하여 대중문화예술인에게 대중문화예술용역과 관련된 이익의 제공이나 약속 또는 불이익의 위협을 통하여 성매매 등을 알선·권유 또는 유인하는 행위를 금지[2]하고 위반자를 처벌하도록 규정하고 있다.

이외에도, 대중문화산업의 문제점으로 종종 지적되어 오던 사안들을 법률에 담았다. 예를 들어, 미성년자인 연예인의 학습권 및 휴식권 등을 보장하고 표준계약서를 마련하여 사용할 것을 권고하는 것 등이다.

---

2 「대중문화예술산업발전법」 제16조(금지행위) ① 대중문화예술사업자 또는 대중문화예술제작물스태프는 그 직위를 이용하여 대중문화예술인에게 대중문화예술용역과 관련된 이익의 제공이나 약속 또는 불이익의 위협을 통하여 「성매매알선 등 행위의 처벌에 관한 법률」 제2조 제1항 제1호 각 목의 어느 하나에 해당하는 행위를 알선·권유 또는 유인하는 행위를 하여서는 아니 된다.
② 대중문화예술사업자 또는 대중문화예술제작물스태프는 업무관계에서 폭행이나 협박으로 대중문화예술인에게 「성매매알선 등 행위의 처벌에 관한 법률」 제2조 제1항 제1호 각 목의 어느 하나에 해당하는 행위를 강요하여서는 아니 된다.

장자연법은 또한 청소년인 대중문화예술인에 대하여는 금지되는 행위를 명시적으로 규정하고 있다. 대중문화예술사업자는 대중문화예술제작물을 제작하는 경우 청소년 대중문화예술인에게 성교행위 등을 하게 해서는 아니 되고, 청소년유해약물, 청소년유해물건 및 청소년유해업소 등을 광고하는 제작물에 용역을 제공하게 하는 행위 역시 금지되며, 청소년의 고용이나 출입을 금지하고 있는 직종이나 업종에 종사하게 해서도 아니 된다.[3] 특히 15세 미만 청소년의 경우에는 별도의 규정을 두어 수면권과 휴식권 등을 두텁게 보장하고 있다.[4]

「대중문화예술산업발전법」의 주요 내용을 정리하면 다음과 같다.

① 이 법은 대중문화예술산업의 기반을 조성하여 건전한 대중문화를 확립하고 국민의 문화적 삶의 질 향상에 이바지함을 목적으로 함

---

3 「대중문화예술산업발전법」 제20조(청소년 관련 금지행위) ① 대중문화예술사업자는 대중문화예술제작물을 제작하는 경우 청소년 대중문화예술인에게 「아동·청소년의 성보호에 관한 법률」 제2조 제4호 각 목의 어느 하나에 해당하는 행위를 하게 하여서는 아니 된다.
② 대중문화예술사업자는 「청소년보호법」 제2조 제4호 가목 및 나목, 같은 조 제5호에 따른 청소년유해약물, 청소년유해물건 및 청소년유해업소 등을 광고하는 대중문화예술제작물의 제작에 청소년 대중문화예술인이 대중문화예술용역을 제공하게 하여서는 아니 된다.
③ 대중문화예술기획업자는 「청소년보호법」에 따라 청소년의 고용이나 출입을 금지하고 있는 직종이나 업종에 대중문화예술용역 제공을 알선하여서는 아니 된다.
제21조(청소년의 대중문화예술용역 제공) ① 대중문화예술사업자가 청소년 대중문화예술인과 계약을 체결하는 경우 그 대중문화예술인의 신체적·정신적 건강, 학습권, 인격권, 수면권, 휴식권, 자유선택권 등 기본적 인권을 보장하는 조치를 계약에 포함하여야 한다.
② 대중문화예술사업자는 청소년 대중문화예술인에게 과다한 노출행위나 지나치게 선정적인 표현행위를 강요하여서는 아니 된다.

4 「대중문화예술산업발전법」 제22조(15세 미만 청소년의 대중문화예술용역 제공) ① 대중문화예술제작물 제작 시 15세 미만의 청소년 대중문화예술인이 용역을 제공하는 시간은 1주일에 35시간을 초과하지 못한다.
② 대중문화예술제작업자는 오후 10시부터 오전 6시까지의 시간에 15세 미만의 청소년 대중문화예술인으로부터 대중문화예술용역을 제공받을 수 없다. 다만, 대중문화예술용역 제공일의 다음날이 학교의 휴일인 경우에는 대중문화예술인과 그 친권자 또는 후견인의 동의를 받아 대중문화예술용역 제공일 자정까지 대중문화예술용역을 제공받을 수 있다.
③ 국외활동을 위한 이동, 장거리 이동 등 정당한 사유가 있는 경우에는 제1항을 적용하지 아니한다. 이 경우 대중문화예술사업자는 청소년 대중문화예술인의 학습권, 휴식권, 수면권 등을 보장하여야 한다.

② 국가는 대중문화예술산업의 건전한 발전을 위하여 공정한 영업질서의 조성에 노력하여야 함
③ 대중문화예술산업의 공정한 영업질서 확립을 위하여 표준계약서를 마련하여 사용을 권장할 수 있음
④ 대중문화예술사업자가 그 직위를 이용하여 대중문화예술인에게 대중문화예술 용역과 관련된 이익의 제공이나 불이익의 위협을 통하여 성매매 등을 알선·권유하거나 유인하지 못하도록 함
⑤ 문화체육관광부장관은 대중문화예술인, 대중문화예술제작물스태프 및 대중문화예술 기획업 종사자의 권익보호를 위한 지원센터를 설립할 수 있도록 함
⑥ 문화체육관광부장관은 대중문화예술산업의 공정한 거래질서의 확립을 위한 정책의 수립·시행을 위하여 대중문화예술산업 및 대중문화예술산업 종사자에 대한 실태조사를 정기적으로 실시함
⑦ 청소년 대중문화예술인에 대한 특별한 보호를 위해 청소년관련 금지행위 규정, 용역제공시간 제한 규정, 용역제공계약 해지 등을 할 수 있는 근거 규정 등을 마련함
⑧ 대중문화예술기획업을 하려는 자는 일정한 자격, 등록 요건을 갖추어서 문화체육관광부장관에게 등록하도록 함
⑨ 이 법의 준수사항을 위반하는 대중문화예술기획사 등에게 등록취소, 영업정지 등의 행정처분이나 벌칙 또는 과태료를 부과함

4. 장자연법을 둘러싼 논란

장자연의 사망은 단순히 한 사람의 자살이 아니라 권력과 위계, 연예계의 지저분한 관습 등이 섞여 빚어낸 비극으로 인식되었다. 연예인 한 사람의 희생을 교훈삼아 법률이 만들어지긴 하였으나, 과연 장자연법이 실효성을 거둘 수 있는지에 대해서는 의문이 제기될 수 있다. 장자연법이 무명 연예인들을 착취하려는 대중문화예술산업 종사자와 외부인들의 의식과 행동이 먼저 바뀌어야 하고, 이러한 범죄가 발생하는 경우에는 엄중하게 책임을 물어야 할 것이다.

우선 일반적으로 '연예기획사'라고 불리는 회사에 대해서는 특별한 제한이

나 법적 요건이 없이도 시장진입이 가능했었는데, 등록제를 도입하는 것에 대하여 신중론도 있었다. 그러나 연예기획사에 대한 일정한 관리와 규제가 필요하다는 여론이 있었고, 이에 따라 "'대중문화예술기획업 등록제'를 도입하는 것은 영업질서를 확립하여 대중문화예술인이나 대중문화예술제작자에게 발생할 수 있는 피해를 예방할 수 있다는 점에서 입법적 의의가 있다"[5]는 의견이 받아들여져서 등록제를 도입하게 되었다.

그리고 「대중문화예술산업발전법」이 장자연 사건을 계기로 만들어진 법률이지만 과도한 규제나 부작용이 있다는 의견도 있었다. 예를 들어, 「대중문화예술산업발전법」 제26조의 등록에서는 에이전시, 연예기획사 등 대중문화예술기획업을 하려는 자의 등록요건을 대중문화예술기획업에서 4년 이상 종사한 경력 및 독립한 사무소를 가진 자로 제한하려 하였다.

그러나, 등록요건으로서의 4년은 새로이 연예산업에 진출하려는 자와 작은 규모의 회사의 등록을 제한할 우려가 있다는 문제 제기가 있었다. 이점에 대하여 국회 교육문화체육관광위원회의 심사보고서에는 다음과 같은 보고가 있었다.

"대중문화예술기획업에 대한 '등록제'의 도입에 대해서는 다음과 같은 점을 고려하여 신중하게 검토할 필요가 있음. 첫째, 제정안은 등록요건으로 4년의 경력과 독립사무실을 요구하고 있는데 통상적으로 등록제는 시설기준을 행정청이 확인할 필요가 있을 경우에 도입되는 제도라는 점에서, 대중문화예술기획업이 등록제 적용 대상인지 의문이 있고, 둘째, 4년의 경력을 기획업의 등록요건으로 규정하는 경우 시장에 대한 진입장벽으로 작용하여 장기적으로 대중문화예술기획업의 발전을 저해할 수 있으며, 셋째, 이러한 규제는 국민의 직업선택의 자유를 과도하게 제한할 우려가 있음."

---

5 검토보고서, 대중문화예술산업 발전 지원에 관한 법률안, 국회 교육문화체육관광위원회, 2013. 6, 34쪽.

즉, 대중문화예술기획업 등록요건으로 동 분야에서 4년 이상 종사한 경력으로 하는 것이 과도한 규제가 아닌지 또는 과잉금지원칙 위반은 아닌지에 대한 우려가 있었다. 이후 입법과정에서 4년 이상의 종사경력은 2년 이상의 종사경력으로 완화되어 법률이 제정되었다.

CHAPTER

49 최고은법

1. 최고은과 최고은법

최고은은 2011년 사망한 시나리오 작가이다. 시나리오 작가 최고은의 사망을 계기로 제정된 「예술인복지법」이 최고은법[1]이다. 최고은법(「예술인복지법」)은 예술활동을 직업으로 하는 사람들을 위한 복지제도로, '예술인의 직업적 지위와 권리를 법으로 보호하고, 예술인 복지 지원을 통해 예술인들의 창작 활동을 증진하는 것'을 법의 목적으로 명시하고 있다.

2. 최고은법의 배경

최고은법은 2011년 1월 시나리오 작가 최고은 씨가 생활고에 시달리다 32세의 나이로 사망한 사건이 계기가 되었다. 평소 지병이 있던 최고은 씨는 죽기 전 이웃의 방 앞에 "창피하지만 며칠째 아무것도 못 먹어서 남는 밥이랑 김치가 있으면 저희 집 문 좀 두들겨 주세요"라는 쪽지를 남겼으나, 결국 며칠 동안 굶은 상태에서 숨진 것으로 알려져 큰 충격을 주었다.

최고은의 사망을 계기로 예술인들에 대하여 사회복지정책적 배려가 필요

1 시사저널, 2016. 9. 30; 중앙일보, 2018. 8. 25.

하다는 여론이 형성되었고, 시민들은 물론이고 유명 예술인들의 추모가 이어지면서 다수의 법안이 발의되었다. 2011년 2월 18일에 전병헌 의원이 '예술인 복지지원법안'을 대표발의하였으며 2011년 4월 12일에는 최종원 의원이 '예술인의 지위와 복지에 관한 법률안'을 대표발의하였다.

최고은의 사망 이전에도 이미 2009년 10월 1일 같은 날에 정병국 의원과 서갑원 의원이 '예술인 복지법안'을 각각 대표발의한 바 있다. 그리고 이상 4건의 법률안에 대하여 소관 위원회인 문화체육관광방송통신위원회에서 통합대안을 마련하여 제안하였다. 대안의 제안이유는 다음과 같다.

> 예술인의 지위향상과 복지 증진을 도모하기 의하여 예술인의 업무상 재해에 관한 보호 규정을 마련하고, 예술인복지사업이 효율적으로 수행될 수 있도록 한국예술인복지재단을 설립하도록 하는 등 현행 제도상의 미비점을 보완함.

2011년 10월 28일에 제안된 통합 대안 '예술인복지법안'은 같은 날 국회 본회의에서 가결되었고, 2011년 11월 17일에 법률로 공포되어 2012년 11월 18일부터 시행되고 있다.

3. 최고은법의 내용

예술인복지법 제1조에 규정된 바와 같이 예술인복지법은 예술인의 직업적 지위와 권리를 법으로 보호하고, 예술인 복지 지원을 통해 예술인들의 창작활동을 증진하고 예술 발전에 이바지하는 것을 목적으로 한다. 대부분의 예술인이 단기 계약직 등으로 일하면서 4대 사회보험 등 사회보장제도 혜택을 받지 못했는데, 예술인 복지법이 통과됨으로 예술인으로 인정받은 사람은 창작자금을 지원받으며 산재보험에 가입할 수도 있게 되었다. 예술인복지법은 예술인을 근로자로 볼 수 있도록 해 고용보험 및 산재보험에 가입할 수 있도록 특례를 두도록 하는 내용이 담기게 된 것이다.

최고은법 시행으로 예술인들도 산재보험에 가입이 가능하게 되었고, 작업 과정에서 입은 피해를 보상받을 수 있게 되었다. 또한 무계약, 불공적 계약으로 예술인들이 피해를 보지 않도록 표준계약서 양식 개발 및 보급이 진행되는 법적 근거가 마련되었으며, 예술인의 경력관리에 도움을 주기 위해 예술인의 활동 실적 및 경력 정보를 체계적으로 관리하는 '예술인경력정보시스템' 구축의 법적 근거도 마련되었다.

또 한국예술인복지재단을 설립해 예술인복지사업을 할 수 있도록 하고, 예술인들의 복지를 지원할 수 있도록 정부의 출연금 및 문화예술진흥기금 등을 재원으로 하는 예술인복지금고를 설치하도록 하는 내용도 포함됐다.

최고은법의 주요 내용을 정리하면, 첫째, 예술인을 「문화예술진흥법」제2조 제1항 제1호에 따른 문화예술 분야에서 대통령령으로 정하는 바에 따라 창작, 실연, 기술지원 등의 활동을 증명할 수 있는 자로 정의하였다. 둘째, 국가와 지방자치단체에서 예술인의 지위와 권리를 보호하고 예술인의 복지 증진에 관한 시책을 수립하여 시행하도록 하였다. 셋째, 예술인의 업무상 재해 및 보상 등에 관하여는 「산업재해보상보험법」으로 보장하였다. 넷째, 예술인복지사업을 효율적으로 수행하기 위하여 한국예술인복지재단을 설립하고, 예술인의 사회보장 확대지원, 예술인의 직업안정·고용창출 및 직업전환 지원 등의 사업을 수행하도록 하였다. 주요 조문의 내용은 다음과 같이 요약할 수 있다.

① 예술인의 정의(제2조)
예술인을 「문화예술진흥법」 제2조 제1항 제1호에 따른 문화예술 분야에서 대통령령으로 정하는 바에 따라 창작, 실연, 기술지원 등의 활동을 증명할 수 있는 자로 정의함.

② 예술인에 대한 국가와 지방자치단체의 책무 등(제4조)
국가와 지방자치단체는 예술인의 지위와 권리를 보호하고 예술인의 복지증진에 관한 시책을 수립·시행하며, 예술인이 지역, 성별 등에 따른 차별 없이 예술 활

동에 종사할 수 있도록 시책을 마련하도록 함.

③ 문화예술 분야 표준계약서 보급(제5조)
국가는 문화예술 분야와 관련하여 계약서 표준양식을 개발·보급하고, 계약서 표준양식을 사용하는 경우에는 재정지원을 할 때 우대할 수 있도록 함.

④ 예술인의 업무상 재해에 대한 보호(제7조)
예술인의 업무상 재해 및 보상 등에 관하여는 「산업재해보상보험법」에서 정하는 바에 따르도록 함.

⑤ 한국예술인복지재단 설립 등(제8조부터 제15조까지)
예술인복지사업을 효율적으로 수행하기 위하여 한국예술인복지재단을 설립하고, 재단은 예술인의 사회보장 확대 지원, 예술인의 직업안정·고용창출 및 직업전환 지원 등의 사업을 수행하도록 하며, 그 밖에 재단의 임원·이사회 관련 사항 등을 정함.

최고은법은 예술인의 공공적 지위를 인정하고 예술인의 복지를 위한 법적 토대를 갖췄다는 데서 의미가 크다. 충분하지는 못하다고 하더라도, 예술인이 창작에 집중할 수 있는 첫 안전망이 구축됐다는 점에서 뜻깊은 출발이라고 할 수 있다.

4. 최고은법을 둘러싼 논란

대부분 예술인의 소득은 낮고 사회복지 혜택은 열악하다. 재정적인 문제와 함께 불공정 계약 등으로 인한 부당함과 불이익이 또한 존재한다. 프랑스나 독일, 스웨덴 등을 중심으로 하는 유럽국가의 경우에는 예술인을 위한 사회보장제도가 시행 중이고 예술인의 직업적 특성을 고려하는 사회보장정책도 시행되고 있다. 사회보장제도를 통해 전업 예술인들은 건강보험과 연금보험 등 사회보험에 가입이 가능하고 이들을 위한 제도를 특화하여 시행하고 있다.

최고은법이 예술인의 최소한의 복지를 보장하는 데 첫 발을 떼었다는 데는 의미가 있지만 '있으나 마나 한 법'이라는 비판도 받았다. 이유는 실질적인 혜택이 부족하다는 것이다. 실제로 최고은법은 발의 법안 내용 가운데 고용보험 및 예술인복지기금 등의 핵심조항이 삭제된 채 법이 제정됨으로써, 예술인들을 위한 실질적 지원에 한계를 보인다는 비판에서 벗어나지 못하고 있다. 실질적 혜택이라 할 수 있는 산업재해보험의 경우 한국예술인복지재단은 재단을 통해 예술인 산업재해보험에 가입한 후 3개월 이상 보험을 유지한 예술인 가입자에 한해 최저임금 수준인 1등급 기준 납입보험료의 30%를 지원하고 있다.

그러나 이 역시도 당장 생계가 어려운 예술인들에게는 경제적 부담으로 작용하여 많은 예술인들이 산업재해보험 가입을 꺼려하고 있는 실정이다. 더군다나 예술인 활동증명기준에 부합하지 않으면 산업재해보험 대상자에서 제외된다. 즉, 최고은의 사망을 계기로 제정된 예술인복지법에 따라 예술인으로 인정받더라도 건강보험과 산재보험 이외의 사회보험 가입은 제한되어 있고 출연 실적 등을 달성하지 못하면 동 법률의 적용을 받는 예술인에서 제외되는 문제도 지적되고 있다. 예술인으로 활동하면서도 복지혜택을 받지 못하는 사각지대에 있는 사람들을 위하여 현행 「예술인복지법」의 개정이 필요하다는 의견도 있다.

최고은법이 시행된 이후에도 김운하, 판영진이라는 배우들이 스스로 목숨을 끊었다. 최고은법이 가진 한계가 또 다른 죽음으로 드러나게 된 것이다. 2018년에 발표된 예술인 실태조사 결과를 봐도 예술인 가구의 총수입은 평균 4,225만원으로 국민 가구소득 평균 5,705만원에 비해 무려 천만 원 이상의 차이를 보인다. 3년마다 실태조사를 진행하는 만큼 조사결과를 반영하고 지금까지 드러난 문제점들을 보완하는 노력이 지속적으로 필요하다.

50 김장훈법

1. 김장훈과 김장훈법

가수 김장훈은 기부를 많이 하는 것으로 알려져 있다. 김장훈법[1]은 상당한 금액을 기부함에 따라 생활이 어려워진 사람에게 국가가 노후를 보장함으로써 기부문화의 확산을 도모하려는 목적의 「명예기부자 등 예우 및 지원에 관한 법률안」(약칭 '명예기부자법')이다.[2]

2. 김장훈법의 배경

김장훈처럼 기부를 많이 한 사람이 갑자기 노후 생계가 어려워졌을 때 국가가 생활보조금 등을 지원하는 것이 주요 내용인 「명예기부자 등 예우 및 지원에 관한 법률」 제정안은 2011년 9월 1일에 13인에 의하여 발의(대표발의 김영선 의원)되었다.

우리나라에서 기업의 기부 비중은 높지만 개인의 기부 비중은 아직 높지 않다. 따라서 개인의 기부를 촉진하기 위한 여러 가지 제도적인 개선이 필요하며, 개선방안 중의 하나가 김장훈법이라 불리는 명예기부자법이다. 기부를 많이

1 문화일보, 2014. 3. 14; 경향신문, 2011. 9. 1; 서울신문, 2011. 9. 1.
2 국회 행정안전위원회, 명예기부자 등 예우 및 지원에 관한 법률안 검토보고서, 2011. 11, 5쪽.

하는 것으로 알려진 김장훈은 9년간 30억을 기부하였지만 자신은 월세집에 살고 있다고 알려졌다.[3]

김장훈법은 고액 기부 이후에 기부자의 생활이 어려워지는 경우에 기부자와 그 유족에게 생활지원금·병원진료비·장례비 등을 국가가 지원해 주는 것을 주요 내용으로 하여 기부문화를 확산하기 위한 취지를 지니고 있다. 김장훈법의 제안이유는 다음과 같다.

> 현재 많은 사람들이 사회와 이웃을 위하여 기부를 하고 있고 이들 중에는 본인의 전 재산을 기부하고서 본인과 유족은 어렵게 생활하는 경우도 있음. 이들은 국가에서 해야 할 복지사업을 일정 부분 대신하였으므로 국가차원에서 기부자들을 기리고 기념해야 할 필요가 있음. 이에 거액을 기부한 사람의 경우에는 국가차원에서 이들의 명예를 높여주고 기념하며, 생활이 어려운 거액의 기부자나 유족에게는 일정 부분 지원을 해주려는 것임.

국회 행정안전위원회의 검토보고서에 나타난 우리나라의 기부금 현황을 살펴보면, 1999년에 2.9조원에서 2009년에는 9.6조원으로 10년간 3배 증가하였는데, 개인이 64%(6.15조), 법인이 36%(3.46조)로, 개인기부 비중이 증가하고 있는 추세이긴 하나, 선진국에 비하여 개인기부가 활성화되지 못하고 있다.[4] 이는 미국이나 유럽과 달리 기부에 대한 인식이 미흡하고, 고령화 사회에서 노후에 대한 불안감이 존재하기 때문으로 보이는바, 이러한 문제를 해결하기 위하여 해외선진국과 같이 각종 세제개선, 기부연금, 기부자원조기금 등 기부문화 확산을 위한 제도를 마련하자는 논의도 있다.

예를 들어, 기부연금제도를 도입하는 내용의 신탁법 일부개정법률안[5](2011

---

3 동아일보, 2007. 4. 13.

4 개인기부금 추이: 29.3%('99), 61.3%,('07) 62.6%('08), 64%('09).

5 제안이유 : 최근 우리 사회에는 부유층의 증가와 노블레스 오블리주 문화의 확산에 따라 국민들의 기부에 대한 관심이 높은 시점임. 그러나 고령화사회 진입에 따라 본인이 가진 자산을 기부하고 싶어도 노후생활에 대한 대비 문제로 기부를 실제로 실천하기는 어려운

년 11월 3일, 안홍준의원 대표발의, 2012년 5월 29일, 임기만료 폐기)이 발의되기도 하였으나 입법에 성공하지는 못하였다. 「명예기부자 등 예우 및 지원에 관한 법률」이 제정되면, 고액기부자의 자긍심을 높이고, 기부 이후 생활이 어려워지는 경우에 생활비 등을 지원할 수 있도록 함으로써 기부문화를 확산하는 데 도움이 될 것으로 기대되었다.[6] 그러나 2011년 9월 1일에 발의된 김장훈법은 2012년 5월 29일에 제18대 국회의 임기만료로 자동 폐기되었다.

3. 김장훈법의 내용

「명예기부자 등 예우 및 지원에 관한 법률안」은 제정법률안으로 30억원 이상을 기부한 사람을 명예기부자로 등록하도록 하여 이들이 60세 이상, 재산 1억원 이하로 소득이 없게 된 경우 당사자와 유족에게 생활지원금, 병원진료비, 장례비 등을 국가가 지원해주는 것을 주요 내용으로 한다. 법안의 주요 내용은 구체적으로 다음과 같다.

① 총 30억원 이상의 기부금품을 기부한 사람을 '명예기부자'로 정의함
② 명예기부자를 등록·관리하고 증명서를 발급함
③ 총 재산이 1억원 이하이고 소득이 없는 사람으로서 60세 이상인 명예기부자나 그 유족(생계가 곤란한 경우)에게 보조금을 지급함
④ 명예기부자가 국가의 의료시설이나 지방자치단체의 의료시설에서 진료를 받은 경우에는 진료비를 감면함
⑤ 명예기부자의 장제비(葬祭費) 전부 또는 일부를 지원함
⑥ 총 10억원 이상의 기부금품 기부자로서 생활이 어려운 사람과 그 유족(장제비의 지원에 한함)에게 생활지원금, 의료지원, 장제비를 지원함

실정임. 이에 기부를 실천하면서도 여생동안 소득을 보장받을 수 있는, 새로운 기부모델로 떠오르고 있는 기부연금의 법적 근거를 마련하여 나눔 활성화에 기여하고자 함. 주요내용 : 연금기금의 수탁자는 주무관청의 허가를 받고 위탁자 및 대통령령으로 정하는 자가 사망한 경우 위탁자 또는 대통령령이 정하는 자가 갖는 수익권이 모두 소멸하는 공익신탁인 기부연금신탁을 설정할 수 있도록 하고, 수탁자는 위탁자등의 사망 시까지 위탁자 또는 대통령령으로 정하는 자에게 수익권에 기한 급부를 연금으로 분할하여 지급할 수 있도록 함.

6 국회 행정안전위원회 검토보고서, 2011. 11, 5~6쪽.

⑦ 생활지원금, 의료지원, 장제비의 지원은 명예기부자의 경우에는 30억원 이상, 일반기부자의 경우에는 10억원 이상인 사람에게만 적용하고, 그 외의 방법으로 기부하거나 기탁한 경우에는 적용하지 아니함
⑧ 명예기부자의 동의를 받아 그 명단을 공개할 수 있고, 서훈대상자로 추천할 수 있도록 함
⑨ 매년 명예기부자의 명예를 기리고 보전하기 위한 행사를 개최함

4. 김장훈법을 둘러싼 논란

우리나라에서도 개인과 기업의 기부는 점차 증가하고 있지만 아직 개인의 기부문화가 미흡한 상황에서, 김장훈법은 기부문화를 확산시키는 데 기여할 수 있을 것이라고 한다.[7] 이렇게 김장훈법이 기부문화를 활성화할 것이라는 긍정적인 평가가 있지만, 악용의 소지가 있다거나 실효성이 적다는 비판론도 적지 않다.

김장훈법에서 일률적으로 30억원 이상이라는 금액으로 대상자를 선정하는 것은 타당하지 않고, 실제로 법 적용 대상자는 극히 일부에 불과할 것이므로 실효성이 적을 것이며, 기부의 순수성 등 그 취지를 훼손할 수 있다는 비판이 존재한다. 동 제정안을 입법함에 앞서 사회적 공감대 형성이 선행되어야 할 것으로 보인다는 국회 행정안전위원회의 검토의견이 있다.[8] 일정액수를 기부하고 재산을 양도하는 등 악용의 소지도 있다는 지적도 있다.[9]

김장훈법은 크게 주목을 받지 못했다. 개인기부가 그렇게 많지 않고 이 법률이 제정된다면 혜택을 받을 수 있는 요건도 까다로운데다가, 실효성이 없을 것이라는 예측이 지배적이기 때문일 것이다. 그러나 기부에 대하여 많은 세금

7 서울신문, 2011. 9. 2.
8 국회 행정안전위원회 검토보고서, 2011. 11, 5~6쪽.
9 이데일리, 2011. 10. 6.

을 부과함으로써 기부문화 확산을 가로막는 세법과 제도를 손질해야 함은 물론이고,[10] 주요 외국의 경우처럼 기부를 활성화하는 방안을 제도화하고 기부에 대한 세제혜택과 사회적 우대방안을 제도화하는 법률은 필요함은 물론이다.

10 문화일보, 2011. 9. 1.

CHAPTER 51 설리법

1. 설리와 설리법

설리는 가수 겸 배우였다. 설리는 25살의 나이로 세상을 떠난 후 설리가 우울증으로 힘들어했으며 그 원인에 악성댓글(악플)이 있었을 것이라는 분석이 있었다. 설리법[1]은 인터넷 준실명제 도입을 담은 「정보통신망법」 개정안과 국가기관, 지방자치단체, 공공기관 및 사업주들이 사이버폭력 예방 교육을 의무적으로 실시하도록 하는 「국가정보화 기본법」 개정안을 말한다. 설리의 본명을 따서 최진리법[2]이라 하기도 하고, 법안의 내용에 주목하여 악플방지법[3]이라 하기도 한다.

2. 설리법의 배경

설리는 모방송국의 '악플의 밤'이라는 프로그램에 출연하여 악성댓글에 대한 소신을 밝히는 등 악성댓글에 담담하게 싸우던 설리가 2019년 10월 14일에 자택에서 숨진 채 발견되었고, 사망을 초래한 원인 중의 하나로 악플이 지목되

1 경향신문, 2019. 10. 25; 디지털데일리, 2019. 10. 27; 중앙일보, 2019. 10. 22.
2 뉴시스, 2019. 10. 16; 중앙일보, 2019. 10. 16; 조선일보, 2019. 10. 16.
3 뉴데일리, 2019. 11. 25; 뉴시스, 2019. 10. 21; 한겨레, 2019. 10. 17.

었다. 설리 이외에도 악플로 인한 고통을 호소하는 연예인·체육인·정치인들이 있는데, 악플의 내용은 대개 명예훼손·성희롱·인신공격 등 다양하다.

국회의원들은 악플 방지를 위한 이른바 '설리법'을 발의했다. 박대출 의원이 대표발의한 「정보통신망 이용촉진 및 정보보호 등에 관한 법률」 개정안은 댓글 아이디 풀네임과 아이피(IP)를 공개하는 인터넷 준실명제 도입을 골자로 한다. 법안의 제안이유는 다음과 같다.

> 최근 걸그룹 출신 배우의 극단적 선택의 원인으로 인터넷 댓글과 악플이 지목되고 있음. 정보통신망상의 악성댓글로 고통받는 피해자들이 지속적으로 발생하는 상황임. 이에 이용자가 게시판의 게시글 및 댓글 등의 매개 수단을 통하여 정보통신망에 따른 정보를 유통할 때에 정보통신서비스 제공자로 하여금 해당 이용자의 정보통신서비스 이용 아이디(이용자식별부호) 및 인터넷 프로토콜 주소를 함께 표시하도록 하고 정보통신서비스 제공자가 이를 위반할 시 3천만원 이하의 과태료에 처하도록 하고자 함(안 제44조의5 및 제76조 제1항 제6호의 신설).

위 법안은 2019년 10월 25일에 발의되어 10월 28일에 과학기술정보방송통신위원회에 회부되고 12월 23일에 상정되었으나 이후 법안 심의의 진전이 없다가, 제20대 국회의 임기만료로 법안은 폐기되었다.

박선숙 의원이 대표 발의한 「정보통신망 이용촉진 및 정보보호 등에 관한 법률」 개정안에는 차별·혐오 댓글에 대해 누구라도 삭제 요청을 할 수 있도록 하고, 포털 등 플랫폼 사업자가 악플을 사전 인지해 삭제하는 등 방안들을 담았다. 법안의 제안이유는 다음과 같다.

> 최근 정보통신망을 통하여 특정 개인이나 집단을 혐오·차별하는 표현을 내용으로 하는 정보(이하 "혐오표현등"이라 함)가 유통되고 있음. 그런데 혐오표현등은 특정 개인 또는 집단에 편견을 야기하고 증오를 선동하여 우리 사회의 갈등을 조장하는 기폭제가 되고 있어, 혐오표현등의 정보통신망에서의 유통에 대한 규제가 필요한

상황임. 이에 불법정보에 혐오표현등을 포함하고 이용자의 요청이 있는 경우 정보통신서비스 제공자가 혐오표현등을 삭제하도록 함으로써, 정보통신망에 혐오표현등이 유통되는 것을 방지하려는 것임(안 제44조의2, 제44조의3, 제44조의7 및 제76조).

위 법안은 2019년 10월 25일에 발의되어 10월 28일에 과학기술정보방송통신위원회에 회부되고 12월 23일에 상정되었으나 이후 법안 심의의 진전이 없다가, 제20대 국회의 임기만료로 법안은 폐기되었다.

이외에도 다수의 설리법이 발의되었으나, 악플을 방지하기 위한 내용의 설리법이 국회에서 통과된 것은 없다.

3. 설리법의 내용

다수의 설리법 즉 악플 방지를 위한 「정보통신망 이용촉진 및 정보보호 등에 관한 법률」 개정안 중에서도 "걸그룹 출신 배우의 극단적 선택의 원인으로 인터넷 댓글과 악플"을 언급하며 개정안을 발의한 박대출 의원의 정보통신망법 개정안 핵심조항의 내용을 보기로 한다.

현 행	개정안
<신설>	제44조의5(게시판 이용자의 본인확인 등) ② 정보통신서비스 제공자로서 제공하는 정보통신서비스의 유형별 일일 평균 이용자 수가 10만명 이상이면서 대통령령으로 정하는 기준에 해당되는 자는 게시판을 설치·운영하려면 그 게시판 이용자에 대한 다음 각 호의 정보를 공개하기 위한 방법 및 절차의 마련 등 대통령령으로 정하는 필요한 조치를 하여야 한다. 1. 아이디(정보통신망의 정당한 이용

자임을 알아보기 위한 이용자 식별 부호를 말한다)
2. 「인터넷주소자원에 관한 법률」 제2조 제1호 가목에 따른 인터넷 프로토콜(Protocol) 주소
③ 방송통신위원회는 제2항에 따른 기준에 해당하는 정보통신서비스 제공자가 필요한 조치를 하지 아니하면 조치를 하도록 명령할 수 있다.

4. 설리법을 둘러싼 논란

우선 논의의 전제로, 재도입이 주장되는 인터넷실명제의 내용과 제도가 폐지된 경위를 살펴볼 필요가 있다. 인터넷실명제 중에서도 본인확인제[4]는 정보통신서비스의 게시판 이용자가 본인확인절차를 거쳐야만 게시판에 정보를 게시할 수 있도록 하는 인터넷 실명제의 한 가지 형태로서 인터넷상에서 개인의 신상정보 공개 및 언어폭력 등으로 인한 피해 사례들이 발생한 것을 계기로 2007년 7월 27일부터 시행되었으나, 헌법재판소의 위헌결정으로 인터넷실명제는 폐지되었다.[5]

---

4 제44조의5(게시판 이용자의 본인 확인) ① 다음 각 호의 어느 하나에 해당하는 자가 게시판을 설치·운영하려면 그 게시판 이용자의 본인 확인을 위한 방법 및 절차의 마련 등 대통령령으로 정하는 필요한 조치(이하 "본인확인조치"라 한다)를 하여야 한다.
1. 국가기관, 지방자치단체, 「공공기관의 운영에 관한 법률」 제5조 제3항에 따른 공기업·준정부기관 및 「지방공기업법」에 따른 지방공사·지방공단(이하 "공공기관등"이라 한다)
2. 정보통신서비스 제공자로서 제공하는 정보통신서비스의 유형별 일일 평균 이용자 수가 10만명 이상이면서 대통령령으로 정하는 기준에 해당되는 자
② 방송통신위원회는 제1항 제2호에 따른 기준에 해당되는 정보통신서비스 제공자가 본인확인조치를 하지 아니하면 본인확인조치를 하도록 명령할 수 있다.
③ 정부는 제1항에 따른 본인 확인을 위하여 안전하고 신뢰할 수 있는 시스템을 개발하기 위한 시책을 마련하여야 한다.
④ 공공기관등 및 정보통신서비스 제공자가 선량한 관리자의 주의로써 제1항에 따른 본인확인조치를 한 경우에는 이용자의 명의가 제3자에 의하여 부정사용됨에 따라 발생한 손해에 대한 배상책임을 줄이거나 면제받을 수 있다.

따라서 설리법은 폐지된 인터넷실명제와 유사한 제도를 다시 도입하자는 것이다. 개정안은 유형별 일일 평균 이용자 수가 10만명 이상이면서 대통령령으로 정하는 기준에 해당하는 정보통신서비스 제공자가 게시판을 설치·운영하는 경우에 게시판 이용자 정보 표시 의무를 부과하고, 방송통신위원회의 조치명령 권한과 명령 불이행 시 과태료의 근거를 규정하려는 것이다.

국회 과학기술정보통신위원회의 검토[6]에 따르면, 첫째, 개정안은 게시판 이용자의 아이디와 인터넷 프로토콜 주소를 공개하도록 하는 것으로 위헌 판결을 받을 당시의 본인확인제[7]와 완전히 동일한 것은 아니나, '아이디(정보통신망의

---

5 [결정요지] 이 사건 법령조항들이 표방하는 건전한 인터넷 문화의 조성 등 입법목적은, 인터넷 주소 등의 추적 및 확인, 당해 정보의 삭제·임시조치, 손해배상, 형사처벌 등 인터넷 이용자의 표현의 자유나 개인정보자기결정권을 제약하지 않는 다른 수단에 의해서도 충분히 달성할 수 있음에도, 인터넷의 특성을 고려하지 아니한 채 본인확인제의 적용범위를 광범위하게 정하여 법집행자에게 자의적인 집행의 여지를 부여하고, 목적달성에 필요한 범위를 넘는 과도한 기본권 제한을 하고 있으므로 침해의 최소성이 인정되지 아니한다.
또한 이 사건 법령조항들은 국내 인터넷 이용자들의 해외 사이트로의 도피, 국내 사업자와 해외 사업자 사이의 차별 내지 자의적 법집행의 시비로 인한 집행 곤란의 문제를 발생시키고 있고, 나아가 본인확인제 시행 이후에 명예훼손, 모욕, 비방의 정보의 게시가 표현의 자유의 사전 제한을 정당화할 정도로 의미 있게 감소하였다는 증거를 찾아볼 수 없는 반면에, 게시판 이용자의 표현의 자유를 사전에 제한하여 의사표현 자체를 위축시킴으로써 자유로운 여론의 형성을 방해하고, 본인확인제의 적용을 받지 않는 정보통신망상의 새로운 의사소통수단과 경쟁하여야 하는 게시판 운영자에게 업무상 불리한 제한을 가하며, 게시판 이용자의 개인정보가 외부로 유출되거나 부당하게 이용될 가능성이 증가하게 되었는바, 이러한 인터넷게시판 이용자 및 정보통신서비스 제공자의 불이익은 본인확인제가 달성하려는 공익보다 결코 더 작다고 할 수 없으므로, 법익의 균형성도 인정되지 않는다.
따라서 본인확인제를 규율하는 이 사건 법령조항들은 과잉금지원칙에 위배하여 인터넷게시판 이용자의 표현의 자유, 개인정보자기결정권 및 인터넷게시판을 운영하는 정보통신서비스 제공자의 언론의 자유를 침해한다(헌재 2012. 8. 23. 2010헌마47·252(병합)).

6 최시억, 정보통신망 이용촉진 및 정보보보 등에 관한 법률 일부개정법률안 검토보고서, 과학기술정보방송통신위원회, 2019. 12, 4쪽 이하.

7 제44조의5(게시판 이용자의 본인 확인) ① 다음 각 호의 어느 하나에 해당하는 자가 게시판을 설치·운영하려면 **그 게시판 이용자의 본인 확인을 위한 방법 및 절차의 마련 등 대통령령으로 정하는 필요한 조치(이하 "본인확인조치"라 한다)를 하여야 한다.**
1. 국가기관, 지방자치단체, 「공공기관의 운영에 관한 법률」 제5조 제3항에 따른 공기업·준정부기관 및 「지방공기업법」에 따른 지방공사·지방공단(이하 "공공기관등"이라 한다)
2. **정보통신서비스 제공자로서 제공하는 정보통신서비스의 유형별 일일 평균 이용자 수가 10만명 이상이면서 대통령령으로 정하는 기준에 해당되는 자**
② 방송통신위원회는 제1항 제2호에 따른 기준에 해당되는 정보통신서비스 제공자가 본인

정당한 이용자임을 알아보기 위한 이용자 식별부호)'의 공개는 이용자에 대한 본인확인조치를 전제하는 것이므로 실질적인 본인확인제의 재도입이라고 볼 수 있다.

특히 위헌 판결을 받은 본인확인제의 경우 정보통신서비스 제공자에 의한 본인확인조치를 의무화하는 것인 반면, 동 개정안은 이용자의 아이디, 인터넷 프로토콜 주소와 같은 이용자의 정보를 '공개'하기 위한 조치를 의무화하는 것으로서 이용자의 개인정보 자기결정권을 제한할 가능성이 더욱 높다는 것이다. 또한 개정안은 정보통신서비스 제공자가 게시판 이용자 정보를 표시한 경우 정보의 부정사용에 대한 책임감면 가능성을 규정하고 있는데(안 제44조의5 제5항), 이는 정보통신서비스 제공자의 게시판 이용자 정보 유출에 대한 부담을 경감시키는 반면 이용자의 개인정보에 대한 보호를 약화시킬 우려 또한 존재한다고 평가하고 있다.

둘째, 2012년 당시 본인확인제 위헌 판결의 근거는 ① 건전한 인터넷 문화의 조성 등 입법목적은 인터넷 이용자의 표현의 자유나 개인정보자기결정권을 제약하지 않는 다른 수단에 의해서도 충분히 달성할 수 있어 침해의 최소성이 인정되지 않고, ② 본인확인제로 인하여 기본권이 제한됨으로써 발생하는 인터넷게시판 이용자 및 정보통신서비스 제공자의 불이익이 본인확인제가 달성하려는 공익보다 결코 더 작다고 할 수 없으므로 법익의 균형성 역시 인정되지 않는다는 점에서 본인확인제는 과잉금지원칙을 위반한 기본권의 침해라는 것이었다. 이를 고려할 때, 판결 당시의 사정과 현 시점을 비교하더라도 위헌 사유(최소침해원칙, 법익의 균형성)가 해소될만한 특별한 사정변경이 발생하였다고 보기 어려운 바, 개정안의 이용자 정보 표시 의무화는 본인확인제도의 재도입이라는 측면에서 보다 신중한 검토가 필요할 것으로 판단된다는 것이다.

확인조치를 하지 아니하면 본인확인조치를 하도록 명령할 수 있다.
③ 정부는 제1항에 따른 본인 확인을 위하여 안전하고 신뢰할 수 있는 시스템을 개발하기 위한 시책을 마련하여야 한다.
④ 공공기관등 및 정보통신서비스 제공자가 선량한 관리자의 주의로써 제1항에 따른 본인확인조치를 한 경우에는 이용자의 명의가 제3자에 의하여 부정사용됨에 따라 발생한 손해에 대한 배상책임을 줄이거나 면제받을 수 있다.

설리 등 연예인들의 극단적 선택을 계기로 정보통신망상의 악성댓글이 다시금 사회 문제로 주목받았다. 특히 2019년 10월 16일의 리얼미터 조사에 따르면 지난 2012년 8월 23일의 헌법재판소의 위헌결정[8]으로 폐지되었던 인터넷 실명제와 관련하여 온라인 댓글 실명제의 도입에 대한 찬성률이 69.5%이고 반대율이 24.0%로 도입을 찬성하는 입장이 다수를 차지하고 있는 것으로 나타났다. 그러나 설리의 죽음으로 여론은 움직였으나, 법률이나 제도의 변화는 없었다.

손성민 연예매니지먼트협회장은 "위헌 소지가 있는 실명제는 현실적으로 도입하기 어렵다고 하더라도 연예 기사 댓글을 폐지하거나 욕설 등 특정 단어를 필터링하는 기술 도입은 시급하다"며 "또 악성댓글을 근절할 법제도 보완을 위한 정치권의 관심, 일회성이 아닌 진지한 참여도 중요하다"고 강조했다. 유명 연예기획사 대표는 "포털도 포털이지만, 악플러를 잡았을 때 더 강력한 처벌이 있어야 한다. 물론 지금 벌금형도 형벌이지만 사람들은 운전 법규 위반 시 '딱지' 떼듯 벌금을 내는 솜방망이 처벌로 인식하는 게 현실"이라는 의견을 제시하였다.[9]

정재욱 변호사는 악플에 대한 형사처벌이 보다 강화돼야 한다고 지적했다. 정 변호사는 "일부 댓글에 대해서는 정보통신망법(명예훼손)이 적용돼 관련자가 강하게 처벌될 수 있지만, 대부분 악플의 경우 형법상 모욕죄가 적용돼 가벼운 벌금으로 끝나는 경우가 많다"며 "악플이 한 사람의 인생을 망쳐놓을 수 있다는 생각 하에 보다 처벌을 강화할 필요가 있다"고 했다.[10]

심사가 늦어지는 이유에는 이들 법안이 헌법이 명시한 표현의 자유를 위축시킨다는 주장이 있기 때문이다. 2007년 도입된 '인터넷 실명제'는 2012년 헌법재판소가 위헌 결정을 내리면서 5년 만에 폐지됐다. 헌재는 "인터넷 실명제가 표현의 자유·개인정보 자기 결정권·언론의 자유 등 기본권을 침해한다"며 "인터넷 실명제 시행 이후 불법 게시물이 의미 있게 감소하지 않았다"고 위헌 결정

8 헌재 2012. 8. 23. 2010헌마47, 252(병합).
9 연합뉴스, 2019. 11. 25.
10 뉴스토마토, 2019. 11. 25.

사유를 밝혔다.

그러나 이 같은 헌재의 결정에도 악플을 근절해야 한다는 여론은 확산되고 있다.[11] 사단법인 오픈넷은 개정안이 헌법상 비례의 원칙에 위반하여 직업 수행의 자유, 표현의 자유, 개인정보자기결정권 등의 기본권을 침해하는 위헌적 법안으로 폐기되어야 한다는 의견을 제시하였고, 인터넷기업협회는 개정안에 따른 조치는 본인확인제에 해당하는 것으로 2012년 헌법재판소에 의해 위헌결정 내려진 사안이므로 개정에 반대한다는 의견을 제시하였다.[12]

폐지된 제도를 다시 도입하기는 어려울 것으로 보이지만, 악플을 방치할 수는 없다고 본다. 그렇다면 대형 포털은 물론이고 인터넷사이트 운영자의 자율적인 운영지침과 필터링 작업 등을 통하여 국가에 의한 타율적인 악플규제가 아니라 자율적인 악플규제가 필요하다. 설리의 자살 이후에도 포털사이트 다음이 연예기사 댓글난을 폐지한 일이 있었고, 네이버는 댓글을 폐지하지는 않는 대신 뉴스 악성댓글 필터링을 강화했다. 욕설이 들어간 댓글은 아예 노출이 안 되는 식의 방법을 썼다. 이와 같이 자율적 규제를 통해 악플 문제를 해소할 수도 있다. 그리고 사이버폭력예방교육이나 미디어 리터러시 강화를 통해 댓글문화를 바꾸는 작업도 필요하다. 이를 위한 법안도 여럿 발의되어 있다.

예를 들어, 김수민 의원은 2019년 10월 29일에 「국가정보화 기본법」 개정안을 발의하였다. 제안이유와 주요내용은 다음과 같다.

> 현행법은 건전한 정보통신윤리를 확립하기 위하여 국가기관과 지방자치단체가 정보통신윤리 확립을 위한 교육, 전문인력 양성 및 홍보 등의 시책을 마련하도록 하고 있음. 그런데 최근 악성 댓글로 인하여 유명 연예인이 자살하는 등 악성 댓글로 인한 피해 사례가 증가하면서, 학교 및 직장에서 의무적으로 건전한 인터넷

---

11 뉴데일리, 2019.11.25.

12 최시억, 정보통신망 이용촉진 및 정보보보 등에 관한 법률 일부개정법률안 검토보고서, 과학기술정보방송통신위원회, 2019. 12, 8쪽.

> 윤리 확립을 위한 교육을 실시할 필요성이 커지고 있음. 이에 국가기관, 지방자치단체, 공공기관 및 사업주로 하여금 사이버폭력예방교육을 실시하도록 의무를 부과하고, 교육 실시 점검 결과를 공공기관의 경영실적평가 등에 반영하는 한편, 사이버폭력예방 교육을 실시하지 아니한 사업주에게는 과태료를 부과하려는 것임(안 제40조의2 신설 등).

국가가 법률을 만들어 형벌이나 과태료를 통하여 악플을 처벌할 수도 있지만, 이로 인한 표현의 자유 위축과 정부비판의 처벌 가능성 등 부작용이 나타날 것이라는 우려는 상존한다. 따라서 자율규제와 교육 및 홍보를 국가가 장려하고 지원함을 통하여 인터넷 댓글문화가 바뀌어야 한다. 물론 협박이나 모욕, 명예훼손에 해당하는 댓글은 지금의 법률로도 형사처벌이 가능하다.

반부패 관련

CHAPTER 52 김영란법

1. 김영란과 김영란법

김영란은 전 대법관이자 전 국민권익위원장이다. 국민권익위원장이던 시절에 추진한 반부패법안을 김영란법이라고 부른다. 그러나 본인은 김영란법이라는 별칭보다는 부패방지법이라는 약칭으로 불러주기를 바란다고 밝혔다. 그는 2015년의 기자회견에서 “원안의 법이 워낙 길다 보니 짧게 이름을 붙여 편리하게 쓰시는 것 같다”라며 “앞으로 법의 내용이 드러날 수 있도록 ‘부패방지법’으로 써주셨으면 좋겠다”라는 의견을 내 놓았다. 김영란법의 정식명칭은 「부정청탁 및 금품 등 수수의 금지에 관한 법률」이고, 법제처에서 정한 법률의 약칭은 「청탁금지법」이다.

2. 김영란법의 배경

김영란법의 기본적인 입법 동기는 공직 사회의 부패와 투명성 부족이라고 할 수 있다. 2011년에 국민권익위원회에서 실시한 부패인식도 조사에 따르면, 일반국민을 대상으로 한 조사대상자의 56.7%는 공직사회가 부패하다고 응답을 하였다.[1] 공직사회의 부패해소는 우선적 과제로 인식되고 있다. 국제투명성기구

1 국민권익위원회, 2011년 부패인식 경험 조사결과, 2011. 12, 5면.

(Transparency International)의 국가청렴도(Corruption Perceptions Index) 평가결과에 따르면, 우리나라는 세계 40위권으로 경제력이나 군사력에 비하여 낮은 청렴도를 보이고 있다.[2]

〈표 52-1〉 국가청렴도 점수와 순위[3]

연 도	2008	2009	2010	2011	2012	2013	2014
점 수	5.6	5.5	5.4	5.4	5.6	5.5	5.5
순 위	40/180	39/180	39/178	43/183	45/173	46/175	43/175

뇌물죄에 대하여 관대한 법원의 판결도 김영란법의 입법에 영향을 미쳤다. 특히 '벤츠여검사' 사건에 대한 항소심과 상고심의 무죄판결이 여론을 악화시켰다. 대법원은 2015년 3월 12일에 「특정범죄가중처벌법」상 알선수재로 2012년 12월에 구속·기소된 전직 검사에게 무죄를 선고하였다. 1심에서는 징역 3년과 추징금 4,462만원이 선고되었지만,[4] 항소심에서는 무죄가 선고되었으며,[5] 상고심에서도 무죄가 선고되었던 것이다.

일명 '벤츠여검사' 사건 대법원 판례[6]

원심은, 피고인이 공소외인으로부터 이 사건 신용카드 및 벤츠 승용차를 교부받은 시기와 청탁 시점 사이의 시간적 간격이 존재하는 점, 피고인과 공소외인의 관계 및 청탁을 전후한 시점의 카드사용액 등 내연관계에 기한 경제적 지원에 별다른 차이가 없는 점, 청탁 시점에 공소외인이 피고인에게 이 사건 신용카드 및 벤츠 승용차의 반환을 요구할 사정이 전혀 없는 점, 알선의 경위 등 그 판시

2 2014년도 기준으로 싱가포르 7위, 일본 15위, 홍콩 17위, 카타르 26위, 부탄 30위, 포르투갈 31위, 폴란드와 타이완 35위이다. 소말리아와 북한은 최하위인 공동 174위이다.

3 http://cpi.transparency.org 2015년 8월 1일 방문.

4 부산지방법원 2012. 1. 27. 선고 2011고합837 판결

5 부산고등법원 2012. 12. 13. 선고 2012노65 판결

6 대법원 2015. 3. 12. 선고 2013도363 판결[특정범죄가중처벌등에관한법률위반(알선수재)]

와 같은 이유를 종합하면 피고인은 청탁 시점 이전에 내연관계에 기하여 교부받은 이 사건 신용카드 및 벤츠 승용차를 청탁 시점 이후에도 내연관계에 기한 경제적 지원의 일환으로 계속 사용하거나 보관·사용하였다고 할 것이므로 청탁과 사이에 대가관계가 없다고 판단하여, 피고인이 공소외인으로부터 공무원의 직무에 속한 사항의 알선에 관하여 청탁 시점 이후의 이 사건 신용카드 사용액 및 벤츠 승용차 사용이익(리스료) 상당의 이익을 수수하였다는 이 사건 공소사실을 유죄로 인정한 제1심판결을 파기하고 무죄를 선고하였다. 원심의 이와 같은 판단은 앞서 본 법리에 비추어 정당한 것으로 수긍이 가고, 거기에 상고이유 주장과 같이 알선수재죄의 대가성 판단에 관한 법리를 오해한 위법이 없다. 그러므로 상고를 기각하기로 하여 관여 대법관의 일치된 의견으로 주문과 같이 판결한다.

공무원이 뇌물을 받았음에도 불구하고 직무관련성을 인정하기 어렵다는 이유로 처벌되지 않는 경우가 종종 발생하자, 형법상 뇌물죄 이외의 개선방안이 모색될 필요가 있다는 공감대가 시민사회와 국회를 중심으로 형성되었다고 할 수 있다.

2012년 8월 22일에 국민권익위원회는 「부정청탁금지 및 공직자의 이해충돌방지법안」을 입법예고하였고, 정부에서의 절차를 거쳐 2013년 8월 5일에 「부정청탁금지 및 공직자의 이해충돌방지법안」은 국회에 제출되었다.[7] 수정된 법안은 2015년 1월과 3월에 정무위원회와 법사위원회를 통과하였다. 이어 2015년 3월 3일에는 국회 본회의를 통과하여 3월 27일에 공포되었으며, 1년 6개월의 경과기간을 거쳐 2016년 9월 28일부터 시행되고 있다. 법시행 이후에는 선물과 경조사비의 상한액과 관련한 논란이 계속되었고, 2018년 1월 17일에 청탁금지법 시행령이 개정되었다

7 김영란법의 입법동기와 입법경과 등에 관해서는 홍완식, 부정청탁금지 및 공직자의 이해충돌방지법안에 대한 입법평론; 일명 '김영란법'에 대한 입법평론, 토지공법연구, 제67집, 2014, 269쪽 이하.

3. 김영란법의 내용

김영란 당시 권익위원장이 입법예고를 할 때에는 김영란법이 크게 부정청탁금지, 금품수수금지, 이해충돌방지의 세 영역이었으나, 국회에서의 법안심의 과정에서 이해충돌방지 영역은 일단 제외되었다. 결과적으로 입법된 김영란법의 주요 내용은 공직자 등에 대한 부정청탁의 금지, 공직자등의 금품 등의 수수금지, 위반행위 신고 및 신고자 등의 보호 등이다.

① 공직자 등에 대한 부정청탁의 금지
누구든지 직접 또는 제3자를 통하여 직무를 수행하는 공직자 등에게 부정청탁을 하지 못하도록 하고, 부정청탁을 받은 공직자등이 거절하는 의사를 명확히 표시한 후에도 부정청탁이 계속되는 경우에는 소속기관장에게 신고하도록 한다. 그리고 제3자를 위하여 부정청탁을 한 자 또는 제3자를 통하여 부정청탁을 한 자에 대하여 과태료를 부과하고, 공직자 등이 부정청탁을 받고 그에 따라 직무를 수행한 경우에는 2년 이하의 징역 또는 2천만원 이하의 벌금에 처한다.

② 공직자 등의 금품 등의 수수 금지
공직자등이 직무 관련 여부 및 기부·후원·증여 등 그 명목에 관계없이 동일인으로부터 1회에 100만원 또는 매 회계연도에 300만원을 초과하는 금품 등을 받은 경우에는 3년 이하의 징역 또는 3천만원 이하의 벌금에 처하고, 직무와 관련하여 대가성 여부를 불문하고 1회에 100만원 또는 매 회계연도에 300만원 이하의 금품 등을 받은 경우에는 해당 금품 등 가액의 2배 이상 5배 이하에 상당하는 금액의 과태료를 부과한다.

③ 위반행위 신고 및 신고자등의 보호
누구든지 이 법의 위반행위가 발생하였거나 발생하고 있다는 사실을 알게 된 경우에는 위반행위가 발생한 공공기관, 감독기관, 감사원, 수사기관 또는 국민권익위원회에 신고할 수 있도록 한다. 부정청탁을 신고한 공직자등, 수수 금지 금품 등을 신고·인도한 공직자 등 또는 이 법 위반행위를 신고한 자 등에 대하여 불이익조치 금지, 신분 비밀보호, 책임감면 등의 보호장치를 마련하였다.

4. 김영란법을 둘러싼 논란

국회에 제출된 「부정청탁금지 및 공직자의 이해충돌방지법안」은 원래 의도한 공직부패 척결이라고 하는 당초의 입법의지와 입법취지가 정부 입법절차를 거치면서 완화되거나 왜곡되었다는 각계의 비판을 받았으며, 결국에는 「부정청탁 및 금품 등 수수의 금지에 관한 법률」이라는 법률명으로 공포되었다.

김영란법의 입법은 대다수의 국민이 지지하던 바였기에, 김영란법의 공포는 환영할 만한 일이다. 그러나 김영란법 입법의 절차적인 면에서나 실체적인 면에서 아쉬운 점이 있다. 여러 가지의 헌법적 및 입법절차에서의 문제점이 검토되었지만, 제일 아쉬운 점은 김영란법의 적용대상에 관한 문제일 것이다. 만일 적용대상이 입법예고안(원안)과 국회제출안(수정안)처럼 사립학교와 언론기관으로 확대되지 않고 공직자로만 한정되었다면, 김영란법의 제정 이후에 이렇게 부정적인 반응이 나오지는 않았을 것이다. 절차적인 면에서는 신중하지 못한 내용변경과 의견수렴부족으로 인하여 '누더기 입법'이 되었음이 수차례 지적되었다. 김영란법 처리과정에서의 이러한 문제는 향후 입법과정에서 반면교사로 삼아야 할 것이다.

2016년 9월부터 시행된 이후에는 김영란법이 미치는 부작용을 고려하여 김영란법 혹은 시행령을 개정해야 한다는 주장이 지속적으로 제기되었다. 즉, 당초의 법 취지를 살리려면 민간인으로 확대된 적용 대상을 원래의 법안대로 공직자로 한정하는 게 바람직하다는 의견[8]도 있었고, 음식점과 농축산업 등의 의견을 반영하여 시행령을 개정하자는 의견도 있었다. 이러한 의견이 일부 입법에 반영되어 2018년 1월 17일에 청탁금지법 시행령이 개정되었다. 시행령 개정의 이유 및 주요내용은 다음과 같다.

---

8 조선일보, 2015. 8. 18.

「부정청탁 및 금품등 수수의 금지에 관한 법률」 시행에 따라 사회 전반에 걸쳐 반부패 효과가 확산되고 있으나, 농수산물 및 농수산가공품을 배려하기 위하여 수수를 금지하는 금품 등에 해당하지 아니하는 농수산물 및 농수산가공품 선물의 가액 범위를 조정하는 등 현행 제도의 운영상 나타난 일부 미비점을 개선·보완하려는 것임.

① 외부강의 등의 신고 보완 기간 연장(제26조 제2항)

종전에는 외부강의 등의 신고 시 사례금 총액 등을 미리 알 수 없는 경우 외부강의 등을 마친 날부터 2일 이내에 보완하도록 하였으나, 보완 기간 경과 후 사례금 등을 받는 경우가 많아 앞으로는 해당 사항을 안 날부터 5일 이내에 보완하도록 함.

② 경조사비 및 선물의 가액 범위 조정(별표 1)

1) 수수를 금지하는 금품 등에 해당하지 아니하는 경조사비의 가액 범위를 세분화하여 축의금·조의금은 10만원에서 5만원으로 낮추되, 화훼농가를 배려하여 화환·조화의 경우에는 10만원을 유지하도록 함.
2) 농수산물을 배려하기 위하여 수수를 금지하는 금품 등에 해당하지 아니하는 선물의 가액 범위를 세분화하여 농수산물 및 농수산물을 원료 또는 재료의 50%를 넘게 사용하여 가공한 농수산가공품은 5만원에서 10만원으로 높이되, 그 밖의 선물은 5만원을 유지하도록 함.

③ 외부강의 등 사례금 상한액 조정(별표 2)

1) 공무원과 공직유관단체 임직원의 경우 직급별로 외부강의 등 사례금 상한액을 달리 정하였으나, 앞으로는 필요한 경우 기관별로 상한액의 범위에서 자율적으로 정하여 운영할 수 있도록 외부강의 등 사례금 상한액을 40만원으로 일원화함.
2) 국공립학교 교직원이나 공직유관단체에 해당하는 언론사 임직원의 경우 공무원 및 공직유관단체 임직원의 외부강의 등 사례금 상한액을 적용하도록 하였으나, 앞으로는 사립학교 교직원 및 민간 언론사 임직원의 외부강의 등 사례금 상한액과 동일하게 적용하도록 함.

시행령 개정의 주요내용 중에서 특히 주목을 받은 것은 선물과 경조사비의 가액조정인데, 음식물－선물－경조사비의 상한액이 3만－5만－10만원에서 3만－10만－10만원으로 개정되었다. 주의할 것은 축의금과 조의금의 상한액은 5만원이며, 농수산가공품이 아닌 일반 선물의 상한액도 역시 5만원이다.

청탁금지법 시행령 별표 1 : 음식물·경조사비·선물 등의 가액 범위(제17조 관련)

1. 음식물(제공자와 공직자등이 함께 하는 식사, 다과, 주류, 음료, 그 밖에 이에 준하는 것을 말한다): 3만원
2. 경조사비: 축의금·조의금은 5만원. 다만, 축의금·조의금을 대신하는 화환·조화는 10만원으로 한다.
3. 선물: 금전, 유가증권, 제1호의 음식물 및 제2호의 경조사비를 제외한 일체의 물품, 그 밖에 이에 준하는 것은 5만원. 다만, 「농수산물 품질관리법」 제2조 제1항 제1호에 따른 농수산물(이하 "농수산물"이라 한다) 및 같은 항 제13호에 따른 농수산가공품(농수산물을 원료 또는 재료의 50%를 넘게 사용하여 가공한 제품만 해당하며, 이하 "농수산가공품"이라 한다)은 10만원으로 한다.

비고

가. 제1호, 제2호 본문·단서 및 제3호 본문·단서의 각각의 가액 범위는 각각에 해당하는 것을 모두 합산한 금액으로 한다.
나. 제2호 본문의 축의금·조의금과 같은 호 단서의 화환·조화를 함께 받은 경우 또는 제3호 본문의 선물과 같은 호 단서의 농수산물·농수산가공품을 함께 받은 경우에는 각각 그 가액을 합산한다. 이 경우 가액 범위는 10만원으로 하되, 제2호 본문 또는 단서나 제3호 본문 또는 단서의 가액 범위를 각각 초과해서는 안된다.
다. 제1호의 음식물, 제2호의 경조사비 및 제3호의 선물 중 2가지 이상을 함께 받은 경우에는 그 가액을 합산한다. 이 경우 가액 범위는 함께 받은 음식물, 경조사비 및 선물의 가액 범위 중 가장 높은 금액으로 하되, 제1호부터 제3호까지의 규정에 따른 가액 범위를 각각 초과해서는 안 된다.

이후에도 경제활성화라는 명분으로 혹은 식사비와 경조사비의 현실화라는 명분으로 음식물·경조사비·선물 등의 가액 기준을 조정·인상하자는 의견이 종종 제기되었고, 이러한 의견이 반영되어 시행령이 개정되기도 하였다.

청탁금지법이 시행된 이후에 청탁금지법 제정이 의도한 기대효과가 나타나고 있는지에 대해서는 평가해 볼 필요가 있다. 청탁금지법이 거악(巨惡)은 척결하지 못하면서 캔커피나 카네이션 선물 등의 소소한 행위만 규제하는 법이

되는지는 법의 운용에 달려있다고 할 수 있다. 청탁금지법 입법과정에서의 격렬한 논란에 대비해 볼 때에, 이 법이 실효성 있게 집행되고 있는지 청렴한 사회 분위기가 조성되고 있는 것인지 등에 대해서는 의문이 제기되고 있다.

CHAPTER 53 박원순법

1. 박원순과 박원순법

박원순은 전 서울시장이다. 박원순법[1]은 공무원이 업무와 관련하여 1,000원을 받아도 처벌한다는 서울시 공직사회 혁신대책으로서, 2014년 10월부터 시행된 「서울특별시 공무원 행동강령」을 말한다. 「서울특별시 공무원 행동강령」은 법률이나 대통령령이 아니다. 지방자치단체 의회는 조례를 만들 수 있고 지방자치단체장은 규칙을 만들 수 있는데, 「서울특별시 공무원 행동강령」은 서울시장이 입법권한을 지니는 서울특별시 규칙이다. 2014년 10월 2일에 일부 개정되어 시행되고 있는데, 부패방지규정을 강화한 2014년 10월의 서울특별시 공무원 행동강령을 특별히 '박원순법'이라 불렀다.

2. 박원순법의 배경

공직자의 부패행위를 근절하기 위한 김영란법에 대하여 당시 과잉입법 논란과 위헌 여부가 논란이 되면서 입법이 지체되자, 서울시에서는 서울시 공무원의 부패행위를 근절하기 위한 제도를 추진하여 시행하였다. 서울시는 2014년 8월에 '서울시 공직사회 혁신대책'을 발표하였고, 10월에는 「서울특별시 공무원

1 연합뉴스, 2017. 10. 17; 동아일보, 2017. 7. 20; 시사포커스, 2016. 10. 13.

행동강령」과 '징계규칙' 개정하고, 2015년 3월에는 '세부 실행계획'을 마련하였다.

2014년 10월에 개정된 「서울특별시 공무원 행동강령」의 제안이유는 공직사회에 대한 시민들의 불신과 청렴한 공직사회에의 요구를 내세우고 있다.

> 최근 공직사회 전반에 대한 시민들의 불신과 실망감이 증대됨에 따라, 청렴한 공직사회에 대한 시민들의 요구수준에 부응할 수 있도록 「서울특별시 공무원 행동강령」을 개정하는 것임.

3. 박원순법의 내용

2014년에 개정된 서울특별시 공무원 행동강령의 주요내용은 다음과 같다.

가. 부정청탁 금지 및 부정청탁등록시스템 신고 의무화(제2조, 제6조 등)
나. 본인·배우자 또는 본인·배우자의 직계존속 등이 직무관련자와의 금전거래행위 등 거래제한 대상자 및 행위내용 확대(제10조)
다. 이해충돌 대상주체를 기존 본인 위주에서 본인·배우자 또는 본인·배우자의 직계존비속까지 확대(제16조)
라. 학연·지연·종교·직연 등 연고관계에 기인한 직무회피 사유 추가(제16조)
마. 공무원은 퇴직 후 3년간 퇴직 전 5년 동안 소속하였던 부서의 업무와 밀접한 관련이 있는 기업체 취업금지(제16조)

부정청탁의 금지·신고를 내용으로 하고 있지만, 이해충돌방지에 관한 규정이 주요 내용이라고 할 수 있다. 이해충돌방지규정에 대해서는 서울시 공무원 본인은 물론 배우자, 직계 존비속의 보유재산과 소관 업무 간 연관성을 심사받지만, '자발적 참여'가 전제조건이다. 또한 박원순법에 따르면 서울시 공무원이 1,000원 이상을 받을 경우에는 직무 관련성이나 대가성이 없어도 징계를 하고, 금품·향응의 액수가 100만원을 넘으면 파면·해임을 하게 된다. 김영란법에서 논란이 되던 금품수수금지에 관한 규정을 아래와 같이 규정하고, 이를 위반하면 엄격히 징계하겠다는 것이다.

「서울특별시 공무원 행동강령」 제12조(금품 등의 수수 금지) ① 공무원은 직무상의 관련여부 및 기부·후원 등 명목여하를 불문하고 어느 누구로부터도 일체의 금품 등을 받거나 요구 또는 약속해서는 아니 된다. 다만, 다음 각 호의 어느 하나에 해당하는 금품 등의 경우에는 그러하지 아니하다.

1. 사적 거래로 인한 채무의 이행 등 정당한 권원에 의하여 제공되는 금품 등
2. 원활한 직무수행을 위하여 공개적으로 제공되는 1인당 3만원 이내의 음식물 또는 통신·교통비
3. 통상적인 사교·의례의 목적으로 제공되는 5만원 이내의 음식물·경조사비·선물 등
4. 공직자의 4촌 이내의 친족이 부조의 목적으로 통상적인 범위 안에서 제공하는 경조 관련 금품, 치료비·주거비 또는 그 밖의 금품 등
5. 질병·재난 등으로 인하여 어려운 처지에 있는 공무원을 돕기 위하여 제공되는 금품 등
6. 직원 상조회에서 공개적으로 제공되는 금품 등
7. 불특정 다수인에게 배포를 위한 기념품 또는 홍보용 물품 등
8. 공무원 본인이 소속된 종교단체·친목단체 등에서 그 단체 정관·회칙이 정하는 바에 따라 제공되는 경조사 관련 금품 등
9. 상급 공무원이 하급 공무원에게 위로, 격려, 포상 등 사기를 높일 목적으로 제공하는 격려금 등
10. 그 밖에 법령 또는 사회상규에 따라 허용되는 것으로 인정되는 금품 등

② 공무원의 배우자 또는 공무원 본인·배우자의 직계존비속은 제1항에 의하여 공무원이 받는 것이 금지되는 금품 등을 받거나 요구 또는 약속해서는 아니 된다.

4. 박원순법을 둘러싼 논란

박원순법 시행 이후에 서울시는 관련 업체로부터 50만원 상당의 상품권과 식사대접을 받은 송파구 국장급 공무원(4급)을 2015년 6월 26일에 해임처분하였다. 박원순법을 처음 적용한 사례이다.[2]

2 서울경제신문, 2015. 7. 1.

이후 해당 공무원에 대한 징계는 서울시 소청심사위원회에서 '강등'으로 감경되었고, 서울시를 상대로 낸 행정소송에서는 해당 공무원이 승소하였다. 서울행정법원은 "소속 구청의 징계양정 규칙의 기준은 금품·향응을 수수한 경우 100만원 미만일 때 감봉 이상으로 규정하고 있어 정직, 감봉 같은 처분도 가능한데, 공무원 직급을 한 단계 낮추는 중징계인 강등을 택한 이 처분은 지나치게 가혹하고 사회통념상 현저하게 타당성을 잃어 재량권을 넘어섰다"고 판결했다.

또한 박원순법의 이해충돌방지규정은 자발적 참여를 전제로 하는데, 자발적 참여만 가지고는 규정의 실효성을 확보할 수 없다는 비판도 있었다. 이해충돌방지규정에 대한 위반에 대하여 아무런 제재조항이 없다면, 이해충돌방지규정은 지켜질 수 없다는 비판이다.

CHAPTER

54 링컨법

1. 링컨과 링컨법

에이브러햄 링컨(Abraham Lincoln)은 제16대 미국 대통령이다. 링컨법은 남북전쟁이 한창이던 시기에 불량대포의 납품으로 사상자가 발생한 것을 계기로 하여 1863년에 제정된 「부정청구금지법」(False Claims Act)을 말한다. 부정한 방법으로 정부계약을 따내고 재정보조를 받은 사실이 드러나면, 정부가 입은 손해액의 3배를 환수하는 제도를 입법한 이 법은, 제정 당시 미국 대통령인 에이브러햄 링컨의 이름을 붙여 '링컨법'으로 불린다.

2. 한국판 링컨법의 배경

1863년에 제정된 링컨법은 1986년에 개정될 때 까지는 거의 활용되지 않았으나,[1] 150년 가까이 지난 지금에도 군수비리, 의료보험 분야에서 부당 지출된 국고를 환수하는 강력한 위력을 발휘하고 있다. 미국에서는 2012년에 「부정청구금지법」을 통해 2012년에 5조 2천억원을 환수하였다.[2] 법무장관뿐 아니라 일

1 박정훈, 미국의 내부공익신고자보호법제 그리고 평가와 시사점, 경희법학, 제48권 제4호, 2013, 217쪽.

2 이창림, 「공공재정 부정청구 금지 및 부정이익 환수 등에 관한 법률안」 검토보고, 국회 정무위원회, 2016. 11, 5쪽.

반 시민들도 제소할 수 있도록 한 퀴탐(Qui taim: 왕과 자신을 위해 소송을 제기한다는 뜻의 라틴어) 조항, 환수액에 상응하게 주어지는 포상금, 내부 고발자 면책 등이 미국 링컨법(「부정청구금지법」(False Claims Act))의 주요 내용이다.

우리나라에서도 방산비리나 국고보조금 횡령 등이 종종 발생하고 있는데, 이러한 비리에 대한 수사기관의 적발과 처벌, 관리 기구 신설 못지않게 중요한 것은 여러 법령에 흩어져 있는 차단·제재·처벌·보상의 방식과 구조를 통합하고, 시민들이 감시 체계에 적극적, 능동적으로 참여할 수 있도록 법적 기반을 마련하는 일이다.[3]

국민권익위원회는 한국형 링컨법인 「공공재정 허위·부정청구 등 방지법」 제정안을 2014년 10월 14일에 입법예고하였는데, 제정이유는 다음과 같다.

> 정부 재정을 '눈먼 돈'으로 여기는 허위·부정청구가 보건·복지, 고용, 연구·개발 등 다양한 영역에서 지속적으로 발생함에도 불구하고 환수할 수 있는 법적 근거가 마련되어 있지 않거나 일부 개별 법률에서 제한적으로만 환수규정을 두고 있어 공공재정 누수 행위에 대한 통합적 환수·관리체계가 미비하고, 부정청구 등이 대부분 은밀하게 이루어져 적발이 어려우며 적발되더라도 경미한 제재에 그쳐 공공재정 누수 관행 개선에 한계가 있는 상황임. 이에 공공재정에 대한 부정청구 등을 금지하고, 이로 인하여 부정하게 얻은 이익에 대해서는 전액 환수함은 물론 고의적이고 상습적인 부정청구 등에 대해서는 일정 배수 이상(1배~5배)을 추가로 환수하거나 징벌적 손해배상(손해액의 2배 이상 5배 이하 범위 내)제도를 도입하는 한편, 부정청구 등의 신고 및 신고자 보호·보상규정을 마련하고 공공기관 발주사업 참여제한, 명단 공표 등 부정청구 등의 방지 장치를 입법화함으로써 공공재정의 낭비 방지 및 공공재정의 투명성을 제고하고자 함.

입법예고 이후에 한국판 링컨법은 의견수렴과 수정과정을 거쳐 정부안의 형식으로 2016년 6월 27일에 「공공재정 부정청구 금지 및 부정이익 환수 등에

---

3 법률신문, 2014. 12. 15.

관한 법률안」이라는 제목으로 국회에 제출되었는데, 제안이유가 약간 수정되었다. 2020년 1월 1일부터 시행된 「공공재정 부정청구 금지 및 부정이익 환수 등에 관한 법률」의 제정이유는 정부안의 제안이유와 동일하다.

> 공공재정에 대한 부정청구 등이 지속적으로 발생하고 있으나, 개별법률상 환수할 수 있는 근거 규정이 마련되어 있지 아니한 경우가 많을 뿐만 아니라, 부정청구 등이 적발되더라도 경미한 제재에 그치는 경우가 많고, 제재부가금을 부과하고 있는 사례가 적어 고의적이고 상습적인 부정청구 등을 방지하는 데 한계가 있는바, 공공재정에 대한 부정청구 등을 금지하고, 부정청구로 인하여 얻은 이익을 전액 환수하되, 고의적이고 상습적인 부정청구 등에 대해서는 환수에 추가하여 5배 이내에서 제재부가금을 부과하도록 하며, 고액부정청구자의 명단을 공표하도록 하는 등 부정청구 등으로 인하여 발생한 이익에 대한 환수·관리 체계를 확립하려는 것임.

이후 법안은 2016년 11월 16일에 정무위원회에 상정되어 2018년 7월 24일에 의결되었고, 다음날 법사위에 회부되고 2018년 9월 20일에 상정되어 2019년 3월 27일에 의결되었다. 그리고 국회 본회의에는 2019년 3월 28일에 상정되어 같은 날 의결되었고, 정부로 이송된 법안을 대통령이 2019년 4월 16일에 공포하였다.

3. 한국판 링컨법의 내용

국민권익위원회에 의하여 입법예고되고 이후 정부안으로 제출된 「공공재정 부정청구 금지 및 부정이익 환수 등에 관한 법률안」의 주요 내용은 다음과 같다.

> ① 부정청구 등의 금지 (안 제6조)
> 누구든지 거짓이나 그 밖의 부정한 방법으로 자격이 없음에도 공공재정지급금을 청구하거나 법령 등에서 정한 절차에 따르지 아니하고 정하여진 목적이

나 용도와 달리 공공재정지급금을 사용하는 등 이 법에서 정하는 부정청구 등의 행위를 금지함.

② 부정이익 등의 환수 (안 제8조)

행정청은 부정청구 등이 있는 경우 부정수익자 등이 부정청구 등으로 얻은 금품 등과 대통령령으로 정하는 이자를 의무적으로 환수하도록 함.

③ 제재부가금의 부과 (안 제9조부터 제11조까지)

1) 행정청은 부정청구 등이 있는 경우 환수에 추가하여 부정이익 가액의 5배 이내에서 제재부가금을 부과·징수하도록 하되, 사소한 부주의나 오류 등 대통령령으로 정하는 사유에 해당하는 경우에는 제재부가금을 줄이거나 부과하지 아니할 수 있도록 함.

2) 사회적 약자에 대한 급여인 「국민기초생활 보장법」에 따른 급여, 「장애인복지법」에 따른 장애수당 등에 대해서는 제재부가금을 부과하지 아니하도록 함.

④ 고액부정청구 등 행위자의 명단공표 (안 제16조)

행정청은 직전연도부터 과거 3년간 해당 행정청으로부터 받은 제재부가금 부과처분 횟수가 2회 이상이고, 제재부가금 부과처분의 대상이 되는 부정이익 가액이 합계 3천만원 이상인 경우 해당 부정수익자의 명단을 공표하도록 함.

⑤ 부정청구 등 신고 및 신고자 보호 등 (안 제17조부터 제23조까지)

1) 누구든지 부정청구 등이 발생하였거나 발생할 우려가 있다고 판단하는 경우에는 신고 내용의 소관 공공기관 또는 그 감독기관, 감사원 또는 수사기관, 국민권익위원회에 신고할 수 있도록 함.

2) 부정청구 등의 신고나 이와 관련한 진술 및 자료 제출 등으로 신고 내용에 대한 감사·수사 또는 조사에 조력하는 것을 이유로 신분상 불이익이나 근무조건상의 차별을 받았을 경우에는 국민권익위원회에 전직 등 신분보장조치와 그 밖에 필요한 조치를 요구할 수 있도록 하는 등 신고자 등의 보호조치를 정함.

3) 국민권익위원회는 신고로 현저히 공공기관에 재산상 이익을 가져오는 경우 등에는 신고자에게 포상금이나 보상금을 지급할 수 있도록 함.

정부안으로 국회에 제출된 이후 국회 심의과정에서 수정·의결되어 공포된 「공공재정 부정청구 금지 및 부정이익 환수 등에 관한 법률」의 주요 내용은 다음과 같다.

① 공공기관을 국회, 법원 등 헌법기관, 중앙행정기관과 그 소속 기관 및 지방자치단체, 「공직자윤리법」에 따른 공직유관단체 등으로 정의하고, 행정청을 행정에 관한 의사를 결정하여 표시하는 국가 또는 지방자치단체의 기관 등으로 정의함(제2조 제1호 및 제2호).
② 공공재정을 공공기관이 조성·취득하거나 관리·처분·사용하는 금전, 채권(債券), 물품, 상품권, 이용권(利用券), 그 밖에 이에 준하는 증표로 정의하고, 공공재정지급금을 법령 또는 자치법규에 따라 공공재정에서 제공되는 보조금·보상금·출연금이나 그 밖에 상당한 반대급부를 받지 아니하는 금품 등으로 정의함(제2조 제4호 및 제5호).
③ 거짓이나 그 밖의 부정한 방법으로 자격이 없음에도 공공재정지급금을 청구하거나 법령 등에서 정한 절차에 따르지 아니하고 정해진 목적이나 용도와 달리 공공재정지급금을 사용하는 등의 행위로 공공재정에 손해를 입히거나 이익을 얻는 부정청구 등의 행위를 금지함(제6조).
④ 행정청은 부정청구 등이 있는 경우 부정수익자 등이 부정청구 등으로 공공재정에서 얻거나 사용한 금품 등의 부정이익과 부정이익에 대한 이자를 환수하도록 함(제8조).
⑤ 행정청은 부정청구 등이 있는 경우 부정이익 등의 환수에 추가하여 부정이익 가액의 5배 이내에서 제재부가금을 부과·징수하도록 함(제9조).
⑥ 행정청은 직전연도부터 과거 3년간 제재부가금 부과처분을 받은 횟수가 2회 이상이고, 제재부가금 부과처분의 대상이 되는 부정이익 가액의 합계가 3천만원 이상인 고액부정청구 등 행위자의 명단을 공표하도록 함(제16조).
⑦ 누구든지 부정청구 등에 관하여 소관 공공기관 또는 그 감독기관, 감사원 또는 수사기관, 국민권익위원회에 신고할 수 있도록 하고, 신고 등을 이유로 신분상 불이익이나 근무조건상 차별을 받지 않도록 신고자 등에 대한 보호조치를 정하며, 신고자에게 포상금이나 보상금 등을 지급할 수 있도록 함(제17조부터 제23조까지).

4. 한국판 링컨법을 둘러싼 논란

국고보조금에 대한 허위·부정청구로 인한 재정누수는 개인적 범죄로만 그치는 것이 아니라 공공재정의 효율성을 저해하는 행위로 엄단해야 한다는 당위론에는 이의가 있을 수 없다. 그러나 공공재정에 대한 다양한 비위에 대한 종합적 관리규정이 부족하고 개별 법령의 개정으로는 이러한 목적달성이 어렵기 때문에, 한국판 링컨법의 제정은 폭넓은 지지를 받았다.[4]

그러나, 이 법안은 공공재정을 다루는 모든 기관과 개인들에게도 적용되는데, 이해당사자가 많은 이 법안에 대해서 과도한 처벌이라는 반발이 생길 가능성이 있다는 지적이 있었다.[5] 그리고, 당초 입법예고안에는 계약관계가 법률의 적용대상에 포함되어 있었으나, 입법예고안에 대해 정부부처 간 협의하는 과정에서 계약관계가 제외되었다.

계약관계 제외 찬성 입장	계약관계 제외 반대입장
① 조달계약 등의 사무는 국가예산을 집행하고 반대급부를 받는 것으로 동 제정안에서 규율하고자 하는 보조금·보상금·출연금 등과는 그 성격이 상이하고, 사법적인 계약관계를 공법적인 성격의 동 제정안에 포함시킬 경우 법체계에 혼란을 가져올 수 있음. ② 계약상대방의 부정청구에 대해 제재부가금 성격의 징벌적 손해배상의무를 부과한다면 국가가 계약의 일방 당사자에 불과한 경우라도 국민에 대해 국가의 우월적 지위를 인정하는 셈이 되어 적절치 않다는 것임.	① 계약관계는 건설·방위사업 등 거액이 투입되는 사건들이 포함되어 있으므로, 법안의 적용범위에 계약관계에 해당하는 사항을 제외하면 공공재정의 건전성과 투명성을 제고하고자 하는 입법목적을 효과적으로 달성할 수 없음. ② 담합이나 방산비리 등으로 공공재정에 거액의 손해를 끼치는 경우는 손해액만큼만 배상하면 되는 반면, 소액의 보조금 부정청구 등으로 공공재정에 손해를 끼친 경우는 부정하게 청구하여 취득한 이익을 반환하고, 추가적으로 손해의 5배 이내의 범위에서 제재부가금을 부담하여야 하는데, 이것은 형평성 차원에서 적절하지 않다는 것임.

4 법률신문, 2014. 12. 15; 서울신문, 2015. 6. 10; 문화일보, 2015. 6. 10; 서울경제신문, 2014. 10. 21; 세계일보 2014. 10. 21.

5 김동섭, 토론문, 공공재정 허위·부정청구 등 방지법 제정을 위한 공개토론회, 국민권익위원회, 2014. 11. 4, 106쪽.

또한 부정청구 등의 평가에 관한 구체적 기준이 필요하고, 징벌적 손해배상의 경우에는 요건 및 손해배상액 등과 관련하여 신중한 검토가 필요하다는 지적[6]이 있었고, 이 법안에는 벌칙조항이 없으므로 벌칙조항을 신설할 필요가 있다는 지적[7]도 있었다. 이러한 의견들을 반영하여 입법과정에서 법안은 일부 수정되었다.

일반법 제정에 찬성하는 국민권익위원회의 입장은, 부정수급이 빈발하고 있는 상황에서 공공재정 지원의 근거가 있는 약800여개의 법률을 각각 개정하는 것은 현실적인 어려움이 있으므로, 일반법 제정을 통해 부정수급 문제를 해결할 필요가 있고, 일반법이 제정되면 개별 입법도 촉진되는 효과가 있을 것으로 기대된다는 것을 근거로 하고 있다. 일반법 제정에 반대하는 입장은 농업보조금, 보훈급여, 연구개발비 및 각종지원금 등의 제도는 각각 대상의 특성 및 부정수급 양상이 상이하므로 하나의 일반법으로 부정수급을 규율하는 것은 부적절하다는 것이며, 예를 들어, 특정분야의 부정청구에 대해서 환수만 할 것인지 제재부가금도 부가할 것인지는 개별법의 특성에 따라서 입법자가 결정해야 한다는 주장이다.[8]

이와는 별도로 2016년 12월 20일에는 「방위사업법」이 개정되었는데, 동 개정법률에는 방위산업체에 대한 취업제한 강화와 취업제한위반에 대한 방산업체 지정취소, 부당이득의 가산금을 부당이득금의 100%에서 200% 확대, 청렴서약 위반 시 입찰참가자격제한 기간을 2년의 범위에서 5년의 범위로 확대 하는 등의 내용이 포함되었다. 한국판 링컨법의 주요 규율대상인 방산비리 분야에서의 부당이득 가산금을 2배로 확대하는 「방위사업법」 개정이 이루어진 것이다. 2019년의 「공공재정 부정청구 금지 및 부정이익 환수 등에 관한 법률」을 공공

6 장영수, 토론문, 위 자료집, 86쪽.
7 송준호, 토론문, 위 자료집, 99쪽.
8 김기식, 19대 국회 주요성과 및 20대국회 제언, 74쪽, 이창림, 「공공재정 부정청구 금지 및 부정이익 환수 등에 관한 법률안」 검토보고, 국회 정무위원회, 2016. 11, 11쪽에서 인용.

재정 부정청구금지의 일반법으로 볼 수 있다면, 2016년의 「방위사업법」 개정법률은 공공재정 부정청구금지의 특별법으로 볼 수 있을 것이다. 또한 「공공재정 부정청구 금지 및 부정이익 환수 등에 관한 법률」에서는 부정청구에 대한 제재부가금의 상한액을 5배로 규율[9]하고 있음에 비하여, 「방위사업법」 개정법률에서는 부당이득의 가산금 상한액을 2배로 한정[10]하였다는 차이를 볼 수 있다.

우리 법체계는 다음과 같이 개별 법률에서 해당 분야의 재정누수를 방지하는 규정을 두고 있다.

법 령	제재 대상
산업기술혁신 촉진법	연구개발비 용도외 사용
중소기업 기술혁신 촉진법	연구개발비 용도외 사용
근로자직업능력 개발법	지원·융자금 부정수령
고용보험법	고용안정, 직업능력개발급여 부정수령
장애인고용촉진 및 직업재활법	고용장려금 부정수령
산업재해보상보험법	진료비·약제비 부당수령

「공공재정 부정청구 금지 및 부정이익 환수 등에 관한 법률」의 제정은 종합적인 재정누수 관리체계를 수립하기 위한 일반법 제정의 의미를 지니며, 부정청구에 대한 체계적이고 효율적인 환수 체계를 마련하여 공공재정 누수에 효과적으로 대응할 수 있을 것으로 기대되고 있다.

---

9 제9조(제재부가금의 부과·징수) ① 행정청은 제2조 제6호 가목부터 다목까지의 어느 하나에 해당하는 부정청구등이 있는 경우에는 제8조에 따른 환수에 추가하여 부정이익 가액의 5배 이내에서 대통령령으로 정하는 바에 따라 제재부가금을 부과·징수하여야 한다. 다만, 행정청은 부정청구등이 사소한 부주의나 오류 등 과실로 인한 것으로 인정되는 경우 등 대통령령으로 정하는 사유가 있는 경우에는 산정된 제재부가금을 줄이거나 부과하지 아니할 수 있다.

10 제58조(부당이득의 환수 등) ① 방위사업청장은 방산업체·일반업체, 방위산업과 관련없는 일반업체, 전문연구기관 또는 일반연구기관이 허위 그 밖에 부정한 내용의 원가계산자료를 정부에 제출하여 부당이득을 얻은 때에는 대통령령이 정하는 바에 따라 부당이득금과 부당이득금의 2배 이내에 해당하는 가산금을 환수하여야 한다.

CHAPTER 55 윤미향 방지법

1. 윤미향과 윤미향 방지법

윤미향은 정의기억연대(정의연) 이사장이었으며, 제21대 국회의원이었다. 윤미향법[1]은 시민단체의 기부금 및 보조금 유용과 회계부정 방지를 내용으로 하는 「기부금품의 모집 및 사용에 관한 법률」, 「사회복지공동모금회법」, 「보조금 관리에 관한 법률」 또는 「비영리민간단체 지원법」 등의 개정안을 통칭하는 것이다.

2. 윤미향 방지법의 배경

윤미향은 정의기억연대가 모집한 기부금에 대하여 「기부금품의 모집 및 사용에 관한 법률」 위반과 「보조금 관리에 관한 법률」 위반 등의 혐의로 기소되어 제1심에서는 벌금 1,500만원을 선고받았으나 항소심에서는 국가보조금 편취 사실도 유죄로 인정되어 징역 1년 6개월, 집행유예 3년을 선고받았다. 이는 국회의원직 상실형에 해당하였으나 윤미향은 대법원에 상고를 하였고, 제21대 국

1 한국경제신문, 2022. 12. 29; 부산일보, 2022. 5. 24. “지금 윤의원은 시민단체 부정부패의 대명사가 됐다. 오죽하면 시민단체 관리감독 강화에 대한 법의 별칭이 ‘윤미향 방지법’이겠냐고 비판의 목소리를 냈다”, 문화일보, 2020. 5. 21.

회의 임기가 만료되는 2024년 5월까지도 대법원의 판결이 나오지 않게 되면서 윤미향은 국회의원 임기를 다 채우는 결과가 되었다.

안병길 의원은 기부금품의 회계비리를 방지하는 내용의 「기부금품의 모집 및 사용에 관한 법률」 개정안을 2020년 6월 5일에 발의했다. 송언석 의원은 국고보조금·기부금 관리 강화 등을 위한 「보조금 관리에 관한 법률」 개정안을 2020년 6월 18일에 발의했다. 정진석 의원은 정의연대와 같은 단체를 대상으로 하는 사업평가 결과를 관련 정부부처에 알리도록 하는 「사회복지공동모금회법」 개정안을 2020년 6월 19일에 발의했다. 정운천 의원과 김예지 의원, 김정재 의원도 「비영리민간단체 지원법」을 2020년 6월 5일, 6월 26일, 6월 29일에 각각 발의했다.

그러나 이 법안들은 국회를 통과하지 못한 채 거의 4년 동안 잠자고 있다가 2024년 5월 29일에 제21대 국회의 임기만료로 모두 자동폐기 되었다. 이러한 국고보조금과 기부금 관리에 관한 법률은 이미 시행되고 있고, 일괄적으로 강한 규제를 하게 되면 보조금이나 기부금을 받는 민간단체들의 활동이 필요 이상으로 위축되고 이러한 수많은 민간단체의 회계를 검증하는 것에는 현실적 한계가 있기 때문이다.

3. 윤미향 방지법의 내용

안병길 의원이 2020년 6월 5일에 발의한 「기부금품의 모집 및 사용에 관한 법률」 개정안의 제안이유와 주요내용은 다음과 같다.

> 현행 「기부금품의 모집 및 사용에 관한 법률」은 기부금품의 모집절차 및 사용방법 등에 관하여 필요한 사항을 규정함으로써 성숙한 기부문화를 조성하고 건전한 기부금품모집제도를 정착시키며, 모집된 기부금품이 적정하게 사용될 수 있

게 함을 목적으로 함. 하지만, 기부금품의 모집 및 사용에 있어 회계제도의 운영과 절차 등이 모호하고 불투명하여 국민의 알 권리를 충족시키지 못할뿐더러 최근 일부 기부금품 모집자 및 모집종사자의 회계비리 이슈가 논란이 되는 등 사회적 문제가 발생하고 있으므로 국가재정의 직접적 지원 또는 자발적 기부에 대한 세금감면으로 간접적 지원을 받는 단체의 모집상황 및 사용명세의 투명도를 제고할 필요가 있음.

이에, 행정안전부장관이 기부금품정보화시스템을 구축하여 운영하게 하고 이를 통해 기부금품의 모집상황 및 사용명세를 국민이 용이하게 확인할 수 있도록 하여 국민의 알 권리를 충족시키고자 하는 것임. (안 제7조, 제14조 및 제16조).

송언석 의원이 2020년 6월 18일에 발의한 「보조금 관리에 관한 법률」 개정안의 제안이유와 주요내용은 다음과 같다.

현행법은 3억원 이상의 보조금을 교부받은 보조사업자는 정산보고서에 대하여 감사인의 검증을 받도록 하고, 보조사업자 중 1회계연도에 10억원 이상의 보조금을 교부받은 보조사업자의 경우 회계연도마다 감사인이 작성한 감사보고서 제출을 의무화하고 있음. 그런데 2019년 국고보조금 규모가 80조원을 넘는 등 보조사업을 위하여 투입된 국가재정이 상당한 만큼 국고보조금의 투명한 관리 및 부정운용 방지를 위해 외부인에 의한 감사 등을 강화할 필요성이 있음.

이에 정산보고서에 대한 검증을 받아야 하는 보조사업자 및 감사보고서의 제출 의무가 있는 보조사업자의 기준이 되는 보조금 금액을 각각 1억원, 3억원으로 하향조정함으로써 정산보고서의 검증 및 감사보고서의 제출 의무자를 확대하려는 것임(안 제27조 및 제27조의2).

정진석 의원이 2020년 6월 19일에 발의한 「사회복지공동모금회법」 개정안의 제안이유와 주요내용은 다음과 같다.

현행법상 사회복지공동모금회는 지역·단체·대상자 및 사업별로 복지수요가 공정하게 충족되도록 공동모금재원을 배분하고 이를 목적과 용도에 맞도록 공정하게 관리·운용하는 것을 기본원칙으로 하고 있음. 그런데 공동모금재원 배분사업의 평가 결과를 이사회에만 보고하고 있어 사업 평가 과정이 불투명하고, 일부 용도가 지정된 기부금품을 받아 재원으로 사용하는 법인, 단체 등의 사업운영상 책임성을 강화하기 위한 제도개선이 필요하다는 지적이 있음.
이에 배분사업 평가결과를 보건복지부장관에게 보고하고, 법인·단체 등의 감독기관 또는 주무관청에게 통보하도록 함으로써 공동모금재원 배분사업이 보다 투명하고 내실있게 운영되도록 하려는 것임(안 제23조의2).

정운천 의원이 2020년 6월 5일에 발의한 「비영리민간단체 지원법」 개정안의 제안이유와 주요내용은 다음과 같다.

현행법은 비영리민간단체의 회계의 운영에 관련하여 관련 규정이 부재한 상황임. 그러나 비영리민간단체도 일정한 사업에 대하여 국가의 보조금을 교부받아 운영하고 있으므로 이와 관련한 수입·지출의 관리가 공정하게 이루어져야 하며, 재무·회계의 효율적 처리를 위한 정보시스템의 구축을 통하여 비영리민간단체가 추진하고자 하는 공익사업을 원활하게 시행하고 투명하게 재무·회계를 관리할 수 있게 해야 한다는 의견이 있음.
이에 비영리민간단체의 재무·회계관리 업무를 전자적으로 처리할 수 있도록 하는 시스템을 구축·운영하고, 이 시스템을 비영리민간단체들이 사용하게 하여 사업의 투명성과 효율성을 증진시킴으로써 공익에 기여하고자 함(안 제9조의2).

4. 윤미향 방지법을 둘러싼 논란

우선 안병길 의원이 2020년 6월 5일에 발의한 「기부금품의 모집 및 사용에 법률」 개정안에 대한 국회의 검토보고서에 따르면, 영세한 기부금품 모집단체의 경우에는 회계감사비용도 과도한 부담으로 작용할 수 있기 때문에 의견수렴이 필요하다거나, 관련 시민사회의 다양한 의견수렴이 선행될 필요가 있다는 행정안전부의 입장을 검토의견에서 밝히고 있다.[2]

2 국회 행정안전위원회, 기부금품의 모집 및 사용에 관한 법률 일부개정법률안 검토보고, 2020. 9, 40쪽 및 50쪽.

송언석 의원이 2020년 6월 18일에 발의한 「보조금 관리에 관한 법률」 개정안에 대한 국회의 검토보고서에 따르면, 현행법상으로 3억원 이상의 보조사업 및 같은 회계연도 총 10억원 이상인 보조금을 받는 사업자는 감사보고서를 제출하도록 하는 규정을 두고 있어, 보조금 검증제도는 시행되고 있다는 점을 지적하고 있다. 다만, 감사인의 검증을 받는 정산보고서 기준금액을 1억원으로 하향하여 검증대상을 확대하려는 개정안의 취지는 타당하지만, 영세사업자에 발생하는 비용부담이 크다는 현실적인 문제와 실익이 크지 않다는 점을 지적하고 있다.[3]

그리고 정진석 의원이 2020년 6월 19일에 발의한 「사회복지공동모금회법」 개정안에 대한 국회의 검토보고서에 따르면, 현행법상으로도 모금회는 매년 결산서를 보건복지부 장관에게 제출하도록 하여 모금의 전반적인 배분결과에 대한 확인 · 점검이 가능하고, 2019년 기준으로 28,870개에 달하는 기관에 대한 배분결과를 확인 · 점검하는 것에는 '현실적인 어려움'이 있다는 의견이다. 보건복지부의 의견은 신중검토이고, 사회복지공동보금회는 반대의견이다.[4] 시민단체의 공금유용과 회계부정을 방지하고자 하는 입법취지는 타당하지만, 수많은 민간단체에게 회계보고의무를 부과하여 점검하는 것은 현실적으로 어려움이 많고, 민간단체의 참여와 자율성을 저해하는 부작용이 나타날 가능성이 크다는 것이다.

또한 2020년 6월에 발의된 3건의 「비영리민간단체 지원법」 개정안들에 대해서, 행정안전부는 "보조금을 지원받는 비영리민간단체의 재무 · 회계의 투명성을 강화하여야 한다는 취지에 공감하지만, 정보시스템을 의무적으로 사용하여야 할 비영리민간단체 등 시민사회의 다양한 의견수렴이 선행되어야 하며, 재무·회계정보시스템 구축에 대규모 예산과 시간이 소요되는 점 등을 종합적으로 고려할 필요가 있다는 입장"[5]을 밝히며 신중론을 제시하였다.

---

3 국회 기획재정위원회, 보조금 관리에 관한 법률 일부개정법률안 검토보고, 2020. 9, 4쪽 이하.

4 국회 보건복지위원회, 사회복지공동모금회법 일부개정법률안 검토보고, 2020. 7, 5쪽 이하.

5 국회 행정안전위원회, 비영리민간단체 지원법 일부개정법률안 검토보고, 2020. 9, 20쪽.

재산환수 · 추징 관련

CHAPTER

56 전두환법

1. 전두환과 전두환법

전두환은 제11대·제12대 대통령이다. 2013년 만들어진 '전두환법'은 전두환 전 대통령의 재산임을 알고 취득한 사람이면 전두환 전 대통령과 관계가 없는 제3자라고 하더라도 해당 재산의 추징을 허용하려는 목적으로 추진된 「공무원범죄에 관한 몰수 특례법」의 개정법률을 말한다. 2013년 6월 25일 국회 법사위 법안소위에서 「공무원범죄에 관한 몰수 특례법」 개정안을 심의할 때의 법무부 배포자료에도 '전두환'이란 이름이 들어있다.

2. 전두환법의 배경

전두환 전 대통령은 1997년에 대법원으로부터 추징금 2,205억원을 선고받았으나 본인의 재산이 29만원이라고 주장하였고, 추징금은 오랜 기간 징수되지 못하였다. 그러나 잘못에 대한 반성을 하지 않으며 추징에 대한 기대가능성이 없는데다 해외여행과 골프를 치러 다니는 장면이 목격되자, '친인척들에게 빼돌린 것으로 의심받는' 불법재산을 추징하여야 한다는 여론이 형성되었다. 서울중앙지검에 '전두환 미납추징금 특별환수팀'이 만들어지고 추징금 징수를 위한 법적 근거를 마련하였다. 그럼에도 불구하고 추징금 징수실적과 입법작업이 지지부진하다가, 2013년에 장남 전재국 등이 조세피난처에 페이퍼컴퍼니를 설립하여 재산을 은닉하고 탈세를 한 혐의가 드러나자 전두환법의 입법이 탄력을 받게 되었다.[1] '전직 대통령의 추징금 문제'를 해결하겠다는 2013년 취임 초기의 당시 박근혜 대통령이 추징의지를 공언하면서, 지지부진하던 전두환 추징법의 입법이 전격적으로 추진되었다.

전두환 전 대통령의 추징금 징수를 위해 발의된 8건의 법안[2]을 통합하여 대안이 마련되었는데, 전두환법의 제안이유는 다음과 같다.

> 최근 전직 대통령이 거액의 추징금을 미납하고 있고 이들이 그 친족에게 이전한 불법재산, 혼합재산에 대하여는 몰수·추징도 곤란한 실정이므로 대한민국의 최고위층의 도덕성을 제고하고 불법재산 형성을 방지하기 위하여 공무원범죄의 몰수·추징제도를 개선할 필요가 있음. 이에 특정공무원범죄와 관련한 불법재산을 환수하고 그 세습을 방지하며 추징제도를 강화하기 위하여 범인 외의 자가 그 정황을 알면서 취득한 재산 및 그로부터 유래한 재산에 대하여도 추징할 수 있도록 하고, 몰수·추징의 집행을 강화하기 위하여 검사에게 관계인의 출석요구, 과세정보의 제공 요청, 금융거래 정보 제공 요청 및 압수수색 영장의 청구 등을 할 수 있는 권한을 부여하며, 몰수·추징의 시효를 연장하려는 것임.

이러한 법제사법위원장의 대안은 2013년 6월 26일에 법사위를 통과하였고, 다음날인 6월 27일에 열린 본회의에서 압도적인 찬성(재석 233인 중 찬성 227인)으로 가결되었으며, 2013년 7월 12일에 공포·시행되었다.

---

1 2020년 1월 현재 추징액의 46.3%에 해당하는 1,021억이 추징되었다.

2 특정고위공직자에 대한 추징 특례법안(김동철 의원 등 15인발의) 공무원범죄에 관한 몰수 특례법 일부개정법률안(유기홍 의원 등 26인발의) 범죄수익은닉의 규제 및 처벌 등에 관한 법률 일부개정법률안(김제남 의원 등 11인발의) 형법 일부개정법률안(김제남 의원 등 11인발의) 부패재산의 몰수 및 회복에 관한 특례법 일부개정법률안(김제남 의원 등 11인발의) 공무원범죄에 관한 몰수 특례법 일부개정법률안(김제남 의원 등 11인발의) 범죄수익은닉의 규제 및 처벌 등에 관한 법률 일부개정법률안(우원식 의원 등 26인발의) 공무원범죄에 관한 몰수 특례법 일부개정법률안(최재성 의원 등 11인발의)

3. 전두환법의 내용

전두환법이라고 불린 「공무원범죄에 관한 몰수 특례법」 개정법률은 공무원의 불법취득 재산에 대한 몰수·추징의 시효를 3년에서 10년으로 연장하고 제3자에게도 추징할 수 있도록 하는 것이 주요 내용이다. 구체적으로 「공무원범죄에 관한 몰수 특례법」 개정법률의 주요 내용은 다음과 같다.

① 범인 외의 자가 그 정황을 알면서 취득한 불법재산 및 그로부터 유래한 재산에 대하여도 추징을 할 수 있도록 함(제9조의2 신설).
② 검사는 몰수·추징의 집행을 위하여 필요하다고 인정되면, 관계인의 출석요구, 과세정보의 제공 요청, 금융거래 정보의 제공 요청 및 압수·수색 영장의 청구 등을 할 수 있음(제9조의3 신설).
③ 특정공무원범죄에 관한 몰수·추징의 시효를 10년으로 함(제9조의4 신설).

4. 전두환법을 둘러싼 논란

전두환법에 대해서는 이미 완성된 범죄사실에 대하여 추징시효를 늘리는 것은 소급입법으로서 위헌이라는 주장과 가족 등 제3자에 대하여 전두환이 내야할 추징금을 징수하는 것은 연좌제를 금지하고 있는 헌법에 위반된다는 주장[3]이 있고, 재개정될 필요가 있다는 의견[4]도 있다.

전두환법은 대한변호사협회의 입법평가에서 야누스법이라는 평가를 받았다. 한편에서는 국민의 여론이 반영되어 케케묵은 정치적 과제를 해결한 '훌륭한 입법'이라는 평가와 다른 한편에서는 여러 헌법적·법적인 문제점들을 안고 있는 '잘못된 입법'이라는 평가를 받을 수도 있다는 것이다.[5]

---

3 정웅석, 유죄판결 없는 몰수제도 도입에 관한 연구, 형사법의 신동향, 46호, 2015. 3, 189쪽.
4 박지현, 전두환추징법을 계기로 본 제3자에 대한 범죄수익추징제도, 법학연구, 제16집 제3호, 2013, 146쪽.
5 「공무원범죄에 관한 몰수 특례법」에 대한 평가, 대한변호사협회 입법평가보고서, 2015. 2, 49쪽.

전두환법은 입법과정에서 과거의 사실을 현재의 법으로 규율하고자 하는 소급입법이 아니냐는 문제가 제기되었지만, 「5·18민주화운동 등에 관한 특별법」과 같이 위헌적인 소급입법이 아니라는 의견이 지배적이다. 전두환법을 발의했을 때에는, 추징금을 못 낼 경우 노역장 유치를 가능토록 하자는 규정을 두었지만 입법과정에서 이 규정은 삭제되었다. 또한 범인 외의 자가 스스로 재산의 형성이나 선의에 관하여 입증하지 못하면 80%를 추징하도록 하는 제도에 대해서도 논란이 있었지만, 정황을 알면서 취득한 불법재산 및 그로부터 유래한 재산에 대해서만 추징을 할 수 있도록 하였다.

전두환 전 대통령의 조카가 소유했던 한남동 부동산을 2011년에 제3자인 사업가가 구입했지만, 검찰은 전 대통령의 은닉재산이란 것을 알고 구입한 것이기 때문에 전두환법을 근거로 이 부동산을 압류했다. 전두환 전 대통령 땅을 샀다가 압류처분을 받은 박모씨는 위헌법률심판제청신청을 냈고 서울고등법원은 이를 받아들여 헌재에 위헌 여부를 가려달라고 사건을 넘겼다. 전두환 전 대통령의 자금을 추징한다는 입법취지에도 불구하고, 선의의 제3자가 피해를 입을 수도 있기 때문에, 소송을 담당하는 법원은 전두환법의 위헌 여부에 대하여 사건 당사자의 위헌법률심판 제청신청을 기각하지 않고 받아들여준 것이다. 이에 대하여 헌법재판소는 전두환법이 적법절차 원칙을 위반했다거나 과잉금지원칙에 반하여 재산권을 침해한 것으로 볼 수 없다는 결정을 내렸다.[6]

6 헌재 2020. 2. 27. 2015헌가4.

CHAPTER

57 유병언법

1. 유병언과 유병언법

유병언은 전 세모그룹 회장이다. 2014년 세월호 사고 후에 발의된 유병언법[1]은 유병언 일가의 범죄수익을 환수하는 과정에서 드러난 법률상의 미비를 보완하기 위해 마련된 법률이다.

현행 형사상 몰수·추징제도는 부가형이기 때문에 범죄를 저지른 자에 대한 유죄판결이 없으면 동 범죄에 대한 대가로 얻은 재산에 대한 몰수·추징을 할 수 없다. 유병언법은 유병언 전 세모그룹회장의 은닉재산을 박탈하기 위한 시도에서 마련된 법[2]으로서의 의미가 있었다. 즉, 유병언의 가족이나 측근들과 같이 제3자가 상속·증여를 받은 재산이 범죄에 의해 은닉된 것임을 알지 못하였다고 해도, 해당 재산을 몰수·추징할 수 있도록 하자는 법률이다.

유병언법과 김우중법은 「범죄수익 은닉의 규제 및 처벌 등에 관한 법률」을 개정하자는 점에서 같다. 발의자가 다르고 세부적인 내용이 약간 다르며, 유병언법은 입법이 되었지만 김우중법은 입법이 되지 않았다는 점이 또한 다르다.

---

1 네이버 지식백과, 시사상식사전, 박문각.

2 김구슬, 범죄수익몰수제도의 문제점과 개선방안, 이화여자대학교 법학박사청구논문, 2015, 77쪽.

2. 유병언법의 배경

2014년 4월 16일에 세월호 침몰사고가 발생했다. 실질적인 선주인 유병언에 대한 비난 여론이 들끓자 국회는 가칭 '유병언법' 입법에 나섰다. 「범죄수익은닉의 규제 및 처벌 등에 관한 법률」은 2001년에 이미 제정되었으나, 이 법에 따르더라도 유병언의 재산중 상당수가 자녀 및 측근들에게 이미 상속 및 증여가 되어서 몰수나 추징을 할 수 없게 된 문제점을 보완하자는 여론이 강했다. 그 결과 범죄수익을 상속받거나 증여받은 제3자에게서 해당 재산을 추징하고 몰수하는 것이 가능하도록 하는 개정안이 바로 유병언법이다. 유병언법의 제안이유는 다음과 같다.

> 다중인명피해사고 발생에 형사적 책임이 있는 자에 대한 이 법에 따른 추징판결은 그 정황을 알면서 취득한 제3자에게도 집행할 수 있도록 하고, 몰수·추징 판결 집행의 실효성을 제고하기 위하여 금융거래정보 및 과세정보 등의 제공 요청, 압수·수색·검증영장의 도입 등 강화된 재산추적수단을 도입하려는 것임.

「범죄수익 은닉의 규제 및 처벌 등에 관한 법률」 개정안은 김재원 의원이 2014년 5월 28일에 대표발의했다. 하지만 제3자의 재산권을 침해할 수 있다는 우려로 인하여, 국회 법사위 법안심사소위에서 법안처리에 제동이 걸렸다. 그러나 2014년 10월 21일에 여야 원내대표가 세월호 정국을 마무리하기 위해 법안처리에 합의했다. 그러나 이후 유병언이 사망한 채로 발견되었기 때문에 '공소권 없음'의 처분이 내려졌고, 유병언의 유죄판결을 전제로 제3자에게 상속·증여된 재산을 추징하기 위한 유병언법은 이 사건에서는 의미를 잃었다. 그럼에도 불구하고, 법안은 2014년 11월 7일에 국회 법제사법위원회와 본회의를 통과했고, 대통령에 의하여 공포된 이후 같은 해 11월 19일부터 시행되고 있다.

3. 유병언법의 내용

유병언법은 많은 인명피해가 초래된 사고에 책임이 있는 사람이 유죄 판결을 받는 경우에는 일가·측근에까지 범죄수익을 추징할 수 있도록 하고 있다.

범죄수익을 환수하는 입법이 필요하다는 주장[3]은 이미 오래되었고, 2013년에는 전두환법도 입법되었기 때문에, 세월호사고의 실질적 원인을 제공하였다는 유병언의 재산을 추징하자는 「범죄수익 은닉의 규제 및 처벌 등에 관한 법률」 개정안은 위헌 소지가 있다는 주장이 있음에도 불구하고 통과되었다. 유병언법의 주요내용은 다음과 같다.

① "다중인명피해사고"는 고의 또는 과실에 의한 화재, 붕괴, 폭발, 선박·항공기·열차 사고를 포함하는 교통사고, 화생방사고, 환경오염사고 등으로서 국가 또는 지방자치단체 차원의 대처가 필요한 인명피해를 야기한 사고로 정의 규정을 신설함(제2조 제5호 신설).
② 다중인명피해사고 발생에 형사적 책임이 있는 개인, 법인 및 경영지배·경제적 연관 또는 의사결정에의 참여 등을 통해 그 법인을 실질적으로 지배하는 자에 대한 이 법에 따른 몰수대상재산에 관한 추징은 그 정황을 알면서 취득한 제3자를 상대로 집행할 수 있도록 함(제10조의2 신설).
③ 몰수·추징의 집행을 위하여 필요하다고 인정되면 검사가 관계인의 출석 요구 및 진술의 청취, 서류 등의 제출요구, 과세정보의 제공 요청, 금융거래 정보의 제공 요청, 공공기관 등에 대한 사실조회, 영장에 의한 압수·수색·검증 등의 처분을 할 수 있도록 함(제10조의3 신설).

4. 유병언법을 둘러싼 논란

김재원 의원 등이 발의한 유병언법과 정부가 제출한 김우중법은 「범죄수익 은닉의 규제 및 처벌 등에 관한 법률」을 개정하자는 점에서 대동소이하다.

---

3 조균석, 범죄수익박탈을 위한 입법론, 형사정책연구, 제3권 제3호, 1992, 169쪽.

유병언법은 사실상 김우중법의 확대판이라고 평가되기도 한다.[4] 유병언법이 입법되면서 새로운 규정의 적용에 관한 부칙 조항[5]도 신설되었는데, 신설된 규정은 몰수 또는 추징절차가 진행 중인 경우에도 적용되도록 규정하였다.

김우중법의 입법 필요성이 주장되듯이 유병언법의 입법 필요성도 강하게 주장되었다. 그러나 김우중법에 대한 위헌론이 있는 것처럼 제3자의 재산권과 재판받을 권리 등을 침해할 가능성이 있다는 이유로 유병언법에 대한 위헌론도 존재하였다. 국회에서의 심의과정에서도 제3자 추징규정의 확대에 부담을 느끼며 유병언법으로 해서 유병언만 적용대상으로 하자는 의견이 제시되기도 하였다.[6]

결과적으로, 유병언법은 만들어졌지만 유병언이 사망하였기 때문에 유병언법을 적용하는 것이 불가능하게 되었고, 세월호사고와 유병언을 둘러싼 사회적 이슈가 사라져서 유병언법에 관한 논쟁은 종료되었다.

이후 2020년 1월에는 세월호 참사의 사고수습 과정에서 국가가 지출한 비용 중 70%를 故 유병언 전 세모그룹 회장의 자녀들이 부담해야 한다는 서울중앙지방법원의 판결이 나왔다. 국가가 이미 지출한 사고수습비용에 대한 구상금[7] 청구소송에서 청구액 4,213억 중에서 수색·구조비용에 해당하는 3,723억원의 70%에 해당하는 2,606억원이 유 전회장이 책임질 부분이고, 이 중에서 유 전회장의 자녀들은 국가에 총 1,700억여원을 지급하라는 판결이 선고되었다.

---

4 이데일리, 2014. 8. 28.

5 부칙 제2조(몰수·추징의 집행에 관한 적용례) 제2조 제5호, 제10조의2 및 제10조의3의 개정규정은 이 법 시행 당시 몰수 또는 추징 절차가 진행 중인 경우에도 적용한다.

6 국회 법제사법위원회 법안심사소위원회 회의록, 2014. 11. 6, 4~5쪽.

7 채무를 대신 변제해 준 사람이 채권자를 대신하여 채무자에게 반환을 청구할 수 있는 권리를 구상권이라 하고, 구상금은 구상권의 금액이다.

CHAPTER

58 김우중법

1. 김우중과 김우중법

김우중은 전 대우그룹 회장이다. 김우중법[1]은 고액 추징금 미납자가 타인 명의로 숨긴 재산에 대하여 몰수나 추징을 강제할 수 있는 「범죄수익은닉의 규제 및 처벌 등에 관한 법률」의 개정안이다.

2. 김우중법의 배경

김우중은 1999년 대우그룹 해체 후 분식회계과 국외재산도피 등을 주도한 혐의로 2006년에 징역 8년 6월과 벌금 1,000만원, 추징금 17조 9,253억원[2]을 선고받았다. 법원이 김우중에게 선고한 추징금 17조 9,253억원 중에서, 추징금의 0.5%에 해당하는 887억원만 납부되었다. 김우중은 징역형을 복역하다가 2008년 1월에 특별사면되어 석방되었다. 김우중법이 만들어지면 김우중 전회장의 가족이나 측근들에 대해서도 추징이 가능해진다. 즉, 김우중 전 회장 가족의 국내외 재산이 김우중 전회장이 은닉한 재산인지에 대한 조사가 가능해지고, 은닉재산임이 확인되면 추징이 가능해진다.

---

1 중앙일보, 2014. 5. 20; 노컷뉴스, 2013. 9. 12.

2 추징금을 선고받은 대우그룹 관계자 7명의 액수까지 합치면 추징금은 23조원을 넘는다.

김우중법은 2013년 7월에 만들어진 전두환법으로 불리는 「공무원범죄에 관한 몰수 특례법」의 개정[3] 취지를 일반 기업인에게도 적용하자는 것이다. 즉, 김우중법은 공무원의 은닉재산에 대한 추징을 가능케 한 전두환법을 일반인에게 확대하고자 하는 입법적 시도로 볼 수 있다. 또한 유병언법도 김우중법처럼 「범죄수익 은닉의 규제 및 처벌 등에 관한 법률」을 개정하여, 제3자로부터의 추징을 가능하게 한 것이다.

「범죄수익은닉의 규제 및 처벌 등에 관한 법률」 개정안의 제안이유는 다음과 같다.

> 몰수·추징의 집행을 면탈하려고 가족 등 다른 사람의 명의로 재산을 은닉하는 행위의 증가로 인하여 몰수·추징의 집행률이 저조한바, 범죄단체의 조직 등 특정범죄와 관련된 불법 재산의 형성을 방지하고 추징 제도의 실효성을 높이기 위하여 다른 사람의 명의로 은닉된 재산도 추징의 집행 대상이 될 수 있도록 하고 몰수·추징의 집행 절차를 개선하려는 것임.

일반적인 추징금 집행률은 매우 낮다. 2008년부터 2013년까지 5년간 약 4,747억원의 추징금을 환수하였음에도 불구하고 추징금 집행률은 1% 미만이다. 법무부 자료에 의하면 2015년 현재 추징건수는 2만 2,485건이고 금액으로는 25조 5,538억원이 환수되지 않아 미환수율이 99.72%에 달한다고 한다.[4] 고액추징금 미납자들은 '버티면 그만'이라는 생각을 가지고 있고, 이는 국민들에게 박탈감을 주고 있고, 결국은 법질서를 경시하는 풍조를 확산시킨다.[5]

---

3 차명재산에 대한 추징이 곤란한 문제를 해결하기 위하여 '특정공무원범죄'로 얻은 불법재산의 경우에는 그 정황을 알면서 불법재산을 취득한 범인 외의 자를 상대로 추징을 집행할 수 있도록 하는 내용으로 2013년 7월 「공무원범죄에 관한 몰수 특례법」이 개정되었다. 전두환법 참조.

4 김남근, 국정농단과 범죄수익환수, 대한변협신문, 제618호, 10쪽.

5 정웅석, 유죄판결 없는 몰수제도 도입에 관한 연구, 형사법의 신동향, 46호, 2015. 3, 186쪽.

따라서, 김우중법과 같은 법률 개정을 통해서 ① 가족 등 다른 사람의 명의로 은닉된 물건에 대하여 집행이 가능하도록 추징의 집행 대상을 확대함으로써, 특정범죄와 관련된 추징의 집행률이 제고될 것과 ② 몰수·추징 집행의 실효성을 강화하는 제도를 마련함으로써, 특정범죄와 관련된 몰수·추징의 원활한 집행 기반이 확보될 것으로 기대된다는 것이다.

정부는 2013년 11월 12일에 「범죄수익은닉의 규제 및 처벌 등에 관한 법률」 개정안을 국회에 제출하였다. 제출된 개정안은 법제사법위원회에 회부되었고, 2014년 7월 10일에 법안심사소위원회에서 논의되었지만, 이후에는 진전이 없다가 2016년 5월 29일에 제19대 국회의 임기만료로 폐기되었다.

3. 김우중법의 내용

「형법」에 의하여 범죄행위에 제공하였거나 제공하려고 한 물건 등은 몰수할 수 있고, 범인 이외의 자의 소유에 속하지 아니하거나 범죄 후 범인 이외의 자가 정을 알면서 취득한 물건은 몰수하되, 몰수가 불가능한 때에는 그 가액을 추징하도록 하고 있다. 김우중법은 특정경제범죄가중처벌법상 재산국외도피, 외국공무원에 대한 뇌물, 범죄단체수익 등 중대범죄와 관련하여 발생한 범죄수익에 대하여, 검사가 차명재산임을 확인하면 그 재산을 추징할 수 있도록 하는 내용의 「범죄수익은닉의 규제 및 처벌 등에 관한 법률」 개정안이다.

일반적으로 범죄를 통해 확보한 불법재산은 범인이 아닌 가족·친지 등의 명의로 은닉하는 경우가 많다. 이렇게 제3자가 범죄수익을 매매 등을 통해 취득한 경우에는 「민법」상 사해행위 취소소송 절차를 거쳐 범인의 소유로 회복한 후 범인을 상대로 추징을 집행하여야 하기 때문에 추징의 집행이 곤란한 문제가 있기 때문에, 제3자의 명의로 은닉한 범죄수익을 환수하기 위해서는 김우중법이 필요한 것이다.

구체적으로「범죄수익은닉의 규제 및 처벌 등에 관한 법률」 개정안의 중요 내용은 추징 판결의 집행 범위 확대와 몰수·추징 집행의 실효성 강화이다.

① 제10조의2를 신설하여 추징판결의 집행범위를 확대하는 내용인데, 범인이 그 가족 또는 측근 등의 명의로 은닉한 재산은「민법」상 사해행위의 취소 소송 절차를 거치지 아니하면 추징의 집행을 하기 곤란한 문제점이 있기 때문에, 범죄단체의 조직 등 특정범죄와 관련된 범죄수익 등에 관한 추징은 범인 외의 자가 그 정황을 알면서 취득한 몰수대상재산 및 그로부터 유래한 재산에 대하여 그 범인 외의 자를 상대로 집행할 수 있도록 하자는 것이다.

② 제10조의3을 신설하여 몰수·추징 집행의 실효성을 강화하는 내용인데, 몰수 대상자 및 추징금 미납자에 대한 금융거래정보 등의 확보 방안의 미비로 몰수·추징의 집행 대상이 되는 재산에 대한 추적이나 은닉행위의 발견에 어려움이 있기 때문에, 검사는 몰수·추징의 집행을 위하여 필요하면 관계인의 출석 요구, 과세정보의 제공 요청, 금융거래 정보의 제공 요청 및 영장에 의한 압수·수색·검증 등을 할 수 있도록 하려는 것이다.

현 행	개정안
<신설>	**제10조의2(몰수대상재산 등에 대한 추징)** 이 법에 따른 몰수대상재산에 관한 추징은 범인 외의 자가 그 정황을 알면서 취득한 몰수대상재산 및 그로부터 유래한 재산에 대하여 그 범인 외의 자를 상대로 집행할 수 있다.
<신설>	**제10조의3(몰수·추징의 집행을 위한 검사의 처분)** ① 검사는 이 법에 따른 몰수·추징의 집행을 위하여 필요하다고 인정되면 그 목적에 필요한 최소한의 범위에서 다음 각 호의 처분을 할 수 있다. 다만, 범인 외의 자에 대한 제4호 및 제5호의 처분은 제3항에 따른 영장이 있어야 한다. 1. 관계인의 출석 요구 및 진술의 청취 2. 서류나 그 밖의 물건의 소유자·소지자 또는 보관자에 대한 제출

	요구 3. 「특정 금융거래정보의 보고 및 이용 등에 관한 법률」 제7조 제1항에 따른 특정금융거래정보의 제공 요청 4. 「국세기본법」 제81조의13에 따른 과세정보의 제공 요청 5. 「금융실명거래 및 비밀보장에 관한 법률」 제4조 제1항에 따른 금융거래의 내용에 대한 정보 또는 자료의 제공 요청 6. 그 밖의 공공기관 또는 단체에 대한 사실조회나 필요한 사항에 대한 보고 요구 ② 제1항의 자료제공 요청에 대하여 해당 기관은 군사, 외교, 대북관계 등 국가안위에 중대한 영향을 미치는 경우를 제외하고는 다른 법률을 근거로 이를 거부할 수 없다. ③ 검사는 제1항의 몰수·추징의 집행을 위하여 필요한 경우 지방법원 판사에게 청구하여 발부받은 영장에 의하여 압수·수색 또는 검증을 할 수 있다.

4. 김우중법을 둘러싼 논란

김우중법에 대해서 추징금을 선고받은 당사자 이외의 제3자에게서 추징금을 징수하는 것이 정당한지를 검토할 필요가 있다는 의견이 있다. 또한 김우중이라는 인물을 겨냥하여 만든 위헌적인 법률이 아닌지에 대한 의문이 제기되었다. 2014년 7월에 국회 법사위 법안소위에서는 김우중법과 유병언법을 심사했지만, 이러한 문제 제기에 대한 해결책이 제시되지 않았다. 「범죄수익은닉의 규제 및 처벌 등에 관한 법률」 개정안, 즉 김우중법은 제3자의 재산권과 재판받을 권리를 침해해서 위헌으로 볼 수 있다는 것이다.

전두환법은 공무원범죄를 대상으로 하기 때문에 합헌적이라고 볼 수 있는 반면에 그 범위를 일반범죄에 대해서 확대하면서 검사에게 과도한 권한을 주고자 하는 김우중법은 과도한 법안이라는 평가가 있다.[6] 또한 범인에 대한 추징의 재판

6 「공무원범죄에 관한 몰수 특례법」에 대한 평가, 대한변호사협회 입법평가보고서, 2015. 2, 50쪽.

을 제3자를 상대로 집행하는 것은 몰수와 추징의 일반법리와 모순된다는 점, 법인에 대한 추징재판의 집행을 제3자에 대하여 인정하면서 그 요건에 대하여 법원의 심사 없이 집행기관의 판단만으로 가능하도록 하는 것은 제3자의 법관에 의한 재판을 받을 권리를 침해할 우려가 있다는 점 등이 문제로 지적되고 있다.[7]

공직자의 의도적·악의적인 뇌물과 기업경영 판단에 따른 행위를 구분해야 하고, 기업인에 대한 추징은 경영활동을 위축시킬 우려가 있다는 것이다.[8] 김우중의 거액 추징금 미납에 대한 대중의 일시적 공감 혹은 요구가 크다고 하더라도 법치국가적 기본질서와 헌법정신을 훼손하는 입법이 허용되어서는 안된다는 의견도 있다.[9]

전두환법은 법적용의 대상을 공무원 뇌물로 한정했는데, 전두환법을 일반인의 범죄로 확대하는 김우중법의 입법은 신중한 검토가 필요하다. 이에 대한 반론으로는, 공무원은 차명재산을 추징하면서 기업인의 차명재산이나 해외유출을 추징하지 않는 것은 기업인에게 면죄부를 주는 것이고, 김우중법은 법원이 판결한 추징금을 제대로 집행할 수 있게 하는 데 의미가 있다는 것이다.

전두환법은 몰수 추징의 범위를 공무원범죄로 확대한 것이고, 유병언법은 범위를 다중인명 피해범죄로 확대한 것이며, 김우중법은 그 범위를 일반적·전면적으로 확대하는 의미를 갖는 것이기 때문에 위헌논란이 있었던 것이며, 이로 인하여 김우중법은 입법되기 어려웠다. 2019년 12월 김우중 회장의 별세로 김우중법 논란은 역사 속으로 사라졌다.

---

7 법제사법위원회, 범죄수익은닉의 규제 및 처벌 등에 관한 법률 일부개정법률안 검토보고서, 2014. 2, 8쪽.

8 정웅석, 기업범죄의 범죄수익에 관한 몰수 및 추징의 실효성 확보방안, 비교형사법연구, 제15권 제2호, 2013, 341쪽.

9 김구슬, 범죄수익몰수제도의 문제점과 개선방안, 이화여자대학교 법학박사청구논문, 2015, 79쪽.

CHAPTER

59 이학수법

1. 이학수와 이학수법

이학수는 전 삼성 부회장이다. 이른바 '이학수법'이라고도 불리는 '불법이익환수법안'은 횡령·배임 등을 통하여 제3자가 취득한 이익의 가액이 50억원 이상일 경우 법무부 장관이 민사적 절차를 통해 환수토록 하는 것이 주요 내용이다.

이학수법은 1999년 삼성SDS가 230억원 규모인 신주인수권부사채(BW)의 저가발행을 통해서 이학수 전 삼성 부회장과 김인주 삼성경제연구소 사장, 이재용 삼성 부회장 등이 얻은 평가이익을 환수하는 내용을 골자로 한다. 원인을 제공하고 이를 주도하였다는 의미에서 '이학수법',[1] 이로 인한 이익을 보았다는 의미에서 '이재용법',[2][3] 혹은 법안 발의자의 이름을 따서 '박영선법'이라고 불려 왔다.

---

1 서울경제신문, 2015. 2. 23; 아시아경제, 2015. 2. 16; 연합뉴스, 2014. 11. 21.

2 이학수법? 이재용법이 맞습니다, 한겨레신문, 2015. 2. 26.

3 "이 법안이 통과될 경우 BW 헐값 발행이라는 범죄행동과 관련이 없더라도 그로 인해 이익을 거둔 이재용 삼성전자 부회장, 이부진 호텔신라 사장, 이서현 제일모직 사장 등 삼남매의 삼성SDS 상장차익도 환수대상이 될 수 있다는 점이 언론에 밝혀지면서, 이 법안은 이재용법으로 통칭되고 있다" 김구슬, 범죄수익몰수제도의 문제점과 개선방안, 이화여자대학교 법학박사청구논문, 2015, 79쪽.

2. 이학수법의 배경

1999년에 액면가 5,000원인 삼성SDS 주식이 장외에서 약 2만원에 거래되고 있었음에도 불구하고, 7,150원에 신주를 인수할 수 있는 권리가 포함된 삼성SDS '신주인수권부사채(BW)'를 본인들과 이건희 회장의 자녀들이 인수하였다.

이학수 전 부회장과 김인주 전 사장은 이와 관련한 불법행위가 인정돼 2009년 배임죄로 인한 유죄판결을 받았고, 다음해인 2010년에는 파격적으로 특별사면을 받았다. 그러나 형사처벌과는 별도로 이로 인해 발생한 부당한 이익을 어떻게 할 것인가의 문제로 남았다. 이재용 부회장 등은 8,000억원을 사회에 헌납하고 증여세도 납부하였으며 배임에 따른 회사손실도 보상하였다.

그러나 2014년 11월에 삼성 SDS주식이 주식시장에 상장되면서 수조원의 막대한 차익이 발생하였고, 이러한 차익이 불법이라고 하여 환수해야 한다는 주장이 나왔다. 따라서 불법적으로 취득한 주식을 통해 얻은 막대한 이익을 국가로 환수하기 위해서는 특별법의 제정이 필요하다는 주장으로 이어졌다.[4]

이에 박영선 의원은 2015년 2월 17일 범죄자가 범죄행위를 통하여 벌어들인 불법이익을 국고로 환수하기 위한 「특정재산범죄수익 등의 환수 및 피해구제에 관한 법률안」(불법이익환수법)을 여야 국회의원 총 104명의 동의를 받아 대표발의하였다.

박영선 의원은 유죄판결을 받은 범인과 그 수혜자들이 천문학적 불법이익을 올리는 것을 우리 사회가 용인한다면 이는 수많은 근로자들의 근로의욕을 상실케 하고 유사범죄의 재발을 막지 못한다는 점을 고려하여 법안을 발의한다고 법안발의의 이유를 밝혔다. 「특정재산범죄수익 등의 환수 및 피해구제에 관

4 헤럴드경제, 2015. 2. 13.

한 법률안」의 제안이유는 다음과 같다.

> 최근 삼성에스디에스 주식회사의 증권시장 상장 등을 계기로 과거의 범죄행위로 인하여 법원에서 유죄 판결을 받았음에도 불구하고 그러한 범죄행위로 인하여 취득한 재산에 대해 환수를 하지 않아 그 재산으로부터 수천억에서 수조원에 이르는 막대한 시세차익을 올리는 것이 과연 경제정의에 부합하는가에 대한 논란이 일고 있음. 이와 같은 불법이익을 우리 사회가 용인한다면 범죄행위로 인한 자본축적을 사회적으로 정당화하는 사례가 된다는 점에서 모든 사회적 폐습과 불의를 타파하고자 하는 헌법 전문의 정신에 위배됨. 더구나 이러한 범죄행위의 목적이 범인 또는 범인 외의 자에게 범죄수익 등을 취득하게 하는 것인데도 범죄행위로 인하여 취득한 재산에 대해 범인 또는 범인 외의 자에게서 환수를 하지 않아 결과적으로 범죄행위의 목적이 달성되게 한다면 이는 범죄행위를 조장하는 결과를 초래할 것이며, 결국 우리 헌법이 규정하고 있는 평등권과 경제민주화 정신을 위배하는 것이라 할 것임. 이에 특정재산범죄와 관련된 범죄수익 등의 환수에 관한 절차를 규정함으로써 경제정의를 실현하고, 특정재산범죄를 조장하는 경제적 요인을 근원적으로 제거하여 모든 사회적 폐습과 불의를 타파하고자 하는 헌법 전문의 이념을 구현하고자 함.

이학수법은 소관 위원회인 법제사법위원회에서 법안심사소위원회에 회부되었지만, 논의되지 못하고 제19대 국회의 임기만료로 법안은 폐기되었다.

이후 제19대 국회의 임기만료로 폐기된 이학수법은 제20대 국회에서 재발의되었다. 박영선 의원 등 64인의 국회의원은 2017년 2월 28일에 「특정재산범죄수익 등의 환수 및 피해구제에 관한 법률안」(불법이익환수법)을 발의하였는데, 제20대 국회에서 전과 유사한 내용으로 다시 발의된 이 법안도 이학수법으로 불린다.[5] 이 법안은 2017년 9월 19일에 법제사법위원회에 상정되었다. 제20대 국회에서 다시 발의된 「특정재산범죄수익 등의 환수 및 피해구제에 관한 법률안」의 제안이유는 다음과 같다.

---

5 조선비즈, 2016. 8. 29.

최순실 국정농단의 여러 의혹 가운데 각 대기업들의 부정청탁을 들어주는 조건으로 이들로부터 거액의 자금을 지원받은 정황들이 계속해서 터져나오고 있음. 이들 기업들은 많게는 수백억에서 수십억을 최순실 관련 재단 등에 지원했으며 이로 인해 편법 상속에 대한 묵인, 사면 대가, 향후 정부 예산 지원 약속 등 여러 형태의 불법 이익을 취하고 있는 상황임.

또한, 지난 삼성에스디에스 주식회사의 증권시장 상장 등을 계기로 과거의 범죄행위로 인하여 법원에서 유죄 판결을 받았음에도 불구하고 그러한 범죄행위로 인하여 취득한 재산에 대해 환수를 하지 않아 그 재산으로부터 수천억에서 수조원에 이르는 막대한 시세차익을 올리는 것이 과연 경제정의에 부합하는가에 대한 논란이 일었음. 이러한 과정을 통해 삼성 이재용 부회장은 20여년 전 이건희 회장으로부터 83억을 받아 현재 약 8조원에 가까운 재산을 증식하고 시가총액 약 330조가 넘는 삼성그룹의 실질적 소유지배권자로 등극함.

이와 같은 불법이익을 우리 사회가 용인한다면 범죄행위로 인한 자본축적을 사회적으로 정당화하는 사례가 된다는 점에서 모든 사회적 폐습과 불의를 타파하고자 하는 헌법 전문의 정신에 위배됨. 현재 「범죄수익은닉의 규제 및 처벌 등에 관한 법률」에도 범죄수익을 몰수하는 규정이 있긴 하지만 재벌 관련 범죄들은 피해자가 계열사이거나 아니면 그 회사 임원들이기 때문에 재벌총수를 상대로 손해배상 청구 소송을 할 수도 없고 하지도 않는 문제가 있음. 더구나 이러한 범죄행위의 목적이 범인 또는 범인 외의 자에게 범죄수익 등을 취득하게 하는 것인데도 범죄행위로 인하여 취득한 재산에 대해 범인 또는 범인 외의 자에게서 환수를 하지 않아 결과적으로 범죄행위의 목적이 달성되게 한다면 이는 범죄행위를 조장하는 결과를 초래할 것이며, 결국 우리 헌법이 규정하고 있는 평등권과 경제민주화 정신을 위배하는 것이라 할 것임. 이에 특정재산범죄와 관련된 범죄수익 등의 환수에 관한 절차를 규정함으로써 경제정의를 실현하고, 특정재산범죄를 조장하는 경제적 요인을 근원적으로 제거하여 모든 사회적 폐습과 불의를 타파하고자 하는 헌법 전문의 이념을 구현하고자 함임.

2017년 2월 28일에 발의되고 9월 19일에 법제사법위원회에 상정된 이 법안은 검토보고서만 제출이 되었고, 이후 법안 심의의 진전이 없다가 제20대 국회의 임기만료로 법안은 폐기되었다.

3. 이학수법의 내용

법안의 주요내용을 보면 횡령·배임이나 업무상 횡령·배임의 죄 중 그 범죄행위로 인하여 취득하거나 제3자로 하여금 취득하게 한 재물 또는 재산상 이익의 가액이 50억원 이상인 경우에 이 법을 적용하며 특정재산범죄로 인한 범죄수익 및 범죄수익에서 유래한 재산에 대해 법무부장관이 민사적 절차에 따라 국고에 귀속시키는 환수청구를 하고 법원이 결정하도록 규정하였다.

이 과정에서 이해관계인들이 환수청구에 참가하여 이의를 제기할 수 있도록 하였고, 법무부에 특정재산범죄피해자구제기금을 설치하여 환수결정에 따라 국고에 귀속된 범죄수익의 전부 또는 일부를 범죄피해자의 피해구제에 사용하도록 규정하였다.

「특정재산범죄수익 등의 환수 및 피해구제에 관한 법률」 제정안의 주요 내용은 다음과 같다.

① 특정재산범죄란 「형법」 제355조(횡령·배임) 또는 제356조(업무상의 횡령과 배임)의 죄 중 그 범죄행위로 인하여 취득하거나 제3자로 하여금 취득하게 한 재물 또는 재산상 이익의 가액이 50억원 이상인 죄를 말함(안 제2조 제1호).
② 법무부장관은 법원에 환수대상재산의 국고 귀속을 청구하도록 하되, 특정재산범죄가 범인 외의 자를 위하여 행하여지고 이로 인하여 그 범인 외의 자가 환수대상재산을 취득한 경우에는 그 환수대상재산이 범인 외의 자에게 귀속된 경우에도 환수청구할 수 있도록 함(안 제5조).
③ 누구든지 특정한 재산이 환수대상재산에 해당한다는 상당한 개연성이 있는 경우 법무부장관에게 서면으로 해당 재산에 대하여 환수청구를 할 것을 신청할 수 있도록 함(안 제6조).
④ 법원은 환수청구가 있는 경우 이해관계인에게 서면으로 이를 통지하도록 하고, 이해관계인은 환수청구에 참가하여 이의를 제기할 수 있도록 함(안 제8조 및 제9조).
⑤ 이해관계인이 환수청구에 참가한 경우 법무부장관은 해당 재산이 환수대상재

산에 해당함을 상당한 개연성이 있는 정도로 증명하여야 하고, 법원은 해당 재산이 환수대상재산에 해당함이 상당한 개연성이 있는 정도로 증명된 경우 환수대상재산을 국고에 귀속하는 결정을 하여야 함(안 제10조).

⑥ 환수청구의 관할은 서울중앙지방법원 합의부로 함(안 제12조 제1항).

⑦ 이 법에 따라 환수한 재산의 전부 또는 일부를 해당 특정재산범죄 피해자의 피해구제에 사용하기 위하여 법무부에 특정재산범죄피해자구제기금을 설치함(안 제15조).

⑧ 이 법은 이 법 시행 전에 범한 특정재산범죄로부터 발생한 특정재산범죄수익 등을 환수하는 경우에도 적용함(안 부칙 제2조).

4. 이학수법을 둘러싼 논란

이 법안은 "최근 삼성SDS 주식회사의 증권시장 상장 등을 계기로 과거의 범죄행위로 인하여 법원에서 유죄 판결을 받았음에도 불구하고 그러한 범죄행위로 인하여 취득한 재산에 대해 환수를 하지 않아 그 재산으로부터 수천억에서 수조원에 이르는 막대한 시세차익을 올리는 것이 과연 경제정의에 부합하는가"에 대한 논란과 관련하여, "특정재산범죄와 관련된 범죄수익 등의 환수에 관한 절차를 규정함으로써 경제정의를 실현하고, 특정재산범죄를 조장하는 경제적 요인을 근원적으로 제거"[6]하기 위한 법안 제안이유를 제시하고 있다.

이학수법에 대해서 "이학수법 논의가 선의에서 시작되었다는 것을 나는 의심하지 않는다. 그러나 이학수법은 의도하지 않은 나쁜 결과를 가져올 위험이 너무 크다. 선의가 성공을 보장하지는 못한다"[7]는 반대의견도 있고, "이학수법안이 향후 국회에서 제대로 심의되어 아직은 사실상의 치외법권에 머물러 있는

---

6 박수철, 법제사법위원회, 「특정재산범죄수익 등의 환수 및 피해구제에 관한 법률안」 검토보고, 2015. 6, 2쪽.

7 김상조, '삼성저격수'가 이학수법을 우려하는 이유, 경향신문, 2015. 2. 24.

경제부정의들을 제대로 교정할 수 있는 날이 하루 빨리 오기를 기대한다"[8]는 찬성의견도 있다.

이학수법에 대해서는 이중처벌금지원칙 및 소급입법금지원칙 위반 가능성과 개별입법으로서 평등원칙 등에 위반되므로 위헌일 수 있다는 우려가 있다. 헌법 제13조 제1항은 "모든 국민은 동일한 범죄에 대해 거듭 처벌받지 아니한다"며 이중처벌을 금지하고 있다. 이 사안과 관련하여 이학수 부회장 등은 이미 유죄판결을 받고 처벌을 받았다. 민사적 절차를 개정안의 내용으로 하고 했더라도 실질적으로 몰수형이라는 처벌에 가까운 조치가 이뤄지고, 당사자가 아닌 법무부 장관이 나서서 국가가 재산을 환수한다는 점 때문에 이중처벌 논란이 있다. 특정재산범죄를 저지른 자가 유죄판결을 받지 않았거나 재판을 받지 않았을 경우에도 환수를 가능토록 한 점도 논란이 예상된다.

헌법 제13조 제2항은 "모든 국민은 소급입법에 의해 재산권을 박탈당하지 않는다"며 소급입법금지원칙을 규정하고 있다. 1999년 사건으로 발생한 이익을 16년이 지난 뒤 새로운 법을 적용해 환수하는 것은 소급입법을 통한 재산권 침해에 해당하여 소급입법금지원칙에 위반될 가능성이 있다.

또한 헌법 11조는 "모든 국민은 법 앞에 평등하다. 모든 영역에 있어서 차별을 받지 아니한다"고 하여 평등원칙을 규정하고 있다. 이학수법은 '삼성SDS 사건'을 염두에 두고 있는 것으로 인식되고 있기 때문에 이러한 문제제기에서 자유롭지 못하다는 의견이다.[9]

제20대 국회에서 다시 발의된 「특정재산범죄수익 등의 환수 및 피해구제에 관한 법률안」에 대해서도 "이 법 시행 전에 행해진 특정재산범죄를 제재하기

8 한상희, 토론문, 불법이익환수법 공청회, 박영선의원실, 2015. 3. 26, 26쪽.
9 박수철, 법제사법위원회, 「특정재산범죄수익 등의 환수 및 피해구제에 관한 법률안」 검토보고, 2015. 6, 5~24쪽.

위하여 소급효를 인정할 경우 재산권의 보장 등을 목적으로 하는 헌법상 소급입법금지 원칙의 취지를 훼손하는 것이 아닌지 여부, 민사절차를 통하여 환수 여부를 결정하도록 하고 환수결정을 위한 국가의 증명책임을 경감하는 경우 이해관계인에게 상대적으로 법적 지위나 공정한 재판을 받을 권리 등을 약하게 하는 것은 아닌지 여부" 등을 고려하여야 할 것이라는 신중론이 제시되었다.[10]

그러나 법안의 필요성을 강조하여 발의하는 관점에서는, 친일재산을 국가의 소유로 환수하는 법률에 대해 위헌이 아니라는 헌법재판소의 결정도 있고, 유병언법이나 전두환법도 입법된 전례가 있으므로 문제될 것이 없으며 '정치적으로 돌파' 가능하다는 주장이 있었다.[11]

---

10 박수철, 법제사법위원회, 「특정재산범죄수익 등의 환수 및 피해구제에 관한 법률안」 검토 보고, 2017. 9, 32쪽.

11 조선비즈, 2015. 2. 3.

CHAPTER 60 최순실법

1. 최순실과 최순실법

최순실(최서원)은 박근혜 대통령 탄핵사건의 핵심인물이다. 일명 '최순실법' '최순실 재산몰수 특별법' 혹은 '순실 특별법'[1]은 부정한 방법으로 형성된 최순실 일가의 재산을 몰수·추징하자는 내용을 골자로 하는 법안이다.

2. 최순실법의 배경

국민적 충격을 안겨 준 '최순실' 사건은 박근혜 대통령이 탄핵을 받아 파면되는 결과를 가져왔다. 최순실은 공무원 신분이 아님에도 불구하고 대통령과의 친분관계를 이용하여 대통령의 국정운영에 관여하고 각종 부정부패 행위를 저질러서 국민의 공분을 일으켰다. 이에 따라 「대통령 등의 특정 중대범죄 처벌에 관한 특별법안」이 2016년 11월 23일에 심재철 의원을 대표발의자로 하여 10인의 의원이 공동으로 발의하였으며, 법안의 제안이유는 다음과 같다.

> 국민적 충격을 안겨 준 '최순실 게이트' 사건은 공무원 신분이 아닌 자가 대통령과의 친분관계를 이용하여 대통령의 국정운영에 관여하고 각종 부패범죄를 저지

1 서울경제, 2017. 12. 14; 이데일리, 2018. 8. 17; 헤럴드경제, 2018. 1. 17.

> 른 사건으로 공분을 불러일으켰음. 공무원의 부패범죄에 대해서는 현행 「공무원범죄에 관한 몰수 특례법」, 「부패재산의 몰수 및 회복에 관한 특례법」, 「범죄수익은닉의 규제 및 처벌 등에 관한 법률」 등이 규율하고 있으나, 이른바 '비선실세'로 칭해지는 공무원 아닌 자의 국정 관여 및 부정축재에 대해서는 충분한 규율이 이뤄지지 못하고 있음. 특히 대통령은 헌법과 법률에서 부여된 막강한 권한 때문에 친분관계 있는 자의 국정 관여와 부패범죄의 가능성이 높고, 실제로도 현행 헌법 발효 이래 역대 대통령마다 측근과 친인척 등의 부패범죄로 국정 운영이 마비되는 상황이 반복되어 왔음에도 대통령에 대한 수사 가능성을 둘러싼 논란으로 효과적인 비리 척결이 이뤄지지 못하여 왔음.

이와는 별개로 「민주헌정침해행위자의 부정축적 재산 환수에 관한 특별법안」이 2016년 11월 29일에 채이배 의원을 대표발의자로 하여 38인의 의원이 공동으로 발의하였으며, 법안의 제안이유는 다음과 같다.

> 대한민국 헌법상 모든 권력은 국민에게 속하는 것이고, 국가권력은 오직 국민의 위임을 통해서만 정당하게 행사될 수 있음. 그럼에도 불구하고 대통령은 대통령에게 국민이 위임한 권한을 민간인 최순실(최서원)에게 함부로 양도하였고, 최순실과 그의 친척 및 친분관계 있는 주변 인사들은 그 양도받은 권한을 휘두르며 정부의 주요 정책결정과 사업 등에 불법적으로 개입하고 급기야 국가권력을 개인적인 부의 축적 수단으로 활용한 것으로 드러나고 있음.
>
> 이와 같은 국가권력의 사유화는 헌법상 민주주의 원칙을 근간부터 위협하는 행위로, 이로 인해 입헌정치가 사실상 중단되는 결과가 초래되었다 해도 과언이 아님. 헌정질서를 뒤흔든 이 행위에 대해 형사적·정치적 책임을 물어야 하는 것은 물론이고, 헌정질서의 침해 이전 상태로 원상회복하는 것이 헌정수호의 관점에도 보다 부합하다 할 것임. 특히 사유화한 국가권력을 이용하여 불법적·편법적으로 축적한 재산에 대하여 그대로 재산권을 인정한다면 이는 결코 정의로운 결과라 할 수 없을 것임. 그러나 최근 일련의 사태는 정상적인 국가에서 벌어지리라고는 예측할 수 없었던 초유의 사태로, 현행법은 이런 비정상적 사태까지 예견 또는 상정하여 이를 제재하고 원상회복하기 위한 제도를 갖추고 있지는 못함.
>
> 그렇기 때문에 불법행위 발생 이전의 상태로 최대한 되돌려 부정하게 획득한 이익은 박탈하고, 피해 회복이 가능한 부분은 회복해야 한다는 국민적 요구가 높

> 은 상황임. 국회는 입법기관이자 대의기관으로서 이러한 국민들의 요구에 응답할 의무가 있음. 뿐만 아니라 향후 또 다시 권력을 사유화하여 축재에 이용하려는 자가 나타날 경우를 대비해서라도, 국가권력을 이용해 부정하게 축적한 재산에 대해서는 권리를 인정할 수 없다는 원칙을 분명히 세울 정책적 필요도 있음.
> 이에 국가권력의 사유화를 통해 부정하게 축적한 재산을 국고에 귀속할 수 있도록 현행 형사몰수 관련 법제를 개선하는 한편, 헌정질서를 위협하며 사유화한 권력을 개인적 축재 수단으로 이용하였음이 명백함에도 형사적 책임을 묻기 어려운 법률적·현실적·기타 여러 이유로 몰수의 사각지대가 발생할 것을 우려하여, 위원회의 판단을 거쳐 부정하게 축적한 재산을 국고로 환수할 수 있는 제도를 새롭게 마련하고자 함.

위 두건의 법안은 공히 2016년 11월 30일에 법제사법위원회에 회부되어 2017년 2월 23일에 위원회에 상정되었다. 그러나 그 이후에 법안 심의의 진전이 없다가, 제20대 국회의 임기만료로 법안은 폐기되었다.

3. 최순실법의 내용

「대통령 등의 특정 중대범죄 처벌에 관한 특별법안」의 주요내용은 대통령과 보좌진, 친인척, 친분관계가 있는 자들을 망라해 이들의 뇌물, 사기, 횡령, 공무상 비밀누설, 탈세 등 권력형 범죄에 대해서 공소시효를 폐지하는 내용이 담겼다. 이들이 해외로 빼돌려 숨긴 비리재산의 환수 근거도 명시했다. "현행법상 공무원의 부패범죄는 처벌과 비리 재산의 환수 근거가 완비되어 있지만 '최순실게이트'처럼 민간인의 국정 관여 범죄에 관해서는 환수 등에 입법미비가 있었다"고 설명했다.

또 헌법상 재직중 형사소추를 금지한 대통령에 대해서도 수사할 수 있음을 명문화했다. 그동안 형사소추금지 조항(헌법 제84조)을 두고 대통령에 대해선 재직 중 조사(수사)도 불가능한 것인지 등에 해석상 논란이 있었다.

「민주헌정침해행위자의 부정축적 재산 환수에 관한 특별법안」의 주요내용은 '최순실 패키지'는 몰수 대상을 넓히고 소급 적용이 가능하도록 한 형사 몰수 관련 법률 개정안 3건과 최순실 일가를 비롯한 국정농단 세력이 부정하게 축적한 재산을 환수 할 수 있도록 한 특별법 제정안 1건으로 구성되어 있다.

먼저 3건의 개정안(① 공무원범죄에 관한 몰수 특례법, ② 범죄수익은닉의 규제 및 처벌 등에 관한 법률, ③ 형법)은 형사몰수 관련 법제를 개선하여, 공무원범죄몰수법과 범죄수익은닉규제법상 몰수·추징 대상에 직권남용·강요·공무상 비밀이용 등을 추가하는 한편, 몰수의 성격을 형벌에서 보안처분으로 변경하고 기소하지 않는 경우에도 몰수재판을 할 수 있도록 함으로써 몰수의 범위와 소급 적용의 여지를 확대하는 내용이다.

한편, 「민주헌정침해행위자의 부정축재 재산 환수에 관한 특별법안」은 법률적·현실적·기타 여러 이유로 형사 몰수의 사각지대가 발생할 경우를 대비한 특별법 제정안으로, 전반적으로 친일재산귀속법의 틀을 따르고 있다. 이 법은 박근혜 대통령과 최순실 일가 및 부역자들의 국정농단 행위를 '민주헌정침해행위'로 규정하고, 민주헌정침해행위자들이 불법적으로 형성한 재산을 환수할 수 있도록 하는 것을 골자로 한다. 또한 국회에 부정축적재산조사위원회를 설치하고, 일정 기간 동안(18대 대선 이후) 취득 한 재산에 대해서는 최순실 등이 그 재산의 정당성을 입증하도록 입증책임을 전환하였다. 또한 국정농단 부역자들로 인한 국가예산낭비에 대한 국가의 손해배상청구와 국민들에 대한 신고 포상제도가 새롭게 추가되었다.

4. 최순실법을 둘러싼 논란

최순실법이 추진되는 배경과 원인에는 국민적인 분노를 초래한 '국정농단'이 있었다. 그러나 범죄수익 추징 대상을 딸이나 조카 등이 아닌 제3자에게까지 확대한 동 법안에 대해서는 위헌 여부에 관한 논란이 있다. 추징의 대상을 광범위하게 제3자에게 넓히게 되는 경우에는 불법재산임을 알지 못한 선의의 제3자의 재산권이 침해를 받을 가능성도 있을 수 있기 때문이다.

입법이 필요하다거나 '입법수요'가 있다고 하여 원하는 내용 모두를 입법에 반영할 수는 없다. 불법재산을 환수하는 경우에도 헌법원칙은 지켜져야 하는 것이다. 최순실법이 의도하는 입법목적을 달성하기 위해서는 범죄행위에 연관된 최씨 일가의 재산은 추징을 하면서도, 혹여 불법재산임을 알지 못하고 취득한 선의의 제3자에게는 책임을 묻지 않는 입법을 해야 한다.

「친일 반민족행위자 재산의 국가귀속에 관한 특별법」(약칭 친일재산귀속법) 제3조(친일재산의 국가귀속 등)에서는 이러한 헌법원칙을 반영하여 친일재산을 국가의 소유로 환수하되, 단서를 두어 "그러나 제3자가 선의로 취득하거나 정당한 대가를 지급하고 취득한 권리를 해하지 못한다"는 규정을 둔 것이다.

전관예우 관련

CHAPTER 61 안대희법

1. 안대희와 안대희법

안대희는 전 대법관이자 전 국세청 세무조사감독위원장이다. 안대희는 2014년 5월 22일에 국무총리에 지명되었으나 6일 만에 후보직을 사퇴하였다. 국무총리에 지명된 후 인사청문회를 준비하는 과정에서 고액수임료에 대한 논란이 있었고, 이 과정에서 퇴직한 공직자의 공직재취임을 2년간 제한하는 이른바 '안대희 방지법'[1] 혹은 안대희법[2]이 발의되었다.

당시 새정치민주연합은 퇴직한 공직자의 재취임을 2년간 제한하는 내용의 개정법안에 대하여 안대희 방지법 혹은 안대희법이라는 별명을 붙였다. 이러한 법의 명칭을 '안대희 방지법'이라고 부르는데 대해서 당시 민현주 새누리당 대변인은 국회 브리핑을 통해 "의도적으로 한 사람의 인생을 법명에 묶어 영원히 망신주려는 식으로 매도하는 행태"[3]라고 비판했다.

1 한국일보, 2014. 5. 27.
2 MK뉴스, 2014. 5. 27; 로이슈 2014. 6. 30.
3 이데일리, 2014. 5. 27.

2. '전관예우'의 의미와 문제점

공무원으로 재직하던 자가 퇴직한 후에 부당하거나 적절치 못한 특별대우를 받는 것이 전관예우(前官禮遇)이며, 특히 사법분야에서는 판사나 검사로 재직했던 사람이 변호사로서 맡은 사건에 대해서 법원과 검찰에서 유리하게 판결하는 법조계의 관행적 특혜를 의미하는 것이다. 전관예우는 사건처리의 공정성을 저해하기 때문에 대표적인 법조비리의 한 유형이다.

현관에게 부당한 영향력을 행사할 수 있는 전관에게는 고액의 수임료가 주어지고, 사건처리가 불공정하게 되어 '유전무죄(有錢無罪) 무전유죄(無錢有罪)'라 불리는 사법불신의 원인이 되기도 한다.[4]

서울지방변호사회에서 2013년에 변호사들을 대상으로 하여 "전관예우가 존재한다고 생각하느냐"는 설문조사에서, 존재한다는 응답이 90.7% 존재하지 않는다는 응답이 8.5%[5]일 정도로 전관예우의 불법적인 관행은 널리 퍼져있다. 일반 공무원의 전관예우를 방지하기 위하여 「공직자윤리법」에 취업제한에 관한 규정이 있으며, 검사·판사의 전관예우를 방지하기 위하여 「변호사법」에 수임제한에 관한 규정이 있다.

「변호사법」 제31조(수임제한) ① 변호사는 다음 각 호의 어느 하나에 해당하는 사건에 관하여는 그 직무를 수행할 수 없다. 다만, 제2호 사건의 경우 수임하고 있는 사건의 위임인이 동의한 경우에는 그러하지 아니하다.

1. 당사자 한쪽으로부터 상의(相議)를 받아 그 수임을 승낙한 사건의 상대방이 위임하는 사건
2. 수임하고 있는 사건의 상대방이 위임하는 다른 사건
3. 공무원·조정위원 또는 중재인으로서 직무상 취급하거나 취급하게 된 사건

② 제1항 제1호 및 제2호를 적용할 때 법무법인·법무법인(유한)·법무조합이 아

---

4 상세한 것은 홍완식, 법과사회, 법문사, 2015. 397쪽 이하 참조.

5 보도자료, 서울지방변호사회, 2013. 6. 11, 1쪽.

니면서도 변호사 2명 이상이 사건의 수임·처리나 그 밖의 변호사 업무 수행 시 통일된 형태를 갖추고 수익을 분배하거나 비용을 분담하는 형태로 운영되는 법률사무소는 하나의 변호사로 본다.

③ 법관, 검사, 장기복무 군법무관, 그 밖의 공무원 직에 있다가 퇴직(재판연구원, 사법연수생과 병역의무를 이행하기 위하여 군인·공익법무관 등으로 근무한 자는 제외한다)하여 변호사 개업을 한 자(이하 "공직퇴임변호사"라 한다)는 퇴직 전 1년부터 퇴직한 때까지 근무한 법원, 검찰청, 군사법원, 금융위원회, 공정거래위원회, 경찰관서 등 국가기관(대법원, 고등법원, 지방법원 및 지방법원 지원과 그에 대응하여 설치된 「검찰청법」 제3조 제1항 및 제2항의 대검찰청, 고등검찰청, 지방검찰청, 지방검찰청 지청은 각각 동일한 국가기관으로 본다)이 처리하는 사건을 퇴직한 날부터 1년 동안 수임할 수 없다. 다만, 국선변호 등 공익목적의 수임과 사건당사자가 「민법」 제767조에 따른 친족인 경우의 수임은 그러하지 아니하다.

④ 제3항의 수임할 수 없는 경우는 다음 각 호를 포함한다.

1. 공직퇴임변호사가 법무법인, 법무법인(유한), 법무조합 또는 「외국법자문사법」 제2조 제9호에 따른 합작법무법인(이하 이 조에서 "법무법인등"이라 한다)의 담당변호사로 지정되는 경우
2. 공직퇴임변호사가 다른 변호사, 법무법인등으로부터 명의를 빌려 사건을 실질적으로 처리하는 등 사실상 수임하는 경우
3. 법무법인등의 경우 사건수임계약서, 소송서류 및 변호사의견서 등에는 공직퇴임변호사가 담당변호사로 표시되지 않았으나 실질적으로는 사건의 수임이나 수행에 관여하여 수임료를 받는 경우

⑤ 제3항의 법원 또는 검찰청 등 국가기관의 범위, 공익목적 수임의 범위 등 필요한 사항은 대통령령으로 정한다.

「공직자윤리법」 제17조(퇴직공직자의 취업제한) ① 제3조 제1항 제1호부터 제12호까지의 어느 하나에 해당하는 공직자와 부당한 영향력 행사 가능성 및 공정한 직무수행을 저해할 가능성 등을 고려하여 국회규칙, 대법원규칙, 헌법재판소규칙, 중앙선거관리위원회규칙 또는 대통령령으로 정하는 공무원과 공직유관단체의 직원(이하 이 장에서 "취업심사대상자"라 한다)은 퇴직일부터 3년간 다음 각 호의 어느 하나에 해당하는 기관(이하 "취업심사대상기관"이라 한다)에 취업할 수 없다. 다만, 관할 공직자윤리위원회로부터 취업심사대상자가 퇴직 전 5년 동안 소속하였던 부서 또는 기관의 업무와 취업심사대상기관 간에 밀접한 관련성

이 없다는 확인을 받거나 취업승인을 받은 때에는 취업할 수 있다. <개정 2013. 6. 7, 2014. 12. 30, 2019. 12. 3.>

1. 자본금과 연간 외형거래액(「부가가치세법」 제29조에 따른 공급가액을 말한다. 이하 같다)이 일정 규모 이상인 영리를 목적으로 하는 사기업체
2. 제1호에 따른 사기업체의 공동이익과 상호협력 등을 위하여 설립된 법인·단체
3. 연간 외형거래액이 일정 규모 이상인 「변호사법」 제40조에 따른 법무법인, 같은 법 제58조의2에 따른 법무법인(유한), 같은 법 제58조의18에 따른 법무조합, 같은 법 제89조의6제3항에 따른 법률사무소(이하 "법무법인등"이라 한다)
4. 연간 외형거래액이 일정 규모 이상인 「공인회계사법」 제23조 제1항에 따른 회계법인
5. 연간 외형거래액이 일정 규모 이상인 「세무사법」 제16조의3 제1항에 따른 세무법인
6. 연간 외형거래액이 일정 규모 이상인 「외국법자문사법」 제2조 제4호에 따른 외국법자문법률사무소 및 같은 조 제9호에 따른 합작법무법인
7. 「공공기관의 운영에 관한 법률」 제5조 제3항 제1호 가목에 따른 시장형 공기업
8. 안전 감독 업무, 인·허가 규제 업무 또는 조달 업무 등 대통령령으로 정하는 업무를 수행하는 공직유관단체
9. 「초·중등교육법」 제2조 각 호 및 「고등교육법」 제2조 각 호에 따른 학교를 설립·경영하는 학교법인과 학교법인이 설립·경영하는 사립학교. 다만, 취업심사대상자가 대통령령으로 정하는 교원으로 취업하는 경우 해당 학교법인 또는 학교는 제외한다.
10. 「의료법」 제3조의3에 따른 종합병원과 종합병원을 개설한 다음 각 목의 어느 하나에 해당하는 법인
    가. 「의료법」 제33조 제2항 제3호에 따른 의료법인
    나. 「의료법」 제33조 제2항 제4호에 따른 비영리법인
11. 기본재산이 일정 규모 이상인 다음 각 목의 어느 하나에 해당하는 법인
    가. 「사회복지사업법」 제2조 제3호에 따른 사회복지법인
    나. 「사회복지사업법」 제2조 제4호에 따른 사회복지시설을 운영하는 가목 외의 비영리법인
12. 다음 각 목의 어느 하나에 해당하는 사기업체 또는 법인·단체로서 대통령령으로 정하는 기준에 해당하는 사기업체 또는 법인·단체
    가. 방위산업분야의 사기업체 또는 법인·단체

나. 식품 등 국민안전에 관련된 인증·검사 등의 업무를 수행하는 사기업체 또는 법인·단체

② 제1항 단서의 밀접한 관련성의 범위는 취업심사대상자가 퇴직 전 5년 동안 소속하였던 부서의 업무가 다음 각 호의 어느 하나에 해당하는 업무인 경우를 말한다. <개정 2014. 12. 30, 2019. 12. 3.>

1. 직접 또는 간접으로 보조금·장려금·조성금 등을 배정·지급하는 등 재정보조를 제공하는 업무
2. 인가·허가·면허·특허·승인 등에 직접 관계되는 업무
3. 생산방식·규격·경리 등에 대한 검사·감사에 직접 관계되는 업무
4. 조세의 조사·부과·징수에 직접 관계되는 업무
5. 공사, 용역 또는 물품구입의 계약·검사·검수에 직접 관계되는 업무
6. 법령에 근거하여 직접 감독하는 업무
7. 취업심사대상기관이 당사자이거나 직접적인 이해관계를 가지는 사건의 수사 및 심리·심판과 관계되는 업무
8. 그 밖에 국회규칙, 대법원규칙, 헌법재판소규칙, 중앙선거관리위원회규칙 또는 대통령령으로 정하는 업무

③ 제2항에도 불구하고 다음 각 호의 어느 하나에 해당하는 취업심사대상자(이하 "기관업무기준 취업심사대상자"라 한다)에 대하여는 퇴직 전 5년간 소속하였던 기관의 업무가 제2항 각 호의 어느 하나에 해당하는 경우에 밀접한 관련성이 있는 것으로 본다. <신설 2014. 12. 30.>

1. 제10조 제1항 각 호에 따른 공개대상자
2. 고위공무원단에 속하는 공무원 중 제1호에 따른 공개대상자 외의 공무원
3. 2급 이상의 공무원
4. 공직유관단체의 임원
5. 그 밖에 국회규칙, 대법원규칙, 헌법재판소규칙, 중앙선거관리위원회규칙 또는 대통령령으로 정하는 특정분야의 공무원과 공직유관단체의 직원

④ 제1항에 따른 취업 여부를 판단하는 경우에 「상법」에 따른 사외이사나 고문 또는 자문위원 등 직위나 직책 여부 또는 계약의 형식에 관계 없이 취업심사대상기관의 업무를 처리하거나 취업심사대상기관에 조언·자문하는 등의 지원을 하고 주기적으로 또는 기간을 정하여 그 대가로서 임금·봉급 등을 받는 경우에는 이를 취업한 것으로 본다. <개정 2014. 12. 30, 2019. 12. 3.>

⑤ 취업심사대상자가 퇴직 전 5년 동안 처리하였거나 의사결정과정에 참여한 제2항 각 호의 업무와 관련하여 다음 각 호의 어느 하나에 해당하는 경우 그

취업심사대상자가 소속하였던 부서의 업무는 해당 법무법인등, 회계법인, 세무법인, 외국법자문법률사무소 또는 합작법무법인의 업무와 제1항 단서에 따른 밀접한 관련성이 있는 것으로 본다. <개정 2019. 12. 3.>

1. 법무법인등이 사건을 수임(「변호사법」 제31조 제4항 각 호에 해당하는 수임을 포함한다)한 경우
2. 회계법인이 「공인회계사법」 제2조 각 호에 따라 업무를 수행한 경우
3. 세무법인이 「세무사법」 제2조 각 호에 따라 업무를 수행한 경우
4. 외국법자문법률사무소가 「외국법자문사법」 제24조 각 호에 따라 업무를 수행한 경우
5. 합작법무법인이 「외국법자문사법」 제35조의19에 따라 업무를 수행한 경우

⑥ 공직자윤리위원회는 제2항 및 제3항의 밀접한 관련성 여부를 판단하는 경우에 퇴직공직자의 자유 및 권리 등 사익과 퇴직공직자의 부당한 영향력 행사 방지를 통한 공익 간의 균형을 유지하여야 하며, 제3항 및 제5항에 따라 업무 관련성이 있는 것으로 보는 퇴직공직자에 대하여 제1항 각 호 외의 부분 단서에 따라 취업 승인 여부를 심사·결정하는 경우에 해당 업무 처리 등의 건수, 업무의 빈도 및 비중 등을 고려하여 해당 취업심사대상자의 권리가 불합리하게 제한되지 아니하도록 하여야 한다. <개정 2014. 12. 30.>

⑦ 제1항부터 제3항까지의 규정에도 불구하고 제10조 제1항 각 호에 따른 공개대상자가 아닌 취업심사대상자 중 「변호사법」 제4조에 따른 변호사는 법무법인등과 합작법무법인에, 「공인회계사법」 제3조에 따른 공인회계사는 회계법인에, 「세무사법」 제3조에 따른 세무사는 세무법인에 각각 취업할 수 있다. <개정 2014. 12. 30, 2019. 12. 3.>

⑧ 제1항의 경우 부서 또는 기관의 범위, 취업심사대상기관의 규모 및 범위 등에 관하여는 국회규칙, 대법원규칙, 헌법재판소규칙, 중앙선거관리위원회규칙 또는 대통령령으로 정한다. <개정 2014. 12. 30, 2019. 12. 3.>

⑨ 제1항부터 제3항까지의 규정에도 불구하고 취업심사대상자가 다음 각 호의 업무를 수행하기 위하여 취업하는 경우 제1항 단서에 따른 밀접한 관련성이 없는 것으로 본다. <신설 2019. 12. 3.>

1. 「비상대비자원 관리법」에 따른 비상대비업무
2. 「예비군법」에 따른 예비군부대의 지휘관 업무
3. 그 밖에 단순 집행적 업무로서 업무 관련성이 없다고 관할 공직자윤리위원회가 고시하는 업무

3. 안대희법의 배경

이처럼 법원 및 검찰 공무원을 포함한 고위공직자들에 대한 전관예우는 사회문제가 된 지 오래되었고 이를 규제하기 위한 제도와 법령도 어느 정도 마련되어 있다. 그러나 안대희 방지법이 거론된 이유는 전관예우가 아직도 여전히 존재하며 전관예우에 대한 규제가 충분치 않다는 점을 알려준다.

특히 안대희 전 대법관은 대법관 퇴임 후 변호사개업 5개월 동안 받은 16억원의 고액수임료가 논란이 되었다. 이러한 고액수수료는 전 대법관에 대한 전관예우를 기대하고 주어진 것으로 보고 있으며, 이러한 고액수임료를 받은 것이 문제로 지적되었다. 또한 국세청 세무조사감독위원회 위원장 사퇴 직후에 농협과 세금 소송 수임 계약을 맺었고, 국무총리 후보가 된 직후에 농협과의 수임 계약을 해지한 것[6]도 윤리적으로 문제가 되었다.

이러한 과정을 겪으면서 안대희법을 만들자는 주장이 나왔고, 안대희법은 안대희 전 국무총리 후보자처럼 고위공직자가 법무법인이나 민간기업 등에 재직하다가 재차 고위공직에 취임하는 것을 제한하기 위한 법안이다. 안대희법의 제안이유는 다음과 같다.

> 로비스트가 허용되지 않는 우리나라에서 고위공직자가 퇴직 후 법무법인 등에 취업하거나 개업하여 사실상 로비스트 역할을 하는 것이 현실임. 이처럼 로비스트의 역할을 하던 전직 고위공직자가 국무총리나 장관 등으로 임명될 경우 국가권력을 배경으로 암암리에 의뢰인의 이익에 봉사함으로써 공공의 이익에 반하는 결과를 초래할 수 있음. 미국에서는 오바마 대통령이 2009년 취임과 동시에 행정명령을 발동하여, 퇴직한 고위 관료가 로비스트로 취업하거나 또는 전직 로비스트가 고위 관료로 임명되는데 일정기간 제한을 가함으로써 고위 관료와 로비스트의 회전문 인사 관행에 제동을 건 바 있음. (중략) 퇴직한 날부터 2년 동안 국

6 시사위크, 2014. 5. 28.

무총리, 국무위원, 감사원장, 감사위원, 공정거래위원회의 위원장·부위원장·상임위원, 국세청장 등으로 임명될 수 없도록 함으로써 공직에 대한 국민의 신뢰를 보호하고 공무수행의 공정성 및 객관성을 보장하려는 것임.

박영선 의원이 2014년 11월 20일에 대표발의한 안대희법은 다음날인 21일에 안전행정위원회에 회부되고 2015년 2월 11일에 안전행정위원회 법안심사소위원회에 회부되었다. 그러나 이후에는 법안심의에 특별한 진전이 없다가 2016년 5월 29일에 제19대 국회의 임기만료로 법안은 자동폐기 되었다.

4. 안대희법의 내용

안대희법의 주요 내용은 공직의 청렴성과 공정성, 객관성을 보장하기 위해서 퇴직한 고위관료가 법무법인 등 사실상 로비스트로 활동하다가 다시 공직에 취임하는 경우에는 일정한 제한을 가할 필요가 있다는 것을 주요 골자로 한다.

즉, 「공직자윤리법」에 제17조의2(퇴직공직자의 공무원 재임명 제한)를 신설하여, 정무직공무원과 1급 이상 고위공무원(이에 상응하는 보수를 받는 별정직공무원 및 이에 상당하는 특정직공무원·임기제공무원을 포함)이 퇴직 후 변호사 개업을 하거나 법무법인 등에 취업한 경우에는 소속 지방변호사회에 휴업·폐업 신고를 한 날 또는 해당 법무법인 등에서 퇴직한 날부터 2년 동안 고위직 공무원에 임명을 금지하자는 것이다. 임명을 금지하는 공직으로는 고위직 공무원인데, 구체적으로는 국무총리, 국무위원, 감사원장, 감사위원, 공정거래위원회의 위원장·부위원장·상임위원, 국세청장 등이다(개정안 제17조의2 신설).

현 행	개정안
<신설>	공직자윤리법 제17조의2(퇴직공직자의 공무원 재임명 제한) 정무직공무원, 「국가공무원법」 제23조에 따라 배정된 직무등급이 가장 높은

등급의 직위에 임용된 고위공무원단에 속하는 공무원, 1급 이상의 공무원(이에 상응하는 보수를 받는 별정직공무원 및 이에 상당하는 특정직공무원·임기제공무원을 포함한다)이 퇴직 후 변호사 개업을 하거나 법무법인등에 취업한 경우에는 소속 지방변호사회에 휴업·폐업 신고를 한 날 또는 해당 법무법인등에서 퇴직한 날부터 2년 동안 국무총리, 국무위원, 감사원장, 감사위원, 공정거래위원회의 위원장·부위원장·상임위원, 국세청장, 그 밖에 대통령령으로 정하는 공무원에 임명될 수 없다.

5. 안대희법을 둘러싼 논란

안대희법에 대해서는 해당 공직자의 공무담임권이나 직업선택의 자유가 침해될 소지가 있고, 2년 안에 임명직 공직에 못 가도록 하는 것은 선출직 공직과의 형평이 문제된다는 지적이 있었다. 퇴직공직자가 재취업한 민간기업 중에서도 법무법인 등에 근무한 사람에 대해서만 공직 임명 시 기간 제한을 두는 것에 대해서도 사회적 공감대가 형성되었는지 여부에 대한 점검이 필요하다는 의견이 있었다.[7] 안대희법을 통해 일종의 윤리문제를 법률을 통해 해결하려다 보니 직업선택의 자유 등 기본권 침해, 과잉입법, 형평성의 문제, 민간기업에 취업하거나 민간기업에 취업하였다가 공직에 재취업하는 경우의 규정결여의 문제 등이 제기되었다.

퇴직공직자의 취업을 제한하면서도, 변호사 자격을 가진 사람이 변호사 개업을 하는 경우 및 법무법인 등에 재취업하는 것은 원칙적으로는 제한되지 않는다. 그러나 2015년 3월 31일부터 시행된 「공직자윤리법」 개정법률은 재산공개대상이 되는 고위직 공직자의 경우에는 변호사 자격을 가진 사람이라 할지라도 연간 외형거래액이 100억원 이상인 법무법인 등에 재취업하기 위해서는 관할 공직자윤리위원회의 취업심사를 거치도록 하고 있다.

7 안전행정위원회, 공직자윤리법 일부개정법률안 검토보고서, 2015. 2, 22쪽.

퇴직한 고위공직자가 민간기업에서 고액의 연봉을 받고 근무하다가 다시 국무총리 및 국무위원 등 공직으로 복귀하는 이른바 '회전문인사'에 대한 비판이 제기되곤 한다. 현행법은 퇴직공직자가 관련 기관에 재취업하여 원 재직기관에 영향력을 행사하는 민관유착 및 전관예우의 부작용을 방지하기 위하여 퇴직공직자의 취업을 제한하고 있으나, 민간기업에 재취업하였다가 다시 공직에 임명되는 경우는 규제하지 않고 있기 때문에 안대희법이 등장하게 되었다.

이와는 별도로 김동철 의원이 대표발의한 「전직 대법원장 등의 공익활동지원에 관한 법률안」은 전직 대법원장, 헌법재판소장, 대법관, 헌법재판소 재판관이 퇴임 뒤 대형 로펌에 취업하거나 변호사 사무실을 개업하는 것을 금지하되 현직에 있을 때 받던 보수연액의 90%를 지급하는 내용을 골자로 하는 것이었다. 이 법률안은 개정 법률안이 아니라 제정 법률안이었으며, 이 법안에 대해서는 위헌 논란이 있었고, 퇴임한 전직 법관들의 보수를 왜 국민들의 세금에서 지원하느냐는 의문도 제기되었다.

원칙적으로 「공직자윤리법」에 따른 취업제한이건 「변호사법」에 따른 수임제한이건 직업의 자유에 대한 제한으로 볼 수 있고, 재취업을 한 퇴직 공직자가 다시 공직에 취임하는 것을 규제하는 것은 공무담임권에 대한 제한으로 볼 수 있다. 그러나 이러한 고위공직자에 대한 기본권 제한은 전관예우 방지라는 공익에 비추어 볼 때 헌법적으로 정당한 것으로 인정되기 때문에, 지금까지 「공직자윤리법」과 「변호사법」에 의하여 취업과 수임이 제한되어 왔다. 다만, 취업제한과 수임제한의 기간과 직종 등이 문제되었다. 고위공직자의 취업제한과 수임제한을 현재보다 강화하고자 하는 법안에 대해서는 위헌 여부와 적정성 여부에 대한 우려가 제기되었던 것이다.

CHAPTER

62 황교안법

1. 황교안과 황교안법

황교안은 전 법무부 장관이자 전 국무총리이다. 황교안법[1]은 인사청문회제도를 개선하기 위한 「변호사법」 개정안이다. 즉, 2013년에 법무장관 후보자로서 인사청문회에 임하여 수임내역을 제출하지 않자, 이를 계기로 발의되어 2013년 4월에 통과된 「변호사법」 개정 법률이다.

2. 황교안법의 배경

황교안법은 2013년 황 후보자가 당시 법무부장관 인사청문회에서 변호사 재임 기간 수임 내역을 공개하지 않자, 2013년 3월 28일에 이춘석 의원의 발의로 수임내역 공개를 강제하는 「변호사법」 개정안이 발의되었다. 특별히 수임내역과 관련한 제출자료가 전관예우 여부를 가리기 어려울 정도로 제한적이란 논란이 있어 황교안법 논의가 촉발됐다. 「변호사법」 개정안의 의안원문에 나타난 제안이유는 다음과 같다.

1 머니투데이, 2015. 6. 24; 노컷뉴스, 2015. 6. 7; 한겨레21, 2015. 6. 16.

최근 대형로펌을 중심으로 법조계 및 금융부처 등 정부 고위공직 출신자에 대한 과도한 전관예우 사실이 확인되고 있어 사회적인 문제로 대두되고 있음. 공직자에 대한 전관예우는 사회정의에 반하는 것은 물론이고 국민의 법 신뢰도를 저하시킬 우려가 있을 뿐 아니라 로펌을 통하여 사회적 강자의 로비 수단으로 활용될 가능성이 있으며, 로펌 출신 인사의 정무직 공무원 임용이 많아지는 상황에서 현직 공무원들의 전관 눈치보기로 이어질 우려가 높은 편임. 현재 법조비리를 조사하고 법조윤리를 정비하는 법조윤리위원회가 운영 중이나 권한이 약하고 업무처리결과가 국민들에게 공개되지 아니하는 면이 있음. 이에 법조윤리위원회의 자료요구에 대해 응할 의무를 관계 기관에 부과하고, 윤리위원회의 활동을 국회에 보고하도록 함으로써 법조윤리를 강화하고 국민의 사법신뢰 제고에 기여하려는 것임.

「변호사법」 제89조는 법조계 청렴유지를 위해 설치한 법조윤리협의회에 관해서 규정하고 있다. 법조윤리협의회는 법조윤리의 확립을 위한 법령·제도 및 정책에 관한 협의 및 비리 법조인에 대한 징계개시의 신청 또는 수사 의뢰 등의 역할을 하고 있다.[2]

공직자 출신 변호사는 수임내역을 소속 지방변호사회에 보고해야 하고, 협의회는 변호사회로부터 받은 자료를 국회가 인사청문회나 국정감사 등으로 요구할 때 제출해야 한다. 즉, 지방변호사회는 공직퇴임변호사의 퇴직일부터 2년 동안 수임한 사건에 대한 수임 자료와 처리 결과를 윤리협의회에 제출하고, 일반 변호사는 사건수임에 관한 규정의 위반 여부를 판단할 수 있는 수임 자료와 처리 결과를 윤리협의회에 제출하도록 하고 있다.[3]

---

2 「변호사법」 제89조(윤리협의회의 기능 및 권한) ① 윤리협의회는 다음 각 호의 업무를 수행한다.
1. 법조윤리의 확립을 위한 법령·제도 및 정책에 관한 협의
2. 법조윤리 실태의 분석과 법조윤리 위반행위에 대한 대책
3. 법조윤리와 관련된 법령을 위반한 자에 대한 징계개시(懲戒開始)의 신청 또는 수사 의뢰
4. 그 밖에 법조윤리의 확립을 위하여 필요한 사항에 대한 협의
② 윤리협의회는 필요하다고 인정하면 관계인 및 관계 기관·단체 등에 대하여 관련 사실을 조회하거나 자료 제출 또는 윤리협의회에 출석하여 진술하거나 설명할 것을 요청할 수 있다.

그러나 당시의 규정은 법조윤리협의회가 변호사에 대한 징계개시 신청 또는 수사 의뢰 등과 관련하여 자료 제출 또는 출석 등을 요청할 수 있도록만 되어 있을 뿐 불응 시 처벌규정이나 이에 응하도록 하는 의무규정이 없었다. 따라서 윤리협의회의 자료 제출 또는 출석 등의 요청이 있을 시 당사자가 이에 응하도록 의무화하려는 개정안은 윤리협의회의 권한을 강화하여 변호사 비리에 더욱 적극적으로 대처할 수 있게 개정하였다.

3. 황교안법의 내용

2013년 통과된 「변호사법」 개정법률은 '선임계를 내고 수임한 사건'에 대해서 자료제출을 의무화하고 있다.

가. 법조윤리협의회가 관계 기관 또는 단체에 대하여 사실조회나 자료제출을 요구한 경우 이에 응할 의무를 부과함(제89조 제2항 후단 신설).
나. 법조윤리협의회는 매년 국회에 운영상황을 보고하도록 하고 국회의 요구가 있는 때에는 전관예우 여부를 확인할 수 있는 자료를 제출할 의무를 부담함(제89조의9 신설).

현 행	개정안
제89조(윤리협의회의 기능 및 권한) ① (생 략) ② 윤리협의회는 필요하다고 인정하면 관계인 및 관계 기관·단체 등에 대하여 관련 사실을 조회하거나 자료 제출 또는 윤리협의회에 출석하여 진술하거나 설명할 것을 요청할 수 있다. <후단 신설>	**제89조(윤리협의회의 기능 및 권한)** ① (현행과 같음) ② --. 이 경우 요청을 받은 자 및 기관·단체 등은 이에 따라야 한다.

3 「변호사법」 제89조의4 제3항 및 제89조의5 제2항.

<신 설>	제89조의9(국회에 대한 보고) ① 윤리협의회는 매년 제89조 제1항의 업무수행과 관련한 운영상황을 국회에 보고하여야 한다. ② 윤리협의회는 제89조의8에도 불구하고 국회의 요구가 있을 경우에 제89조의4 제3항 및 제89조의5 제2항에 따라 제출받은 자료를 국회에 제출하여야 한다.

그러나 황교안법에 의하더라도 국회의 요구가 있는 경우에는 수임일, 관할 기관, 사건명, 처리 결과 4가지 항목만 제출[4]하면 되어서, 이러한 항목만 가지고는 전관예우를 판단하기가 어렵다는 문제가 제기되었다.

4. 황교안법을 둘러싼 논란

기존의 법조윤리협의회 관련 규정은 법조계의 전관예우의 폐해를 방지하기 위한 것이지만 국회가 이에 대한 보고를 받거나 자료를 제출받을 수 있는 근거를 규정하고 있지 않아 입법목적의 성취여부를 확인할 수 없다는 문제가 있었다. 따라서 입법자인 국회가 윤리협의회로부터 법조윤리와 관련된 보고를 받고 자료를 제출받을 수 있도록 한 개정안은 입법목적의 실현 여부를 확인할 수 있는 자료를 확보할 수 있을 뿐만 아니라 윤리협의회의 운영을 투명하게 할 수 있다는 점에서 타당하다고 평가되었다.[5]

그러나 전술한 바와 같이, 황교안법은 공개 대상이 수임일자, 사건명, 수임사건의 관할 기관, 처리결과 등으로 한정돼 어떤 사건을 맡은 건지 여전히 파악

---

4 「변호사법」 제89조의9(국회에 대한 보고) ② 1. 제89조의4 제3항에 따라 제출받은 자료: 공직퇴임변호사의 성명, 공직퇴임일, 퇴직 당시의 소속 기관 및 직위, 수임일자, 사건명, 수임사건의 관할 기관, 처리 결과

5 법제사법위원회, 변호사법 일부개정법률안 검토보고서, 2013. 4, 4쪽.

하기 어렵다는 비판이 있다. 황교안법의 문제가 드러나자 제2황교안법이 필요하다는 주장이 제기되었다.

제2황교안법은 「인사청문회법」, 「변호사법」, 「국회에서의 증언감정에 관한 법」을 개정하자는 것인데, 특히 법조인 출신 공직후보자가 변호사 시절 어떤 사건을 수임·변호했는지 국회가 원하는 자료를 제출하도록 하는 자료제출범위의 확대가 제2황교안법의 핵심사항이다. 아울러 법조윤리위원회가 제출을 거부하는 경우에는 처벌 규정을 두자는 내용도 논의되었다. 그러나 형사사건을 포함하여 재판 자료가 공개되면 영업비밀과 사생활이 침해될 가능성이 크기 때문에 자료제출 범위의 확대는 신중하여야 한다는 반대의견도 있었다.

기타

CHAPTER

63 김관홍 잠수사법

1. 김관홍과 김관홍 잠수사법

김관홍은 세월호 참사 현장에서 구조팀에 참가하여 다른 민간잠수사들과 함께 해저의 시신을 수습한 민간잠수사였다. 그는 43세인 2016년 6월 17일에 스스로 생을 마감하였다. 그의 자살을 계기로 세월호 참사와 관련하여 민간잠수사 등 자원봉사자들의 의료지원이나 피해보상을 위한 「4·16세월호참사 피해구제 및 지원 등을 위한 특별법」 개정안이 국회에 발의되었다. 김관홍 사후 발의된 이 법안을 김관홍 잠수사법[1]이라고 불렀다.

2. 김관홍법의 배경

2014년 4월 16일에 세월호 참사가 발생하였고 대부분의 실종자를 찾지 못하고 있다는 뉴스를 보고 김관홍이 현장에 도착한 날은 사고 발생 7일후였다. 이후 민간잠수사팀이 실종자 수색에 참가하여 수습한 시신은 총 292구에 달하였다.

1 경향신문, 2018. 4. 13; 미디어오늘, 2016. 6. 20.

시신수습에 참가한 민간잠수사들은 잘 쉬지도 못하고 무리하여 잠수를 하였고 2014년 5월에는 사망자까지 발생하였다. 게다가 민간잠수사들의 작업반장 역할을 한 공우영은 동료 잠수사 사망사건과 관련해 업무상 과실치사혐의로 기소되어 징역 1년이 구형되었으나 1심에서 무죄가 선고되었다. 이후 3년간 항소심 및 상고심을 거쳐 2017년 1월 30일에 대법원에서 무죄가 확정되었다.

김관홍을 비롯한 민간잠수사들은 세월호 사고로 인한 실종자들을 찾기 위하여 자원봉사를 했음에도 정신적 트라우마와 무리한 잠수 후유증 및 생활고에 처한 경우도 있었으며, 자비로 치료비를 부담해야 했다. 김관홍 잠수사는 2016년 6월 17일에 비닐하우스에서 스스로 목숨을 끊었다.

이와 같은 소식이 알려지자 김관홍 잠수사처럼 세월호 실종자 구조를 도우다가 피해를 입은 자원봉사자들을 위한 법안이 박주민 의원 등 70인의 국회의원에 의하여 2016년 6월 20일에 발의되었다. 「4·16세월호참사 피해구제 및 지원 등을 위한 특별법」을 개정하여 사고와 관련해 피해를 구제받지 못한 사람들에게도 피해구제 및 지원을 가능케 하고자 하는 것이다. 「4·16세월호참사 피해구제 및 지원 등을 위한 특별법」 개정안의 제안이유는 다음과 같다.

> 세월호 참사로 인하여 희생자 뿐 아니라 수많은 피해자가 발생하였음. 그러나 현행법에서는 희생자와 피해자의 범위가 지나치게 좁게 규정되어 있어 세월호 참사로 인하여 혹은 세월호 참사와 관련하여 피해를 입은 국민들의 권익 보호가 충분히 이루어지지 않음. 따라서 개정안에서는 국민의 권익을 보호함에 소홀함이 없도록 현행법으로 구제 받지 못하고 있는 기간제 교사, 구조 활동 및 수습 활동을 한 민간 잠수사, 소방공무원 참사로 인하여 큰 정신적 피해를 입은 참사 당시 단원고 재학생과 교직원 등을 희생자와 피해자로 규정하고자 함. 또한 현행법에서는 심리치료 지원 등에 대하여 기간을 제한하고 있어 정해진 기간이 경과한 후 국민들의 피해에 대하여 아무런 대책이 없는 상황임. 이에 피해자들이 완치될 때까지 치료 등 지원을 받을 수 있도록 하여 신속한 피해구제와 생활 및 심리안정을 지원하려는 것임.

김관홍 잠수사법은 논란 끝에 2018년 2월 28일에 농림축산식품해양수산위원회를 통과하였고, 체계자구심사를 위하여 법제사법위원회에 회부되어 2018년 3월 29일에 상정되었으나, 이후 법안 심의의 진전이 없다가 제20대 국회의 임기만료로 법안은 폐기되었다.

3. 김관홍 잠수사법의 내용

「4·16세월호참사 피해구제 및 지원 등을 위한 특별법」의 개정안의 주요 내용은 다음과 같다.

① 희생자에 4·16세월호참사와 관련된 구조 및 수습 활동으로 사망한 사람을 추가함
② 피해자에 4·16세월호참사와 관련된 구조 및 수습 활동으로 부상을 입은 잠수사 및 자원봉사자, 4·16세월호참사 당시 단원고에 재학 중이던 학생 및 재직 중이던 교직원을 추가함
③ 배상금 및 위로지원금 지급대상에 4·16세월호참사로 인한 손해 외에 4·16세월호참사와 관련되어 발생한 손해를 추가함
④ 배상금 등의 지급신청 제한기간(현행 2016. 3. 28.까지 발생한 비용으로 한정)을 삭제함
⑤ 피해자가 완치될 때까지 의료지원 및 심리치료 지원을 받을 수 있도록 함
⑥ 4·16세월호참사와 관련된 구조 및 수습활동으로 사망하거나 부상을 입은 사람은 의사자 또는 의상자로 보며, 희생자로서 4·16세월호참사 당시 단원고등학교에 재직 중이던 기간제 교원은 「공무원연금법」에 따른 순직공무원으로 보도록 함

개정안의 주요 내용은 민간잠수사 등 세월호참사와 관련된 구조 및 수습 활동으로 사망하거나, 부상을 입은 경우 이들을 희생자 내지 피해자로 추가하고 배상금 등을 지급받을 수 있게 함과 동시에 의료지원 및 심리치료를 받을 수 있도록 하는 것이다.

또한 김관홍 잠수사법은 「의사상자 등 예우 및 지원에 관한 법률」을 구조 및 수색작업에 참여한 전체 민간잠수사에게 적용하고, 세월호에 탑승했다가 사망한 기간제 교사를 공무원연금법상 순직공무원으로 인정하도록 하는 내용도 담고 있다.

4. 김관홍 잠수사법을 둘러싼 논란

김관홍 잠수사법에 대한 농림축산식품해양수산위원회에 따르면, 다음과 같은 점을 고려할 필요가 있다는 검토의견이 제출되었다.[2]

첫째, 현행법에 따른 희생자 및 피해자의 범위는 기본적으로 세월호에 승선하였던 사람(선장 등 일부 선원 제외)으로서 세월호 침몰이 직접 원인이 되어 사망하였거나 생사가 분명하지 않은 사람 및 생존자를 대상으로 한다. 그러나 민간잠수사 등은 피해를 입지 않을 수 있었는데 스스로 희생한 것이라는 점에서 그 희생에 대한 보상을 받아야 할 필요성이 크다.

둘째, 민간잠수사들은 2016년 1월에 개정(2016. 7. 28. 시행)된 「수상에서의 수색·구조 등에 관한 법률」에 따라 보상금을 받거나 치료를 받을 수 있지만, 세월호참사 이후에 법률이 개정되었고 동법 제29조 제1항에 따르면 구조본부의 장 및 소방관서의 장의 지휘를 받아 수난구호업무에 종사하는 사람에게 적용된다. 세월호참사 당시 해경이 제대로 지휘를 내리지 못해 민간잠수사들은 스스로 시신을 수습하였고, 구조본부의 장 및 소방관서의 장의 지휘를 받은 것이 아니라는 이유로 위 법률에 따라 수난구호업무라고 인정받지 못하는 경우 보상의 공백이 생긴다.

---

2 검토의견, 4·16세월호참사 피해구제 및 지원 등을 위한 특별법 일부개정법률안, 농림축산식품해양수산위원회, 2016. 11, 3쪽 이하.

셋째, 기간제 교사는 산업재해보상보험 가입대상으로, 「공무원연금법」에 따른 재해보상보험 규정을 적용할 수 없다. 그러나 세월호참사로 사망한 교사들이 같은 직장에서 근무하고 동일한 업무를 하며 동일한 사고로 사망하였음에도 불구하고 정규직인지 기간제인지에 따라 보상액 등 대우에 차별을 두는 것은 불합리하다. 이는 「기간제 및 단시간 근로자 보호 등에 관한 법률」 제8조에서 정한 차별적 처우의 금지에 배치된다.[3]

3 이후 2017년 6월 30일에 공무원연금법 시행령이 개정되어, 기간제 공무원도 공무원연금법의 적용대상으로 인정할 수 있게 되었다. 그리고 2017년 7월 5일에 공무원연금공단은 연금급여심의위원회를 열어 단원고 기간제 교사 2명에 대해 순직인정처분을 함으로써 이 부분은 김관홍 잠수사법으로 규정할 필요성은 없어졌다.

64 김부선법

1. 김부선과 김부선법

김부선은 영화배우다. 난방계량기에 관한 논란 이후 김부선은 일명 '난방열사'로 불리기도 하였다. 김부선법[1]은 주택에 설치된 난방계량기를 위조 혹은 변조하면 형사처벌하도록 하는 「주택법」 개정안이다.

2. 김부선법의 배경

김부선은 자기가 거주하는 아파트의 일부 가구가 난방비를 내지 않았다는 문제 제기를 하였고 이에 대한 사회적 논란과 감사, 소송 등이 진행되었다. 그러나 계량기 조작 행위자를 구분할 수 없다는 이유 등으로 당사자들에 대한 처벌은 이뤄지지 않았다.

당시의 법령에는 공동주택 난방장치의 관리와 요금부과의 근거가 되는 난방계량장치에 관한 규정이 존재하지 않으며, 난방계량기의 조작 및 훼손을 하지 못하도록 한 산업자원부의 고시에는 법적 강제성을 인정하기 어렵다는 의견

1 2014년 11월 19일에 개최된 서울 YMCA 시민중계실 주관의 '공동주택 관리 투명화와 주민참여방안 모색 토론회는 "일명 김부선법, 제정 시급하다!"는 제목이었다; 헤럴드경제, 2015. 8. 6.

이 지배적이었다. 따라서 향후에는 이러한 난방비 분쟁을 막기 위하여 가구별 난방 계량기에 대한 관리주체 및 피해자에 대한 구제방법을 명확히 규정할 필요가 있다는 입법 필요성이 대두되었다.

2014년 11월 18일에 전정희 의원을 포함한 15인의 의원이 김부선법으로 알려진 「주택법」 개정안을 발의하였는데, 제안이유는 다음과 같다.

> 현행법은 공동주택 난방장치의 관리와 요금 부과의 근거가 되는 난방계량장치에 관한 규정이 없음. 그런데 최근 연예인 김부선 씨가 공동주택의 "난방비 0원"이라는 공익제보에 따르면 고의적으로 계량기의 배터리를 탈부착하거나 계량기의 고장 상태로 인하여 일부 가정이 사용한 난방 사용량이 다른 이웃에게 전가되어 이웃 간 불화가 발생하여 사회문제가 되고 있음. 이에 "요금 분배용 계량기"에 대하여 용어를 정의하고 요금 분배용 계량기의 관리 의무 등에 관한 규정을 신설함으로써 난방비 등 사용료를 둘러싼 이웃 간의 분쟁을 방지하려는 것임.

김부선은 2014년 10월 27일 국회에서 열린 국회 국토교통위원회의 국정감사에 참고인으로 출석해 난방비 비리와 관련된 증언을 하기도 하였다. 법안은 2014년 11월 19일에 국회 국토교통위원회에 회부되어 2015년 4월 20일에 상정되었다. 이후 법안심사 소위원회에 회부되었지만 뚜렷한 진전을 보이지 못하다가, 제19대 국회의 임기만료로 2016년 5월 29일에 자동 폐기되었다.

그러나 김부선의 문제 제기는 과거 대단위 공동주택관리에만 적용됐던 외부 회계감사제도를 300가구 이상 아파트에까지 확대하는 계기가 되었다. 공동주택 외부 회계감사 제도는 공동주택 단지의 공사나 용역 등 관리비 집행을 둘러싼 각종 비리와 분쟁(부당거래, 횡령 등)을 방지하기 위해 도입된 제도이며, 원래 논의되던 요금 분배계량기와 관련한 김부선법과는 직접적인 관련이 없다. 그러나 김부선이 문제를 제기한 사건은 난방요금을 포함하여 아파트관리 전체에 대한 투명성이 강조되는 계기가 되었다.

따라서 300가구 이상 아파트에 외부회계감사를 실시하는 「주택법」 개정을 포함하여 '김부선법'으로 부르게 되었다. 이후 공포된 김부선법은 2013년 12월 24일에 공포된 「주택법」 개정법률이며, 이 개정법률은 2014년 6월 25일부터 시행되고 있다.

3. 김부선법의 내용

원래의 김부선법(발의된 주택법 개정안)은 요금분배용 계량기에 대한 용어를 정의하고 계량기의 관리의무 등에 관한 규정을 신설하는 내용을 담고 있다. 즉, 요금 분배용 난방계량기에 대한 법적 근거를 마련하고 입주자대표회의가 관리의무를 지도록 규정을 신설한 것이다. 또 지방자치단체는 대통령령으로 난방공급사업자에 위탁해 고장 여부에 대한 전수조사 및 교육을 실시해야 한다. 특히 난방계량기를 위·변조할 경우 3년 이하의 징역 또는 3,000만원 이하의 벌금에 처하도록 하는 내용이 포함돼 있어 계량기 조작에 따른 형사처벌도 가능해진다. 그러나 이 법안은 제19대 국회의 임기가 만료되면서 자동폐기되었다.

통과된 김부선법은 2013년 12월 24일에 공포된 「주택법」 개정법률로서 2014년 6월 25일부터 시행되고 있다. 동 개정법은 많은 내용[2]을 포함하고 있는데, 이 중 공동주택 관리제도를 개선하기 위한 여러 방안[3]을 도입하였다. 300세

---

2 개정된 주요내용은 ① 분양·임대 혼합주택단지의 관리사항 결정방법 규정, ② 리모델링 시 세대수 증가 범위 확대 및 수직증축 허용, ③ 법원이 회생절차개시의 결정을 하고 그 절차가 진행 중인 경우 등에는 자본금이 등록기준에 미달하여도 행정처분 등에서 제외할 수 있게 하여 주택건설사업자에게 회생기회를 부여함(제13조 제1항 제2호 단서 신설), ④ 사업주체가 대통령령으로 정하는 호수 이상의 공동주택을 공급할 때에는 「녹색건축물 조성 지원법」에 따라 공동주택성능에 대한 등급을 발급받아 입주자 모집공고에 표시하도록 함(제21조의2 신설), ⑤ 장수명 주택 건설기준 및 인증제도 시행, ⑥ 공동주택 관리제도 개선, ⑦ 공동주택 층간소음 저감 및 분쟁조정에 관한 사항 규정이다. 김부선법은 ⑥에 해당하는 내용이다.

3 1) 주택관리업자 또는 관리비 등을 집행하기 위한 사업자를 선정할 경우 전자입찰제를 의무화함(제43조 제7항 및 제45조 제5항 신설).
2) 시장·군수·구청장의 입주자대표회의 교육을 의무화하고, 관리사무소장으로 하여금 3년마다 정기적으로 보수교육을 받도록 함(제43조의2 제1항, 제58조 제3항 신설).

대 이상 공동주택단지에 대해서는 매년 외부 회계감사를 의무화하는 내용의 신설규정인 제45조의3이 바로 언론에서 언급하는 새로운 김부선법이다.

4. 김부선법을 둘러싼 논란

원래의 김부선법에 대하여는 다음과 같은 검토의견이 제시되었다.

이 안은 난방, 수도, 전기 등 요금 부과를 목적으로 세대별로 부착된 계량기를 "요금 분배용 계량기"로 정의하는 규정을 두고, 관리주체로 하여금 이를 관리토록 하며, 계량기 변조 시에 벌칙을 부과함으로써 최근 사회적 이슈가 되었던 난방비 부과와 관련한 분쟁과 민원을 방지하려는 것임. 이에 대해 국토교통부는 난방, 수도, 전기의 경우 전문 주무부처는 산업통상자원부 및 환경부이고, 계량기에 관하여는 산업통상자원부 소관 법률인 「계량에 관한 법률」(이하 '계량법')에서 제작·유통·관리 등의 사항을 종합적으로 규정하고 있으며, 특히, 난방에 대하여는 「중앙집중 난방방식의 공동주택에 대한 난방계량기 등의 설치기준」에서 이미 관련 사항을 체계적으로 규정하고 있으므로 공동주택 세대별 계량기와 그 관리의무를 주택법에 둘 필요가 없다는 입장임. 하지만 난방요금 문제를 실질적으로 해결하기 위해서는 해당 공동주택을 관리하는 관리주체가 공용 난방설비와 세대 계량기를 통합하여 관리토록 할 필요가 있고, 계량법에서 아파트 계량기를 관리할 경우 재검정기간(5년) 내 그 전량을 재검정 또는 교체해야 함에 따라 비용이 과다하게 발생하나, 주택법에 따른 공동주택 관리주체가 공용

---

3) 공동주택의 동별 대표자 선거 또는 공동주택의 중요의사 결정을 위한 전자투표제를 도입함(제43조의5 신설).

4) 300세대 이상 공동주택단지에 대해서는 매년 외부 회계감사를 의무화함(제45조의3 신설).

5) 관리비 등에 대한 회계서류의 보관을 의무화함(제45조의4 신설).

6) 공동주택단지에서 이루어지는 주택관리업자 또는 사업자와의 계약서를 입주민에게 공개하도록 의무화함(제45조의5 신설).

7) 공동주택단지의 공사나 용역의 적정성을 검토·자문해 줄 수 있는 전문기관의 지정 근거를 마련함(제45조의6 신설).

8) 공동주택관리분쟁의 상담·자문 등을 실시하는 전문기관을 지정할 수 있는 근거를 마련함(제52조의2 신설).

9) 지방자치단체가 공동주택의 비리 등에 대해 감사할 수 있는 근거를 마련함(제59조 제2항부터 제6항까지 신설).

10) 부정한 재물이나 재산을 취득·제공한 자 및 지방자치단체의 명령 등에 불응한 자에 대한 처벌을 강화함(제97조 제13호의2 및 제101조 제2항 제7호 신설).

관리할 경우 고장 부분만 수리·교체하게 되어 그 비용이 상대적으로 적게 발생한다는 의견[4]도 있음. 이처럼 세대별 계량기 및 그 관리의무와 관련하여 각 부처의 입장에 차이가 있는바, 동 법안의 개정여부는 관련 부처의 의견을 종합적으로 고려하여 신중히 검토할 필요가 있음. 다만, 최근 대부분 지자체에서 '공동주택관리규약준칙'에 관리주체의 계량기 검침 및 유지관리 의무를 규정하고 있고, 국토교통부 역시 '공동주택 난방계량기 관리 강화 방안'을 마련하여 관리주체로 하여금 난방계량기를 정기적으로 검사토록 권고하고 있다는 점을 감안할 때, 관리주체에게 지자체의 관리규약 준칙 수준에 준하는 계량기 유지관리 의무를 부여함으로써 계량기 변조·조작에 따른 난방비 문제를 해결하는 방안을 대안으로 검토할 수 있을 것임.

전술한 바와 같이 원래의 김부선법은 국회를 통과하지 못하였고, 새로운 김부선법이 공포되어 시행 중이다. 즉, 난방계량기와 관련한 「주택법」 개정안이 아닌 300가구 이상인 아파트에 대한 외부회계감사 도입을 포함한 아파트관리 투명성 강화제도를 내용으로 하는 「주택법」 개정법률이 새로운 김부선법이다. 국토교통부는 아파트에 대한 외부 회계감사제도가 김부선법과는 관계가 없는 것이라는 해명을 하기도 하였다.[5]

「주택법」의 개정을 통하여 2015년부터 300가구 이상 아파트(9,925개소)에 회계감사를 의무화[6]했는데, 한국경제신문이 국토교통부 공동주택관리정보시스템(K-APT)의 아파트 회계감사 계약현황을 분석한 결과 전국 300가구 이상 아파트 9,925곳 중 2015년 6월 말까지 회계감사 계약을 맺은 아파트 단지는 5.7%(571개)에 불과하였다.[7] 아파트 난방비 부과 문제로 비롯된 소위 '김부선 사건' 이후에 대형아파트 회계감사 제도를 주택법에 반영했는데, 초기에는 제대로 시행되지

---

4 한국집단에너지협회

5 정책브리핑, 2015. 7. 3.

6 다만, 해당 아파트가 관리비리 등의 문제가 없다고 판단되는 주택단지에서는 입주민 2/3 이상 동의를 얻어 회계감사를 받지 않을 수 있도록 하는 예외 규정을 두고 있다.

7 한국경제신문, 2015. 7. 3.

않는다는 평가를 받았으나,[8] 회계감사를 받는 아파트 단지는 점차 늘어나고 있다. 처음에는 관리비 외부감사에 대한 필요를 느끼지 않거나 아파트 관리실태 및 회계장부가 외부에 공개되는 것을 꺼리는 아파트도 있었으나, 이제는 회계감사가 법적으로 의무화됨으로 인하여 선택의 여지가 없어졌다.

이렇게, 김부선법의 입법을 통하여 300가구 이상 아파트에 회계감사를 의무화하고 외부감사를 받지 않으면 아파트 관리주체(관리사무소)에 1,000만원 이하 과태료가 부과되는 '대형 아파트 회계감사제도'가 2015년부터 시행됐지만 논란은 계속되었다. 아파트 외부감사 제도의 도입이 효과가 있다는 의견과 아무런 효과는 없이 돈만 낭비하는 제도라는 의견도 있다. 즉, 외부감사로 인하여 관리비 회계가 투명해져서 아파트 회계비리가 줄어든다는 의견이 있고, 효과는 없으면서 외부감사비용의 증가로 오히려 관리비만 인상되었다는 의견이 대립하고 있는 것이다.[9]

공정거래위원회의 자료에 따르면 아파트 회계감사의 평균보수는 2014년에 969,000원에서 2015년에 2,139,000원으로 증가하였다. 공인회계사회의 자료에 따르면 2015년 2,000개 아파트 단지를 분석한 결과 312개 단지의 경우에는 불필요한 관리비가 줄어들어서 가구당 연간 63,000원을 절약했다고 한다.[10] 일부에서는 아파트 회계의 투명성을 높이기 위해 외부회계감사를 의무화했더니 회계사들만 이득을 보았다고 주장하고, 일부에서는 아파트 관리비의 부정·비리를 적발해서 관리비를 아낀 아파트 단지가 많다고 주장하고 있다.

---

8 한국경제신문, 2015. 7. 6.

9 "인천시에 있는 3,000여 세대 규모 H아파트는 지난해 1월 회계사무소에 의뢰해 외부회계감사를 받았다. 비용은 80만원이 들었다. 하지만 올해 6월엔 742만원을 내야 했다. 물론 달라진 건 있었다. 회계사 1명이 나와 6시간씩 이틀간 현장 실사를 했던 데서 1명이 8시간씩 3일간 실사를 하는 것으로 바뀌었다." 중앙일보, 2015. 8. 6.

10 조선일보, 2018. 5. 14.

CHAPTER

65 박근혜법

1. 박근혜와 박근혜법

박근혜는 제18대 대통령이다. 박근혜 대통령이 재의요구권(거부권)을 행사한 「국회법」 제98조의2를 개정하는 내용의 「국회법」 개정안과 유사한 내용의 「국회법」 개정안을 박근혜법이라 한다. 당시 야당인 새정치민주연합은 1998년에 당시 박근혜 의원이 발의한 「국회법」 개정안과 동일한 내용의 「국회법」 개정안을 발의하면서, '본인이 냈던 법률안인데도 거부하겠느냐'는 의미로 박근혜법이라는 별명을 붙였다고 한다.[1]

이러한 명칭에 대하여 당시 민경욱 청와대 대변인은 2015년 7월 7일에 "대통령 이름을 함부로 붙이는 것도 그렇지만 대통령은 당시 법을 발의한 게 아니고 공동서명을 했다"며 "언론에서도 보도할 때 신중을 기해주셨으면 한다"면서 해당 법안의 명칭이 적절치 않다는 입장을 나타냈다.[2] 새정치연합 전병헌 의원은 명칭이 적절치 않다는 청와대의 입장에 대해 반박하면서, "홍길동전을 다시 꺼내야 한다", "야당은 박근혜법을 박근혜법이라고 부르지 못하고 있다"고 하였다.[3]

1 조선일보, 2015. 7. 2.
2 뉴스핌, 2015. 7. 7.
3 시사위크, 2015. 7. 8.

2. 박근혜법의 배경

박근혜법의 이해를 위해서는 우선, 문제의 발단이 된 「국회법」 제98조의2의 취지와 이 규정이 개정되어 온 과정에서 조항 제목과 내용의 변화를 살펴볼 필요가 있다.

이 규정은 '행정입법 통제제도'라 부르기도 하는데, 행정입법(대통령령·총리령·부령 및 훈령·예규·고시 등)이 법률의 취지 또는 내용에 합치되지 아니하는 경우에는 국회가 이를 통제하여 행정입법이 법률에 위배되지 않도록 하기 위한 제도이다.[4]

1997. 1. 3 신설

제98조의2(대통령령등의 송부) 중앙행정기관의 장은 법률에서 위임한 사항이나 법률을 집행하기 위하여 필요한 사항을 규정한 대통령령·총리령·부령 및 훈령·예규·고시등 행정규칙이 제정 또는 개정된 때에는 7일 이내에 이를 국회에 송부하여야 한다.

2000. 2. 16 전문개정

제98조의2(대통령령등의 제출등) ① 중앙행정기관의 장은 법률에서 위임한 사항이나 법률을 집행하기 위하여 필요한 사항을 규정한 대통령령·총리령·부령·훈령·예규·고시등이 제정·개정 또는 폐지된 때에는 7일 이내에 이를 국회에 제출하여야 한다.

② 상임위원회는 위원회 또는 상설소위원회를 정기적으로 개회하여 그 소관중앙행정기관이 제출한 대통령령·총리령 및 부령(이하 이 條에서 "大統領令등"이라 한다)에 대하여 법률에의 위반 여부 등을 검토하여 당해 대통령령등이 법률의 취지 또는 내용에 합치되지 아니하다고 판단되는 경우에는 소관중앙행정기관의 장에게 그 내용을 통보할 수 있다.

③ 전문위원은 제2항의 규정에 의한 대통령령등을 검토하여 그 결과를 당해위원회 위원에게 제공한다.

2002. 3. 7 일부개정

제98조의2(대통령령등의 제출등) ① 중앙행정기관의 장은 법률에서 위임한 사항이나 법률을 집행하기 위하여 필요한 사항을 규정한 대통령령·총리령·부령·훈령·예규·고시등이 제정·개정 또는 폐지된 때에는 10일 이내에 이를 국회 소관상임

위원회에 제출하여야 한다. 그 기간이내에 제출하지 못한 경우에는 그 이유를 소관상임위원회에 통지하여야 한다.
② 상임위원회는 위원회 또는 상설소위원회를 정기적으로 개회하여 그 소관중앙행정기관이 제출한 대통령령·총리령 및 부령(이하 이 條에서 "大統領令등"이라 한다)에 대하여 법률에의 위반여부등을 검토하여 당해대통령령등이 법률의 취지 또는 내용에 합치되지 아니하다고 판단되는 경우에는 소관중앙행정기관의 장에게 그 내용을 통보할 수 있다.
③ 전문위원은 제2항의 규정에 의한 대통령령등을 검토하여 그 결과를 당해위원회 위원에게 제공한다.

2005. 7. 28 일부개정

제98조의2(대통령령등의 제출등) ① 중앙행정기관의 장은 법률에서 위임한 사항이나 법률을 집행하기 위하여 필요한 사항을 규정한 대통령령·총리령·부령·훈령·예규·고시등이 제정·개정 또는 폐지된 때에는 10일 이내에 이를 국회 소관상임위원회에 제출하여야 한다. 다만, 대통령령의 경우에는 입법예고를 하는 때(입법예고를 생략하는 경우에는 법제처장에게 심사를 요청하는 때를 말한다)에도 그 입법예고안을 10일 이내에 제출하여야 한다.
② 제1항의 기간 이내에 이를 제출하지 못한 경우에는 그 이유를 소관상임위원회에 통지하여야 한다.
③ 상임위원회는 위원회 또는 상설소위원회를 정기적으로 개회하여 그 소관중앙행정기관이 제출한 대통령령·총리령 및 부령(이하 이 條에서 "大統領令등"이라 한다)에 대하여 법률에의 위반 여부 등을 검토하여 당해 대통령령등이 법률의 취지 또는 내용에 합치되지 아니하다고 판단되는 경우에는 소관중앙행정기관의 장에게 그 내용을 통보할 수 있다. 이 경우 중앙행정기관의 장은 통보받은 내용에 대한 처리 계획과 그 결과를 지체 없이 소관상임위원회에 보고하여야 한다.
④ 전문위원은 제3항의 규정에 의한 대통령령등을 검토하여 그 결과를 당해위원회 위원에게 제공한다.

1997년 1월에 신설된 「국회법」 제98조의2는 2005년 7월에 개정된 것이, 2018년의 경미한 문구수정을 거치고 2020년 1월에 대폭 수정되었다. 현행 규정은 다음과 같다.

4 성낙인, 헌법학, 법문사, 2019, 562쪽.

2020. 2. 18. 일부개정 (현행 규정)

제98조의2(대통령령 등의 제출 등) ① 중앙행정기관의 장은 법률에서 위임한 사항이나 법률을 집행하기 위하여 필요한 사항을 규정한 대통령령·총리령·부령·훈령·예규·고시등이 제정·개정 또는 폐지된 때에는 10일 이내에 이를 국회 소관상임위원회에 제출하여야 한다. 다만, 대통령령의 경우에는 입법예고를 하는 때(입법예고를 생략하는 경우에는 법제처장에게 심사를 요청하는 때를 말한다)에도 그 입법예고안을 10일 이내에 제출하여야 한다.

② 제1항의 기간 이내에 이를 제출하지 못한 경우에는 그 이유를 소관상임위원회에 통지하여야 한다.

③ 상임위원회는 위원회 또는 상설소위원회를 정기적으로 개회하여 그 소관중앙행정기관이 제출한 대통령령·총리령 및 부령(이하 이 條에서 "大統領令등"이라 한다)에 대하여 법률에의 위반 여부 등을 검토하여야 한다.

④ 상임위원회는 제3항에 따른 검토 결과 대통령령 또는 총리령이 법률의 취지 또는 내용에 합치되지 아니한다고 판단되는 경우에는 검토의 경과와 처리 의견 등을 기재한 검토결과보고서를 의장에게 제출하여야 한다.

⑤ 의장은 제4항에 따라 제출된 검토결과보고서를 본회의에 보고하고, 국회는 본회의 의결로 이를 처리하고 정부에 송부한다.

⑥ 정부는 제5항에 따라 송부받은 검토결과에 대한 처리 여부를 검토하고 그 처리결과(송부받은 검토결과에 따르지 못하는 경우 그 사유를 포함한다)를 국회에 제출하여야 한다.

⑦ 상임위원회는 제3항에 따른 검토 결과 부령이 법률의 취지 또는 내용에 합치되지 아니한다고 판단되는 경우에는 소관 중앙행정기관의 장에게 그 내용을 통보할 수 있다.

⑧ 제7항에 따라 검토내용을 통보받은 중앙행정기관의 장은 통보받은 내용에 대한 처리 계획과 그 결과를 지체 없이 소관 상임위원회에 보고하여야 한다.

⑨ 전문위원은 제3항의 규정에 의한 대통령령등을 검토하여 그 결과를 당해위원회 위원에게 제공한다.

박근혜법이라 말하는 원래의 「국회법」 개정안은 1998년 12월 14일에 안상수 의원 외 33인의 국회의원이 발의하였다. 당시 박근혜 의원은 발의의원이 아니라 찬성의원 명단에 이름이 올라있으며, 안상수 의원만이 발의의원 명단에 이름이 올라있다. 당시 안상수 의원이 발의하고 박근혜 의원은 법안발의에 찬성을 한 것이다. 발의의원에 따라 법안별칭을 정한다면, '박근혜법'이 아닌 '안상수법'이라고 할 수 있다.

새정치연합은 대통령의 거부권 행사로 「국회법」 개정안이 재의결되지 못하자, 박근혜 대통령이 국회의원 시절에 서명했던 「국회법」 개정안을 '박근혜법'이라는 별칭으로 발의하였다. 박근혜법은 2015년 7월 8일에 이상민 의원을 대표발의자로 하여 17인의 의원이 공동으로 발의하였으며, 법안의 제안이유는 다음과 같다.

> 입법의 전문화·다양화 추세에 따라 국회가 법률로 행정부에 위임한 대통령령·총리령·부령 등의 행정입법이 대폭 증대하고 있으며, 국민의 생활에 미치는 영향도 지대한 실정인바, 국회가 헌법상 법치주의 차원에서 이에 대한 통제를 강구하는 것은 당연하다고 할 것임. 이에 따라 소관상임위원회는 행정입법이 법률의 입법정신에 따라 적절히 규정되어 있는지를 확인하고, 잘못이 있는 경우 이에 대한 의견을 제시함으로써 행정입법이 헌법상 법치주의 차원에서 올바른 방향으로 시정되도록 관련 조문을 개정하려는 것임. 이 개정안은 종전 국회법 개정안에 대하여 대통령이 위헌문제를 제기하며 거부권을 행사하였고, 이에 대하여 국회에서 재의 또한 제대로 이루어지지 못하여 국회의 입법권과 행정입법에 대한 헌법상 법치주의가 무력화됨에 따라 1998년 12월14일 대통령이 국회의원 재직시절 공동발의한 국회법 개정안을 그대로 발의함으로써 더 이상 대통령이 위헌성 문제로 거부권을 행사하지 않고 조속히 입법됨으로써 행정입법에 대한 헌법상 법치주의가 관철될 수 있도록 하기 위함.

3. 박근혜법의 내용

2015년 5월에 「국민연금법」 개정안과 함께 국회 본회의에서 통과되었다가 대통령의 거부권 행사로 국회 본회의에서 재의에 붙여졌으나 재의결되지 못한 「국회법」 개정안은, 제98조의2를 개정하여 법률에 반하는 대통령령을 더욱 강도높게 통제하기 위한 '행정입법 통제 강화 방안'이었다.

현행 국회법	재의요구안 (2015년 7월)	박근혜법 (1998년 국회법 개정안)
제98조의2(대통령령 등의 제출 등) ③ 상임위원회는 위원회 또는 상설소위원회를 정기적으로 개회하여 그 소관중앙행정기관이 제출한 대통령령·총리령 및 부령(이하 이 조에서 "대통령령 등"이라 한다)에 대하여 법률에의 위반여부 등을 검토하여 당해 대통령령 등이 법률의 취지 또는 내용에 합치되지 아니하다고 판단되는 경우에는 소관중앙행정기관의 장에게 그 내용을 통보할 수 있다. 이 경우 중앙행정기관의 장은 통보받은 내용에 대한 처리 계획과 그 결과를 지체 없이 소관 상임위원회에 보고하여야 한다.	**제98조의2(대통령령 등의 제출 등)** ③ 상임위원회는 소관 중앙행정기관의 장이 제출한 대통령령·총리령·부령 등 행정입법이 법률의 취지 또는 내용에 합치되지 아니한다고 판단되는 경우 소관 중앙행정기관의 장에게 수정·변경을 요구할 수 있다. 이 경우 중앙행정기관의 장은 수정·변경 요구 받은 사항을 처리하고 그 결과를 소관상임위원회에 보고하여야 한다.	**제98조의2(대통령령 등의 제출 및 의견제시)** ② 소관상임위원회는 제정·개정 또는 폐지된 대통령령등 행정입법에 대하여 해당중앙행정기관의 장에게 그 의견을 제시할 수 있다. ③ 중앙행정기관의 장은 제2항의 규정에 의하여 대통령령 등 행정입법이 법률에 위배되거나 법률의 위임범위를 일탈한다는 등의 의견이 제시된 때에는 정당한 이유가 없는 한 이에 따라야 한다.

박근혜법은 행정입법이 법률에 위반되거나 법률의 위임범위를 넘어선다는 국회 소관 상임위원회의 의견이 제시된 경우에는 정당한 이유가 없는 한 이에 따르도록 규정하고 있다. 박근혜법은 2015년에 거부권이 행사된 「국회법」 개정안보다 훨씬 강제력이 큰 법안이었다.

4. 박근혜법을 둘러싼 논란

2015년 5월에 국회 본회의에서 의결된 「국회법」 개정안은 큰 논란을 가져왔다. 대통령은 자구수정을 거쳐 정부로 이송되어온 「국회법」 개정안에 대하여 위헌의 소지가 크다는 이유로 재의를 요구하였으며, 재의요구된「국회법」개정안은 의사정족수 부족으로 인하여 국회 본회의에서 다시 의결되지 못하였다.

박근혜법과 관련하여 논란의 핵심은 국회가 행정입법에 대해서 어느 정도의 통제권을 갖는가 이며, 당초 행정입법에 대한 통제를 강화하기 위하여 제출된「국회법」개정안에 대해서는 합헌·위헌의 의견 대립이 심했다.

위헌론의 관점에서는 국회 상임위원회의 요청대로 행정입법을 수정·변경해야 한다면 정부의 행정입법권이 침해되므로 위헌이라는 것이고, 법원이 아닌 국회 상임위원회가 행정입법의 법률 위반 여부를 심사하여 행정입법을 수정·변경토록 한다면 이는 행정입법에 대한 심사권을 법원에 부여하고 있는 헌법 제107조 제2항을 위반하는 것이고 궁극적으로는 권력분립원칙에도 위반된다고 주장하였다.

합헌론의 관점에서는 헌법 제75조와 제95조에 의하면 행정입법은 법률의 위임을 받아 제정되어야 하는 것이므로 위헌이 아니라는 것이고, 행정입법에 대한 사법심사제도와 국회에 의한 행정입법 수정·변경제도는 별개의 취지를 가진 예방적·보완적 제도이기 때문에 국회법에 의한 행정입법통제는 헌법 제107조 제2항을 위반하는 것이 아니라고 주장하였다. 법제처장은 이러한「국회법」개정안이 위헌이라고 하였으나, 다수의 헌법학자들은 법률에 위반되는 등의 행정입법이 만들어지는 것을 사전에 예방하기 위한 취지를 지닌 이러한「국회법」개정안은 위헌일 수가 없다는 의견을 밝혔다.

행정입법에 대한 국회의 통제를 강화하는 것을 내용으로 하는「국회법」개정안(박근혜법)은 거부권이 행사된「국회법」개정안보다 논란의 소지가 더욱 큰 것이었다. 그러나 이상민 의원에 의하여 발의된「국회법」개정안(박근혜법)에 대해서는 법안의 별칭에 현직 대통령의 이름을 붙였다는 점에서 논란이 더욱 컸다.

CHAPTER

66 세모녀법

1. 송파 세 모녀와 세모녀법

2015년 2월에 서울시 송파구에 거주하던 세 모녀가 방에서 번개탄을 피워 놓고 동반자살한 사건이 있었다. 세 모녀는 생활고를 겪고 있었지만 「국민기초생활보장법」 등에 의한 사회보장 혜택을 받지 못하고 있었다. 세모녀법은 이와 같은 복지사각지대를 해소하기 위해 만든 법률이다.

2. 세모녀법의 배경

송파구의 지하 셋방에서 살던 세 모녀는 질병을 앓고 있었고 수입도 없는 상태였으나, 국가와 자치단체가 구축한 어떤 사회보장체계의 도움도 받지 못했다. 이들은 마지막 집세와 공과금 70만원, 그리고 죄송하다는 내용의 유서를 남기고 자살했다. 「국민기초생활보장법」에 의한 지원도 받지 못하는 복지사각지대에 놓여 있었다.

이 사건 이후 복지 사각지대를 해소해야 한다는 주장과 관련 법률을 개정하자는 여론이 강해졌으며, 송파 세모녀법으로 불리는 「국민기초생활보장법」 및 「긴급복지지원법」 개정안, 「사회보장급여의 이용·제공 및 수급권 발굴에 관한 법률」 제정안 등 복지사각지대 해소와 관련된 3개 법안이 발의되었다. 2013년 5월 24일에 유재중 의원이 「국민기초생활보장법」 개정안을 발의한 이후에, 보건복지위원회에서 만든 대안법률의 제안이유는 다음과 같다.

> 2000년 10월 종합적인 빈곤대책으로 「국민기초생활 보장법」이 시행된 이후, 생활이 어려운 사람에게 최저생계를 보장함으로써 빈곤을 완화하고 자립을 지원해 왔으나, 소득인정액이 최저생계비 이하인 경우에는 각종 급여가 지급되는 반면, 탈수급의 경우 지원이 전무한 상황이 발생하는 등 현행 제도의 한계로 인하여 다양한 복지욕구에 대응하지 못해 사각지대가 발생하고 탈수급을 저해하는 문제가 발생하고 있음. 이에 기초생활보장제도를 효과적이고 효율적인 맞춤형 빈곤정책으로 전환하여 지원대상을 확대하고 일할수록 유리한 급여체계를 마련함으로써 탈수급 유인을 촉진하고 빈곤예방기능을 강화하는 한편, 현행 제도의 운영상 나타난 미비점을 전반적으로 개선·보완하려는 것임.

「국민기초생활보장법」 개정법률과 함께 「긴급복지지원법」, 「사회보장급여의 이용·제공 및 수급권 발굴에 관한 법률」이 2015년 12월 30일에 개정·제정되었고, 준비기간 6개월을 거쳐서 2015년 7월 1일부터 시행되고 있다.

3. 세모녀법의 내용

송파 세모녀법은 「국민기초생활보장법」 개정법률을 비롯해 「긴급복지지원법」 개정법률, 새로 제정된 「사회보장급여의 이용·제공 및 수습권자 발굴에 관한 법률」 등 3개 법률을 총칭한다.

「기초생활보장법」 개정법률은 기초생활수급자의 선정 기준인 부양의무자 소득기준을 현행 212만원(4일 가족 기준 월소득)에서 404만원으로 완화하는 내용으로 이에 따라 저소득층 1만 6,000명이 추가 지원을 받을 것으로 예상되었다. 또한 부양의무자가 중증장애인인 경우 82억원 수준의 예산 내에서 부양의무자의 소득·재산 기준을 완화해서, 1,200명이 추가적으로 보호를 받도록 했으며 교육급여의 부양의무자 기준이 폐지되면서 40만 명의 학생들이 추가로 교육급여 혜택을 받을 것으로 예상되었다.

함께 처리된 「긴급복지지원법」 개정법률은 갑작스러운 위기상황으로 생계 유지가 어려운 저소득층을 대상으로 하는 긴급지원 판단에 대해 지방자치단체의 재량을 확대하고 위기상황의 기준을 완화하였다.

한편 「사회보장급여의 이용·제공 및 수급권자 발굴에 관한 법률」 개정법률은 절차적 보완 등을 통해서, 수급권자의 보호를 강화하고 맞춤형 복지기반을 마련토록 하는 내용을 담고 있다.

4. 세모녀법을 둘러싼 논란

2000년 기초생활보장제도의 도입 후에 10여 년이 경과하였기 때문에 제도 개선이 필요하다고 평가된다. 근래에는 중산층 비중이 감소[1]하고, 근로빈곤층이 지속적으로 증가[2]하고 있으며, 정책수혜자의 욕구는 다변화[3]되고 있다는 분석이 있다.[4]

사회복지관련법은 사회복지전달체계의 효율성과 사회복지관련법의 집행의 적절성을 위해서 법령이 정비될 필요가 있으며, 한편으로는 복지사각지대의 해소를 위해 노력하여야 하고 다른 한편으로는 사회복지 부정수급과 누수를 방지하여야 하는 균형을 늘 유지하여야 한다. 세 모녀와 같은 불행한 사건이 발생하면 복지사각지대를 해소하는 정책방향으로 가고, 부정수급사례가 발생하면 복지사각지대가 발생할 수밖에 없는 정책방향으로 가는 것은 정책의 일관성 면에서 바람직하지 못하다.

---

1 중산층(중위소득 50~150%) 비중: ('01) 70.4% → ('11) 67.7%로 감소(가계동향조사)

2 도시근로자 가구 상대빈곤율: ('01) 8.2 → ('07) 10.8 → ('11) 10.2%(가계동향조사)

3 기초생활보장 신청사유는 생계(77%), 의료(17%), 교육(3%) 순이며, 탈수급 시 필요한 지원은 의료(66%), 주거(19%), 교육(11%) 순으로 나타남('12. 복지패널).

4 보건복지위원회, 「국민기초생활보장법」 개정안 검토보고, 2013. 6, 8쪽.

2014년 5월에 국회에 제출된 이후 1년 반 넘게 표류한 「국민기초생활보장법」 개정안이 통과되면서 41만여 명이 추가 혜택을 볼 것으로 예측되고 있으며, 세모녀법의 통과는 긍정적으로 평가되었다.[5] 그러나 「국민기초생활보장법」의 개정에도 불구하고 동 시행령의 '독소조항'으로 인하여, 송파 세 모녀는 개정된 법령하에서도 수급자격을 얻을 수 없다는 비판이 있다.

시행령 개정을 통해 '소득의 확인 및 가산근거' 부분에서 기존의 '추정소득'[6]이 '확인소득'으로 이름만 바뀌었을 뿐, 송파 세 모녀와 같은 일부 저소득층은 여전히 수급자격을 얻지 못할 수 있다는 것이다.[7] 「국민기초생활보장법」은 헌법이 보장하는 사회적 기본권으로서의 인간다운 생활을 할 권리를 보장하기 위한 법률이기 때문에, 통합급여 체계이건 개별급여 체계이건 간에 인간다운 생활권을 보장하고 사회안전망을 제공하는 기능을 충실히 할 수 있어야 할 것이다.

이후 2019년 11월에는 성북구 네모녀가 성북구의 다세대주택에서 사망한 채로 발견된 일이 있었다.[8] 이들 모녀도 기초생활수급대상자가 아니었으나, 경제적 어려움을 겪은 것으로 알려졌다.

5 한국경제신문, 2014. 12. 9.
6 기초생활보장 수급권자의 근로능력 등을 조사해 실제로는 없는 소득을 추정해 매기는 게 '추정소득'인데, 개정 시행령에서의 '확인소득'도 역시 추정소득과 비슷한 개념을 의미한다는 것이다.
7 한겨레신문, 2015. 4. 15.
8 동아일보, 2019. 11. 4.

CHAPTER 67 심재철법

1. 심재철과 심재철법

심재철은 제16·17·18·19·20대 국회의원이다. 심재철법[1]은 반국가단체 또는 범죄를 목적으로 하는 단체 등 범죄단체 해산을 내용으로 하는 법률안이다. '범죄단체 해산법' 또는 '이적단체 해산법'이라고도 부른다.

2. 심재철법의 배경

법원이 특정 단체를 국가보안법상 반국가·이적단체에 해당한다고 판결하더라도, 이들 단체를 강제로 해산시키는 구체적인 조치를 할 수는 없다. 「국가보안법」에 이적단체의 구성 및 가입에 대해 처벌할 수 있는 근거규정은 있으나, 강제해산을 집행할 수 있는 근거가 되는 명시적인 규정은 없기 때문이다. 따라서 반국가단체·이적단체로 판단된 조직을 즉시 해산하는 방법을 마련하여야 한다는 주장이 있다.[2]

---

1 '이적단체 뿌리 뽑을 심재철법 통과시켜야', 매일신문, 2013. 9. 5; 문화일보, 2013. 7. 1.

2 한국경제신문, 2015. 1. 21.

예를 들어, '자주민보'가 대법원의 폐간 결정 확정 이전에 '자주일보'로 이름을 바꿔 등록했는데, 현행법으로는 이러한 우회적인 창간을 막을 실질적인 방법이 없다. 서울시는 자주민보 대표의 「국가보안법」 위반 혐의가 2013년 5월 확정되자 11월 신문법의 발행 목적을 벗어났다는 등록취소심의위원회의 결정에 따라서 2014년 3월에 등록취소 행정소송을 제기했다. 자주민보는 인천지법 부천지원의 인용 결정과 서울고법의 항고 기각을 거쳐, 대법원의 재항고 기각을 통해 폐간이 확정됐다. 그러나 자주민보는 자주일보로 이름을 바꾸어 등록했다.

대법원에서 이적단체로 판결받은 25개의 단체 중에서 최소한 7개의 단체가 현재도 활동 중인 것으로 알려졌다. 이 중에서 범민련(조국통일범민족연합) 남측 본부, 범민련 해외본부, 민자통(민족자주평화통일 중앙회의), 연방통추(우리민족연방제 통일추진회의), 청주통일청년회 등 5개 단체는 이름을 그대로 유지한 채로 활동하고 있는 것으로 알려졌다.[3] 6·15남북공동선언실천연대(실천연대)는 2010년 7월 대법원의 이적단체 확정 판결을 받은 뒤 '민권연대'로 이름만 바꿨고, 2009년 1월 이적단체로 확정된 한국청년단체협의회(한청)도 '한국청년연대'로 개명했다.[4] 심재철법은 이렇게 법원의 판결을 통해 이적단체로 판명된 경우에 이들 단체를 해산시키기 위한 법률이다.

제18대 국회인 2012년 7월 30일에 이적단체 해산을 내용으로 하는 「국가보안법」 개정안을 냈지만 임기만료로 폐기되고 말았다. 이후 2013년 5월 6일에 심재철 의원은 「범죄단체의 해산 등에 관한 법률안」을 발의하였으나 2년 후인 2015년 5월 6일에 이를 철회하였다. 법안 철회 직전인 2015년 3월 19일에는 새로운 「범죄단체의 해산 등에 관한 법률안」을 발의하였다. 2013년에 발의한 법률안을 대폭 수정하여 재발의하고 기존에 발의한 법률안은 철회한 것이다. 2015년 2월 10일에는 「범죄단체의 해산 등에 관한 법률안」 제정을 위해 공청회를 개최하기도 하였다.

---

3 문화일보, 2013. 11. 5.
4 동아일보, 2013. 9. 4.

제19대 국회인 2015년에 새로 발의된 법안에는 ① 법원이 범죄단체 구성원들의 유죄선고를 할 때 부가적으로 범죄단체 해산명령을 내리도록 하고, ② 국회가 관여하는 범죄단체심의위원회를 두어 대체조직인지 여부를 판단하도록 하며, ③ 재산권 등 기본권 제한을 받는 제3자를 위해 불복절차를 강화한 점에 있어서 2013년 법률안과 차별된다.

제20대 국회에 들어와 심재철 의원은 제19대 국회에서 임기만료로 폐기된 법안과 유사한 내용으로 「범죄단체의 해산 등에 관한 법률안」을 2017년 6월 8일에 발의하였다. 심재철법의 제안이유는 다음과 같다.

> 1997년에 이적단체로 판결받은 '범민련 남측본부'는 아직도 국회 인근에서 사무실을 두어 활동을 하고 있고 2010년 '6·15 남북공동선언실천연대', 2014년 '6.15 청학연대' 등 현재 이적단체로 판결받은 10개 이상의 단체들이 여전히 활동을 하고 있음. 범죄단체의 구성원은 처벌하면서도 범죄단체의 인적·물적 기반은 그대로 두어 활동을 방치한 결과, 이들의 영향을 받고 활발한 교류를 해오던 관련단체들에까지 활동영역을 확대하고 있음.
>
> 2014년 12월 통합진보당이 「헌법재판소법」과 「정당법」에 따라 해산된 예와 같이 민주국가에서 가장 보호를 받는 결사인 정당의 해산에 대하여도 법적 근거가 있고 법의 테두리 내에 있는 법인에 대하여도 해산절차를 규정하는 법이 있지만, 법 밖에 있는 범죄단체에 대하여는 전혀 법적 통제수단이 없어 국민생활의 안전을 지키는 데 법적 흠결이 발생하고 있음.
>
> 이에 「형법」, 「폭력행위 등 처벌에 관한 법률」, 「국가보안법」 등에 따라 범죄단체를 구성 또는 가입했다는 이유로 처벌하는 경우, 판결에서 적시된 범죄단체 및 그 대체조직에 대하여 법무부장관이 해산을 명함으로써 사무실 폐쇄, 잔여재산의 국고귀속 등의 물적 기반을 박탈하는 조치를 할 수 있도록 하려는 것임.

2017년 6월 8일에 발의된 「범죄단체의 해산 등에 관한 법률안」은 다음날 법제사법위원회에 회부되어 2017년 11월 23일에 상정된 후 법안 심의의 진전이 없다가, 제20대 국회의 임기만료로 법안은 폐기되었다.

3. 심재철법의 내용

심재철법으로 불리는 「범죄단체의 해산 등에 관한 법률안」은 반국가단체 또는 범죄를 목적으로 하는 단체 등 범죄단체에 대한 해산과 그 절차를 규정하고 있다. 즉, 「국가보안법」과 「형법」, 「폭력행위 등 처벌에 관한 법률」 등을 위반하여 범죄단체라는 법원의 판결이 확정된 단체에 대해서는, 법무부 장관이 행정자치부 장관에게 통보하고 행자부 장관은 해당 단체에 대해 해산통보 또는 명령을 할 수 있도록 하는 것이 개정안의 주요 내용이다. 2015년에 발의된 「범죄단체의 해산 등에 관한 법률안」의 주요 내용은 다음과 같다.

① 반국가단체 또는 폭력단체 등 범죄 목적의 단체로 법원에서 판결이 확정된 단체에 대한 해산절차 등을 규정함으로써 국가안전보장과 국민생활의 안전을 목적으로 함.
② 법원은 범죄단체 구성·가입·활동죄를 선고할 경우, 범죄단체 해산을 함께 명하도록 함.
③ 행정자치부장관은 범죄단체 해산명령을 통보받은 즉시 범죄단체에 대한 통지 및 공고를 하고, 사무실 등 강제폐쇄, 잔여 재산의 국고귀속을 함.
④ 해산된 범죄단체를 대신하는 대체조직의 설립은 금지되며 행정자치부장관이 해산할 수 있음.
⑤ 해산된 범죄단체로 인식될 수 있는 유사명칭 등을 사용할 수 없도록 함.
⑥ 범죄단체 또는 대체조직의 활동을 찬양·고무·선전·선동·동조할 목적으로 문서, 도화 등의 표현물을 제작·수입 등을 하지 못하도록 하고, 같은 목적으로 집회·시위를 주최하거나 선전·선동하지 못하도록 함,
⑦ 행정자치부장관 소속으로 범죄단체심의위원회를 설치하여 범죄단체의 재산귀속, 대체조직·유사명칭 등 판단, 이의신청에 관한 사항을 심의하도록 함.
⑧ 해산명령 또는 재산의 국고귀속결정에 이의가 있는 자는 통지를 받은 날부터 60일 이내에 행정자치부장관에게 이의신청을 할 수 있음.

2017년에 발의된 「범죄단체의 해산 등에 관한 법률안」의 제안이유는 동일하며, 주요내용도 2015년에 발의된 법안과 거의 같다. 다만, 범죄단체 해산을 명하거나 범죄단체심의위원회의 소속이 행정자치부 장관이 아닌 법무부 장관으로

변경되었다는 점에서 이전의 법안과 차이가 있다. 2017년 6월 8일에 발의된 「범죄단체의 해산 등에 관한 법률안」의 주요내용은 다음과 같다.

① 이 법은 반국가단체 또는 폭력단체 등 범죄 목적의 단체로 법원에서 판결이 확정된 단체에 대한 해산절차 등을 규정함으로써 국가안전보장과 국민생활의 안전을 목적으로 함(안 제1조).
② 법원이 범죄단체 구성·가입·활동죄를 선고한 판결이 확정될 경우, 법무부장관은 해당 범죄단체 해산을 명하도록 함(안 제4조).
③ 법무부장관은 범죄단체 해산명령을 즉시 통지 및 공고하고, 사무실 등 강제폐쇄, 잔여 재산의 국고귀속을 함(안 제5조, 제6조 및 제7조).
④ 해산된 범죄단체를 대신하는 대체조직의 설립은 금지되며 법무부장관이 해산할 수 있음(안 제9조 및 제10조).
⑤ 해산된 범죄단체로 인식될 수 있는 유사명칭 등을 사용할 수 없도록 함(안 제11조).
⑥ 범죄단체 또는 대체조직의 활동을 찬양·고무·선전·선동·동조할 목적으로 문서, 도화 등의 표현물을 제작·수입 등을 하지 못하도록 하고, 같은 목적으로 집회·시위를 주최하거나 선전·선동하지 못하도록 함(안 제12조).
⑦ 법무부장관 소속으로 범죄단체심의위원회를 설치하여 범죄단체의 재산귀속, 대체조직·유사명칭 등 판단, 이의신청에 관한 사항을 심의하도록 함(안 제14조).
⑧ 해산명령 또는 재산의 국고귀속결정에 이의가 있는 자는 통지를 받은 날부터 60일 이내에 법무부장관에게 이의신청을 할 수 있음(안 제15조).

법안을 간단히 정리하자면, 범죄단체 해산(안 제4조), 사무실 강제폐쇄(안 제6조 제1항), 정보통신망 사용금지(안 제6조 제2항), 재산 국고귀속(안 제7조·제8조), 대체조직 설립금지(안 제9조·제10조), 유사명칭 사용금지(안 제11조), 해당 단체 찬양·고무 금지(안 제12조) 등의 조치를 통하여 범죄활동의 인적·물적 기반을 근원적으로 해소하려는 것이다.

4. 심재철법을 둘러싼 논란

현행법에는 위헌정당의 해산[5]이나 회사에 대한 해산명령[6]과 같이 특수한 형태의 결사에 대한 해산조항은 있으나, 일반결사에 대한 해산 규정은 없고,

「국가보안법」상 이적단체나 「형법」상 범죄단체에 대하여도 해산, 사무실 폐쇄, 재산 국고귀속 조치 등을 일괄적으로 명할 수 있는 직접적인 법적 근거가 없다.

일반결사에 대한 해산규정과 관련하여, 과거에는 「사회단체 등록에 관한 법률」[7]에 따라 대부분의 단체는 주무관청에 등록하여야 했고, 일정한 경우 등록 취소의 방법으로 단체를 해산시킬 수 있었으나, 현행 헌법 제21조 제2항에 따른 허가제 금지[8]에 위배될 수 있다는 비판에 따라 1994년 1월 「사회단체 신고에 관한 법률」로 전면개정되었고, 이후 제도의 실효성이 문제되어 1997년 3월 폐지되었다.[9]

심재철법을 추진하는 측에서는 범죄단체의 구성원은 처벌하면서도 범죄단체를 해산시킬 수 있는 법적 근거가 없기 때문에 이들 단체들의 활동을 제한할 수 없다는 문제를 지적한다. 위헌정당도 해산할 수 있고 법인도 해산할 수 있는

---

5 「대한민국 헌법」 제8조 ④ 정당의 목적이나 활동이 민주적 기본질서에 위배될 때에는 정부는 헌법재판소에 그 해산을 제소할 수 있고, 정당은 헌법재판소의 심판에 의하여 해산된다.

6 「상법」제176조(회사의 해산명령) ① 법원은 다음의 사유가 있는 경우에는 이해관계인이나 검사의 청구에 의하여 또는 직권으로 회사의 해산을 명할 수 있다.
1. 회사의 설립목적이 불법한 것인 때
2. 회사가 정당한 사유없이 설립후 1년내에 영업을 개시하지 아니하거나 1년 이상 영업을 휴지하는 때
3. 이사 또는 회사의 업무를 집행하는 사원이 법령 또는 정관에 위반하여 회사의 존속을 허용할 수 없는 행위를 한 때

② 전항의 청구가 있는 때에는 법원은 해산을 명하기 전일지라도 이해관계인이나 검사의 청구에 의하여 또는 직권으로 관리인의 선임 기타 회사재산의 보전에 필요한 처분을 할 수 있다.

③ 이해관계인이 제1항의 청구를 한 때에는 법원은 회사의 청구에 의하여 상당한 담보를 제공할 것을 명할 수 있다.

④ 회사가 전항의 청구를 함에는 이해관계인의 청구가 악의임을 소명하여야 한다.

7 1961년 6월 12일 제정

8 「대한민국 헌법」제21조 ②언론·출판에 대한 허가나 검열과 집회·결사에 대한 허가는 인정되지 아니한다.

9 장영수, '범죄단체해산의 정당성과 입법', 「범죄단체해산법」제정 국회정책토론회(심재철의원실, 자유민주연구원 공동주관) 토론자료, p.7 참조.

데, 이적단체 등 범죄단체를 해산할 수 없다는 것은 국민의 안전을 불안하게 한다고 주장한다.[10] 정부와 국회는 심재철법을 보완해서 신속히 제정할 책무가 있다는 의견도 있다.[11]

심재철법에 대한 반대론은 ① 법원이 아닌 행정자치부가 해산명령을 내리는 것은 결사의 자유를 침해하는 것이고, ② 범죄단체 구성원들의 유죄를 근거로 해당 단체를 해산하도록 하는 것은 판결의 범위를 확대하여 일사부재리 원칙을 침해하는 것이며, ③ 행정자치부장관이 범죄단체의 대체조직인지 아닌지를 판단하는 것도 적법절차 원칙에 위배된다는 주장이다.[12] "'종북'을 잣대로 진보정당은 물론 시민사회단체 활동까지 무력화하려는 것 아니냐는 비판"도 있다.[13] 2017년에 다시 발의된 「범죄단체의 해산 등에 관한 법률안」에서는 전술한 바와 같이 해산명령의 주체가 행정자치부 장관에서 법무부 장관으로 변경되었다.

법제사법위원회의 검토의견[14]에 따르면, 범죄단체 해산으로 단체구성원의 결사의 자유, 재산권, 공무담임권, 직업의 자유 등이 제한되는바, 적법절차원칙에 따라 당사자들에게 충분한 방어 기회가 부여되었는지 검토할 필요가 있다. 법안은 구성원 1인이 유죄판결을 받으면 해당 단체를 해산하되, 다른 구성원은 사후적으로 범죄단체심의원회에 이의제기 및 행정소송을 통해 이를 다툴 수 있도록 하고 있으나, 유죄판결의 기판력은 원칙적으로 당사자에게만 미치고 단체의 다른 구성원에게까지 미치는 것은 아니라는 점, 구성원 1인에 대한 유죄판결에 따라 단체 자체에 대하여 해산명령을 하는 입법례를 찾기 어려운 점, 기본권 제한의 중대성에 비추어 단체 해산명령은 행정부가 아닌 사법부에서 결정하는 것이 타당하다는 점에서, 「상법」상 해산명령제도와 같이, 검사가 구성원에 대한

10 세계일보, 2015. 3. 19.
11 문화일보, 2015. 3. 2.
12 세계일보, 2015. 3. 19.
13 한겨레신문, 2013. 11. 6.
14 정연호, 범죄단체 해산 등에 관한 법률안 검토보고, 법제사법위원회, 2017. 11, 9~10쪽.

처벌과 별도로 단체 자체의 해산을 법원에 청구하면, 법원은 '단체가 국가의 존립·안전과 자유민주적 기본질서에 실질적 해악을 끼칠 명백한 위험성이 있는지'를 심사하여 해산 여부를 결정하도록 규정하여야 한다는 의견[15]에 대하여도 검토할 필요가 있다는 것이다.

15 대법원의 의견임.

CHAPTER

68 이석기법

1. 이석기와 이석기법

통진당의 국회의원이었던 이석기는 2015년에 내란선동죄 등으로 대법원에서 징역 9년형이 확정되었다. 이석기법[1]은 내란 음모나 직무상 뇌물 수수 혐의로 구속 기소된 의원에 대해 세비 지급을 중단하는 등의 내용을 담고 있는 법안이다.

2. 이석기법의 배경

이석기 전 의원과 같이 「국가보안법」 위반과 내란죄 등으로 구속되어 재판을 받고 있는 경우에도 국회의원 세비와 각종 지원금이 지급되는 것에 대한 의문과 비판이 제기되었다. 또한 구속 기소된 의원의 이름으로 보좌관들이 국가안보에 관한 자료를 계속 요구할 수 있다는 것에 대한 문제제기도 있었다. 이러한 문제를 해결하기 위하여 국가보안법을 위반한 국회의원에 대한 세비중단과 자료요구권의 제한을 내용으로 하는 법률을 만들라는 사회적 요구가 있었다. 윤상현 의원은 154명의 찬성을 받아 2013년 11월 29일에 이러한 내용의 「국회법」과 「국회의원수당 등에 관한 법률」 개정안을 발의하였다.

1 연합뉴스, 2013. 11. 4; 경향신문, 2013. 11. 5.

「국회법」 개정안의 제안이유는 다음과 같다.

> 현행 국회는 「국가보안법」 위반이나 「형법」의 내란음모 등 국가의 안전보장과 밀접한 관련이 있는 중대한 범죄혐의가 있는 의원의 경우에도 의원 권한 행사를 제한하지 않고 있기 때문에, 해당 의원이 자료제출 요구, 질문 등을 통해 취득한 서류나 답변을 다른 용도로 사용할 우려가 있음. 따라서 「국가보안법」 위반이나 「형법」의 내란음모 범죄혐의로 의원이 구속기소된 경우 의원 권한 행사를 정지하는 것이 필요.

「국회의원수당 등에 관한 법률」 개정안의 제안이유는 다음과 같다.

> 국회의원은 국민의 대표자로서 그 직무활동과 품위유지에 필요한 실비 보전을 위하여 수당 등을 지급받고 있으며, 국회의원은 입법활동 지원을 위하여 보좌직원을 둘 수 있도록 하고 있음. 현행법은 국회의원이 그 직을 유지하고 있는 한 별다른 제한 없이 수당 및 보수 등을 지급하고 있으나, 「국회법」의 의원 권한 행사 정지의 경우에는 수당 등이 지급되지 않도록 조치를 취할 필요가 있음을 밝히고 있다. 개정안의 주요 내용은 국회의원이 「국회법」의 권한 행사의 정지에 해당하는 경우에는 해당 국회의원 및 그 보좌직원에 대하여 수당 등을 지급하지 아니하도록 하려는 것.

「국회법」 개정안과 「국회의원수당 등에 관한 법률」 개정안은 국회 운영위원회에 2013년 12월 2일에 회부되고 2014년 2월 18일에 동시에 상정되었으나, 2016년 5월 29일에 제19대 국회의 임기만료로 폐기되었다.

3. 이석기법의 내용

「국회법」 개정안의 주요 내용은 국회의원이 「국가보안법」 위반이나 「형법」상 내란의 죄를 범한 혐의로 구속기소된 때에는 확정 판결을 받기 전까지 의원 권한 행사를 정지하려는 것이다.

그리고 「국회의원 수당 등에 관한 법률」 개정안의 골자는 국회의원이 「국가보안법」이나 「형법」상 내란죄를 범한 혐의로 구속되거나 기소된 때에는 해당 국회의원과 그 보좌진에 대해 수당 등을 지급하지 않도록 하겠다는 것이다. 다만 구속이 취소되거나 구속 후 공소 제기 없이 석방될 경우, 무죄판결이 확정될 경우에는 그동안 미지급한 금액을 지체 없이 소급하여 지급하도록 했다. 또 국회의원이 「국가보안법」이나 「형법」상 내란죄를 범한 혐의로 구속되거나 기소될 경우, 구속이 취소되거나 공소 제기 없이 석방 또는 무죄 판결이 확정될 때까지 서류 제출을 요구할 수 없도록 하는 내용을 담고 있다.

현 행	개정안
<신 설>	**제11조(수당 등의 지급 제한)** 국회의원이 「국회법」 제137조의2에 따라 권한 행사가 정지된 경우 해당 국회의원에 대하여는 다음 각 호의 금액을 지급하지 아니하고, 그 보좌직원에 대하여는 제9조 제2항의 보수 중 수당을 지급하지 아니한다. 다만, 해당 국회의원에 대하여 무죄, 면소 또는 공소기각의 재판이 확정된 때에는 지급하지 아니한 국회의원의 수당 등과 그 보좌직원의 수당을 지체 없이 지급하여야 한다. 1. 제2조의 수당 2. 제6조의 입법활동비 3. 제7조의 특별활동비 4. 제7조의2의 입법 및 정책개발비

4. 이석기법을 둘러싼 논란

의원과 보좌진에 대한 모든 지원을 중지하는 이석기법은 국회의원 특권 내려놓기와 무노동 무임금 원칙의 일환이라고 주장이 있었지만, 이석기법은 정치적 보복이고 무죄추정의 원칙에 위반하기 때문에 위헌이라는 주장도 있었다.

찬성론은 국가보안법 위반과 내란선동 등의 범죄행위는 헌법에 반하는 행위이므로, 해당 국회의원의 활동을 제한하고 세비를 정지하는 것은 헌법정신에 부합한다는 주장이다. 특히 국가의 안전보장과 밀접한 관련이 있는 중대한 범죄혐의로 구속기소되어 그 권한 행사가 정지된 경우에 수당 등의 지급을 제한하여 무노동 무임금 원칙에 부합한다는 것이다.

반대론은 이석기법이 헌법 제27조 제4항의 '무죄 추정의 원칙'에 반한다는 주장이다. 무죄추정의 원칙은 유죄의 판결이 확정될 때까지는 무죄로 추정된다는 원칙이며, 유죄가 확정될 때까지는 그 범죄사실을 근거로 형벌, 보안처분 기타 유죄판결에 기초한 불이익을 가할 수 없다고 규정한 것이다. 또한 검찰의 기소만으로도 정부에 자료 제출을 요구하는 국회의원 권한을 박탈하는 것은 헌법 제61조[2]에 위반되는 것이며, 수당지급제한도 역시 헌법적 근거가 없다는 것이다. 통합진보당은 대변인의 국회 브리핑을 통해 이석기법이 "그야말로 미치광이에 칼을 쥐어준 격"이며, 이는 '이석기 방지법'이자 '진보정치 탄압법'이라고 하였다.[3]

지방자치단체의 장이 금고 이상의 형을 선고받고 그 형이 확정되지 아니한 경우에도 부단체장이 그 권한을 대행하도록 규정하고 있었던 구 「지방자치법」 제111조 제1항 제3호[4]에 대해 헌법재판소는 금고 이상의 형이 선고되었다는 사실만을 유일한 요건으로 하여 자치단체장으로서의 직무를 정지시키는 불이익을 가하고 있어 무죄추정의 원칙에 위배되어 공무담임권을 침해한다는 결정(헌법불합치 결정)을 선고한 바 있다.[5] 구 「지방자치법」 제111조 제1항 제3호는 금고

2 헌법 61조 제1항: 국회는 국정을 감사하거나 특정한 국정사안에 대하여 조사할 수 있으며, 이에 필요한 서류의 제출 또는 증인의 출석과 증언이나 의견의 진술을 요구할 수 있다.

3 민중의 소리, 2013. 11. 29.

4 「지방자치법」(전부개정 2007. 5. 11 법률 제8423호) 제111조(지방자치단체의 장의 권한대행 등) ① 지방자치단체의 장이 다음 각 호의 어느 하나에 해당되면 부지사·부시장·부군수·부구청장(이하 이 조에서 "부단체장"이라 한다)이 그 권한을 대행한다.
1. 궐위된 경우
2. 공소 제기된 후 구금상태에 있는 경우
3. 금고 이상의 형을 선고받고 그 형이 확정되지 아니한 경우
4. 「의료법」에 따른 의료기관에 60일 이상 계속하여 입원한 경우

5 헌법재판소는 종전 「지방자치법」 제111조 제1항 제3호에 대하여 과잉금지의 원칙 및 평등

이상의 형을 선고받을 수 있는 모든 범죄를 적용대상으로 하고 있는 반면, 이석기법은 「국가보안법」 위반이나 「형법」의 내란음모 등 중대한 범죄혐의가 있는 국회의원이 구속기소된 경우로 한정하고 있다. 이후 지방자치단체의 장이 공소제기된 후 구금상태에 있는 경우 해당 단체장의 직무를 정지하고 부단체장이 권한을 대행하도록 하는 「지방자치법」 제111조(지방자치단체의 장의 권한대행 등)에 대해서는 합헌결정이 내려졌다.[6]

이석기법도 국회의원이 구속기소되어 있는 동안에 수당지급을 제한하고 자료제출요구권을 배제하는 내용이다. 또한 이석기법은 부칙에서 공포한 날부터 시행하도록 하면서 적용례를 규정하고 있지 않아, 이 법 시행 당시 구속기소된 국회의원에게 적용 가능한지 여부가 문제(소급입법의 문제)될 수 있다. 1999년 8월 31일에 이 규정을 신설(당시 「지방자치법」 제101조의2)하면서 부칙에 적용례를 두지 않았는데, 법 시행 당시 공소제기된 후 구금상태에 있었던 지방자치단체의 장에게도 적용한 사례가 있었다.[7]

원칙에도 반한다고 판시하였음. 즉, 금고 이상의 형을 선고받았더라도 불구속상태에 있는 이상 자치단체장이 직무를 수행하는 데는 아무런 지장이 없다는 점, 범죄의 유형과 죄질에 비추어 형이 확정되기 전이라도 미리 직무를 정지시켜야 할 이유가 명백한 범죄를 저질렀을 경우에만 한정할 필요가 있다는 점 등을 볼 때 공무담임권을 제한함에 있어 과잉금지의 원칙을 위반하였고, 국회의원에게는 금고 이상의 형을 선고받은 후 그 형이 확정되기도 전에 직무를 정지시키는 제도가 없는 점을 볼 때 자치단체장에게만 이러한 제재를 가하고 있는 것은 평등원칙에 위배된다고 판시하였음. 헌재 2010. 9. 2. 2010헌마418.

6 이 사건 법률조항의 입법목적은 주민의 복리와 자치단체행정의 원활하고 효율적인 운영에 초래될 것으로 예상되는 위험을 미연에 방지하려는 것으로, 자치단체장이 '공소 제기된 후 구금상태'에 있는 경우 자치단체행정의 계속성과 융통성을 보장하고 주민의 복리를 위한 최선의 정책집행을 도모하기 위해서는 해당 자치단체장을 직무에서 배제시키는 방법 외에는 달리 의미있는 대안을 찾을 수 없고, 범죄의 죄질이나 사안의 경중에 따라 직무정지의 필요성을 달리 판단할 여지가 없으며, 소명의 기회를 부여하는 등 직무정지라는 제재를 가함에 있어 추가적인 요건을 설정할 필요도 없다. 나아가 정식 형사재판절차를 앞두고 있는 '공소 제기된 후'부터 시작하여 '구금상태에 있는' 동안만 직무를 정지시키고 있어 그 침해가 최소한에 그치도록 하고 있고, 이 사건 법률조항이 달성하려는 공익은 매우 중대한 반면, 일시적·잠정적으로 직무를 정지당할 뿐 신분을 박탈당하지도 않는 자치단체장의 사익에 대한 침해는 가혹하다고 볼 수 없으므로 과잉금지원칙에 위반되지 않는다. 헌재 2011. 4. 28. 2010헌마474.

7 「국회법」 일부개정법률안 검토보고서, 2014. 2, 9쪽.

CHAPTER

69 조국 방지법

1. 조국과 조국 방지법

조국은 전 청와대 민정수석이자 전 법무부 장관이며, 현재 제22대 국회의원이다. 조국 방지법[1]은 심재철 의원이 대표발의한 「교육공무원법」 개정안과 「사립학교법」 개정안이다.

2. 조국 방지법의 배경

「공직선거법」 제53조에 따르면, 국공립대학교 및 사립대학교 교원은 공직선거에 입후보하기 90일 전에 사퇴하도록 규정하고 있다. 그러나 대학교수에 대해서는 예외조항에 따라 직위를 유지하고 입후보가 가능하다. 또 대학에 재직 중인 교육공무원이 다른 공무원으로 임용될 경우 본인의 의사에 따라 재임기간 동안 휴직을 허용하고 있다. 이로 인해 수업이 휴·폐강되는 등 부실화되고, 학기 중 복직시 수업을 하지 않아도 임금이 지급되는 등의 문제를 개선할 필요가 있다는 것이다.

1 뉴시스, 2019. 11. 16; 데일리안, 2019. 11. 14; 파이낸셜뉴스, 2019, 11. 17.

이러한 취지의 「교육공무원법」 개정안은 심재철 의원 등 10인이 2019년 11월 14일에 발의하였다. 「교육공무원법」 개정안의 제안이유는 다음과 같다.

> 「공직선거법」은 교육공무원 및 사립학교 교원의 경우 공직선거에 입후보하기 90일 전에 사퇴하도록 규정하면서, 대학에 근무하는 교수, 부교수 등에 대해서는 예외조항을 두어 그 직을 유지하고 입후보할 수 있도록 하고 있음. 또한, 현행법에 따르면 대학에 재직 중인 교육공무원이 교육공무원 외의 공무원으로 임용되어 휴직을 원하면 임용권자는 휴직을 명할 수 있으며 그 휴직기간은 그 공무원으로 재임하는 기간으로 하고 있음.
>
> 이에 따라 대학교수 등이 현실정치 참여라는 명목 하에 교수의 직을 가지고 공직선거에 입후보하거나 교육공무원 외의 공무원으로 임용되어 근무하다가 그 직에서 퇴직한 후에 소속 학교에 복직을 학기 중인 여부와 관계없이 복직하는 사례가 빈발하고 있는데, 이로 인해 정상적인 학사 운영에 지장이 발생할 뿐 아니라 학생들의 수업권이 침해되고 있다는 지적이 있음.
>
> 이에 현행법에 본인의 의사에 관계없이 휴직을 명하도록 하는 사유로 대학의 교수·부교수 및 조교수가 「공직선거법」에 따른 선거에 입후보하는 경우를 추가하고, 이에 해당하는 휴직기간을 신설하는 한편, 이들이 교육공무원 외의 공무원으로 임용되어 휴직하는 경우의 휴직기간을 그 공무원의 직에서 퇴임하는 날이 학기 중인 경우에는 해당 학기가 종료되는 날까지를 포함하는 기간으로 하도록 규정함으로써 폴리페서(polifessor)의 과도한 정치행위로 인한 학생들의 수업권이 침해되는 것을 방지하려는 것임(안 제44조 및 제45조 등).

동 법안은 2019년 11월 15일에 교육위원회에 회부되었으며 이후 법안 심의의 진전이 없다가, 제20대 국회의 임기만료로 법안은 폐기되었다.

또한 위와 같은 취지의 「사립학교법」 개정안은 심재철 의원 등 10인이 2019년 11월 14일에 발의하였다. 「사립학교법」 개정안의 제안이유는 다음과 같다.

> 「공직선거법」은 사립학교 교원의 경우 공직선거에 입후보하기 90일 전에 사퇴하도록 규정하면서, 대학에 근무하는 교수, 부교수 등에 대해서는 예외조항을 두어 그 직을 유지하고 입후보할 수 있도록 하고 있음. 또한, 현행법에 따르면 대학에

재직 중인 교원이 공무원으로 임용되어 휴직을 원하면 임용권자는 휴직을 명할 수 있으며 그 휴직기간은 해당 사립대학의 정관으로 정하도록 하고 있음.
이에 따라 대학교수 등이 현실정치 참여라는 명목 하에 교수의 직을 가지고 공직선거에 입후보하거나 공무원으로 임용되어 근무하다가 그 직에서 퇴직한 후 소속 학교에 학기 중인지 여부와 관계없이 복직하는 사례가 빈발하고 있는데, 이로 인해 정상적인 학사 운영에 지장이 발생할 뿐만 아니라 학생들의 수업권이 침해되고 있다는 지적이 있음.
이에 현행법에 본인의 의사에 관계없이 휴직을 명하도록 하는 사유로 대학의 교수·부교수 및 조교수가 「공직선거법」에 따른 선거에 입후보하는 경우를 추가하고, 이에 해당하는 휴직기간을 신설하는 한편, 이들이 공무원으로 임용되어 휴직하는 경우의 휴직기간을 그 공무원의 직에서 퇴임하는 날이 학기 중인 경우에는 해당 학기가 종료되는 날까지를 포함하는 기간으로 하도록 규정함으로써 폴리페서(polifessor)의 과도한 정치행위로 인한 학생들의 수업권이 침해되는 것을 방지하려는 것임(안 제59조).

동 법안은 2019년 11월 15일에 교육위원회에 회부되었으며 역시 「교육공무원법」 개정안처럼 법안 심의의 진전이 없다가, 제20대 국회의 임기만료로 법안은 폐기되었다. 위 「교육공무원법」 개정안과 「사립학교법」 개정안은 동일한 취지와 내용을 국공립 대학과 사립대학의 교수에게 각각 적용하기 위한 법안이다.

3. 조국 방지법의 내용

심재철 의원이 발의한 「교육공무원법」 개정안은 국공립대학의 교수가 공직선거에 입후보하는 경우 본인의 의사에 관계없이 휴직을 명하고, 휴직 중 퇴임시기가 학기 중인 경우 해당 학기에 복직할 수 없도록 하는 내용이 골자다. 이 중 휴직 관련 개정안 규정은 다음과 같다.

현 행	개정안
第44조(휴직) ① 교육공무원이 다음 각 호의 어느 하나에 해당하는 사유로 휴직	第44조(휴직)①------------ --------------------

을 원하면 임용권자는 휴직을 명할 수 있다. 다만, 제1호부터 제4호까지 및 제11호의 경우에는 본인의 의사와 관계없이 휴직을 명하여야 하고, 제7호 및 제7호의2의 경우에는 본인이 원하면 휴직을 명하여야 한다.	------------------ ------------------ ------제4호까지, 제4호의2 및 ------------------ ------------------ -------------.
<신설>	4의2. 대학에 재직 중인 교수·부교수 및 조교수가 「공직선거법」에 따른 선거에 입후보하는 경우

그리고 심재철 의원이 발의한 「사립학교법」 개정안은 사립대학의 교수가 공직선거에 입후보하는 경우 본인의 의사에 관계없이 휴직을 명하고, 휴직 중 퇴임시기가 학기 중인 경우 해당 학기에 복직할 수 없도록 하는 내용이 골자다. 이 중 휴직 관련 개정안 규정은 다음과 같다.

현 행	개정안
제59조(휴직의 사유) ① 사립학교의 교원이 다음 각 호의 어느 하나에 해당하는 사유로 휴직을 원하는 경우에는 당해 교원의 임용권자는 휴직을 명할 수 있다. 다만, 제1호 내지 제4호 및 제11호의 경우에는 본인의 의사에 불구하고 휴직을 명하여야 하고, 제7호 및 제7호의2의 경우에는 본인이 원하는 경우 휴직을 명하여야 한다.	제59조(휴직의 사유) ① -------- ------------------ ------------------ ------------------ ------제4호까지, 제4호의2 및 ------------------ ------------------ ------------------ ------.
<신설>	4의2. 대학에 재직 중인 교수·부교수 및 조교수가 「공직선거법」에 따른 선거에 입후보하는 경우

4. 조국 방지법을 둘러싼 논란

위 「교육공무원법」 개정안과 「사립학교법」 개정안에 대해서는 법안을 심사하게 될 소관 상임위원회인 교육위원회의 검토의견서도 작성되지 않았다.

한선교 의원은 대학교수가 정무직 공무원으로 임용될 경우 휴직을 금지하는 내용의 「교육공무원법」 개정안을 발의하였으며, 유의동 의원이 발의한 「자본시장과 금융투자업에 관한 법률」 개정안은 조 전 장관 일가족이 투자했다는 펀드처럼 출자자 절반 이상이 6촌 이내 혈족, 4촌 이내 인척 등 친인척일 때 금융위원회에 신고하도록 의무화 했다. 사모펀드 출자자 절반 이상이 가족 등 친인척일 경우 금융위 신고를 의무화한 법안이다. 이들 법안도 조국방지법이라고 불리는 경우가 있다.

CHAPTER

70 조현천법

1. 조현천과 조현천법

조현천은 전 기무사령관이다. 조현천법[1] 혹은 조현천 방지법[2]은 수사 중 도피한 군인에게 군인연금의 지급을 일부 제한하는 「군인연금법」 개정안이다.

2. 조현천법의 배경

현행 법령에 따르면 군인연금 수급자가 복무중의 사유로 금고 이상의 형에 처할 범죄행위로 인하여 수사가 진행중이거나 형사재판이 계속 중일 경우에만 군인연금의 일부를 지급 정지할 수 있도록 규정되어 있다. 이러한 이유로 조현천 전 기무사령관은 지명수배가 된 상황에서도 매월 약 400만원의 군인연금을 받고 있는 것이다.

이러한 소식이 알려지자 국방부는 2018년 12월 31일에 군인연금이 피의자의 도피자금으로 활용되는 것을 막기 위해 도피기간 동안 연금 일부를 지급하지 않는 내용을 담은 「군인연금법 시행령」 및 「군인연금법 시행규칙」 개정안을 입법예고하였다.

1 donga.com, 2019. 1. 1.
2 뉴시스, 2018. 11. 15.

법률의 차원에서 이와 유사한 취지의 개정안도 민홍철 의원과 김병기 의원, 김광수 의원에 의하여 각각 대표발의되었다. 3건의 「군인연금법」 개정안은 2018년 11월에 국방위원회에 회부 및 상정되었으나 이후 법안 심의의 진전이 없다가, 제20대 국회의 임기만료로 법안은 폐기되었다. 민홍철 의원이 대표발의한 「군인연금법」 개정안의 제안이유는 다음과 같다.

> 현행법은 복무 중의 사유로 금고 이상의 형에 처할 범죄행위로 인하여 수사가 진행 중이거나 형사재판이 계속 중일 때에는 대통령령으로 정하는 바에 따라 퇴직급여(퇴역연금·퇴역연금일시금·퇴역연금공제일시금 및 퇴직일시금) 및 퇴직수당의 일부를 지급정지할 수 있도록 하고 있으나 시행령에서는 퇴역연금에 대하여는 지급정지하지 아니하도록 하고 있음. 그러나 복무 중의 사유로 금고 이상의 형에 처할 범죄행위를 범한 군인들 중 해외 도피 등으로 기소 중지 결정을 받아 퇴역연금을 지속적으로 수령하는 사람들이 발생하는 등, 퇴역연금에 대하여도 일부를 지급정지하도록 할 필요성이 있다는 지적이 제기되고 있음. 이에 시행령에서 규정하고 있는 지급정지에 관한 사항들을 법률에 직접 명시함과 동시에 퇴직급여에 해당하는 퇴역연금, 퇴역연금일시금, 퇴역연금공제일시금 및 퇴직일시금에 대하여 각각 지급정지하도록 함으로써 범죄행위를 저지른 군인이 그에 상응하는 책임을 지도록 하려는 것임(안 제33조 제3항).

3. 조현천법의 내용

「군인연금법」 일부개정안은 금고 이상의 형에 처할 수 있는 범죄행위로 인하여 수사 또는 재판 중인 사람이 도주하는 등 소재가 명확하지 않아 지명수배된 경우에는 매달 지급되는 군인연금 중 절반의 지급을 유보한다는 내용을 담고 있다.

① 형벌 등에 의한 퇴직수당 및 퇴역연금일시금 등의 제한시기(안 제71조 제1항)
금고 이상의 형에 처할 범죄행위로 인하여 수사가 진행 중이거나 형사재판이 계속 중일 때에는 그 사람에게 지급될 퇴직수당과 퇴역연금일시금, 퇴역연금공제일시금 또는 퇴직일시금은 그 급여액의 2분의 1만을 지급하는 것으로 규

정하여 지급이 일부 유보되는 급여의 종류 및 지급액 범위를 명확하게 하고, 잔여금을 지급하는 시기 중 불기소처분이 있을 때와 관련하여 검사 및 군검사의 기소유예, 혐의없음, 죄가안됨, 공소권없음 또는 각하의 불기소처분으로 규정하여 불기소처분의 사유를 명확하게 함.

② 형벌 등에 의한 퇴역연금 및 상이연금의 제한시기(안 제71조 제2항)
종전에는 금고 이상의 형에 처할 범죄행위로 인하여 수사가 진행 중이거나 형사재판이 계속 중일 때 지급이 일부 유보되는 급여에 퇴역연금 및 상이연금이 포함되지 않았으나, 앞으로는 해당 군인 또는 군인이었던 사람이 도주 등으로 소재불명이 된 사유로 검사 및 군검사의 지명수배·통보 결정이 있는 경우에는 그 사람에게 지급될 퇴역연금 또는 상이연금 급여액의 2분의 1만을 우선 지급하고 수사나 형사재판이 재개되었을 때에 그 잔여금을 지급하기로 함.

이와는 별도로, 김병기 의원이 대표발의한 「군인연금법」 개정안의 주요내용을 현행 규정과 비교하면 다음과 같다.

현 행	개정안
제33조(형벌 등에 의한 급여의 제한) ①·②(생 략) ③ 복무 중의 사유(직무와 관련이 없는 과실 또는 소속 상관의 정당한 명령에 따르다가 생긴 과실로 인한 사유는 제외한다)로 금고 이상의 형에 처할 범죄행위로 인하여 수사가 진행 중이거나 형사재판이 계속 중일 때에는 <u>대통령령으로 정하는 바에 따라 퇴직급여 및 퇴직수당의 일부를 지급정지할 수 있다.</u> 이 경우 급여의 제한 사유에 해당하지 아니하게 되었을 때에는 그 잔여금에 대통령령으로 정하는 이자를 가산하여 지급한다.	제33조(형벌 등에 의한 급여의 제한) ①·②(현행과 같음) ③ ---<u>대통령령으로 정하는 절차에 따라 퇴직급여 및 퇴직수당의 2분의 1에 해당하는 금액의 지급을 정지한다.</u> --

4. 조현천법을 둘러싼 논란

조현천법의 입법에 대한 반대론도 있다. 즉, 법원에서 유죄 판결이 선고되기 이전에 군인연금의 지급을 하지 않도록 하는 것은 무죄추정의 원칙에 위반된다는 주장이 있다. 또한 공무원연금법에는 이와 같은 규정이 없기 때문에 군인연금과 공무원연금간에 차별이 발생하므로 평등권 침해의 가능성이 있다는 주장이 있다.

현행 「군인연금법」 제33조에는 퇴직급여 및 퇴직수당의 일부를 지급정지할 수 있는 규정이 없지는 않다. 그리고 「군인연금법 시행령」 제70조(형벌 등에 의한 급여의 제한)와 제71조(형벌 등에 의한 급여의 제한시기 등) 등 시행령 제9절(급여의 제한)의 5개 조문에서는 급여의 제한에 관한 사항을 규정하고 있다. 제71조에서도 금고 이상의 형에 처할 범죄행위로 인하여 수사가 진행 중이거나 형사재판이 계속 중일 때에는 그 사람에게 지급될 급여액의 100분의 50에 해당하는 금액을 "우선 지급"하도록 하고, 금고 이상의 형을 선고받지 아니한 경우 등에 그 잔여금을 지급하도록 규정하고 있다.

CHAPTER 71 홍준표법

1. 홍준표와 홍준표법

홍준표는 전 국회의원이자 전 경남도지사이며, 현 대구시장이다. 홍준표법[1]은 미국 등 속지주의 국가에서 출생하여 복수국적을 갖게 된 한국인 자녀들의 편법적 병역기피를 방지하기 위해 2005년에 개정된 「국적법」을 말한다.

2. 홍준표법의 배경

홍준표법은 군입대가 임박해서 한국 국적을 포기하여 병역기피로 비난을 받은 가수 유승준이 계기가 되어, 원정출산과 편법적 병역기피를 방지하기 위한 목적으로 만들어졌다. 2004년 11월 12일에 홍준표 의원 대표발의로 38인의 의원에 의하여 발의되었다. 홍준표법으로 불린 「국적법」 개정안의 제안이유는 다음과 같다.

> 외국에서의 출생 등의 사유로 이중국적상태에 있는 대한민국 남자는 제1국민역에 편입되기 전인 17세까지 국적을 선택하여야 하고, 제1국민역에 편입된 18세 이후에는 병역을 필하거나 면제된 후가 아니면 우리 국적을 이탈할 수 없도록

1 세계한인신문, 2016. 8. 23; 시사저널, 2005. 5. 13; 연합뉴스, 2014. 5. 11.

되어 있음. 이 경우 당사자의 신분이 미성년자이기 때문에 본인의 의사와는 상관없이 친권자인 부모 또는 조부모가 일방적으로 국적을 선택·결정하고 있다고 함. 그러나 우리와는 달리 성인연령을 18세로 하고 있는 국가에서는 당사자가 18세이면 본인 의사에 따라 국적을 선택할 수 있을 것임. 따라서 우리 국적과 외국국적을 함께 가지고 있는 이중국적자의 국적선택 시기를 18세 이후의 일정한 시점까지 유예하여 줌으로써 국적을 선택함에 있어서 가능한 한 당사자의 의사가 반영될 수 있도록 하려는 것임. 또한 대한민국 국적을 가지고 있는 임산부가 미국 등 속지주의를 채택하고 있는 나라에 가서 아이를 낳을 경우 그 아이는 부모의 국적과 관계없이 출생한 나라의 국적을 자동적으로 취득하게 됨. 최근 우리 사회에서 아이의 외국 시민권을 획득하기 위해 원정출산을 하는 산모와 이를 알선하는 업체가 날로 늘어가고 있는 상황으로 계층간 위화감 조성, 병역기피의 문제, 국가의 자긍심 훼손, 불법적인 수단의 동원 등과 같은 폐해가 나타나고 있음. 따라서 원정출산 등 외국에 영주할 목적으로 출국하지 않은 상태에서 외국에서 출생하여 외국 시민권을 획득한 자는 병역의무를 이행했을 때에 한하여 국적이탈신고를 할 수 있게 하려는 것임.

홍준표법은 부모가 유학생이나 재외공관원·상사주재원 등의 신분으로 외국에 체류하던 중에 낳은 아들이 이중국적을 취득한 경우를 주된 적용대상으로 한다.

홍준표법에 따르면, 미국에서 출생한 한국국적자는 18세가 되는 해 3월 말까지 한국적을 포기하지 않으면 병역의무가 해소되는 38세까지 한국국적을 보유하여야 한다. 즉, 속지주의 국가에서 태어나 이중국적 상태에 있던 사람이 병역 의무를 마치지 않으면 한국국적을 포기할 수 없다.

홍준표법으로 인하여 원정 출산을 통해 병역 의무를 기피할 방법이 없어졌다. 사회지도층의 병역기피를 막자는 취지에 닮은 사람들은 홍준표법을 반겼다. 홍준표법은 2005년 5월 4일에 국회 본회의에서 의결되었고, 2005년 5월 24일에 공포·시행되었다.

3. 홍준표법의 내용

「국적법」의 선천적 복수국적 조항에 따라서, 외국에서 출생한 이들의 부 또는 모가 한국 국적자이면 속인주의 원칙에 따라 한국적을 선천적으로 갖게 된다. 이들 중 남자는 18세가 되는 해의 1월 1일부터 3월 31일까지 기간 동안 국적을 선택하도록 한 규정이다.

만일 18세가 된 해의 3월 31일까지 한국국적을 포기하지 않으면, 병역문제가 해소되는 38세가 될 때까지 한국국적을 포기할 수 없게 규정되어 있다. 병역의무의 이행 유무에 따라 국적이탈의 가능 시기가 달라지기 때문에, 홍준표법은 결국 속지주의 국가에서 태어난 한국 혈통 남자에 대한 '병역의무'의 이행 여부에 핵심이 있었던 것이다. 당시 홍준표법의 주요 내용은 다음과 같다.

① 제1국민역에 편입된 자는 국적선택을 할 수 없도록 한 것을 제1국민역에 편입된 때부터 3월 이내에 할 수 있도록 함(제12조 제1항 단서).
② 직계존속이 외국에 영주할 목적으로 출국하지 않은 상태에서 외국에서 출생한 자는 병역의무의 이행과 관련하여 현역·상근예비역 또는 보충역으로서 복무를 마치거나 마친 것으로 보는 때, 병역면제처분을 받은 때, 제2국민역에 편입된 때 등에 한하여 국적이탈신고를 할 수 있도록 함(제12조 제3항 신설).

현 행	개정안
제12조(이중국적자의 국적선택의무) ① 출생 기타 이 법의 규정에 의하여 만 20세가 되기 전에 대한민국의 국적과 외국 국적을 함께 가지게 된 자(이하 "이중국적자"라 한다)는 만 22세가 되기 전까지, 만 20세가 된 후에 이중국적자가 된 자는 그 때부터 2년 내에 제13조 및 제14조의 규정에 의하여 하나의 국적을 선택하여야 한다. <u>다만,</u>	제12조(복수국적자의 국적선택의무) ① ---. <u>다만,</u>

병역의무의 이행과 관련하여 대통령령이 정하는 사유에 해당하는 자는 그 사유가 소멸된 때부터 2년내에 하나의 국적을 선택하여야 한다.	병역법 제8조의 규정에 따라 제1국민역에 편입된 자는 편입된 때부터 3월 이내에, 제3항 각 호의 어느 하나에 해당하는 때부터 2년 이내에 하나의 국적을 선택하여야 한다.
② 제1항의 규정에 의하여 국적을 선택하지 아니한 자는 그 기간이 경과한 때에 대한민국의 국적을 상실한다.	② ------------------- 제1항의 만 22세 또는 2년을---- -------------.
<신 설>	③ 직계존속이 외국에서 영주할 목적 없이 체류한 상태에서 출생한 자는 병역의무의 이행과 관련하여 다음 각 호의 어느 하나에 해당하는 때에 한하여 제14조의 규정에 따른 국적이탈신고를 할 수 있다. 1. 현역·상근예비역 또는 보충역으로 복무를 마치거나 마친 것으로 보는 때 2. 병역면제처분을 받은 때 3. 제2국민역에 편입된 때
제14조(대한민국 국적의 이탈절차) ① 이중국적자로서 외국 국적을 선택하고자 하는 자는 제12조 제1항에 규정된 기간내에 법무부장관에게 대한민국의 국적을 이탈한다는 뜻을 신고할 수 있다. 다만, 동조동항 단서에 규정된 자는 그 사유가 소멸된 후에 신고할 수 있다.	**제14조(대한민국 국적의 이탈절차)** ① - ------------------- ------------------- ------------------- ----------. 다만, 동조동항 단서 또는 동조 제3항에 규정된 자는 그 기간 내에 또는 해당 사유가 발생한 때부터 신고할 수 있다.

4. 홍준표법을 둘러싼 논란

2014년에는 전종준 워싱턴 로펌 대표 변호사와 홍일송 버지니아 한인회장

등이 주도한 홍준표법의 개정을 위한 서명운동이 있었다. 미국 출생 복수국적자들이 한국 입국 시는 물론 미국 내 생활에도 지장을 받게 하는 한국 「국적법」의 개정을 위한 서명운동을 전개하였다.

미국 시민권과 한국국적을 동시에 지닌 이중국적자들은 한국 내 학교에 진학하거나 취업을 위해 입국하려다 한국 국적자임을 뒤늦게 알게 됐고, 이로 인해 한국 여권을 신청해야 한다는 사실을 알았으며, 이를 위해서는 출생신고부터 시작해야 하는 등 난관에 취업이나 진학을 포기하는 경우가 있었다. 이들은 한국 입국 시는 물론이고 미국 내에서도 38세까지 이중국적자가 되어서 미국에서의 선출직, 임명직 임용에서 불이익을 받는 경우도 있었다. 홍준표법이 미국 출생 한인 인재의 주류사회 진출을 방해하는 불합리한 규정이라는 것이다.

홍준표법은 선의의 선천적 복수국적자들에게 불공평하게 적용되고 있다는 주장이 계속되었고, 2006년에 이어 2014년에도 헌법재판소에 이 규정에 대한 헌법소원심판이 제기되었다. 헌법재판소는 이 규정을 합헌으로 보아 헌법소원심판을 기각하였다.

1. 복수국적자가 대한민국 국민의 병역의무나 국적선택제도에 관하여 아무런 귀책사유 없이 알지 못하는 경우란 상정하기 어려운 점, 귀책사유 없이 국적선택기간을 알지 못하는 외국 거주 복수국적자라면 그가 생활영역에서 외국의 국적과 대한민국 국적을 함께 가지고 있다는 사실이 그의 법적 지위에 별다른 영향을 미치지 않을 것인 점, 이 사건 법률조항들이 병역법 제2조, 제8조를 아울러 살펴보아야 제1국민역에 편입되는 시기를 알 수 있도록 하고 있다는 것만으로 불완전한 입법이라거나, 수범자가 이를 알 것이라고 기대하기 어렵다고 할 수 없는 점, 이 사건 법률조항들이 민법상 성년에 이르지 못한 복수국적자로 하여금 18세가 되는 해의 3월 31일까지 국적을 선택하도록 하고 있다는 것만으로 현저하게 불합리하다거나 국적이탈의 자유를 과도하게 제한하고 있다고 보기 어려운 점 등을 고려하여, 이 사건 법률조항들이 복수국적자의 국적이탈의 자유를 침해하지 않는다는 선례의 견해를 그대로 유지하기로 한다.

2. 이 사건 법률조항들은 복수국적자인 남성과 여성을 달리 취급하고 있으나, 대한민국 국민인 남성은 헌법과 병역법이 정하는 바에 따라 병역의무를 수행하여야 하고, 이 사건 법률조항들은 복수국적자인 남성이 복수국적을 이용하여 병역의무를 면탈하려는 것을 방지하기 위하여 구체적인 병역의무가 발생하는 제1국민역에 편입된 때를 기준으로 3개월 이내에만 병역의무의 해소 없이 대한민국 국적을 이탈할 수 있도록 한 것이므로, 차별에 합리적인 이유가 있고, 따라서 평등권을 침해하지 않는다.[2]

그러나 사회 일반인들 사이에서 논란이 있던 것처럼, 헌법재판관 4인은 이 규정을 위헌으로 보았다. 4인 반대의견의 주된 주장은 이 법률조항들을 예외 없이 일률적으로 적용하는 것은 복수국적자에게 심히 부당한 결과를 초래할 수 있다는 것이다.

즉, 기간 내에 대한민국 국적을 이탈하지 못한 데에 정당한 사유가 있거나 불가피한 사유가 인정되는 경우에는 예외적으로 대한민국 국적의 이탈을 허용하더라도 복수국적을 이용한 병역면탈은 충분히 예방할 수 있다는 것이다.

주된 생활 근거를 외국에 두고 있고, 대한민국 국민의 권리를 향유한 바도 없으며, 대한민국에 대한 진정한 유대 또는 귀속감이 없이 단지 혈통주의에 따라 대한민국의 국적을 취득하였을 뿐인 복수국적자가 자신에게 책임을 돌릴 수 없는 사유 등으로 이 사건 법률조항들에서 정한 기간 내에 대한민국 국적을 이탈하지 못한 경우에도 병역의무를 해소하지 않고서는 자신의 주된 생활 근거가 되는 국가의 국적을 선택할 수 없게 된다. 복수국적자인 남성에 대하여 국적선택절차에 관한 개별적 관리·통지를 하고 있지 않는 현실에서 위와 같은 복수국적자는 자신이 대한민국 국민으로서 병역의무를 이행하여야 하고, 이를 면하기 위해서는 제한된 기한 내에 대한민국 국적을 이탈하여야 한다는 사실에 관하여 전혀 알지 못할 수 있는데, 이 사건 법률조항들을 예외 없이 적용하는 것은 복수국적자에게 심히 부당한 결과를 초래할 수 있다. 이 사건 법률조항들에서 정한 기간 내에 대

2 헌재 2015. 11. 26. 2013헌마805 등.
3 헌재 2015. 11. 26. 2013헌마805 등.

> 한민국 국적을 이탈하지 못한 복수국적자에 대하여 위 기간 내에 대한민국 국적을 이탈하지 못한 데에 정당한 사유, 또는 위 기간이 경과한 후에 대한민국 국적을 이탈하여야만 하는 불가피한 사유 등을 소명하도록 하여, 그러한 사유가 인정되는 경우에는 예외적으로 대한민국 국적의 이탈을 허용하더라도 복수국적을 이용한 병역면탈은 충분히 예방할 수 있다. 또한, 위와 같은 문제점은 대한민국 국적을 이탈한 복수국적자에 대하여 대한민국으로의 입국이나, 대한민국에서의 체류자격·취업자격 등을 제한하는 방법으로도 해결할 수 있다. 따라서 이 사건 법률조항들은 과잉금지원칙을 위반하여 청구인들의 국적이탈의 자유를 침해한다.[3]

이후 2015년 헌재결정에서의 반대의견은 2020년 헌재결정에서 다수의견이 되었다. 즉, 홍준표법은 재외국민의 국적이탈의 자유를 침해한다는 이유로 2020년 9월 24일에 헌법불합치 결정을 받았다.

> 심판대상 법률조항의 입법목적은 병역준비역에 편입된 사람이 병역의무를 면탈하기 위한 수단으로 국적을 이탈하는 것을 제한하여 병역의무 이행의 공평을 확보하려는 것이다. 복수국적자의 주된 생활근거지나 대한민국에서의 체류 또는 거주 경험 등 구체적 사정에 따라서는 사회통념상 심판대상 법률조항이 정하는 기간 내에 국적이탈 신고를 할 것으로 기대하기 어려운 사유가 인정될 여지가 있다. 주무관청이 구체적 심사를 통하여, 주된 생활근거를 국내에 두고 상당한 기간 대한민국 국적자로서의 혜택을 누리다가 병역의무를 이행하여야 할 시기에 근접하여 국적을 이탈하려는 복수국적자를 배제하고 병역의무 이행의 공평성이 훼손되지 않는다고 볼 수 있는 경우에만 예외적으로 국적선택 기간이 경과한 후에도 국적이탈을 허가하는 방식으로 제도를 운용한다면, 병역의무 이행의 공평성이 훼손될 수 있다는 우려는 불식될 수 있다. 병역준비역에 편입된 복수국적자의 국적선택 기간이 지났다고 하더라도, 그 기간 내에 국적이탈 신고를 하지 못한 데 대하여 사회통념상 그에게 책임을 묻기 어려운 사정 즉, 정당한 사유가 존재하고, 병역의무 이행의 공평성 확보라는 입법목적을 훼손하지 않음이 객관적으로 인정되는 경우라면, 병역준비역에 편입된 복수국적자에게 국적선택 기간이 경과하였다고 하여 일률적으로 국적이탈을 할 수 없다고 할 것이 아니라, 예외적으로 국적이탈을 허가하는 방안을 마련할 여지가 있다. 심판대상 법률조항의 존재로 인하여 복수국적을 유지하게 됨으로써 대상자가 겪어야 하는 실질적 불이익은

구체적 사정에 따라 상당히 클 수 있다. 국가에 따라서는 복수국적자가 공직 또는 국가안보와 직결되는 업무나 다른 국적국과 이익충돌 여지가 있는 업무를 담당하는 것이 제한될 가능성이 있다. 현실적으로 이러한 제한이 존재하는 경우, 특정 직업의 선택이나 업무 담당이 제한되는 데 따르는 사익 침해를 가볍게 볼 수 없다. 심판대상 법률조항은 과잉금지원칙에 위배되어 청구인의 국적이탈의 자유를 침해한다.[4]

이러한 헌재의 헌법불합치 결정에 따라 「국적법」이 개정되었는데, 아래와 같이 국적이탈에 관한 특례 규정이 신설되었다.

2022. 9. 15 신설 규정

제14조의2(대한민국 국적의 이탈에 관한 특례) ① 제12조제2항 본문 및 제14조제1항 단서에도 불구하고 다음 각 호의 요건을 모두 충족하는 복수국적자는 「병역법」 제8조에 따라 병역준비역에 편입된 때부터 3개월 이내에 대한민국 국적을 이탈한다는 뜻을 신고하지 못한 경우 법무부장관에게 대한민국 국적의 이탈 허가를 신청할 수 있다.

1. 다음 각 목의 어느 하나에 해당하는 사람일 것

가. 외국에서 출생한 사람(직계존속이 외국에서 영주할 목적 없이 체류한 상태에서 출생한 사람은 제외한다)으로서 출생 이후 계속하여 외국에 주된 생활의 근거를 두고 있는 사람

나. 6세 미만의 아동일 때 외국으로 이주한 이후 계속하여 외국에 주된 생활의 근거를 두고 있는 사람

2. 제12조제2항 본문 및 제14조제1항 단서에 따라 병역준비역에 편입된 때부터 3개월 이내에 국적 이탈을 신고하지 못한 정당한 사유가 있을 것

② 법무부장관은 제1항에 따른 허가를 할 때 다음 각 호의 사항을 고려하여야 한다.

1. 복수국적자의 출생지 및 복수국적 취득경위
2. 복수국적자의 주소지 및 주된 거주지가 외국인지 여부
3. 대한민국 입국 횟수 및 체류 목적·기간
4. 대한민국 국민만이 누릴 수 있는 권리를 행사하였는지 여부

---

4 헌재 2020. 9. 24. 2016헌마889.

5. 복수국적으로 인하여 외국에서의 직업 선택에 상당한 제한이 있거나 이에 준하는 불이익이 있는지 여부
6. 병역의무 이행의 공평성과 조화되는지 여부
③ 제1항에 따른 허가 신청은 외국에 주소가 있는 복수국적자가 해당 주소지 관할 재외공관의 장을 거쳐 법무부장관에게 하여야 한다.
④ 제1항 및 제3항에 따라 국적의 이탈 허가를 신청한 사람은 법무부장관이 허가한 때에 대한민국 국적을 상실한다.
⑤ 제1항부터 제4항까지의 규정에 따른 신청자의 세부적인 자격기준, 허가 시의 구체적인 고려사항, 신청 및 허가 절차 등 필요한 사항은 대통령령으로 정한다.

이와는 별도로, 2005년 당시에 개정된 「국적법」의 시행을 앞두고 국적을 포기하는 이중국적자들이 속출하자 홍준표 의원은 이들의 권리를 제한하는 후속 법안으로 「재외동포의 출입국과 법적 지위에 관한 법률」 개정안을 2005년 5월 17일에 발의하였다. 동 개정안은 병무 기피 목적의 국적포기자를 재외 동포가 아닌 외국인으로 간주, 비자발급과 부동산 취득, 건강보험 등 혜택을 못 받게 하는 내용을 담고 있었다.[5] 그러나 이 법안에 대해서는 "다양한 국적이탈의 사유를 선·악으로 구별한 후 병역면탈 동기만을 '악'으로 취급하여 그 이익을 박탈하는 것이 우리나라 재외동포 정책에 바람직한지를 고려하여야 할 것"[6]이라는 의견이 있는 등의 논란이 있었다.

---

5 제안이유: 이중국적보유자인 대한민국 남자는 병역의무를 이행하여야만 국적을 이탈하도록 「국적법」이 개정되자 병역의무를 면탈하기 위하여 이 법이 시행되기 이전에 대한민국의 국적을 포기하는 자가 증가하고 있으나 이들에 대해서는 현행법에 의하면 재외동포로서 국가의 배려를 받을 수 있어 국가에 대한 의무는 회피하면서 국가의 보호는 받게 되는 불합리한 측면이 있을 뿐 아니라 국민들 사이에 위화감을 조성하고 국민감정과도 맞지 아니함으로 이들은 재외동포의 자격을 박탈하여 재외동포로서 누릴 수 있는 혜택을 받지 못하도록 하려는 것임. 주요내용: 이중국적인 남자가 병역의무를 면탈하기 위하여 대한민국의 국적을 포기한 자는 재외동포로 보지 아니함(안 법률 제7173호 부칙 제2항 신설).

6 법제사법위원회, 「재외동포의 출입국과 법적 지위에 관한 법률」 일부개정법률안 검토보고, 2005. 6, 6쪽.

따라서 무려 116인의 찬성으로 법안이 발의되었으나, 정작 본회의에서는 재석 232인에 찬성 104, 반대 60, 기권 68인으로 부결되었다.

또한 홍준표 의원 외 116인의 찬성으로 2005년 5월 17일에 발의된 「고등교육법」 개정안은 이들의 대학 재외국민 특별전형·편입학을 금지하는 내용을 담고 있었다. 그러나 이러한 법안은 교육을 목적으로 한 대학입학에서 기회의 원천적 박탈은 과도한 제재[7]라는 신중론 등이 있어서, 본회의에 상정조차 되지 못하고 제17대 국회의 임기가 만료되는 2008년 5월 29일에 자동폐기되었다.

7 교육위원회, 고등교육법 일부개정법률안 검토보고서, 2005. 11. 22, 10쪽.

CHAPTER
72 최숙현법

1. 최숙현과 최숙현법

최숙현은 2020년 6월 26일에 자살한 트라이애슬론 선수이다. 최숙현법[1] 은 스포츠선수들에 대한 폭력을 방지하고 인권을 보호하기 위한 「국민체육진흥법」 개정법률이다.

2. 최숙현법의 배경

최숙현 선수는 팀의 감독과 운동처방사, 선배 선수들의 폭행과 가혹행위에 시달렸리다가 견디지 못하고 극단적인 선택을 했다. 기소된 감독은 징역 7년, 운동처방사는 징역 8년, 선배 선수는 징역 4년을 선고받았다. 최숙현 사건이 연일보도되고 스포츠계의 폭행·성희롱·성추행·성폭행·부패·비리 등의 문제가 제기되자 스포츠선수의 인권 보호를 위한 수많은 법안이 발의되었다.

12건의 「국민체육진흥법」 개정안이 발의되자, 이들 법안을 통합한 문화체육관광위원회의 대안이 2020년 7월 30일에 발의되었다. 12건이 통합된 형태의

1 연합뉴스, 2021. 2. 19; SPOTV 뉴스 2024. 7. 2; 법률방송 뉴스, 2020. 8. 5. "최숙현법, 제21대 국회 여야 합의처리 1호법안, '국위선양' 삭제, '인권보호' 신설.

대안으로 발의된 문화체육관광위원장의 「국민체육진흥법」 개정안의 제안이유는 다음과 같다.

> 체육계 성폭력 등 폭력에 대한 예방조치 및 가해자에 대한 강화된 제재 근거의 마련, 신고자 · 피해자에 대한 보호 강화, 스포츠윤리센터의 기능과 권한 강화 등 체육인의 인권보호 보호 시책에 관한 각 개정안의 내용을 정리하여 하나의 대안으로 제안함.

「국민체육진흥법」 일부개정법률은 2020년 8월 3일에 법제사법위원회에서 의결되고 8월 4일에 본회의에서 의결되어, 8월 18일에 공포되었다. 최숙현 선수의 자살이 계기가 되어 분노한 국민적 여론에 힘을 받아서, 최숙현 선수의 자살 후 약 2달만에 개정법률이 공포된 것이다.

3. 최숙현법의 내용

최숙현법 즉, 「국민체육진흥법」 일부개정법률은 성적향상을 목표로 한 폭언과 폭행을 방지하고 스포츠선수들의 인권을 보호하기 위한 대책을 주요 내용으로 하고 있으며, 특히 선수들의 인권보호를 위한 스포츠윤리센터의 역할을 강화하고 있다.

1. 이 법의 목적에서 '국위선양'을 삭제하고, '체육활동으로 연대감을 높이며, 공정한 스포츠 정신으로 체육인 인권을 보호하고, 국민의 행복과 자긍심을 높여 건강한 공동체의 실현'을 목적에 추가함(제1조).
2. 국가는 직장운동경기부가 소속된 기관 및 단체의 장과 직장운동경기부 선수가 대등한 입장에서 공정하게 계약을 체결할 수 있도록 표준계약서를 개발·보급하도록 하고, 지방자치단체의 장은 계약의 체결 현황, 내용 등을 문화체육관광부장관에게 매년 보고하도록 하며, 문화체육관광부장관은 불공정계약에 대해서는 시정을 요구할 수 있도록 함(제10조의3 신설).
3. 체육지도자의 자격 정지 기간의 상한을 현행 1년에서 5년으로 확대함(제12조제1항).

4. 스포츠윤리센터의 조사 대상이 되는 스포츠비리를 유형화하고, 스포츠윤리센터의 공무원 파견 요청권 등을 규정함(제18조의3).
5. 체육지도자, 선수 및 선수관리 담당자 등은 체육계 인권침해 및 스포츠비리를 알게 된 경우나 그 의심이 있을 경우 스포츠윤리센터 또는 수사기관에 즉시 신고하도록 함(제18조의4 신설).
6. 스포츠윤리센터의 신고 접수된 사건에 관한 조사 방법 등을 규정함(제18조의5 신설).
7. 신고자, 피해자 등에 대한 불이익조치 및 신고 등을 하는 것을 방해하거나 취소하도록 강요하는 것을 금지함(제18조의6 신설).
8. 스포츠윤리센터의 장은 조사가 개시되는 경우 인권침해가 계속되고 있다는 상당한 개연성이 있고, 이를 방치할 경우 회복하기 어려운 피해가 발생할 우려가 있다고 인정하면 신고인 등과 피신고인의 물리적 공간을 분리하는 등의 조치를 피신고인, 그 소속기관 등의 장에게 권고할 수 있도록 함(제18조의7 신설).
9. 스포츠윤리센터의 장은 선수, 체육지도자, 체육단체의 임직원 등이 불이익조치 금지의무를 위반한 경우 등에 해당하면 문화체육관광부장관에게 시정 또는 책임자 징계 등이 이루어지도록 요청할 수 있도록 함(제18조의8 신설).
10. 징계 관련 정보를 개인정보보호를 사유로 제출하지 않을 수 없도록 함(제18조의13 신설).
11. 체육지도자 외에 선수 체력 및 건강을 위해 선수관리 담당자를 별도로 둘 경우 이를 통합체육회 지부 등에 등록하도록 함(제18조의14 신설).
12. 국가와 지방자치단체 및 체육단체 등은 체육인에 대한 폭력, 성폭력 등 인권침해의 우려가 있는 주요 지점에 영상정보처리기기를 설치할 수 있도록 함(제18조의15 신설).
13. 문화체육관광부장관은 매년 체육계 인권침해 및 스포츠비리에 대한 실태조사를 실시·발표하도록 하고, 체육계 인권침해 및 스포츠비리를 예방하기 위한 정책수립의 기초자료로 활용하도록 함(제18조의16 신설).

최숙현법의 주요내용으로는 체육인에 대한 인권침해 방지 및 피해자를 위한 공간분리와 불이익조치금지 등의 보호정책, 체육지도자 징계 강화, 비리 발생 시 신고 의무화, 표준계약서 개발·보급, 불공정계약에 대한 시정요구권 등을 들 수 있다.

4. 최숙현법을 둘러싼 논란

최숙현법은 성적향상을 위해서라면 폭행이나 얼차려 등 가혹행위를 정당한 것으로 여겨왔던 스포츠계의 인식과 문화의 개선을 위해서 필요하다는 인식을 법률로 제도화한 것이다. 따라서 최숙현법에 대한 반대론은 찾아볼 수 없다.

다만, 최숙현법이 시행된 이후에는 스포츠선수들에 대한 인권침해 방지가 실질적으로 이루어지고 있느냐에 대한 실효성 논란은 있다. 최숙현법을 통해 권한이 강화된 스포츠윤리센터 덕분에 체육계에 제도적 개선이 이루어졌지만 아직도 실질적 권한이 부족하며, 센터의 기능·권한·조직 등이 더욱 강화되고 확대되어야 한다는 의견이 있다.[2]

스포츠윤리센터에는 신고를 받고 사건을 조사하는 권한이 있지만, 수사권한은 없다. 센터를 설립할 당시 수사권을 부여하기 위해 '특별사법경찰제'를 도입할 계획이 있었지만 무산되었다. 그리고 징계권도 대한체육회가 가지고 있는 상황에서, 스포츠윤리센터에는 조사 이상의 활동을 할 수 있는 권한이 없다.[3]

특별히 스포츠윤리센터에는 징계권이 없다는 점이 한계로 지적되고 있다. 센터에서 문체부에 징계를 요청하면 문체부를 이를 대한체육회에 내려보내고, 대한체육회는 산하 시도체육회 등 징계 대상자의 소속팀으로 사건을 넘겨서 징계절차를 진행한다는 것이다. 1차 징계권한은 징계대상자의 소속팀에 있고, 대상자가 징계에 불복하면 소속팀의 상급기관인 시도체육회에 2차 징계권한이 있

---

2 SPOTV 뉴스 2024. 7. 2.

3 "독립된 형태의 '법인'이 특정한 형사 사건을 조사하는 것이 검사 및 사법경찰의 수사를 기초로 하는 형사사법체계에 부합하지 않을 수 있고, 수사기관의 조사와 중복될 수 있다는 우려가 있을 수 있음. 그러나, 스포츠윤리센터의 조사는 ① 징계 요구 등 주무부장관의 감독권 행사를 목적으로 하고, ② 조사 중 범죄혐의에 대한 상당한 이유가 있으면 이를 수사기관에 고발할 수 있도록 하고 있어 수사와 별개의 '행정조사'에 해당한다고 보이므로 스포츠윤리센터의 조사 자체는 그 범위 내에서 할 수 있다고 보임" 국민체육진흥법 대안에 대한 법사위의 체계자구심사 검토보고서, 2020. 8. 3, 3–4쪽.

기 때문에, 징계기관의 이러한 심급구조와 징계위원회의 인적 구성으로는 공정하고 엄한 징계가 가능하지 않다는 지적이 있다.

실제로 스포츠윤리센터가 2020년 9월 2일부터 2023년 11월 30일까지 문체부에 요청한 249건의 징계건수에 대하여 약 39%에 해당하는 99건에 대해서만 징계가 결정되었고, 징계를 하는 경우에도 견책 등의 경징계에 그치는 경우가 많다.[4] 최숙현법으로 인하여 스포츠선수들의 인권은 이전보다 개선되었으나, 제식구 감싸기와 보여주기식 징계로 나타나는 징계시스템의 개선이 앞으로의 입법적 과제인 것이다.

4 시사저널, 2023. 12. 11.

법령색인

ㄱ

ㅅ

ㅇ

◀ ㅈ ▶

◀ ㅊ ▶

◀ ㅌ ▶

◀ ㅍ ▶

◀ ㅎ ▶

[저자 약력]

홍 완 식

건국대학교 법과대학 법학사·법학석사
독일 쾰른대학교 법과대학 법학박사

현)
건국대학교 법학전문대학원 교수
한국 동물법연구회 회장
한국입법학회 입법학연구 편집위원장
국회 입법지원위원
법무부 보호위원
대검찰청 검찰수사심의위원회 위원
법제처 국민법제관
국회도서관 법률도서관 자문위원
한교법인 정신학원 이사
한국연극인복지재단 감사
강원도의회 입법평가위원회 부위원장
한국법무보호복지공단 이사
제주특별자치도 워킹그룹 제1분과위원장
국제공법학회 한국지부 자문위원

전)
한국입법학회 회장
유럽헌법학회 회장
한국헌법학회 부회장
한국공법학회 부회장
한국토지공법학회 부회장
한국비교공법학회 부회장
한국법학회 부회장
국회입법조사처 자문위원
대통령비서실 청원심의회 위원
건국대학교 인권센터장
건국대학교 법학연구소장
유럽헌법학회 유럽헌법연구 편집위원장
울산광역시의회 입법평가위원회 위원장
대한변협 입법평가위원회 부위원장
전국 시도의회 의장협의회 정책자문위원회 부위원장
서울시의회 정책연구위원회 정책연구위원
송파구 민원조정위원회 부위원장
변호사시험·사법시험·입법고시·행정고시·공무원시험 등 출제·채점위원
대학입시 등 출제위원장
KBS 객원 해설위원
국회의장배 토론대회 심사위원

주요 저서 및 논문

『법과 사회』(4판, 2024)
『반려견 법률상식』(4판, 2024)
『자치법규 입법평가론』(2023)
『로스쿨 헌법』(2023)
『법학개론』(공저, 10판, 2023)
『청탁금지법 핸드북』(개정판, 2018)
『입법학논고』(2020)
『입법학연구』(2014)
『사회변화와 입법』(공저, 2008)
『사회보험료 관련 입법에 있어서 헌법원칙의 적용에 관한 연구』(2005)
『독일사회복지론』(공저, 2005)
『헌법』(공저, 2004)
입법영향분석제도의 도입에 관한 입법평론 (2024)
탄소세 도입의 입법적 문제에 관한 연구 (공저, 2023)
지방의회 인사청문회 조례와 조례안의 입법론적 검토 (2023)
한복진흥법 제정안의 검토와 과제 (2022)
금융분야 위임입법에 대한 입법론적 검토 (2022)
연출저작권 인정 여부에 관한 고찰 (공저, 2022)
제주특별자치도의 분권강화에 관한 고찰 (2021)
행정기본법에 대한 입법평론 (2021)
성폭력 2차 피해의 입법론적 쟁점 (공저, 2021)
오스트리아 입법기술지침에 관한 고찰 (2021)
행정기본법에 대한 입법평론 (2021)
성적 자기결정권의 헌법적 함의 (공저, 2021)
제주특별자치도의 분권 강화에 관한 고찰 (2021)
국회 법제사법위원회의 체계·자구 심사권에 대한 고찰 (2020)
연동형 비례대표제의 입법적 개선에 관한 연구 (2020)
헌법재판소의 결정을 통해본 포괄적 위임입법금지원칙 (공저, 2020)
신속처리안건의 심사기간에 관한 연구 (2019)
가짜뉴스 규제법안에 대한 입법평론 (2019)
연동형 비례대표제 법안에 대한 입법평론 (2019)
화학물질 관련법에 대한 입법평론 (2018)
독일의 동물보호법제에 관한 고찰 (2018)
입법에서의 협치 확대를 위한 고찰 (2017)
신정부의 선거법 공약의 내용과 그 실현을 위한 헌법적 과제 (2017)
징벌적 손해배상제도에 관한 입법평론 (2017)
관세법 개정에 대한 입법평론-면제점 특허규정을 중심으로 (2017)
청탁금지법 적용대상의 문제점-언론사를 중심으로 (2017)
연명의료결정법에 대한 입법평론 (2017)
규제와 입법-동아시아 국가와의 비교법적 고찰 (2017)
독일의 입법현황과 국가규범통제위원회 (2016)
제20대 국회의 과제로서의 입법영향분석제도 도입 (2016)
'국회선진화법'에 관한 보론 (2016)
직권상정 완화론에 대한 비판적 검토 (2016)
의사공개원칙에 관한 연구 (2016)
김영란법의 체계성에 관한 연구 (2015)
선거제도 개편에 관한 연구 (2015)
세월호사고에 관한 입법적 성찰 (2014)
안전권 실현을 위한 입법정책 (2013)
성희롱관련법에 대한 입법평론 (2013)
케냐헌법에 관한 연구 (2013)
'국회선진화법'에 관한 고찰 (2012)
처분적 법률에 관한 연구 (2012)
특별부담금에 관한 연구 (2011)
한국법제에 대한 연구 (2011)
헌법재판소에 의한 입법절차 통제 (2011)
미국의 아동대상 성범죄 관련 법률에 대한 입법론적 검토 (2010)
독일의 입법평가 (2009)
헌법재판소의 결정을 통해서 본 입법의 원칙 (2009)
현행 입법과정의 문제점과 개선방안 (2009)
미국연방의회의 입법과정 (2009)
국회 법안발의 규칙의 제정에 관한 검토 (2008)
규제개혁과 입법정책 (2008)
의원입법에 대한 합리적인 통제방안 (2008)
로비제도 관련 법률안에 대한 헌법적 고찰 (2008)
통일한국의 토지관련 헌법정책 (2008)

제4판
실명입법론

초판발행 2015년 8월 31일
제2판발행 2019년 3월 10일
제3판발행 2020년 3월 10일
제4판인쇄 2024년 8월 25일
제4판발행 2024년 8월 30일

지은이 홍완식
펴낸이 박노일

총괄기획 최준규
편 집 이상민

펴낸곳 pnc publishing and culture 피앤씨미디어
경기도 고양시 일산동구 강송로 153 310-1501
등록 제396-2012-000203호
전 화 070)7550-3758 팩 스 02)6280-3758
홈페이지 www.pncmedia.co.kr 이메일 pnc@pncmedia.co.kr
ISBN 979-11-5730-947-4 93360

정 가 25,000원